피,
땀,
리셋

피, 땀, 리셋 게임 개발 속 숨은 영웅들의 이야기

초판 1쇄 발행 2022년 8월 10일

지은이 제이슨 슈라이어 / **옮긴이** 권혜정 / **펴낸이** 김태헌
펴낸곳 한빛미디어(주) / **주소** 서울시 서대문구 연희로2길 62 한빛미디어(주) IT출판부
전화 02-325-5544 / **팩스** 02-336-7124
등록 1999년 6월 24일 제25100-2017-000058호 / **ISBN** 979-11-6921-004-1 13000

총괄 전정아 / **책임편집** 박민아 / **기획 · 편집** 김종찬
디자인 표지 최연희 내지 박정화 / **전산편집** 백지선
영업 김형진, 김진불, 조유미, 김선아 / **마케팅** 박상용, 송경석, 한종진, 이행은, 고광일, 성화정 / **제작** 박성우, 김정우

이 책에 대한 의견이나 오탈자 및 잘못된 내용에 대한 수정 정보는 한빛미디어(주)의 홈페이지나 다음 이메일로
알려주십시오. 잘못된 책은 구입하신 서점에서 교환해드립니다. 책값은 뒤표지에 표시되어 있습니다.

한빛미디어 홈페이지 www.hanbit.co.kr / 이메일 ask@hanbit.co.kr

Press Reset

지금 하지 않으면 할 수 없는 일이 있습니다.
책으로 펴내고 싶은 아이디어나 원고를 메일(writer@hanbit.co.kr)로 보내주세요.
한빛미디어(주)는 여러분의 소중한 경험과 지식을 기다리고 있습니다.

이 책은 아리따 글꼴을 사용하여 디자인되었습니다.

제이슨 슈라이어 지음
권혜정 옮김

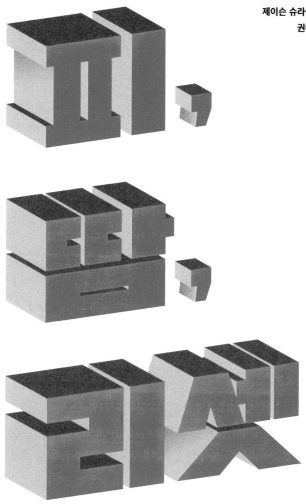

HB 한빛미디어
Hanbit Media, Inc.

지은이·옮긴이 소개

지은이 **제이슨 슈라이어** Jason Schreier

제이슨 슈라이어는 『피, 땀, 픽셀』의 저자이자 블룸버그 뉴스 기자로서 게임 업계를 다룬다. 그 전에는 세계 최대 게임 웹사이트 중 하나인 '코타쿠Kotaku'에서 8년간 일했다. 〈와이어드Wired〉에서도 게임에 관한 글을 쓰고, 〈뉴욕타임스New York Tiems〉, 〈엣지Edge〉, 〈페이스트Paste〉, 〈킬 스크린Kill Screen〉, 〈어니언 뉴스 네트워크Onion News Network〉 등의 다양한 매체에 글을 기고한다. 아내, 딸과 함께 미국 뉴욕에서 살고 있다.

옮긴이 **권혜정** kwonejeong@gmail.com
aeki.me

국민대학교 시각디자인학과를 졸업했다. 지금까지 『테트리스 이펙트』, 『피, 땀, 픽셀』(이상 한빛미디어), 『계획된 불평등』(이김), 『코드와 살아가기』, 『머리가 깨질 것 같아』(이상 글항아리) 등의 책을 번역했다. 각종 음원 사이트를 통해 「달에게」, 「자장열차」, 「Fundamental Lie」를 비롯한 자작곡을 공개했다.

옮긴이의 말 패자들의 승전가

2018년에 『피, 땀, 픽셀』이라는 제목으로 눈물 없이 읽을 수 없는 게임 업계의 뒷이야기를 풀어냈던 제이슨 슈라이어가 더 쓰라린 이야기로 돌아왔다. 전작에서는 피땀을 흘려가며 픽셀을 찍고 멋진 게임을 완성하는 이야기가 주를 이뤘다면, 이번에는 그렇게 여러 사람의 피땀이 어린 게임과 회사가 리셋 버튼 한방에 날아가버리는 이야기들이 펼쳐진다.

흔히들 역사는 승자의 기록이라고 한다. 그래서인지 똑같은 이야기도 승자가 하면 '모험담'인데 패자가 하면 '넋두리'가 되는 것 같다. 하지만 『피, 땀, 리셋』에서 소개하는 패자들의 이야기는 궁상맞은 넋두리가 아니다. 챕터마다 어차피 결말은 불행할 것을 알면서도 등장인물들을 응원하게 되고, 슬슬 일이 꼬이기 시작하면 탄식이 나온다. 마치 슬픈 결말은 상상도 못했던 것처럼. 진정한 패자는 게임 제작사라는 형체 없는 조직일 뿐, 그 구성원들의 이야기는 인생이라는 전쟁의 작은 전투에서 넘어졌다 일어나는 승자들의 모험담이다.

　게임에서는 리셋 버튼 한번이면 그동안 쌓아온 각종 경험치가 몽땅 날라가지만, 인생에서는 소중한 경험치와 스킬을 가지고 업그레이드된 캐릭터로 부활해서 새 게임을 시작할 수 있다는 것을 이 책은 알려준다(물론 지나간 세월과 떨어진 체력도 돌아오지 않으니 건강한 식습관과 운동은 필수다).

　우리나라에서도 비슷한 고충을 겪고 있을 게임 업계 종사자분들께 이 책이 영감과 응원이 되고, 함께 고쳐 나가야 할 문제들에 대한 의식을 높일 수 있도록 자극이 되었으면 좋겠다.

_권혜정

서문

지난 수십 년 동안, 게임 산업의 성공은 어느 모로 봐도 어마어마했다. '성공'이라는 단어조차 이 산업에선 시시하게 느껴진다. 1970년대까지 게임은 산업적으로 제대로 존재하지도 않았지만, 2020년대에 들어 게임 산업은 가장 수익성이 좋은, 그리고 아마도 엔터테인먼트 업계에서 가장 영향력 높은 산업군으로 성장했다. 2021년까지 게임은 세계적으로 연간 1800억 달러라는 막대한 수익을 창출했다. 전 세계 학생들의 마음을 사로잡은 〈포트나이트Fortnite〉부터 대대적인 발표와 최고의 짤들로 소셜 미디어를 강타한 닌텐도 다이렉트Nintendo Direct 실시간 게임 방송 등은 대중문화에 막대한 영향을 미쳤다.

이제 게임은 매우 거대한 사업이다. 게임을 좋아하고 즐기면서 자라온 사람이라면 누구나 그 사업의 일원이 되는 꿈을 꿀 수 있다. 1990년대에 미국에 〈파 사이드Far Side〉라는 한 컷 만화가 있었다. 이 만화에서는 두 부모가 〈슈퍼 마리오 브라더스*Super Mario Bros*〉에 푹 빠진 어린 아들을 보면서 말도 안되지만 '미래에는 게임 실력이 뛰어난 사람을 구한다는 채용 공고가 나오지 않을까?'라는 상상을 한다. 그 시절에는 닌텐도 실력으로 돈을 벌 수 있다는 발상의 터무니없음이 웃음 포인트였다. 지금 관점에서 그 만화를 봤을 때 비현실적인 요소는 일자리를 구하려고 신문에서 구인 공고를 본다는 설정뿐이다. 이제 전 세계에서 다양한 사람이 돈을 받고 출근해 게임을 만들어낸다. 캐릭터를 스케치하고, 레벨들을 설계하고, 코드를 짜서 기능을 작동시킨다. 셀 수 없이 많은 게임 유망주들이 눈을 반짝이면서 그 세계에 뛰어들고 싶어 한다.

어느 날, 게임 발매를 몇 달 앞둔 게임 제작사에 방문했을 때였다. 한 아티스트가 나를 자기 책상으로 부르더니 말했다. "진짜 멋있는 게 있는데 볼래요?"

컴퓨터 주위로 사람들이 순식간에 몰려들어 목을 길게 빼고, 칙칙한 회색 표면을 따라 유려하고 실감나는 트럭 모델이 굴러가는 장면을 구경했다. 이 아티스트가 마우스를 몇 번 클릭하니 트럭이 폭발했고, 타이어와 쇠 파편들이 매우 느린 슬로우 모션으로 화면 이리저리 날아갔다. 나는 주변에 있는 디자이너와 개발자들만큼 깊이 감탄하지는 않았지만, 모두들 진심으로 행복해하는 모습을 보니 내 입꼬리도 덩달아 올라가 있었다. **이들은 하루 종일 상상하고, 그 상상을 컴퓨터 화면 안에 구현해 돈을 받는다. 이보다 좋은 일이 또**

있을까? 화려하고 휘황찬란하게 폭발하는 자동차들만 보면 그렇게 보일 수도 있다.

하지만 게임 산업에는 어두운 이면이 있다.

E3[1] 기자회견에서 분기별 수익 결산을 할 때 윗사람들이 자랑하지 않는 이면이다. 게임 회사들은 매년 돈을 쓸어 담고 있지만, 그 중 근로자들에게 안정적이고 건실한 환경을 마련해줄 수 있는 회사는 별로 없다. 한 번 실패작을 내거나 현명하지 못한 사업적 결정을 내리면 몇십억 달러 규모의 게임 회사가 대대적인 정리해고를 하거나 자회사로 거느렸던 개발사를 폐업하기까지 한다. 그 해에 얼마나 큰 돈을 벌었는지는 중요하지 않다. 큰 게임 회사는 별다른 실책이 없었더라도 프로젝트 하나가 끝나면 사람들을 대량으로 해고하기도 한다. 그 이유는 다음 회계 분기에 주주들에게 잘 보이기 위해서다(직원이 적을수록 대차대조표가 깔끔해진다. 몇 달 뒤에 같은 자리에 사람들을 다시 뽑는다.).

현실은 늘 한 치 앞을 내다볼 수 없다.

게임 업계에 몇 년 이상 몸담아온 사람치고 회사에서 잘려보지 않은 사람은 없을 것이다. 제작에 참여한 게임이 흥행에 실패했든, 자기밖에 모르는 책임자가 지휘하는 프로젝트를 잘못 만났든 이유는 다양하다. 게임 유통사가 최근 분기의 수익 보고서에 넣을 숫자를 맞

---

1   옮긴이_ 매년 6월마다 미국 로스엔젤레스에서 열리는 세계 최대, 최고의 게임 쇼

취야 했는지도 모르는 일이다. 비용 절감, 전략 자원 재배치 등 '회사에서 나가주셔야겠습니다'라는 말을 세련되게 표현할 업계 용어는 얼마든지 있다. 마리오 게임에서는 점프가 기본이고 액티비전 게임이라면 의례 전리품 상자가 나오듯, 게임 업계에 있다 보면 대규모 정리해고와 제작사 폐업을 마주하기 마련이다.

2017년에 비영리 단체인 세계 게임 개발자 협회International Game Developers Association는 게임 업계 노동자 천 명을 대상으로, 지난 5년 동안 몇 개 회사에서 일했는지 설문했다. 상근직으로 근무한 사람들의 평균 대답은 2.2개였다(프리랜서는 3.6). 이 업계를 경험해본 사람이라면 그다지 놀라지 않을 정도로 업계의 불안정성을 알 수 있는 대목이다. 설문 진행자는 이렇게 덧붙였다.

"현재 일하는 회사에 오래 다니리라는 기대가 제한적인 것에서도 이 업계의 빠른 회전율을 알 수 있습니다. 설문에 따르면 응답자 상당수가 직업 이동성을 높게 예상하는 것으로 보입니다."

이듬해에 'GamesIndustry.biz' 웹사이트 기자 제임스 배첼러James Batchelor는 2017년 9월부터 2018년 9월까지 게임 제작사가 문을 닫으면서 사라진 일자리를 모두 세어보았고, 그 결과는 자그마치 1000이 넘었다. 하지만 이 숫자는 공식적으로 발표된 수치일 뿐 실제론 훨씬 더 높은 숫자일 것이다. 게임 업계에서 일한다는 것은 곧, 다른 업계에선 당연한 안정적인 고용이 '원칙이 아닌 예외'라는 것을 받아들인다는 의미다.

꿈으로만 그칠 줄 알았던 예술 활동으로 생계를 유지하는 즐거움에 따르는 대가로, 게임 개발자들은 모든 것이 예고도 없이 무너질 수 있음을 감수해야 한다.

2006년부터 게임 업계에 종사해온 션 맥러플린Sean McLaughlin은 끊임없는 불안감과 함께 살아가는 기분이라고 설명했다. "지금까지 그 많은 해고들을 겪어온 결과, 저는 회사에서 총회를 연다는 이메일을 받을 때마다 트라우마 같은 것이 느껴집니다." 맥러플린은 나에게 이렇게 이야기했다.

"총회 소식을 들으면 항상 제작사가 폐업한다는 발표를 하는구나 생각하게 됩니다. 막상 회의에 참석해보면 다 같이 모인 자리에서 회사의 근황을 알려주는 것뿐이라도요. 다른 개발자들도 다들 그럴 것 같습니다. 그리고 저는 이제 책상에 이것저것 늘어놓지 않아요. 가방 하나에 다 들어갈 정도의 짐만 가져다두죠. 처음 게임 일을 시작했을 땐 책상에 소품과 수집품들을 잔뜩 늘어놓았죠. 이제는 책상이 썰렁합니다. 사진이랑 책 한두 권 정도가 전부죠. 또 금방 잘릴 수 있으니까요."

물론 창작 분야는 원래 다 그렇지 않냐고 생각할 수도 있다. 하지만 할리우드에서는 영화 노동자들이 영화 제작 일정을 따라 여러 계약 건을 왔다갔다하며 일을 하는 반면, 게임 업계는 상근직이라는 환상을 판다. 테이크투Take-Two나 EA 같은 대형 게임 유통사들의 구인공고를 보면 임시직이 아닌 커리어가 강조되어 있다. 개발자가 임시직으로 계약하지 않는 이상, 현재 개발 중인 게임이 완성되면 같은 곳에서 다음 게임으로 넘어가 개발을 다시 시작할 수 있다는 기대가 있다. 물론, 많은 시간과 노력이 필요한 일을 위해 사람들을 잡아두는 것은 어찌보면 타당한 일이기도 하다.

게임 개발에 사용하는 툴은 제작사마다 다르고 매우 복잡하다. **시간을 들여서 이 툴을 익혀둔 개발자는 새로 뽑는 사람보다 효율성이 높다.** 게다가 몇 년 동안 함께 일하면서 손발을 맞춰온 사람들의 궁합은 이루 말할 수 없이 소중하다. 이 진리는 다른 사람들과 협력해야 하는 창작 작업을(또는 과학 실험) 해본 사람이라면 누구든 인정할 것이다. **그런데 게임 업계에서 재무적 결정을 내리는 사람들은 왜 이런 사실에 무심할까?**

나는 베테랑 게임 디자이너 케이티 치로니스Katie Chironis와 함께 이 불안정성에 대해 긴 대화를 나눴다. 게임 대기업 마이크로소프트Microsoft, 오큘러스Oculus, 라이엇Riot에서 일해온 그녀는 이 업계의 불안정성이 두렵다는 이야기를 종종 했다. 그녀 본인도 대규모 정리해고를 당한 적이 한 번 있고, 동료들이 당하는 모습을 두 번 목격했다. 2018년에는 시애틀에서 로스앤젤레스로 옮겨왔는데, 그 이유 중 하나는 새로 취업한 회사 말고도 주변에 큰 게임 회사가 많았기 때문이다. 또 해고를 당할 것에 대비한 선택이었다. 그녀는 게임 개발자인 남편과 함께 비상 계획을 항상 논의하고, 지금의 임시직에 문제가 생겼을 때 갈 만한 매력적인 회사들을 정리해두곤

한다. "저희는 집 문제를 이야기할 때, 해고될 수 있는 상황이나 프로젝트가 취소돼서 다른 일을 찾아야 하는 상황에 대한 계획을 중심에 둡니다." 치로니스는 내게 말했다. "한 번 자리를 잡으면 적어도 5년은 버티는 게 좋다고들 하죠. 그러나 저희는 한 군데에서 3년 이상 일해본 적이 없어요."

치로니스에게 **게임 업계에서 일하면서 꼽은 가장 힘든 일은, 친구를 사귀어도 갑작스럽게 헤어져야 한다는 것이었다.** 2014년 어느 날, 치로니스는 모바일 게임 제작사로 출근했다가 바로 짐을 싸서 나가라는 통보를 받았다. 그 통보 전까지는 모든 일이 잘 풀리고 있는 줄만 알았다. "사무실에 불려가서 나가라는 소리를 들으면 끝입니다. 동료들에게 작별 인사도 못하게 하죠." 치로니스는 말했다. "제작사로 돌아갈 수 없었어요. 제작사에는 친구들, 아니면 제가 친구라고 생각했던 사람들이 있었지만 연락할 방법이 없었습니다."

게임은 사람들에게 즐거움을 주기 위해 만들어지지만, 그 뒤에는 기업의 횡포라는 그늘이 드리워져 있다.

이렇게 돈이 콸콸 쏟아지는 업계에서 노동자들을 이렇게 처참하게 대하는 까닭은 무엇일까? 어째서 게임 사업은 멋진 아트를 만들어서 수십억 달러를 벌어들일 줄만 알고, 안정적인 근로 환경을 만들 줄은 모르는 것일까?

· · ·

    나는 첫 책 『피, 땀, 픽셀』(한빛미디어, 2018)에서 게임을 만들기가 힘든 이유를 알아보고자 했다. 여러 개발자에게 질문을 던져서 수많은 답을 얻었다. 그 대답들을 요약하자면, **게임은 예술과 과학 사이에 걸쳐있어 기술 발전과 '재미를 찾는' 도전이 함께 이루어져야 하기에, 일정을 칼같이 맞추는 게 불가능에 가깝다는 것이었다.** 개발하려는 게임이 〈필라스 오브 이터니티Pillars of Eternity〉 같은 오픈월드 롤플레잉이든 〈언차티드 4Uncharted 4〉 같은 일방향 어드벤처 게임이든 상관없이, 흔히 말하듯 '영화를 찍는 동시에 카메라를 개발하는 기분'이 들 정도로 수많은 변수가 도사리고 있다.

이 책에서 던지고 싶은 질문은 다음과 같다.

- 게임 업계에서는 직업 안정성을 유지하기가 왜 이렇게 힘겨울까?
- 어느 날 갑자기 예고도 없이 짐을 싸서 나라 반대편으로 떠나야 하는 업계에서 일하는 건 어떤 기분일까?
- 왜 정리해고와 제작사 폐업이 그칠 줄을 모르는 걸까?
- 이런 사건이 사람들에게 어떤 영향을 미치고 그 사람들은 어떻게 다시 자기 자리를 찾는걸까?

- 자신들이 공들여 세운 게임 회사가 무너지는 모습을 지켜보는 건 어떤 심정일까?
- 제작사가 문을 닫으면 작가, 아티스트, 디자이너, 개발자, 사운드 엔지니어, QA 테스터, 프로듀서는 어떻게 될까?
- 그들의 삶은 어떻게 달라질까?
- 그들의 다음 행보는 무엇일까?
- 그들은 어떻게 새로운 단계로 넘어갈까?
- 그들에게는 어떤 사연이 있을까?

이 책은 게임 제작사가 망했을 때 생기는 일을 이야기한다.

더 구체적으로 말하면, 게임 제작사가 망했을 때 사람들이 어떤 일을 겪는지를 다룬다. 재무 통계나 기업들의 협상에 대한 세세한 이야기는 너무 기대하지 않는 것이 좋다. 내가 관심을 두는 건 그 '기만적' 서류들이 영향을 끼친 인간들의 삶이다. 상사가 회사 직원들을 전부 모아 놓고 모두에게 해고를 통보한다면 어떤 기분일까? 당신이 최근 게임 마감을 위해 함께 밤을 지새운 동료들과 다시는 한 공간에 있을 수 없다는 것을 아는 건 어떤 기분일까? 전 직원에게 새 일을 찾아보라고 알려야 하는 상사의 입장은 또 어떨까?

물론 이 책에 비통하고 비극적인 이야기만 있는 것은 아니다.

우리는 그들의 회복 과정에 대해서도 알아볼 것이다. 사랑했던 회사의 해가 저물면, 직원이었던 당신은 이제 뭘 해야 할까? 독립해서 꿈에 그리던 게임을 직접 만들어볼 기회일까? 지구 반대편으로 가서 다른 제작사에 들어갈까? 게임 업계에서 발을 빼고 좀더 안정적인 일자리를 찾아볼까? 정리해고를 계기로 독립 창작자가 된다는 꿈을 좇는 사람들은 그 전까지 상상도 못했던 위험을 짊어지고 앞으로 나아간다. 그런가 하면 자신을 지켜주지 않은 업계에서 등을 돌리고 떠나는 이들도 있다.

이 책은 이런 몇 가지 이야기들을 살펴본다.

미국 매사추세츠주 보스턴에서는 어마어마한 성공작 〈바이오쇼크BioShock〉를 개발하며 한때 거대한 규모를 자랑했던 제작사 이래셔널 게임즈Irrational Games를 들여다보고 관계자들을 만나본다. 그 다음에는 세계에서 가장 집값 비싼 도시 중 하나인 서부 샌프란시스코 베이에서 나온 두 희생양 2K 마린2K Marin(〈바이오쇼크 2〉)과 비세랄Visceral(〈데드 스페이스Dead Space〉)도 찾아간다. 또한, 로드아일랜드와 메릴랜드에서는 전설적인 야구선수가 〈월드 오브 워크래프트World of Warcraft〉를 잡기 위해 야심차게 출사표를 던졌다가, 두 회사에 재앙을 불러온 이야기를 들어본다.

버지니아로 내려가면, 게임 제작사 미틱Mythic은 게임 업계의 유물이 되어 최신 유행을 따라잡기 위해 발버둥치는 과정을 볼 수 있다. 그 다음에는 게임 개발 과정에서 번아웃으로 고통 받은 사람들과 대화를 나누고, 이 모든 불안정성을 타개할 방안도 찾아본다.[2]

게임이 당신에게 뜻하지 않은 시련을 선사하는 현실이 억울한데도 게임을 놓고 싶지 않을 때 선택지는 두 가지다. 계속 밀어붙이면서 어려움을 이겨나가고 계속 전진하기 위해 부단히 노력하거나, '리셋' 버튼을 누르고 다시 시작하는 것이다. 다음 판은 더 잘할 수도 있으니 말이다. 숨어있던 이동 경로를 새롭게 찾아내서 게임에서 이길 수도 있다. 아니면 당신이 통제할 수 없는 환경과 공략할 수 없는 게임 코드 자체의 문제점 때문에 똑같은 함정에 계속 빠질 수도 있다. 상황이 나아지지 않으면, 게임을 정말 포기해야 하는지도 모르는 일이다.

---

2   이 책에 나오는 이야기는 대부분 관계자들을 직접 취재한 내용을 바탕에 두었다. 별도로 명시되어있지 않은 인용문은 모두 나와 직접 대화를 나눈 내용이다.

목차

지은이·옮긴이 소개　　　　　　　　　　　　　　　　004

옮긴이의 말_ 패자들의 승전가　　　　　　　　　　　005

서문　　　　　　　　　　　　　　　　　　　　　　007

1　저니맨　　　　　　　　　　　　　　　　　　　021
　　<시스템 쇼크>, <에픽 미키> 개발자 워렌 스펙터의 여정

2　프로젝트 이카루스　　　　　　　　　　　　　085
　　가장 높이 날아올라 결국 날개가 모두 타버린 이래서널 게임즈

3　흐르는 강물을 거꾸로 거슬러　　　　　　　129
　　폐업으로 가는 거센 급류를 헤엄쳐 올라간 사람들

4　사라진 스튜디오　　　　　　　　　　　　　169
　　있었는데요. 없었습니다. 2K 마린 이야기

5　워커홀릭　　　　　　　　　　　　　　　　213
　　게임에 모든 것을 바친 잭 뭄바크

6　핏빛 양말　　　　　　　　　　　　　　　　257
　　무너져버린 전설

7　웅장한 골칫덩어리　　　　　　　　　　　　311
　　두 번 쓰러진 빅휴즈게임즈

8　던(건)전 키퍼　　　　　　　　　　　　　　353
　　던전으로 망한 미씩 엔터테인먼트, 건전으로 흥한 닷지볼 게임즈

9　사람의 일　　　　　　　　　　　　　　　　403
　　표류자들의 삶

에필로그　　　　　　　　　　　　　　　　　　440

감사의 말　　　　　　　　　　　　　　　　　　449

저니맨

저니맨

<시스템 쇼크>, <에픽 미키> 개발자 워렌 스펙터의 여정

그야말로 돌아버릴 것 같은 기분이었다.

때는 2005년 말, 워렌 스펙터Warren Spector는 캘리포니아주 글
렌데일이라는 도시에 위치한 어느 회의실에 앉아서 디즈니 경영진
몇 명에게 차기 게임 아이디어를 발표하고 있었다. 그에게 디즈니
라 함은, 덤보부터 도날드 덕까지 자신이 어릴 때부터 즐겨온 무수
히 많은 콘텐츠를 만들어낸 거대 기업이었다. 비록 디즈니 경영진
은 스펙터의 발표 도중 고개를 숙이고 휴대폰으로 문자를 보내며 집
중하지 않았지만, 그 자리에 있다는 것만으로도 얼마나 마음이 설
레었는지 모른다.

스펙터는 애초에 넥타이를 메고 분기별 매출에 지나치게 연연하는 사람들이 고까웠다. 이런 일이 처음은 아니었다. 쉰이 코앞이라 머리가 희끗희끗하고 컴퓨터를 너무 많이 한 탓에 구부정한 자세가 트레이드마크가 된 그는 보통 어느 회의에 가든 나이가 가장 많았다. 그만큼 가장 유명한 인물이기도 했다. 스펙터는 SF 슈팅 게임의 짜릿함에 롤플레잉 게임의 심오한 선택과 결과를 더한 게임 〈데이어스 엑스Deus Ex〉의 디렉터로 왕년에 이름을 날렸다. 개발 도중 경영진은 〈데이어스 엑스〉의 방향성을 이해하지 못했지만 스펙터는 경영진의 간섭을 거부했고, 〈데이어스 엑스〉는 2000년 6월에 발매되자마자 바로 성공을 거두는 것은 물론 후속편과 영화 제작까지 속전속결로 결정되었다.[1] 이 결과로 스펙터는 게임 업계의 유명 인사가 되어서 전 세계를 돌아다니며 인터뷰에 응하고 수많은 행사에 패널로 참석했다. 그리고 몇 년 뒤, 그는 정션 포인트Junction Point라는 게임 회사를 직접 차려서 자신이 원하는 방식대로 게임을 만들기 시작했다.

이제 그는 출장을 다니는 영업인 역할을 맡아서 며칠씩 비행기를 타고 게임 유통사들을 만나러 다니게 되었다. 그는 자신의 새 제작사에 수천만 달러의 투자를 받기 위해, 정장 차림의 남성들을 설득하고자 물불을 가리지 않았다. 스펙터는 설득의 달인이었다. 그

---

1   게임을 영화화하는 대부분의 경우와 마찬가지로, 결과는 흐지부지 되었다.

는 입밖으로 내뱉는 말 한 마디 한 마디에 확신과 진심을 담았고, 위험 요인도 딱히 숨기지 않았기에 성격이 다소 우직하게 느껴졌다. "스펙터는 그렇게 해야 마음이 편한 거죠." 그의 에이전트인 시무스 블래클리Seamus Blackley는 말했다.

"오히려 이렇게 많은 문제가 있고, 전부 잘못될 수 있는 것들이고, 이런 대참사가 벌어질 수 있다. 이런 위험까지 생각하고 있어야 안전한 겁니다. 뭘 고민해야 하는지 안다는 뜻이니까요."

블래클리는 디즈니에 가볼 것을 권유한 장본인이었다. 스펙터는 디즈니를 좋아하긴 했지만, 그들의 가족친화적 이미지가 자신의 성인용 게임과 어울릴지 의문이었다. 〈데이어스 엑스〉는 불멸의 해커와 폭력범들이 득시글한 디스토피아 세계를 배경으로 한다. 미키마우스를 만들어낸 기업과는 이질적인 조합이 아닐 수 없다. 스펙터는 비행기 값만 날리는 격이라고 망설였지만, 디즈니가 게임 제작 방향을 바꾸려고 한다는 블래클리의 설득에 글렌데일까지 날아갔다. 그래서 지금 드넓은 회의실에 앉아 디즈니 경영진에 둘러싸여 있는 것이었다. 스펙터는 이제 다른 게임 유통사에 가서 하던 발표를 시작했다. 〈슬리핑 자이언트Sleeping Giants〉는 마법이 사라진 세계를 배경으로 펼쳐지는 판타지 롤플레잉 게임이었다. 영화계 거장 오우삼 감독과 함께 쿵푸 게임 〈닌자 골드Ninja Gold〉를 개발 중이었고, 〈데이어스 엑스〉에 확장팩이나 다름 없는 〈네세서리 이블Necessary Evil〉에 대한 아이디어도 있었다. 디즈니의 경영자들은 관심을 보이는 듯했다. 그들이 휴대폰을 처다보기 전까지는 분명 그랬다.

"제가 발표를 하고 있는데 그들이 고개를 숙이고 휴대폰을 보더군요. 여기서 나가면 블래클리부터 죽여버려야 겠다고 생각했어요." 스펙터는 말했다. 하지만 블래클리가 있는 쪽을 흘긋 처다봤더니, 에이전트라는 그 역시 휴대폰에 고개를 파묻고 있었다고 한다.

스펙터의 발표가 끝나고, 디즈니 경영진이 입을 열었다. 그들은 사실 서로 문자를 주고받고 있었다고 한다. **그 얘기**를 꺼내도 될지 의논하기 위해서였다. 그들은 스펙터가 마음에 들고 아이디어도 괜찮은 것 같았지만, 전혀 다른 생각을 가지고 있었다. "한 분이 저에게도 문자를 보내셨어요. 스펙터에게 말을 꺼내도 괜찮겠냐고 물으시더라고요." 시무스 블래클리는 말했다. "스펙터가 앉아있는 걸 보면서, **해볼 만하겠다고** 생각했습니다. 설득할 수 있겠다고요."

스펙터의 기억에 나머지 대화는 이렇게 진행됐다.

"라이선스 게임 제작은 어떠세요?" 경영자 한 명이 물었다.

"적절한 라이선스라면 물론 좋죠." 스펙터는 말했다.

"관심 있는 디즈니 라이선스가 있으세요?"

"네, 오리들이요. 스크루지와 도날드 덕을 주십시오."

사실 스펙터는 늘 만화에 빠져있었다. 석사 논문 주제도 워너 브라더스 애니메이션이었고, 디즈니의 투덜투덜거리는 도날드 덕은 그가 가장 좋아하는 캐릭터였다. 옛날부터 〈욕심쟁이 오리아저씨〉로 게임을 만들어서, 재벌 스크루지 마크 덕과 그의 손주 휴이,

듀이, 루이를 주인공으로 인터렉티브 스토리텔링 기반의 게임을 제작하는 꿈을 꾸기까지 했다. 하지만 디즈니 사람들이 염두에 둔 건 조금 달랐다. 워렌 스펙터의 회사, 진로, 삶의 궤도를 송두리째 바꿔놓을 변화였다.

경영진은 말했다. **"음, 미키마우스는 어때요?"**

. . .

세계에서 가장 큰 만화 캐릭터를 제안 받기 한참 전부터 워렌 스펙터는 인터렉티브 스토리 텔링 기반 게임에 목매왔다. 1955년에 태어나 뉴욕에서 자란 그는 어릴 때부터 테이블톱 롤플레잉 게임에 푹 빠졌기에, 규칙집을 놓고 친구 몇 명과 둘러앉아 모두의 상상 속에서 스토리를 펼쳐냈다. 그러다가 스물 두 살에 텍사스주 오스틴에 있는 대학원에 들어갔다가 보드게임 〈던전 앤 드래곤〉 캠페인에 가입했는데 이 캠페인이 무려 10년 가까이 지속됐다. 그는 아직도 이때의 장대한 판타지 서사가 이후 게임 제작에 가장 큰 영향을 미친 요소라고 회상한다.

"보드 게임을 시작하면 우리는 샹 강변 도시에 사는 생쥐떼 일원이었어요. 굉장했죠." 스펙터는 말했다. "처음에는 소소하게 시작했어요. 이 얘긴 평생 하라고 해도 재미있게 할 수 있어요. 우리는 소소한 일을 하다가 어느새 던전에 가서 모험을 하고, 결말로 가면

군대를 지휘하는 장군이 되기도 했습니다. 진행하면서 우리를 체포하던 사람들이 이후 우리의 아군일 수도, 적군일 수도 있어 긴장감을 놓칠 수 없었죠"

스펙터는 오스틴에 있는 텍사스 대학교에서 영화를 공부하고 논문을 쓰는 동안, 생활비 마련을 위해 조교로 일하며 학생들을 가르쳤다. 그러던 어느 날, 학교에서 안타까운 소식을 들었다. 이제 다른 조교가 수업을 할 차례라서 스펙터는 그만둬야 한다는 것이었다. "전화를 끊고 말했어요. '아이고, 이제 수입이 없는데 월세를 어떻게 낸담?'" 그런데 잠시 후 다른 전화가 와서 그의 걱정을 씻어주었다. 이번에는 스티브 잭슨 게임즈Steve Jackson Games라는, 보드게임과 테이블톱 RPG를 개발하는 회사에 다니는 친구였다. 친구는 보조 편집자를 구하고 있는데 최저임금밖에 받을 수 없어도 괜찮겠냐고 했고, 스펙터는 그 제안을 덥석 물었다.

"저는 이미 게임 개발자였어요. 직접 게임 디자인을 하고 캠페인을 만들 수 있었습니다."

1983년에 스펙터는 스티브 잭슨 게임즈에 입사해서 〈툰Toon〉처럼 오리와 토끼 캐릭터로 롤플레잉을 하면서 게이머들끼리 대화를 나누고 전투를 벌이는 테이블톱 게임 디자인 방법을 배웠다. 그리고 거의 매주 오스틴 북스Austin Books라는 만화 전문 서점에 들렀다. 텍사스 중부에 있는 '덕후'들의 성지인 서점에서 그는 캐롤라인이라는 직원에게 마음을 빼앗겼고, 두 사람은 결국 연인이 되었다. 교제를 시작하고 한동안은 스티브 잭슨 게임즈에서 함께 일하기도 했지만, **스펙터는 1986년 말에 꿈의 직장이 아닐까 싶은 곳에서 연락을 받았다.** 〈던전 앤 드래곤〉을 만들어낸 TSR이라는 회사에서 그에게, 위스콘신 주 레이크 제네바로 와서 편집자로 일해달라는 제안을 한 것이다. 테이블톱 RPG의 세계에서 이런 제안은, 대학 농구 선수가 NBA에 깜짝 스카우트되는 수준의 기적이었다. "스펙터가 저를 넌지시 보더니, 자기랑 같이 레이크 제네바에 가면 어떻겠냐고 묻더라고요." 캐롤라인은 그 당시를 회상했다. "저는 그랬죠. 결혼하는 게 아닌 이상 안 간다고요. 그랬더니 알겠다고 하더라고요." 몇 주 뒤 워렌과 캐롤라인은 위스콘신으로 떠났다. 봄에는 텍사스로 돌아와 캐롤라인의 이모 집에서 조촐한 결혼식을 올렸다. 그리고 두 사람이 살 곳은 이제 텍사스임을 깨닫는다.

레이크 제네바는 사실 워렌에게도, 캐롤라인에게도 맞지 않았다. 겨울이 너무 추웠고, 두 사람은 예전에 즐겨 가던 곳들과 바비큐 모임도 그리워졌다. 물론 일도 지겨웠다. 워렌 스펙터는 캐릭터를 만들고 이야기를 전개하고 싶어 애가 탔다. 어느 날은 게임 진행에 어느 주사위를 사용할지 고민하다가 문득 깨달았다. "한 손에는 20면체 주사위를, 다른 손에는 백분율 주사위를 쥐고 있더라고요. 그 주사위를 보면서 생각했어요. 내가 일을 하면서 내려야 하는 가장 중대한 결정이 이 주사위를 고르는 거라면, 다른 일거리를 찾아봐야겠다고요." **얼마 뒤, 그는 또 한 번 삶을 뒤바꿀 전화를 받는다.**

이번에는 오스틴에 있는 친구가, 텍사스로 돌아와서 오리진 시스템스Origin Systems라는 새로 생긴 게임 회사에서 일하면 어떻겠냐고 제안해왔다.

오리진은 리처드 개리엇Richard Garriott이라는 게임 디자이너가 세운 회사였다. 우주인 오웬 개리엇Owen Garriott의 아들인 리처드는 어릴 때부터 컴퓨터와 여행에 푹 빠져있다가, 1981년에 두 요소를 결합한 게임 〈울티마Ultima〉를 발매했다. 테이블톱 RPG 규칙을 게임에 맞게 해석한 〈울티마〉의 판타지 세상에서, 플레이어는 온갖 성과 지하 감옥을 모험했다. 인간, 요정, 난쟁이, 보빗(〈반지의 제왕〉의 저작권을 대충 피해가려고 지은 이름이었다) 캐릭터를 맡아 돌아다니면서 퀘스트를 해결하고, 괴물과 싸우고, 우주선에 올라타 별들을 오가면서 적들과 싸웠다. 개리엇은 친구 한 명과 1년만에 만든 〈울티마〉의 예상 못한 큰 성공에 힘입어 오리진을 세우고, 본격적인 게임 개발자로 변신했다.

스펙터가 조용하고 내성적인 반면, 개리엇은 대담하고 거침 없는 성격에 화려한 파티를 자주 열고 위험한 모험을 즐겼다.[2] 스펙터가 오스틴에 살던 시절에 두 사람은 의외의 조합으로 친구가 되었다.

---

2   개리엇은 2008년에 스페이스 어드벤처스(Space Adventures)라는 민간 조직에 수백만 달러를 투자하고 최초로 우주 여행을 한 민간인(이자 최초의 게임 개발자) 중 한 명이 되었다. 자신이 몇십 년 전 만들어낸 〈울티마〉 속 판타지 세계에서처럼 말이다.

서로 비슷한 무리에 속해있으면서 게임 디자인에 대해 비슷한 감성을 공유했기 때문이다. 레이크 제네바에서의 생활이 못마땅했던 스펙터는 기회를 놓치지 않고 친구가 있는 오리진에 합류했다. "리처드와 꼭 일하고 싶었어요. 그래서 오리진에 들어간 면도 있다고 생각합니다. 우리는 모든 면에서 마음이 잘 맞았거든요." 스펙터는 말했다. 스펙터가 입사한 1989년 당시, 오리진은 여섯 번째 〈울티마〉를 준비 중이고 규모를 빠르게 확장하면서 텍사스와 뉴앰프셔에 모두 사무실을 가지고 있었다. 게임 산업이 호황인데다 개인용 컴퓨터에서 하는 게임의 수요가 특히 많다 보니 오리진의 성장세도 가팔라졌다.

이듬해에 스펙터는 진정한 게임 제작자가 되는 법을 배웠다. 그 방법은 팀을 이끌고, 프로젝트를 관리하고, 고집불통인 사람들이 하나의 창작 방향성을 따르게 한다는 불가능에 가까운 행위를 완수해야 했다. 그는 캐리엇과 함께 〈울티마 VI〉를 만들면서, 처음에는 악당인 줄 알았지만 알고 보면 복잡한 사연이 있는 괴물들에 대한 정교한 스토리를 짰다. **1980년대 게임 스토리텔링에 획기적인 반전을 가한 것이었다.** 그는 당시 떠오르던 젊은 스타 크리스 로버츠Chris Roberts의 〈윙 커맨더Wing Commander〉 제작도 도왔다. 이 게임은 우주선을 조종하면서 외계인들에게 총을 쏘는 우주 전투 시뮬레이터였으며, 스펙터는 크리스의 고약한 성격을 겪으면서 타협하는 방법을 배웠다.[3] 우리는 하루에 열 번씩 말다툼을 벌였는데 제가 그 중 세 번 정도 이기면 운수 좋은 날이었어요." 스펙터는 말했다.

오리진에서 가장 나이가 많은 축에 속했던 스펙터는 곧 임원 자리에 올랐다. "제가 생각한 사업 모델은 이랬습니다. 내부와 외부에서 2개씩, 총 4개의 프로젝트를 시작하고 흡족하지 못한 프로젝트를 일년에 2개씩 죽이는 거였죠. 사람들에게 이렇게 할거라고 이야기했습니다. 잘나가는 프로젝트 중 하나가 되라고요."

오리진에서 프로젝트를 훌륭하게 진행하는 협력사, 루킹 글래스Looking Glass라는 곳은 폴 노이라트Paul Neurath라는 개발자가 매사추세츠주 케임브리지에서 운영하는 제작사였다. 스펙터와 노이라트는 가까운 크리에이티브 파트너가 되어 두 편의 걸작을 만들었다. 하나는 1992년에 나온 〈울티마 언더월드Ultima Underworld〉, 다른 하나는 1995년에 나온 〈시스템 쇼크System Shock〉였다. 이 두 게임은 배경이 전혀 달랐다. 〈울티마 언더월드〉는 판타지 던전이, 〈시스템 쇼크〉는 우주 정거장이 무대였지만 공통된 디자인 요소가 있었다. 〈던전 앤 드래곤〉의 감성을 재현하고 싶다는 스펙터와 노이라트의 열망이 두 게임에 모두 선명하게 드러났던 것이다. **"저희는 선형적으로 전개되는 소설, 영화, 책의 서사를 좋아했지만, 그**

---

3 크리스 로버츠는 〈스타 시티즌〉이라는 우주 소재 게임을 총괄했다. 이 게임은 2012년에 크라우드펀딩을 시작해서, 가상의 우주선에 기꺼이 큰 돈을 쓰는 팬들로부터 3억달러를 모금했다.

에 비해 게임은 상호적이었습니다. 그래서 플레이어가 각자의 기질을 바탕으로 스토리와 층위를 해석할 여지가 있죠." 노이라트는 말했다.

이들은 〈울티마 언더월드〉와 〈시스템 쇼크〉를 통해 오늘날 '몰입형 시뮬레이션immersive sim'이라고 알려진 장르를 개척했다. 두 게임이 미친 영향은 〈폴아웃Fallout〉과 〈젤다의 전설: 야생의 숨결The Legend of Zelda: Breath of the Wild〉에서 제대로 확인할 수 있다. **몰입형 시뮬레이션은 플레이어들에게 다양한 방식으로 난제를 풀고 장애물을 통과하기 위한 기회를 준다는 개념이다.** 군인 두 명이 보초를 서있는 문을 통과해야 한다고 하자. 액션 게임이라면 플레이어는 군인들을 무찌르고 전진해야 할 것이다. 하지만 몰입형 시뮬레이션에서는 선택지가 다양하다. 물론 군인들을 죽일 수도 있지만, 근처 골목으로 연결된 통풍구로 들어가서 몰래 문을 통과해도 된다. 아니면 폭죽을 터뜨려놓고 보초병들의 주의가 흐트러진 틈을 타 문으로 내달리고, 자신을 놓친 보초병들을 비웃을 수도 있다.

1990년 초에 이러한 새로운 방식은 게임의 패러다임을 뒤흔들었다. 디자이너 대부분이 놀이공원을 차려놓고 플레이어들에게 롤러코스터 조종 키를 쥐어주었다. 몰입형 시뮬레이션에서는 직접 롤러코스터 열차를 만들어서 원하는 궤도에 올릴 수 있다. 스펙터와 노이라트가 이끄는 유능한 게임 개발 팀은 〈던전 앤 드래곤〉 같은 테이블톱 게임이 선사하던 무한한 가능성을 최대한 비슷하게 재현하고 싶었다. "우리는 이런 걸 고민했어요. 플레이어 두 명이 하나의 게임에서 똑같은 미션이나 모험을 수행한 다음에 대화를 나눠보면, 둘이서 전혀 다른 게임을 한 것처럼 이야기를 하는 것이죠." 노이라트는 말했다. "그게 우리가 만들어 낸 리트머스 시험입니다."

〈울티마 언더월드〉와 〈시스템 쇼크〉는 획기적인 게임이었지만 오리진은 플로피 디스크 생산 비용이 높은 탓에 현금 부족에 시달리고 있었다.[4] 1992년에 자금이 부족해진 리처드 개리엇은 일렉트로닉 아츠Electronic Arts(EA)라는 거대한 게임 유통사에 회사를 팔았다. 거대한 기업 인수 사례가 보통 그렇듯, 협력 관계는 순조롭게 시작되었다. "처음 몇 년은 좋았어요." 스펙터는 말했다. "EA는 우리가 상상조차 할 수 없던 예산과 자유를 줬습니다." 새로운 돈줄이 생긴 오리진은 빠르게 사세를 확장하면서 수십 가지 신작을 동시에 제작해보기 시작했다. 그 중에는 경험이 부족한 신참들이 맡은 게임들도 있었다. 그 결과 이 게임들 중 상당수가 취소되었고 1995년부터는 EA 경영진의 불만이 커져갔다. 그들은 몇 주에 한 번씩 오스틴으로 날아가 오리진이 그렇게 많은 돈을 낭비하고 있는 이유가 무

---

4   1980년대와 1990년대 초에는 컴퓨터 게임이 3.5인치 디스크 형태로 판매되었고 용량이 한정적이었다. 오리진이 만드는 게임에는 플로피 디스크가 어마어마하게 필요했다. 게임 하나에 디스크가 8~9장씩 필요한 경우마저 있었기에 가격이 상상 이상으로 비쌌다. 게임 유통사들이 더 실용적인 CD롬 형태를 택하기 시작한 것은 1993년에 나온 〈미스트(Myst)〉부터였다.

엇인지 물었다. **"우리는 그들의 나라에서 바람직한 시민이 아니었습니다."** 스펙터는 말했다. 오리진은 더 이상 〈울티마〉 시리즈로 얼떨결에 성공한 어설픈 새내기 유통사가 아니었다. 이제는 EA의 육중한 정치 조직에 속한 그저 하나의 톱니바퀴였고, 개발자들은 그에 따른 경영진의 술수를 상대하고 재정도 책임져야 했다.

스펙터는 처음으로 게임 업계에서 사업 개발을 담당하는 경영진에게 분개했다. "어느 날은 EA의 고위 임원 한 명이 와서 그러더군요. 제가 커리어를 제대로 발전시키지 못하고 있다고요. 이름은 밝히지 않을게요." 스펙터는 말했다. "제가 매년 돈을 벌고 있기는 하지만 액수가 미미하다고 말이죠." EA는 상장 기업이기에 주주들의 신탁 재산을 성장시켜주는 것을 가장 우선시해야 한다. 그저 수익을 내는 것만으로는 부족하고, 매년 기하급수적으로 수익을 성장시켜야 한다. 몰입형 시뮬레이션은 플레이어들에게는 즐거웠는지 몰라도, 기하급수적인 성장을 가져다줄 소비자 유형에게는 와닿지 않았다. **워렌 스펙터가 만든 게임들은 굉장한 찬사를 받았지만 오리진에 있는 다른 게임들처럼 잘 팔리지 않았다.** 예를 들어 다른 제작자인 크리스 로버츠의 〈윙 커맨더〉 시리즈가 성공하면서 스펙터는 더욱 외톨이 신세가 되었다. "저는 'B급 영화' 감독 같은 사람이었어요. 예산이 별로 없고 아무도 관심 가져주지 않는 그런 사람이요. 그래서 소수만 열광하는 컬트적이고 괴상한 프로젝트들을 도맡았습니다." 스펙터는 말했다. "[그 EA 임원]은 말했어요. '당신에게

1달러를 주면 고작 1.10달러가 돌아올 게 뻔한데 제가 왜 그 돈을 쓰겠어요? 크리스에게 천만 달러를 주면 1억 달러로 불어날 가능성이 높은데 말이에요."

결국 1996년에 워렌 스펙터는 EA를 떠나기로 결심했고, 오랜 친구인 폴 노이라트는 매사추세츠로 와서 그와 함께 루킹 글래스에서 일하면 어떻겠냐고 제안했다. 스펙터가 다시 텍사스를 떠나기를 주저하자, 노이라트는 텍사스에 새로 사무실을 열어도 좋다고 했다. 이미 오스틴에서

저니맨은 원래 여기저기를 떠돌아다니면서 일감을 받는 직인을 뜻하였으나, 프로스포츠에서 여러 클럽에서 활약하는 선수로 의미가 확대되었다. (출처: 위키백과)

재택근무를 하고 있는 직원이 두 명 있었으므로, 스펙터까지 합류해서 새 회사를 차리면 됐다. 루킹 글래스 오스틴라는 이름으로 새롭게 시작한 이 회사는 스펙터의 지휘 아래 자율적으로 직원을 꾸리고 프로젝트를 진행했다.

스펙터는 개발자들을 고용하고 게임을 구상하기 시작했다. 예를 들어 〈정션 포인트Junction Point〉는 친구들끼리 모여서 모험을 할 수 있는 SF 멀티 플레이어 게임으로 1996년에는 흔치 않은 콘셉트였다. "시대를 한참 앞서간 게임이었습니다." 노이라트는 말했다. 하지만 루킹 글래스는 투자 문제를 겪고 있었고, 노이라트와 스펙

터는 몇 달 만에 회사를 어떻게 생존시킬 것인가라는 심각한 고민을 마주했다. "저는 노이라트에게, 그냥 오스틴 사무소를 닫자고 했어요." 스펙터는 말했다. "저는 다른 계약을 따낼 자신이 있었거든요."[5] 그리고 1997년에 스펙터는 처음으로 제작사를 닫고, 루킹 글래스 오스틴에서 함께 하던 직원들 몇몇에게 자신이 새 프로젝트를 찾을 때까지 함께해줄 수 있냐고 물었다(〈정션 포인트〉는 끝내 제작되지 않았다).

그들의 실직 상태는 그다지 오래가지 않았다. 제작사를 닫고 얼마 지나지 않아 스펙터의 새 팀은, 웨스트우드Westwood 라는 회사와 함께 유명한 실시간 전략 게임 시리즈 〈커맨드 앤 컨커Command & Conquer〉 기반의 롤플레잉 게임을 만드는 계약 직전까지 갔다(묘하게도 웨스트우드 역시 나중에 EA에 인수되었다). 그런데 이번에는 자신만만하고 겉멋이 잔뜩 든 게임 디자이너 존 로메로John Romero 가 스펙터에게 연락해왔다. 로메로는 오리진에서 일하다가 스펙터가 입사하기 1년 전이었던 1988년에 회사를 떠난 전력이 있었다. 그 다음에는 존 카맥John Carmack이라는 개발자와 손잡고, 이드 소프트웨어id Software를 차렸다. 〈둠Doom〉, 〈퀘이크Quake〉. 〈울펜슈타인 3DWolfenstein 3D〉 같은 초대형 히트작을 뽑아냈지만, 내부적으론 상

---

5   루킹 글래스는 2000년에 문을 닫았다. 폴 뉴러스는 회사를 닫기까지 악재가 연달아 터졌다고 설명했다. "한 마디로 저희 투자자들은 게임 업계에 흥미를 잃었습니다."

당히 어설픈 제작사였다. 그래서 다른 직원들과의 불화로 스타 디자이너였던 로메로는 회사를 떠나 이온 스톰Ion Storm이라는 새 제작사를 차렸고, 스펙터에게 연락할 무렵에는 자금도 충분했다.

로메로는 스펙터에게 〈커맨드 앤 컨커〉 계약을 거절하고 자신과 일하자고 제안했다. 이미 계약이 코앞이라서 이미 늦었다며 스펙터가 거절의 뜻을 보이자, 달라스 사무실에 있던 로메로는 스펙터가 있는 오스틴까지 가서 도저히 거부할 수 없는 천금 같은 제안을 내밀었다. **"거절하기엔 너무 큰 돈이었어요.** 예산이 무제한이나 다름없었거든요. 마케팅 예산도 그때까지 살면서 감히 만져본 적도 없는 수준이었죠." 스펙터는 말했다. "그 누구의 방해도 받지 않고 늘 꿈꿔오던 게임을 만들라는데, 그걸 누가 거절할 수 있겠어요?"

이 계약을 통해 나온 게임이 바로 〈데이어스 엑스〉였다. 〈울티마 언더월드〉와 〈시스템 쇼크〉가 '몰입형 시뮬레이션'의 청사진을 보여줬다면, 〈데이어스 엑스〉는 그 청사진을 통해 실제로 완성된 건물이었다. 장르를 너무나도 독특하게 섞어놓았기에, 마케팅 부서에서는 이 게임을 무슨 장르라고 불러야 할지 감을 잡을 수 없었다.

이 게임은 RPG일까? 슈팅 게임? 액션 게임?

정답은 **'전부 다'**였다. 음모, 나노 기술, 사악한 과학자들이 판치는 근미래의 디스토피아적 세계에서 플레이어는 JC 덴튼JC Denton이라는 요원이 되어 다양한 방식으로 장애물을 통과한다. 적에게 총을 쏠 수도 있지만, 살금살금 기어 다니거나 주변에 있는 컴퓨터

단말기를 해킹해서 적들의 방어 시설을 무력화할 수도 있다. 스펙터가 이후에 쓴 글에서, '디자이너, 개발자, 아티스트, 스토리텔러의 영리함을 자랑하기보다 **플레이어가 스스로를 자유롭게 표현할 수 있도록 해주는 게임**'을 만드는 게 목표였다고 밝혔다. 스펙터에게 와서, 스텔스기를 쓰는 플레이어는 극소수에 불과한데 왜 굳이 게임에 스텔스기를 넣냐고 묻는 회사 임원도 있었다. 스펙터는 그런 소리를 철저히 무시했다. "크리스 로버츠에게서 저에게 일찍이 '아니오'라는 말의 힘을 가르쳐주었습니다." 스펙터는 말했다.

"협상에서 이기려면 그 일에서 손을 뗄 수도 있다는 각오를 해야 합니다."

〈데이어스 엑스〉는 2000년 6월에 세상에 나와 플레이어들을 한 방에 사로잡고, 단조로운 슈팅 플랫폼 게임에도 셀 수 없이 많은 가능성이 숨어있음을 만천하에 보여주었다. 이 게임은 백만 부 이상 판매되었고, 그 당시 **역대 최고의 게임**이라고 널리 인정받았다. 스펙터는 〈데이어스 엑스〉와 함께 승승장구해서, 2001년에 로메로가 회사를 떠나고 달라스 제작사가 문을 닫은[6] 다음에도 이온 스톰의 오스틴 사무소를 운영했다. 그는 〈데이어스 엑스〉의 선임 디자

---

6   이온 스톰 달라스 제작사가 무너진 요인은 몇 가지가 있지만 그 중에서도 가장 인상적인 것은 아마도 게임사에 가장 악명 높게 기억될 〈다이카타나(Daikatana)〉라는 게임의 광고였다. 핏빛 화면에 검은 잉크가 흩뿌려지고 내레이션이 나온다. "당신은 존 로메로의 노예가 된다." 팬들의 반응은 썰렁했다.

이너 하비 스미스Harvey Smith에게 후속작인 〈데이어스 엑스: 인비저블 워Deus Ex: Invisible War〉를 지휘하고 다른 프로젝트들을 감독하게 했다. 그 중에는 스펙터가 루킹 글래스에서 만난 오랜 친구들이 만들었던 판타지 스텔스 게임 시리즈 〈시프Thief〉의 신작도 있었다.

이번에도 기업의 관료주의가 워렌 스펙터의 계획을 방해했다. 게임 유통사 에이도스Eidos가 〈데이어스 엑스〉 개발 중 이온 스톰을 사들였고, 스펙터는 EA에서 그를 그토록 괴롭혔던 기업의 위험회피에 또 한번 시달려야 했다. 그는 서부 황야를 배경으로 게임을 만들고 싶었지만, 에이도스 마케팅 임원들은 서부 게임은 돈이 안 된다며 난색을 표했다. "저는 대답했습니다. 아직 돈 되는 서부 게임을 만들어낸 사람이 없는 것뿐이라고요." 스펙터는 말했다(몇 년 뒤 록스타가 〈레드 데드 리뎀션Red Dead Redemption〉으로 대성공을 거두면서 이 예측을 적중시켰다). 스펙터는 마케팅 부서로부터 게임 스토리텔링을 너무 많이 하지 말라는 이야기를 듣고 더는 안 되겠다고 생각했다. "정확히 이렇게 말했어요. '워렌, 앞으로는 우리에게 '스토리'라는 단어를 쓰시면 안됩니다.'"

어느새 워렌 스펙터에게 이런 일은 하나의 패턴이 되었다. 그의 업계에서 드문 일도 아니었다. 모든 예술 활동과 마찬가지로, 게임 업계의 기반에는 두 파벌, 즉 창의적인 사람들과 돈을 좇은 사람들 사이의 갈등이 있다. 예술 작품을 만들려는 게임 개발자들과 수익을 창출하려는 게임 유통사들의 충돌은 게임 자체만큼이나 역사가 깊고, 게임 업계에 존재하는 거의 모든 문제의 근원이기도 하다. "저는 살면서 한 번도 예산을 편성하거나 일정을 짜본 적이 없어요. 제가 참여해본 어떤 프로젝트에서도요." 스펙터는 말했다. "늘 사람들에게 이렇게 따져 묻습니다. 일정을 지키고 예산을 초과하지도 않은 게임 중에 유명한 게임을 하나라도 대보시라고요."

경영진은 수백만 부가 팔릴 게임을 만들 의지가 없는 스펙터의 모습에 격노했다. 이 괴팍한 천재는 자신이 얼마나 회사 돈을 날려 먹고 있는지 신경도 쓰지 않는 것 같았다. 그들의 눈에 스펙터는 고집도 세고 회사의 재정에 책임감을 전혀 느끼지 않는 듯해 보였다.

하지만 스펙터는 'B급 영화' 감독이 되는 것에 개의치 않았고, 돈을 좇은 사람들과의 충돌도 불사했다.

그저 자기가 원하는 게임을 만들고 싶을 뿐이었다.

이온 스톰에서 그와 함께 일했던 개발자 아트민Art Min은 이렇게 말했다. "워렌은 이런 말을 한다는 점에서 멋진 사람입니다. '내가 원하는 판매량은 N+1이야. 여기서 N은 다음 게임을 만들기 위해 나와야 하는 판매량이지.'"

이온 스톰 오스틴을 설립한지 7년째인 2004년에 스펙터는 회사를 떠나기로 했고, 아트민과 다른 직원들이 뭉친 자칭 '카발Cabal'이라는 작은 팀도 그를 따르기로 했다. 오스틴 교외에 있는 멕시칸 식당에서 타말레를 먹으며 몇 달 동안 열띤 토론을 한 결과, 카발은 독립 게임 회사를 새로 설립하기로 했다. 위험천만한 행보였지만,

수익이 충분히 나오지 않는다는 이유로 자신의 아이디어를 짓밟는 경영진을 거듭 겪어온 스펙터 같은 사람들에게는 여태 느껴본 적 없는 자유였다. 곧 쉰을 바라보는 스펙터지만 여전히 20대처럼 업계에 몸담고 있었다. 그는 아이를 갖지 않기로 아내와 합의했기 때문에 게임 업계가 창작자들에게 요구하는 오랜 근무 시간을 감당하기 쉬운 편이었다. 하지만 자신의 품에서 떠나 보내야 했던 게임들을 종종 떠올렸다. 이 거대한 프로젝트 하나하나에 2~3년씩 시간을 들이고, 그 중 일부는 중단되거나 어떤 식으로든 계획이 빗나간다면 현실적으로 얼마나 많은 프로젝트를 완성할 수 있을까?

"죽기살기로 덤벼야 한다는 게 제 생각이었어요."

캐롤라인 스펙터는 말했다. "이제 남편이 직접 회사를 세울 때가 됐고, 이보다 더 좋은 시기는 오지 않을 거라고 말이죠."

이들은 새 회사의 이름을 정션 포인트라고 지었다. 루킹 글래스가 문을 닫기 전에 그가 개발하고 싶어했던 멀티 플레이어 게임 타이틀명을 딴 이름이었다. 스펙터와 아트민은 곧장 자금을 구하러 나섰고, 스펙터의 오랜 친구 시무스 블래클리를 대변인으로 뽑았다. 아는 것이 많은 물리학자 블래클리는 1990년대에 루킹 글래스에서 개발자로 일하다가 커리어 개발을 위한 모험을 떠났다. 그는 마이크로소프트에서 설립자 빌 게이츠를 설득해 플레이스테이션에 대적할 콘솔 개발에 몇십억 달러를 투자하게 만들었다(결과는 성공이었다). 당시 블래클리는 크리에이티브 아티스트 에이전시 Creative

Artists Agency에서 에이전트로 일하면서 게임을 만드는 사람들의 자금 조달을 돕고 있었다. 그의 클라이언트는 팀 샤퍼Tim Schafer(〈사이코너츠Psychonauts〉, 〈그림 판당고Grim Fandango〉), 론 래닝Lorne Lanning(〈오드월드Oddworld〉) 등 아이디어는 기발하지만 자금 부족의 어려움을 겪는 이들이었고, **이제 워렌 스펙터도 그 대열에 합류했다.**

블래클리는 정션 포인트가 마제스코Majesco와 함께 〈슬리핑 자이언트Sleeping Giants〉를 개발하도록 계약을 성사시켜주었다. 이것은 워렌과 캐롤라인 부부가 수십 년 전에 함께 구상한 판타지 게임으로, 4대 원소를 사용하는 마법 주문을 바탕에 둔 정교한 물리 시스템과 용들이 등장했다. 두 회사는 1년간 함께 했지만 마제스코가 자금난을 겪으면서 프리미엄 게임 개발을 중단하기로 했다. "이제 어째야 하나 싶었는데 취소 위약금 덕분에 버텼습니다. 새로 계약을 따낼 때까지 버티기에는 충분한 돈이 있었어요." 정션 포인트는 위기 대응 모드에 돌입했다. 독립은 그들에게 재정난을 안겼고, 아트민은 스펙터와 어려움을 극복할 방향에 대한 의견 차이로 얼굴을 붉히다가 회사를 떠났다. 그는 퇴사만이 살 길이라고 생각했고, 스펙터의 생각은 달랐다.[7]

머지않아 다른 기회가 생겼다. 밸브 소프트웨어Valve Software의

---

7   두 사람은 몇 년 동안 교류를 끊었다가 결국 화해했고, 이후 스펙터는 아트민의 결혼식에서 시를 낭독하기까지 했다.

갑부 CEO 게이브 뉴웰Gabe Newell이 스펙터가 이끄는 팀에게, 대표적인 슈팅 게임 〈하프라이프 2Half-Life 2〉의 새 에피소드를 만들면 어떻겠냐고 연락해온 것이다. 이 프로젝트도 몇 달 간 진행되다가 중단되었다.

"그 프로젝트가 날아가고, 다시 일거리가 없어졌습니다." 스펙터는 말했다. 분명 연륜 있는 게임 개발자들이 모여있고 그 중에는 업계의 전설적인 존재까지 있었건만, 정션포인트는 점점 더 새로운 게임을 만드는 데 필요한 자금을 구할 수 없을 것처럼 느꼈다. 그들이 몇 년만 더 늦게 독립했다면 킥스타터나 자체 유통, 소규모 부티크 유통사 같은 대안을 찾을 수 있었겠지만 2000년대 중반에는 그런 경로가 전혀 존재하지 않았다. EA나 액티비전 같은 대기업만이 스펙터의 유일한 선택지였고, 그 중 **그가 제안하는 게임들에 관심을 보이는 곳은 없었다.**

이제는 의문이 들 수밖에 없었다. 독립 제작사를 세운다는 모험은 정말 실수였을까? 정녕 앞으로 돈만 구하러 다니면서 커리어를 마감해도 좋을까? 죽기살기로 덤비는 것의 문제는, 그러다가 실패하면 정말로 죽을 수 있다는 것이다.

■ ■ ■

디즈니의 임원인 그레이엄 호퍼Graham Hopper가 승진하면서 받은 임무는 단 하나, **게임을 더 많이 만들라는 것이었다.** 그는 1991년부터 팀 미키 Team Mickey 에서 일해온 남아프리카 출신 경영인이었으며, 재정에 대한 관념이 투철하고 게임 업계가 돈이 된다는 믿음을 가지고 있었다. 과거에 게임을 슬쩍슬쩍 건드려보던 디즈니는 직접 게임을 개발하기보다, 미키나 구피 같은 캐릭터들의 사용권을 다른 게임 유통사에 허가해주는 경우가 대부분이었다. 그러다가 2000년대 초에 직접 게임을 만들어서 돈을 쓸어 담는 다른 기업들을 보면서, 미키마우스 친구의 눈에 달러 표시가 떴다. 그래서 새 부서를 만들고(이 부서는 나중에 디즈니 인터랙티브 스튜디오 Disney Interactive Studios 라는 이름을 얻었다) 호퍼를 책임자 자리에 올렸다. 2002년에 디즈니는 정식으로 게임 업계에 발을 들였다.

이제 호퍼가 이끄는 팀은 그들의 가장 값진 자산인 미키마우스를 어떻게 써먹어야 할지 고민이었다. 세계 어디에서나 사랑 받는 디즈니의 마스코트 미키마우스는 이전에도 게임에 출연한 적이 있었다. 그 중 가장 두드러진 것은 1990년대에 슈퍼 패미컴과 메가 드라이브에서 하는 마리오 류의 플랫폼 게임 시리즈였다. 하지만 게임 속에서는 TV에서와 같은 아이콘이 되지 못했다. 할리우드에서 미키는 최고로 잘나가는 생쥐였지만, 게임 세상에서는 수많은 만화 캐릭터 중 하나일 뿐이었다. 게임 개발을 밀어붙이기 위해 디즈니가 세운 계획 중에는, 사람들이 아끼고 기억할 만한 미키만의 게임을 만드는 것이 있었다. "디즈니의 게임 부문에서 미키는 신화나 다름없는 존재였습니다." 호퍼는 말했다. **"세상에서 가장 유명한 캐릭터 중 하나이지만, 이 친구를 새로운 고객과 팬들에게 소개할 만한 게임이 하나도 없으니까요."**

호퍼는 바쁘게 일했지만 2004년 여름까지도 미키 프로젝트는 썩 인기를 끌지 못했고, 결국 새 프로젝트가 필요했던 디즈니 인턴 팀의 손에 넘어갔다. 이 인턴들은 외부 에이전시들이 디즈니에 보내온 제안들이 마음에 들지 않던 나머지(그 중에는 1990년대 스타일로 미키에게 선글라스를 씌우고 호버보드를 쥐어준 것도 있었다), 직접 아이디어를 내보기로 했다. "미키마우스에게 〈젤다의 전설: 시간의 오카리나〉 같은 걸 만들어주고 싶었어요." 당시 인턴이었던 숀 배너먼Sean Vanaman은 말했다. [8] 이후 이들은 작은 독립 제작사 한 곳과 프로젝트를 진행하게 되었고, '미키 에픽'이라는 코드명을 통해 야심찬 포부도 드러냈다. 이들은 1920년대에 공개됐던 미키마우스 애니메이션 〈증기선 윌리Steamboat Willie〉 같은 옛날 흑백 만화 스타일로 미키를 표현했다. 플레이어는 눈이 새까맣고 턱이 두드러지게 생긴 미키를 조종해서 괴물을 처단하고 특별한 파워를 모았다.

8　배너먼은 미국 와이오밍에 있는 숲을 배경으로 한 아름답고 매력적인 미스터리 〈파이어워치(Firewatch)〉를 지휘하면서 게임 업계에서 주목할 만한 커리어를 쌓고, 자신의 회사를 밸브에 팔았다. 워렌 스펙터가 프로젝트를 중단하고 한참 뒤에 〈하프라이프〉 게임을 새로 만들기도 했다.

이 게임은 디즈니 역사의 중요한 일부분을 강조하기도 했다. 인턴들은 디즈니에 들어와 신입 교육을 받으면서 대부분의 사람들이 있는 줄도 모르는 한 캐릭터를 알게 되었다. 그것은 바로 행운의 토끼 오스왈드Oswald the Lucky Rabbit로, 월트 디즈니가 1927년에 토끼를 의인화해서 만든 캐릭터였다. 커다란 귀가 튀어나와 있고 명랑한 오스왈드는 1920년대에 애니메이션 세계를 장악했던 평면적 만화 캐릭터들(대부분 고양이)보다 인기를 끌었다. 하지만 계약에 관련한 분쟁이 심해지면서 월트 디즈니는 오스왈드를 직접 내치게 되었다. 그는 자신에게 권리가 있는 생쥐 만화 캐릭터를 스케치하기 시작하면서 유니버설을 떠났고, 오스왈드는 다른 작가들의 손에 넘어갔다. 2004년까지 오스왈드의 존재는 거의 잊혀져 있었지만, **디즈니는 잊지 않고 모든 직원에게 이 이야기를 항상 들려주었다.** "입사 첫날, 커피가 식기도 전에 맨 처음으로 들려주는 이야기입니다." 배너먼은 말했다. "'그래서 누가 나쁜 놈이야? 아, 처음 나온 사람이 나쁜 놈이구나.' 이러면서 이야기를 들었어요."

이 캐릭터는 사람들의 관심을 끌기에 완벽했다. 오스왈드는 길을 잃고 버려진, 게임의 비극적 악당이 될 수 있었다. 배너먼과 인턴들은 **이 세상으로부터 잊혀져 분노와 질투에 휩싸인 채 자신의 원래 자리를 꿰차려 하는 오스왈드를 구상했다.** 오스왈드가 잘나가는 동생을 시기한 나머지, 디즈니의 매직킹덤을 판지와 부품들로 어설프게 따라 지어서 자기만의 놀이공원을 세우는 것이었다. "전화로 디즈니랜드에 대한 소식을 듣고 자기도 따라 만들겠다고 결심하는 거죠." 배너먼은 말했다.

디즈니의 새 게임 부서에 있는 그레이엄 호퍼와 임원들은 이 프로젝트에 대한 기대가 컸지만, **케케묵은 문제가 있었다.** 디즈니가 아직 오스왈드에 대한 권리를 가지고 있지 않다는 것이었다. 유니버설은 1927년부터 미키마우스의 형인 오스왈드에 대한 권리를 가지고 있었고, 오스왈드 만화 제작을 진작에 중단했으면서도 캐릭터에 대한 권리를 가지고 있을 가치가 있다고 여기고 있었다. 디즈니가 과연 저작권을 돌려 받을 수 있을까? 그레이엄 호퍼는 디즈니 회장인 밥 아이거Bob Iger에게 이 아이디어를 제안해서 호응을 얻었고, 아이거는 유니버설에 연락해 오스왈드에 대한 권리를 가져올 수 있을지 물었다. 유니버설 경영진은 단칼에 거절했다. 그들은 디즈니가 오스왈드를 원한다는 건 이 캐릭터에 가치가 있는 것이 분명하다고 생각했을 것이다. "그렇게 중단돼서 한참이 지났습니다." 호퍼는 말했다. 하지만 아이거는 절대 그 아이디어를 잊지 않았다.

"유니버설 쪽에서 뭔가를 원하게 될 때를 생각하며 계속 간직하고 있었던 겁니다."

미키마우스 게임 프로젝트가 잠정 중단된 사이, 희한한 일이 벌어졌다. 1980년 올림픽에서 미국 하키팀의 '빙판 위의 기적'을 외친 것으로 잘 알려진 전설적인 스포츠 앵커 알 마이클즈Al Michaels가 오래 지속해온 ABC와의 계약을 끝내고 오랜 친구인 NBC의

존 매든(John Madden)과 함께 유니버설 〈선데이 나잇 풋볼(Sunday Night Football)〉을 진행하고 싶다고 한 것이다. ABC를 소유한 디즈니는, 마침 유니버설이 소유한 NBC와 조용히 협상에 들어갔다. 그리고 2006년 2월 9일, 디즈니는 알 마이클즈를 경쟁사에 '넘겨주고', 그 대가로 소소한 라이선스 계약을 몇 가지 하는 것과 더불어, **어찌된 영문인지는 모르지만 행운의 토끼 오스왈드에 대한 권리를 가져오기로 했다고 발표했다.** 인간과 만화 캐릭터를 교환하는 것은 인류의 역사에서 유일한 사례였을 것이다(마이클즈는 나중에 이런 농담을 했다. "언젠가 퀴즈 프로에서 제 이름이 정답으로 나오겠죠.").

당시 디즈니 밖에서는 그 누구도 몰랐고, 현재까지도 모르는 사람이 많은, 귀여운 토끼 오스왈드를 밥 아이거가 오직 미키마우스 게임만을 위해 요구했다는 것이다. "아주 흡족한 목소리로 저에게 연락을 주시면서, 이제 권리를 찾아왔다고 하시더라고요." 호퍼는 말했다. **"다른 이유는 없었습니다. 이 게임을 만들기 위해서였어요. 이 프로젝트에 함께 하는 모두에게 멋지고 흥미로운 일이었죠."**

마침내 '미키 에픽'(나중에 '에픽 미키'로 이름이 바뀌었다) 프로젝트를 시작할 준비가 됐다. **그런데 또 하나의 심각한 문제가 있었다.** 호퍼는 "이 게임을 실제로 만들 수 있는 제작사가 없었던 겁니다."라고 말했고, 이후 마음에 드는 외부 독립 제작사를 찾았을 때 배너먼은 "디즈니 인턴들이 외부의 독립 제작사를 찾아 그들을 통해서 만든 프로토타입이 인상 깊었습니다. 그 이후로 이렇게까지 인상적으로 느낀 프로토타입은 없었습니다."라며 감탄했다. 하지만 디즈니는 그 제작사가 그 이상을 할 수 있다고 선뜻 믿지 못했다. 일단 규모가 너무 작고, 디즈니 경영진이 기존에 생각한 제작사의 영향력에 비해 이 독립 제작사는 영향력이 부족했다. "사람들이 보고 이렇게 말했어요. '괜찮네요. 하지만 다른 데를 구해서 만듭시다.'" 배너먼이 말했다. 오스왈드 거래가 있기 몇 달 전, 호퍼의 팀은 이 프로젝트에 잘 맞을만한, 디즈니가 게임 제작에 도전한다고 발표할 때 큰 반향을 일으킬 수 있게 게임 업계에서 이름을 날린 사람을 찾고 있었다.

알고 보니 적임자가 있었다.

■ ■ ■

이야기를 쭉 듣고 보니, 워렌 스펙터는 자신이 게임 아이디어를 설명하는 동안 디즈니 경영진이 문자를 주고 받은 이유를 확실히 알 수 있었다. **이들은 그의 아이디어에 별 관심이 없었고, 그가 미키 마우스 게임 제작을 지휘해주기를 바라고 있었다.** 그리고 이 제안을 꺼내도 될지 상의하느라 서로 문자를 주고 받은 것이었다. 에이전트인 시무스 블래클리가 좋다는 신호를 보내자, 그레이엄 호퍼를 비롯한 경영진은 최근 몇 달간 준비해온 에픽 미키 이야기를 꺼내기 시작했다. "워렌이 이야기하는 것을 보면서, 전반적으로 디즈니를 굉장히 좋아한다는 걸 알 수 있었습니다." 호퍼는 말했다. "그가 발표하는 것을 보고 대화를 나눠보니 그가 크게 관심을 가질 것 같지는 않았지만, 그래도 시도할 가치는 있었습니다."

그래서 스펙터가 미키마우스 게임을 맡고 싶었을까?

사실 그는 신나서 어쩔 줄을 몰랐다.

"저는 그들을 보고 말했어요. '네!'" 스펙터는 말했다. "미키마우스는 지구에서 제일 유명한 아이콘인데, 그걸 누가 마다하나요?" 호퍼는 스펙터에게 미리 준비해둔 에픽 미키의 콘셉트 아트, 기본적인 스토리, 각종 메모와 아이디어 등의 자료를 건넸고, 양측은 바로 거래의 큰 틀을 합의했다. 디즈니는 앞으로 몇 달간 스펙터와 정션 포인트가 미키 프로젝트의 콘셉트 아트와 디자인을 만들 수 있도록 비용을 대기로 했다. 그렇게 해서 디즈니 측이 결과를 보고 마음에 들면 계속 진행하고, 그렇지 않으면 깔끔하게 서로 갈 길을 가는 것이다. **"저에게 도토리 한 알만 주시면 나무를 키워오겠다고 했습니다."** 스펙터는 말했다.

2005년 말, 스펙터는 텍사스로 돌아와 정션 포인트의 다른 개발자 두 명과 함께 미키 프로젝트에 착수했다. 오스왈드가 들어간다는 전제를 유지하고 직접 몇 가지 변화를 주기도 했다. 미키를 어떤 모습으로 표현해야 하는지, 동작을 어떤 애니메이션으로 만들어야 할지, 게임 안에서 미키에게 어떤 역할을 부여할지 진지하게 고민했다. 게임 속 배경인 카툰 웨이스트랜드Cartoon Wasteland는 쓰이지 못하고 잊힌 디즈니 캐릭터들의 집합소였다. 이 잊혀진 소중한 캐릭터들을 최대한 이용하기 위해 그들은 끝까지 일에 몰입했다. 몇 달 뒤 오스왈드를 데려오는 계약이 체결된 것을 보며, 정선 포인트는 디즈니도 이 게임 개발에 얼마나 진지한지 알 수 있었다.

2006년 4월, 스펙터는 다시 캘리포니아에 가서 디즈니에게 그간의 성과를 보여주었고, 그레이엄 호퍼와 경영진은 결과가 만족스럽다고 했다.

다만 문제가 하나 있었다. "거기서부터 일이 꼬였습니다. 우리가 만든 콘셉트가 마음에 들고, 우리가 이 게임을 만들었으면 좋겠는데, 디즈니가 우리를 인수해야만 게임을 만들 수 있다는 거였습니다." 스펙터는 말했다.

이건 워렌 스펙터가 바라던 바가 아니었다.

그는 이미 거대한 기업에 인수된 제작사를 두 군데나 거쳐왔다. 오리진이 EA에, 이온 스톰이 에이도스에 인수된 것 모두 그에게는 고역이었다. 1루타나 2루타를 원하는 스펙터와 달리 홈런만을 좇은 경영진은 스펙터가 원하던 모든 재량을 내어주지 않았고, 스펙터는 자신의 기분을 감추지 않았다. 사람들과 어울리는 자리에서는 낯을 많이 가리는 그였지만, 일로 만나는 자리에서는 거침이 없었다. 스펙터는 죽기살기로 덤비겠다는 각오로 직접 제작사를 차렸다. 몇백만 부씩 팔릴 게임을 만들라고 요구하는 경영진을 상대할 필요 없이, 스스로 행복할 수 있는 게임을 만들 자유를 누리기 위해서였다.

디즈니 경영진은 글렌데일에서 스펙터와 함께 스시를 먹으면서 정션 포인트를 위한 제안을 했다. 스펙터는 만족스럽지 못한 제안에 진심으로 기분이 상했다. "저는 싫다고 했어요." 스펙터는 당시를 떠올렸다. "그쪽의 반응은 이랬습니다. '싫으시다니, 무슨 뜻이시죠? 디즈니를 거절하는 사람은 없어요.'" 스펙터는 디즈니를 거절하는 게 대체 무슨 문제인가 싶었다. 그는 완고했고, 회사는 유망했다. **그는 이전 오리진 시절에서 배운 것이 있었다. 협상에서 이기려면 그 일에서 손을 뗄 수도 있다는 각오를 해야 한다는 것을.**

이 전술이 제대로 통했다.

몇 달이 흐르고 2007년이 된 어느 날, 디즈니의 부회장이 스펙터에게 저녁을 함께 하자고 연락해왔다. 스펙터의 승낙에 따라 부회장은 다음날 오스틴으로 날아왔다. "그는 우리의 제안을 이행해줄 사람을 1년동안 물색했지만 적임자를 찾지 못했다고, 저보고 돌아와서 프로젝트를 맡아주지 않겠냐고 했습니다." 스펙터는 말했다. "여전히 제가 정션 포인트를 팔고 디즈니에 합류해주기를 바라는 마음은 변함 없었지만, 이전과 다르게 이번에는 제 마음을 사로잡을 만한 제안을 가져왔더군요."

스펙터에게는 씁쓸하면서도 달콤한 제안이었다. 디즈니는 현금을 주는 것과 더불어 정션 포인트가 에픽미키를 제작할 수 있도록 직원을 몇백 명 대로 늘릴 수 있게 해주겠다고 했다. 하지만 기업 인수에 따라오곤 하는 '엿 먹어라'류의 돈은 아니었다. "나는 아직 인수될 준비가 부족하다고 생각했어요 하지만 게임 사업의 현실에는 4가지 결말이 있죠. 상장하거나(그런 예는 없다), 밸브처럼 몇십 년 동안 살아남거나, 인수되거나, 사라지거나."

스펙터는 사라지고 싶지 않았고, 정션 포인트의 다른 프로젝트들도 아직 크게 진척을 보이고 있지 않았다. 아직 〈슬리핑 자이언트〉나 오우삼 감독과의 게임을 내줄 유통사를 새로 구하지 못했기 때문이다. 그는 아내와의 상의 끝에 회사를 팔기로 했고, 시무스 블래클리와 함께 디즈니 인수 계약의 구성하는 지난한 과정에 돌입했다. "그들과의 협상은 정말 어려웠습니다." 블래클리는 말했다. "그들은 치밀하고, 유능한 변호사도 많으며 모든 조항을 하나하나 협상했습니다."

그 해 여름에 열린 2007년 전자엔터테인먼트박람회[E3]에서 그레이엄 호퍼는 디즈니의 대대적인 게임 시장 진출을 발표하면서 게임 세상에 파장을 일으키고 싶었다. 그들은 새 소식을 잔뜩 준비해서 기자회견을 열고, 디즈니 인터랙티브 스튜디오가 준비한 새 게임을 공개하고, 아이들(〈하이 스쿨 뮤지컬High School Musical〉)과 어른들(〈튜록Turok〉)을 위한 게임을 모두 선보일 계획이었다.

뭐니뭐니해도 가장 중요한 소식은, 게임 업계에서 전설로 널리 인정 받는 입지적 인물, 〈울티마 언더월드〉, 〈시스템 쇼크〉, 〈데이어스 엑스〉를 세상에 선보인 주인공 워렌 스펙터에 디즈니가 대대적인 투자를 했다는 것이었다.

다만, 아직 계약이 체결되지 않았다.

스펙터는 독립성을 포기하자니 마음이 불안했고, 아직 협상할 항목이 두어 개 있었다. "막판까지도 앞을 알 수 없었습니다." 호퍼는 말했다. "저는 그 단계에서도 스펙터가 정말 계약을 하고 싶기는 한 건지도 알 수 없었어요."

2007년 7월 13일 아침, 그레이엄 호퍼와 워렌 스펙터는 캘리포니아 주 산타모니카에 있는 페어몬트 호텔 뒤편 하역장에 함께 서 있었다. 호퍼는 인수 계약서를 가지고 스펙터가 서명하기를 기다리고 있었다. 호텔 앞에서는 이미 기자들이 디즈니에 대한 단신을 쓰고 있었다. "디즈니가 언론을 발표회장에 들여보내는 동안, 그레이엄은 제가 아직 서명하지 않은 계약서를 들고 있었습니다." 스펙터는 말했다. "저는 한 귀로는 변호사와, 다른 한 귀로는 시무스와 통화 중이었고요." 계약 발표가 몇 분 남지 않았지만, **스펙터는 여전히 독립성을 포기해도 좋을지 의문이었다. 정말 이래도 되는 걸까?**

블래클리는 스펙터에게, 딱 한 가지만 제대로 생각해보라고 했다. 정말 이 사람들이 좋은가? 정말 이들과 일하고 싶은가? 다시 말해서 호퍼와 디즈니 인터랙티브 스튜디오가 훌륭한 게임이 완성되도록 자신을 도와주리라고 믿는가? 그렇다고 생각하면 나머지 문제는 저절로 해결될 거라고 블래클리는 말했다. 스펙터는 생각에 잠겼다가,

다시 한번 죽기살기로 덤벼보기로 했다.

"그래서 서명했습니다." 스펙터는 말했다. "그리고 발표회장에 들어가서 언론에 소개되었죠."

그 자리에 있던 기자들은 계약이 얼마나 아슬아슬하게 체결되었는지도 모른 채 그저 디즈니의 용기에 감탄했다. 이질적인 조합이라고 생각하기는 했지만 말이다. 기자들은 스펙터가 2년 전에 했던 질문 대부분을 그대로 되풀이했다. **폭력적이고 노골적인 게임 〈데이어스 엑스〉를 만든 사람이 만화와 어린이용 게임으로 유명한 회사와 손을 잡은 이유가 궁금했던 것이다.** 스펙터는 언론에, 자신이 늘 만화를 좋아해왔다고 말했다. 석사 논문 주제도 만화였으며, 이 프로젝트는 자신에게 꿈과 같다고, 호퍼는 스펙터가 실제로 하고 있는 작업에 대해서는 이야기하지 않고, 디즈니를 위한 게임을 제작 중이라고만 해서 전문가들이 궁금해하고 추측해볼 여지를 남겼다. "기자회견이 끝난 다음에 저는 장대한 판타지 롤플레잉 게임을 제작 중인 사무실로 돌아와서 말했습니다." 그런 다음 스펙터는 이렇게 말했다고 한다. "여러분, 이제 미키마우스 게임 만듭시다."

오스틴에 있던 직원 모두가 인수 계약을 반긴 것은 아니었다. 창립 멤버였던 개발자 몇몇은 만화 게임을 만들기 싫다고 정션 포인트를 떠났다. 하지만 나머지 직원들에게 이 소식은 안정성을 의미했다. 이제 더 이상 유통사와 투자자들을 만나러 다니면서 새 프로젝트를 제안할 필요 없이, 바로 게임을 만들면 된다는 뜻이었다. 워렌 스펙터는 더 이상 영업을 다니지 않고, 디렉터 역할을 할 수 있었다. "우리는 정말 들떴습니다." 캐롤라인 스펙터는 말했다. "굉장히 큰 계약이니까요. 이제 정션 포인트가 당분간 살아남게 됐고, 돈 걱정은 끝이었습니다."

제작사가 확장되면서 열댓 명이던 직원이 몇십 명으로, 다시 백여 명대로 늘어났고 〈에픽 미키〉라는 게임이 형태를 갖추기 시작했다. 이 게임은 닌텐도 위^{Wii} 전용이고, 마술 지팡이처럼 생긴 위모트_{Wiimote}를 이리저리 움직이며 플레이해야 했다. 〈슈퍼 마리오 브라더스〉 같은 플랫폼 게임으로 오스왈드가 흥측하게 만든 디즈니 역사의 카탈로그를 탐험하면서 불안불안한 절벽과 바위를 건너 다닌다. 미키의 주요 도구는 그림을 그리거나 세상을 희미하게 지울 수 있는 마법 붓이었다. 이 마법 붓 덕분에 플레이어는 장애물을 해결하거나 적을 물리칠 방법을 선택할 수 있었다. 물감을 써서 생명을 부여해줄 수도 있고, 지워서 없애 버려도 된다. 이렇게 플레이어가 내리는 선택들은 게임 전반의 스토리와 대화에 영향을 미친다. 에픽 미키는 스펙터가 이전에 선보였던 몰입형 시뮬레이션 게임들처럼 많은 선택지를 제시하지 않지만, **플레이어의 선택이 실제로 게임 결과를 좌우하게 한다는 그의 철학은 여전히 살아있었다.**

이후 3년 동안 스펙터는 에픽 미키 개발을 이끌면서 팀을 확장하고, 시간과 자원을 더 얻기 위해 디즈니 경영진에 정면으로 맞섰다. 스펙터는 예산 제약을 그대로 받아들여본 적이 없었다. 살면서 시간이나 예산을 지켜본 적이 없다고 자기 입으로 말하는 사람이었으니 말이다. 치밀한 계획에 따라 움직이는 디즈니 같은 기업에서 이런 성향은 상당한 갈등을 일으켰다. "경영진이 저를 불러서 이러이러한 식으로 게임을 만들어야 한다고 이야기하려고 한 적도 있습니다." 스펙터는 말했다. "그러면 저는 싫다고 하죠." 이들은 예산을 줄이고, 일정을 당기는 것은 물론 에픽 미키의 보석 중의 보석, 디즈니랜드에서 가장 중요한 미키의 생김새와 동작을 두고도 다툼을 벌였다. "디즈니가 왜 저를 자르지 않는지 의아했던 적이 여섯 번은 있습니다. 어쨌든 자르지 않더라고요." 스펙터는 말했다.

"그들은 제가 원하는 게임을 만들게 해줬습니다."

〈에픽 미키〉는 2010년 11월 30일에 위 버전으로 발매됐다. 몇 가지 문제는 있었지만(무엇보다도 카메라 움직임이 투박해서 게임 진행 상황을 파악하기 힘들었다) 플레이어들에게 매력적인 모험을 선사하는 게임이었고, 플레이어들도 좋아하는 듯했다.[9] 판매는 비교적 순조로워서 첫 달에 130만부가 팔렸고, 그레이엄 호퍼가 기억하기로 이 결과는 거의 본전에 가까웠다. 단 한 종류의 콘솔용으로만 나온 게임치고는 성공적이었으며, 이미 개발 기반을 다지고 기

---

[9] 스펙터는 말했다. "모두가 카메라 때문에 곤란해 했어요. 저는 죽을 때까지 카메라를 변호하다가 갈 것 같아요. 벽 일부를 지우고 통과해서 반대편 벽으로 갈 수 있는데 카메라는 뭘 어떻게 비춰야 할까요? 1분 전까지 있던 벽이 사라졌는데. 아니면 벽에 작은 구멍이 있고 바로 앞에 캐릭터가 서있어요. 그러면 카메라를 어떻게 움직여야 할까요? 이런 종류의 문제를 우리가 수없이 자초했습니다. 더 잘 할 수 있었을까요? 시간이 더 있었으면 그랬겠죠. 그래도 저는 여전히 우리 카메라 팀이 자랑스럽습니다."

술을 개발시켜 놓았기 때문에 스펙터의 팀은 후속작을 만들기 좋은 입장이었다.

하지만 당시 디즈니의 게임 부서는 급격한 변화를 맞이하고 있었다. 아직 2008년에 미국을 덮쳤던 불황의 여파가 모두에게 남아 있었고, 휴대폰과 페이스북에서 하는 게임이 폭발적으로 늘어나고 있었다. 전통 게임 콘솔은 곧 종말을 맞이할 것이라는 전문가들의 분석이 쏟아졌다. 2010년 여름, 디즈니는 소셜게임을 만드는 플레이돔Playdom이라는 회사를 7억 6300만 달러에 사들였고, 구조조정 과정에서 플레이돔의 수장 존 플레젠트John Pleasants를 디즈니 게임 부서에서 그레이엄 호퍼 위에 앉혔다. "디즈니 경영진은 디즈니가, 말하자면 온라인 혁명에서 절대 뒤쳐지면 안된다는 결론을 내렸던 것 같습니다." 호퍼는 말했다. **"그리고 콘솔 게임은 죽어가는 산업이라는 게 그들이 내린 결론이었죠.** 물론 제가 동의하거나 지지한 건 아니고요."

2010년 가을, 정션 포인트 개발자들이 〈에픽 미키〉를 완성하기 위해 지난한 크런치 모드를 해왔음에도 디즈니 경영진은 콘솔 게임에 더 이상 관심이 없다는 신호를 보내왔다. **디즈니 인터랙티브 스튜디오는 막대한 돈을 잃어왔고, 회사는 이제 게임 개발의 방향을 틀고 싶어했다.** "플레이돔 인수가 끝나고 나니, 디즈니가 이제는 콘솔 게임에 대한 관심이 사라졌다는 게 아주 확실해졌습니다." 호퍼는 말했다. "콘솔 게임은 '죽었다'는 말까지 들었어요. 저는 절대 동의할 수 없는 생각이었습니다."

〈에픽 미키〉가 발매되기 몇 달 전, 디즈니 인터랙티브 스튜디오를 이끌면서 게임을 지지해온 호퍼가 사임했다. 호퍼는 스펙터와 정션 포인트를 디즈니에 데려온 장본인이었다. 그리고 디즈니가 콘솔에서 하는 게임을, 하드코어 게임 팬 층과 캐주얼한 플레이어들에게 모두 사랑 받을 만한 〈에픽 미키〉 같은 게임을 만들어야 한다고 주장한 인물이기도 했다. **그랬던 그가 떠났다.**

스펙터와 호퍼는 마음이 맞지 않는 부분이 많았지만, 호퍼가 게임을 진심으로 아끼고 사랑한다는 것만은 확실히 느껴졌기에 스펙터는 그런 점을 늘 존경했다. 반면 플레젠트는 펩시와 티켓마스터Ticketmaster 같은 기업에서 숫자를 다루고 브랜딩을 한 경력이 있는 사업가였다.[10] 그는 디즈니 인터랙티브 스튜디오의 장부를 보면서, 회사가 콘솔 게임 분야에 막대한 돈을 쏟아붓고 있는 것을 발견했다. 하지만 콘솔 게임 시장은 점점 모바일 게임과 소셜 게임, 라이브 서비스로, 발매 당시에만 수익을 내고 끝나는 게 아니라 발매 몇 달 뒤에도 계속해서 업데이트하면서 수익을 창출할 수 있는 게임으로 옮겨가고 있는 것 같았다.

플레젠트의 관점에서 콘솔 게임에 큰 돈을 투자한다는 건 말이 되지 않았다. 〈에픽 미키〉가 대성공을 거두더라도 정션 포인트는

---

10   플레젠트는 이 책을 집필하기 위한 인터뷰를 거절했다.

또 3년 동안 새로운 게임을 만들면서, 후속작이 나올 때까지 돈을 축내야 했다. 그러니 매년 돈을 벌 수 있는 게임에 투자하는 게 누가 생각하더라도 더 낫지 않겠나?

플레젠트는 스펙터를 처음 만난 자리에서, 〈에픽 미키〉를 지휘한 그에게 디즈니가 전략을 바꾸고 있다는 말을 직설적으로 날렸다. "저에게 오더니, 콘솔 게임을 만든 사람들에게 계속 일자리가 있을 것 같지 않다고 대놓고 말하더군요." 스펙터는 말했다. "그가 우리를 자르겠다는 게 아니라, 콘솔 게임과 PC 게임에는 미래가 없다고요. 저를 처음 만난 날 그렇게 말했습니다."

그는 빤하지만 골치 아픈 질문을 스펙터에게 남겼다. 정선 포인트는 콘솔 게임을 만드는데, 콘솔 게임에 미래가 없다면, 정선 포인트의 미래는 어떨 것이란 말인가?

■ ■ ■

체이스 존스Chase Jones는 이리저리 거처를 옮겨 다니는 생활에 거부감이 없어서 게임 업계가 체질에 맞았다. 어린 시절에도 그는 전학을 자주 다녔다. 부모님이 이혼하셨고 보호자인 아버지가 전화 회사에서 일하시기 때문에 자주 이사를 다녀야 했다. 이후 1999년에 그는 워싱턴 레드먼드에 있는 게임 개발자들을 위한 사립대학교 디지펜DigiPen에 다녔다. 졸업한 뒤에는 캘리포니아 로스앤젤레스로 옮겨 대형 유통사 몇 군데의 게임 테스터로 일하다가, 다시 나라 반대편으로 날아가 뉴욕 브루클린에 있는 독립 제작사 마인드 엔진 Mind Engine 이라는 곳에 들어갔다. 썩 유쾌한 생활은 아니었다. "지하철에서 내린 다음에 열 블록을 걸어서 출근했는데, 전기료를 못 내서 사무실에 불이 안 들어오는 날도 있었어요." 존스는 말했다. "그러면 다시 지하철을 타고 돌아와서 재택근무를 하는 거죠."

마인드 엔진은 결국 투자자를 찾지 못해서 2004년에 문을 닫았고, 존스는 다시 한번 길을 나섰다. 이번에는 노스캐롤라이나주의 캐리에 있는 레드 스톰 엔터테인먼트 Red Storm Entertainment 에 입사했다. 이곳은 소설가 톰 클랜시 Tom Clancy 의 작품을 기반에 둔 밀리터리 게임을 주로 만드는 유비소프트 Ubisoft 의 제작사였다. 2006년에 체이스 존스는 또 다른 제안을 받았다. 캘리포니아주 노바토에 있는 2K라는 유통사의 플래그십 제작사 비주얼 콘셉츠 Visual Concepts 였다. 제안은 매혹적이었다. 존스가 입사해서 영화 파생 게임 〈판타스틱 4: 실버 서퍼의 위협 Fantastic Four: Rise of the Silver Surfer〉 완성을 도와주면, 그 게임이 완성된 다음에 새로 들어가는 프랜차이즈 게임 제작에 참여하게 해준다는 것이었다. "다만 저는 세 번째로 들어온 리드 디자이너였고, 앞으로 남은 기간은 10개월이라는 걸 몰랐었죠." 존스는 말했다. "휴가도, 휴식도 없는 크런치 모드의 연속이었습니다. 새벽 3시에 퇴근하고 집에 갔다가 잠만 자고 일어나서 아침 8시까지 출근해서 또 하루를 시작하는 날이 대부분이었습니다."

본인이 좋아하는 게임을 만들고 있더라도 견딜 수 있을까 말까 한 강도의 크런치 모드였건만, 〈판타스틱 4: 실버 서퍼의 위협〉은 창의력을 발휘하거나 예술적 도전을 해볼 여지가 없는 작업이었다. 원작 영화를 보고 그냥 그 캐릭터가 나오는 게임을 하고 싶어하는 아이들에게 판매할 게임을 만드는 것뿐이었다. "모두들 현실적으로 생각했던 것 같습니다." 존스는 말했다. "올해의 게임 상을 꿈꾸거나 하는 건 아니었죠." 그와 동료들이 고된 크런치 모드를 견디게 해준 건 이 다음에 멋지고 새로운 게임을 만들리라는 희망이었다. 비주얼 콘셉츠는 〈NBA 2K〉 시리즈 같은 스포츠 게임으로 유명했고, 〈판타스틱 4〉는 액션 어드벤처 게임 분야로 진출해보려는 야심이 담긴 선택이었다.

그리고 당연스럽게도 정리해고의 시간이 도래했다.

〈판타스틱 4〉 게임이 완성되었지만 아직 발매되지는 않았던 2007년 6월, 2K는 팀원들[11]을 거의 대부분 내보냈다. 이제 남은 사람은 단 두 명, 게임 디렉터인 폴 위버Paul Weaver와 어안이 벙벙한 체이스 존스였다. "저와 폴은 비행기 격납고에 걸터앉아서 텅 빈 책상들을

---

11 〈판타스틱 4〉의 리드 콘셉트 아티스트였던 마이클 스트리블링(Michael Stribling)은 나에게 보낸 이메일에서, 2K의 정리해고 방식에 실망했었다고 밝혔다. 회사가 직원들에게 책상에서 각자 물건을 챙겨갈 기회도 주지 않고, 모두를 출구로 안내했다는 것이었다. "모든 상황이 짜증났어요. 팀 전체가 말도 안 되는 시간 안에 별 도움도 받지 못한 채 스스로를 갈아 넣으면서 게임을 만들어서 발매하게 해놓고, 일이 끝났다고 전부 내보내다니요. 참 잘 하는 짓이네요."

바라보다가, 또 서로를 바라보면서 우리는 도대체 왜 남겨둔 건지 의아해했습니다." 존스는 말했다. "회사에서는 제가 참여할 스포츠 프랜차이즈 프로젝트를 찾아주고 싶다고 했지만, 저는 스포츠 게임 디자인에 큰 관심이 없었어요. 몇 주 뒤에 회사는 저를 사무실에 혼자 내버려뒀고, 저는 가만히 앉아서 게임이나 하다가 결국 다른 일을 찾기로 했습니다. 그러고 있으니 돌아 버리겠더라고요."

마침내 그는 새 일자리를 찾았다. 이번에는 일리노이주 샘페인이었다. 그는 〈GTA〉에서 영감을 받은 특이한 게임 시리즈 〈세인츠 로우Saints Row〉로 유명한 제작사 볼리션Volition에 디자이너로 들어갔다. 그러나 1년 뒤, 볼리션의 모회사 THQ는 미국을 덮친 경제 불황으로 타격을 입어 존스가 참여했던 프로젝트를 중단시켰다(몇 년 뒤 THQ는 파산했다). 또 새 일거리를 찾아 나선 존스는 오랜 친구 폴 위버와 연락했다. 어느새 폴은 텍사스주 오스틴으로 옮겨가서 정션 포인트라는 회사의 디렉터가 되어 있었다.

위버는 새로 시작하는 미키마우스 프로젝트에 참여할 리드 디자이너를 구한다고 했고, 2008년 가을에 체이스 존스는 오스틴으로 떠났다. **게임 개발자로 일해온 7년간 주를 옮기는 건 다섯 번째, 도시를 옮기는 건 여섯 번째였다.** "저는 이미, 회사에서 정규직이라고 하든 말든 이 업계는 계약직밖에 없다라고 마음을 정리한 상태였습니다." 존스는 말했다. "진행 중인 게임타이틀 제작이 끝나면 항상 바로 시작할 수 있는 다른 게임타이틀이 있을지 없을지 걱정해야 합니다. 퇴직금은 상관없어요. 어차피 푼돈으로 나눠 받으니까 제가 알아서 모아야 해요. **이 업계는 다른 업계처럼 일반 상식으로 돌아가지 않습니다.**" 존스에게 정션 포인트는 그나마 오래 머물 수 있는 곳으로 보였다. 디즈니가 소유한 회사가 아닌가, 이 불안한 업계에선 그보다 풍족한 회사도, 안정적인 회사도 드물다.

그 후로 2년동안 존스는 〈에픽 미키〉의 리드 디자이너로서 야심찬 플랫폼 게임을 만든다는 워렌 스펙터의 비전 구현을 도왔다. 존스가 오스틴에 오기 전에 디자이너들이 퇴사해서 업무 강도는 상당했다. "제가 입사하고 게임플레이를 정의하고 수직 슬라이스를 뽑아내는 일을 한 달 반 안에 해야 했습니다." 존스는 말했다. 수직 슬라이스는 주로 미션이나 레벨 하나로 이루어진 데모이며, 모두에게 '이렇게 동작하는 게임을 만들 것이다'라며 소개하는 하나의 수단이다. 그래서 수직 슬라이스를 만들려면 우선 기본적인 사항들을 만들어야 했다. 〈에픽 미키〉의 경우 미키의 생김새, 움직이는 방식, 미키가 붓을 휘두르고 플랫폼들 사이를 뛰어다니는 방식을 구상해야 했다. 그러니까 존스를 비롯한 개발 팀이 어마어마한 잔업을 해야 했다는 뜻이다.

2010년 가을에 〈에픽 미키〉가 완성된 다음, 지칠 대로 지친 정션 포인트 직원들은 몇 팀으로 갈라졌다. 일부는 새로운 비밀 프로젝트를 시작했고, 다른 직원들은 디즈니 캐릭터들이 총출동해 올림픽에 출전하는 가족 친화적 게임 구상과 디자인에 돌입했다. 몇몇은 제작사 운영 효율성을 높이기 위해 도구와 업무 절차를 개선했다. 한편 체이스 존스는 〈에픽 미키〉 후속작을 담당하라는 부름을 받았다. "폴과 워렌은 저를 보더니, 이제 〈미키 2〉를 어떤 식으로 만들지 콘셉트 구상을 해보라고 했습니다." 존스는 말했다. 그들은 존스가 프로토타입 개발을 시작할 수 있게 열 두 어명으로 구성된 팀을 짜주었다. 프로토타입이란 게임이 어떤 식으로 보일지 알 수 있도록, 대략적으로 플레이할 수 있는 데모를 뜻한다(프로토타입은 수직 슬라이스와 달리 엉성하고 완성도가 떨어져도 괜찮다).

중요하게 선보이는 새로운 기능은 협동 멀티 플레이어 기능이었다. 미키가 되어 혼자서 게임을 하는 것과 더불어, 이제 친구를 데려와서 행운의 토끼 오스왈드를 플레이하게 할 수 있을 것이었다. 오스왈드는 1편을 거쳐 비극적인 악당에서 협조적인 아군으로 변신했다. 미키에게 마법 붓이 있다면 오스왈드는 리모콘을 사용해서 스위치를 켜고 적들을 감전시킨다. 미키와 오스왈드는 힘을 합쳐서 공격을 하고, 전투가 치열해져 둘 중 한 명이 죽었을 때 죽은 친구를 부활시켜 주기까지 한다. 정션 포인트 직원들이 크리스마스 휴가를 떠난 2010년 말, 존스와 팀원들은 후속작의 협동 프로토타입을 디자인하고 스토리의 기본 틀을 만들었다. 통상적으로 게임 개발에 필요한 기간인 2년 반에서 3년의 시간이면 〈에픽 미키 2〉를 정말 특별하게 완성할 수 있으리라는 희망이 있었다.

이 시점에는 팀을 소규모로 유지하는 것이 중요했다. 그래야 시간을 너무 많이 허비할 걱정 없이 작업물을 수정할 수 있다. 〈에 픽 미키 2〉처럼 기존 게임의 아트와 기술을 기반으로 제작하는 후속작이라도 새로운 스토리를 쓰고, 작동 방식을 디자인하고, 레벨을 구축해야 했다. 팀원을 수백 명 규모로 늘리기 전에 미리 실험을 할 시간이 필요했다. 존 플레젠트를 비롯한 디즈니 경영진은 〈에픽 미키 2〉를 위ᵂⁱⁱ만이 아닌 다른 플랫폼들에서도 선보이고 싶어했다. 사업상으로는 영리한 결정이지만, 이 결정은 본격적으로 제작에 들어가기 전에 해결해야 할 기술적 문제들이 추가로 늘어나는 일이기도 했다.

크리스마스 휴가가 시작되고 며칠 뒤, 오랜 친구인 폴 위버가 존스에게 전화를 걸어 폭탄을 안겨주었다. "1월 둘째 주에 팀원이 110명으로 늘어나면 어떨지 생각해보라는 겁니다." 존스는 그때를 떠올렸다. 알고 보니 디즈니는 정션 포인트의 다른 프로젝트들을 진행할 생각이 없었다. 경영진은 〈에픽 미키〉의 후속작만 최대한 빨리 내고 싶어했다. "팀, 프로그램, 외주 업체가 있는 덕분에 게임을 금방 만들어낼 수 있었습니다." 존스는 말했다. "제대로 마음 먹고 덤비면 돈이 벌릴 만한 걸 만들 수 있었죠." 존스는 휴가 동안 정신 없이 계획을 짜고, 회사로 복귀해 새로 구성된 거대한 〈에픽 미키 2〉 팀에게 급히 만든 업무들을 나눠주었다.

한편 스펙터는 곰곰이 생각해보았다.
그는 미키의 후속작에는 관심이 없었고, 완전히 새로운 프로젝트에 힘을 쏟고 싶었다. 그래서 정선 포인트를 계속 경영하기 위한 큰 그림을 생각하지 않을 때면 다른 프로토타입이나 아이디어를 구상하곤 했다. 디즈니의 오리 친구들에 대한 미련도 남아있어서 '에픽 도널드' 게임을 제안하기도 했다. 〈에픽 미키〉가 미키를 위한 게임이었다면, 〈에픽 도널드〉는 괴팍한 하의실종 오리 친구 도널드덕을 위한 게임이 될 터였다. 스펙터는 디즈니에서 〈욕심쟁이 오리아저씨〉 만화를 쓰는 만화 시리즈와 장편 영화 아이디어를 직접 제안하기까지 했다.

하지만 그레이엄 호퍼가 떠나면서, 디즈니 경영진 중 전통적인 게임을 계속 만들고 싶어하는 사람은 디즈니에 극소수밖에 남아있지 않았다. 첫 번째 〈에픽 미키〉가 발매되기도 전인 2010년 11월에 디즈니 회장 밥 아이거는, 콘솔 게임에 대한 투자를 줄이고 모바일과 페이스북 앱에 집중하겠다는 뜻을 언론에 밝혔다.[12] 2011년 1월, 디즈니는 자회사였던 프로파간다 게임즈Propaganda Games를 닫았다. 〈트론Tron〉, 〈캐리비안의 해적Pirates of the Caribbean〉처럼 영화를 바탕으로 콘솔 게임을 만들던 제작사였다. 몇 달 뒤에는 영국에서 레이싱 게임을 전문으로 개발하며 〈모토GP〉, 〈스플릿/세컨드Split/Second〉 등을 선보였던 블랙록 스튜디오Black Rock Studios를 닫았

---

12   아이거는 이렇게 말했다. "콘솔에서 모바일 앱과 SNS 게임 같은 이른바 멀티플랫폼으로, 게임의 무대가 전격적으로 이동하고 있습니다. 디즈니는 존 플레젠트에게 게임 부문 경영을 맡겨서 그러한 사업을 통해 수익을 거두고, 게임 사업을 다각화하려고 합니다."

다. "디즈니 임원들 중에는 '저는 이 게임 싫어요'라는 말을 대놓고 하는 사람들도 있었습니다."

그때마다 스펙터는 말했다. **"저는 이렇게 받아치죠. 그럼 게임 부서 경영에는 왜 참여하세요?"**

하지만 얄궂게도, 정션 포인트에 직원들을 마구잡이로 고용하라고 요구하는 것도 바로 그 디즈니 임원들이었다. 재정 계획을 세워본 결과 〈에픽 미키 2〉를 2012년 가을까지 끝내기만 하면 확실한 수익을 낼 수 있었던 것이다. 그래서 그들은 그 일정에 맞춰 게임을 내기 위해 정션 포인트에 돈을 뿌려댔다. 그 결과 디즈니 인터랙티브 스튜디오는 쪼그라들고 있었지만 정션 포인트는 계속 성장 중이었다. 2012년 당시 정션 포인트 직원은 200명을 넘겼고, 세계 각국에 있는 외주자도 몇백 명이었다.

"이 게임에 큰 돈을 썼어요. 정말 큰 돈이요." 스펙터는 말했다.

스펙터는 디즈니에 시간이 더 필요하다고 주장했다. 2년도 안 되는 기간 안에 〈에픽 미키 2〉를 완성도 있게 만드는 것은 불가능할 뿐더러, 여러 플랫폼을 지원하려면 시간이 더더욱 부족했다. 디즈니는 시간을 두 달 더 줬지만 그게 끝이었다. "그들은 세상에 똑같은 게임은 없다는 걸 이해하지 못합니다." 스펙터는 말했다. "저는 파트너가 될 가능성이 있는 관계에서는 항상 사실을 말합니다. 제가 지금까지 모든 게임 제작에 3년정도 시간이 걸렸고, 그보다 **빨리** 게임을 완성할 수 있다고 한다면 거짓말이라고요." **일정이 줄어든 결**

과 〈에픽 미키 2〉 개발자들은 개발 초기에 고민 없이 무분별하게 내린 결정들에 발목 잡혔다. "경영진이 마침내 이 게임이 품은 잠재력을 제대로 봐서 '그래요, 이 정도 완성도를 내려면 시간이 얼마나 오래 걸리는지 제대로 논의해보겠네요.' 같은 말을 하지 않을까 하는 희망을 늘 품기 마련이지만, 그런 일은 실제로 일어나진 없죠"라고 체이스 존스는 말했다. "경영진은 단순히 재정적 목표를 달성하기 위한 날짜를 정해두고, 대부분 그 날짜를 역산해서 일합니다.

정션 포인트는 발버둥치고 있었다. 새로 들어온 직원이 많아지면서 문화적 갈등이 생겼고, 시간 제약은 모두에게 어마어마한 스트레스를 유발했다. 게다가 디즈니 경영진이 계속 들락거리면서 개발자들에게 그때그때 가장 돈 되는 유행을 뭐든 실험해보라고 주문했다. "저희는 온라인 전용 부분 유료화 버전을 탐구 중이었습니다." 존스는 말했다. "그 날의 신호가 뭐였든, 저희는 '이걸 할까요, 말까요?' 식의 슬라이드를 따로 준비해야 했습니다." 〈팜빌Farmville〉이나 〈리그 오브 레전드League of Legends〉 같은 게임이 수십억 달러를 벌고 있었기에, 디즈니는 그 성공을 따라 하고 싶어했다.

스펙터는 대박을 터뜨려야 한다는 부담 없이 자기만의 'B급 영화' 같은 게임을 만들 자유를 꿈꾸면서 정션 포인트를 시작했다. 하지만 어느새 또다시 EA와 아이도스 시절의 악몽이 재현되고 있었다.

2012년 초 어느 날, 디즈니와 정션 포인트의 임원들은 미래를 논의하는 자리를 가졌다. 이들은 텍사스주 오스틴에 있는 정션 포인트 사무실 1층 회의실에 모였다. 스펙터, 존스와 정션 포인트 책임급 인사들, 존 플레젠트를 비롯한 디즈니 임원들이 앉은 자리에서, 스펙터는 〈에픽 미키 2〉와 정션 포인트의 다른 콘솔 게임들이 원하는 수익을 창출할 수 있다고 생각한다는 뜻을 밝혔다. 하지만 플레젠트의 생각은 달랐다. 그는 디즈니가 생각하는 미래에 대한 비전을 정션 포인트도 받아들이기를 바랐다. 그가 말하는 비전은 모바일, 부분 유료화, 그리고 전통적인 콘솔 게임을 포함하지 않는 사업 모델들이었다.[13]

제작사의 미래를 두고 엎치락뒤치락하던 스펙터와 플레젠트는 서로에게 언성을 높이기 시작했다. 언성은 곧 고성으로 바뀌었다. 그렇게 언쟁을 벌이던 중 플레젠트의 전화 벨이 울렸는데, 스펙터는 플레젠트가 그 상황에서도 자신이 안중에도 없다는 듯 전화를 받는 모습을 보고 충격을 받아 머리가 띵해졌다고 했다. "그 다음으로 기억나는 건 프레젠테이션용 포인터가 회의실 이리저리로 날아다녔다는 겁니다. 제 머리 위를 지나가고, 벽에 부딪히면서 부서지고

---

13 디즈니가 사활을 건 게임들 중에는 〈디즈니 인피니티(Disney Infinity)〉가 있었다. 이것은 〈알라딘〉, 〈캐리비안의 해적〉 같은 디즈니 프랜차이즈를 기반으로 거대한 모래 상자에서 게임을 플레이하고, 그에 관련된 실물 장난감을 살 수 있어서 '토이즈 투 라이프(toys-to-life)' 게임이었다. 디즈니에 따르면 2013년에 발매된 첫 번째 게임은 5억달러의 수익을 거뒀다. 하지만 이 시리즈는 게임 세 편에서 멈췄고, 2016년에 디즈니는 이 시리즈를 제작한 제작사 애벌랜치 소프트웨어(Avalanche Software)를 닫았다(이후 워너 브라더스가 애벌랜치를 되살렸다).

말았죠." 존스는 말했다. "결국 워렌은 문을 박차고 나갔어요. 저희는 앉아서 회의를 계속 해야 하나, 하고 있었고요." 고성을 지르고 욕설을 내지른 덕분에, 스펙터와 디즈니의 관계에는 금이 갔다. "저는 언제부터인가 그들에게 불청객이 되었던 것 같습니다." 스펙터는 말했다. "아마 제가 제작사의 비운을 자초했을 거예요." 같은 해에 정션 포인트 직원들은 〈에픽 미키 2〉를 완성하기 위해 지난한 크런치 모드를 하고 있었고, 디즈니는 스펙터와 임원들에게 새 지령을 내렸다. 이번에는 비용을 줄이라는 것이었다. 이제 정션 포인트는 사람들을 잘라야 했다. 이로 인해 디즈니와 정션 포인트는 몇 주에 걸친 협상을 해야 했다. 몇백 명이던 직원이 갑자기 25명으로 줄어들면 제작사가 어떻게 될까? 50명은? 75명은? "숫자가 이렇게까지 내려간 적도 있습니다. '10명 남기는 건 어떨까?'" 체이스 존스는 말했다. "그 자리에서 저는, 그럴 거면 전부 그만 두자고 했어요. 10명을 남기는 건 아무 의미 없다고요."

2012년 가을, **스펙터는 확실하게 알 수 있었다. 디즈니가 정말로 모든 걸 관둘 계획을 세웠다는 것을.** 그가 정션 포인트의 미래를 위해 보여준 모든 제안이 거절됐고("스프레드시트가 62개였는데 승인된 건 하나도 없었습니다.") 〈에픽 미키 2〉가 11월에 발매될 계획이었건만 디즈니는 발매 이후 정션 포인트가 진행할 수 있는 다른 프로젝트들을 일체 승인하지 않았다. 당시 스펙터는 정션 포인트의 생명을 유지하기 위해, 디즈니 경영진과 최후의 담판을 지으러 캘리포니아로 날아갔다. "직원 75명을 지킬 계획을 세워서 갔습니다." 그는 말했다. "그들이 허락해준 직원 수는, 정확히 기억나지 않지만 훨씬 적었고요." 이제 스펙터는 깨달았다. 사실 디즈니가 하고 싶었던 말은, 정션 포인트는 끝났다는 것이었다. 이 말은 곧, 어떤 말이나 행동으로도 막을 수 없는 현실이었다.

또 한 번 고성이 오갔다. "서로 소리를 질러가면서 다툰 시간이 45분은 됐습니다." 스펙터는 말했다. "저는 그 날 유체이탈을 경험했어요. 그 전까지는 한 번도 없던 일이었습니다. 정말로 천장에 올라가서 제 자신을 내려다보면서 '이건 내 인생에서 최고로 멋지고 멍청한 짓이야'라고 생각했다니까요. 워렌 스펙터는 앞으로의 몇 달이 정션 포인트의 마지막이 될 것이라는 사실과 함께 텍사스로 돌아왔다. 〈에픽 미키 2〉가 성공하는지 볼 기회를 얻기도 전에 제작사의 운명이 결정됐다.

2년만에 정션 포인트는 디즈니의 콘솔 게임 정복전의 전초 부대 역할에서 지금은 그저 디즈니의 실패한 유행 추격 과정의 희생양이 되었다. 심지어 고용 해제에 관련된 법적 이유로 직원들에게 이 사실을 말할 수조차 없었다. 제작자이자 리더로서 스펙터는 오리진에 있던 시절부터 본인을 '흠을 투명하게 드러내는' 사람이라고 여기면서, 위험과 문제들을 솔직하게 드러내야 한다고 믿어왔다. 이제 그는 비밀을 지켜야 할 처지에 놓였다. "지옥 같은 시간이었습니다. 제 인생에서 최악의 경험 중 하나였죠."

2012년 11월 18일에 발매된 〈에픽 미키 2〉는 시간에 쫓겨가며 만든 티가 확실하게 났다. 평단은 반복적인 게임플레이와 오스왈드의 불안정한 인공 지능을 맹비난했다(루시 오브라이언^{Lucy O'Brien}이라는 비평가는 게임 웹사이트 IGN에서 '오스왈드는 게임이 진행되는 내내 헛발질만 한다. 오스왈드를 다른 파트너로 바꾸고 싶은 생각이 게임 내내 들었'라고 평했다). 그 중 최악은 게임 판매량이 〈에픽 미키〉의 발치에도 못 미쳤다는 것이다. 〈에픽 미키〉는 이용할 수 있는 콘솔이 위 하나뿐이었던 반면, 〈에픽 미키 2〉는 엑스박스와 플레이스테이션에서도 할 수 있었다는 점을 생각하면 더더욱 초라한 성적이었다. 평단과 소비자들의 미지근한 반응은 정선 포인트가 살아남을 수 있을지도 모른다는 마지막 희망까지 완전히 짓밟아버렸다.[14]

아직 정선 포인트 직원들에게 폐업 소식을 전할 수 없는 스펙터는 모두에게 모바일 게임 아이디어를 구상해보라며 긴 휴가를 주었다. "우리가 모바일로 전향하면 살아남을 수 있을지도 모른다는 희망을 내심 품고 있었던 것 같습니다." 스펙터는 말했다. 사실 그는 앞으로 폐업의 날을 기다리는 것밖에는 할 수 있는 일이 없다는 걸 알고 있었다.

---

14 첫 번째 〈에픽 미키〉는 발매 두 달 만에 130만부 가량 팔렸다. 〈에픽 미키 2〉는 비슷한 기간에 27만부가 팔렸다고 〈L.A. 타임스〉지는 전했다. 그 정도면 게임 분석가들이 '좋지 않다'고 할 만한 수치다."

2013년 1월 29일, 〈에픽 미키 2〉가 세상에 나온 지 두 달 만에 스펙터는 정선 포인트 직원 200명을 휴게실로 불렀다. '판타지아 실'이라는 이름의 이곳에서 그는 제작사가 문을 닫는다는 소식을 알렸다. **몇 주 동안 크런치 모드를 하며 〈에픽 미키 2〉를 완성한지 두 달 만에, 그들은 일자리를 잃었다.** 직원들은 개별적으로 인사 팀에 가서 퇴직금에 대해 논의하라는 안내를 받았다. 그 다음으로 갈 곳은 채용 박람회일 것이었다.

일부 직원은 오스틴에 남아서 주변에 있는 몇 안 되는 게임 회사로 이직했고, 담당 분야를 바꿔 이직한 이들도 있었다. 게임 업계에 남기 위해 다른 지역으로 떠나는 사람들도 있었다. 〈에픽 미키 2〉의 실패를 미리 점치고 있던 이들도 충격을 받기는 마찬가지였다. "저는 직원들에게 말했어요. 모두가 자랑스럽다고, 이렇게 끝나게 되어서 미안하다고요." 워렌 스펙터는 겁에 질렸다. 게임 업계에서 마지막에 험한 꼴을 보는 것은 처음도 아니었다. 오리진, 루킹 글래스, 이온 스톰에서 모두 그랬다. 하지만 이번 같은 최악은 그에게 처음이었다. "몸이 휘청거리더군요." 그는 말했다. "몇 달 동안 소파에 앉아서 리모콘만 만지작거리면서 시간을 보냈습니다. 그렇게 우울할 수가 없었죠. 정말 아무 것도 할 수 없었어요." 새 회사를 차려서 또 게임을 만드는 건 상상만으로도 피곤했다. "저는 심적으로 지쳐 있었습니다. 디즈니와의 시간은 개인으로서 인생 최고의 경험이었지만, 직업인으로서는 최악의 경험이었습니다. 중간은 없었고요. 다시는 그런 일을 할 수 있을 정도의 행운이 따를 것 같지 않았습니다."

그러나 **스펙터는 여러모로 운이 좋은 케이스다.**

그는 일을 하는 내내, 특히 디즈니에서 큰 돈을 벌었으며 그의 직원들처럼 새 일자리를 찾거나 가족의 곁을 떠날 걱정을 하지 않아도 됐다. 하지만 한편으로는 직원들의 기대를 저버리고 회사에서 내보내야 했고, 자신이 결국에는 무너질 모래성을 쌓았다는 죄책감과 싸워야 했다. 그는 지난 일을 곱씹어보며 자책했다. 회의실에서 꼭 그렇게 소리를 질렀어야 했나? 자신이 〈에픽 미키 2〉 개발에 더 깊이 관여했다면 일이 다르게 풀렸을까?

어느덧 그는 쉰 일곱이 되어 있었다. 게임 업계에서 최고령에 속하는 나이였다. **은퇴를 생각하기도 했지만, 예전에 그랬듯 다시 한번 행운의 전화벨이 울렸다.** 모교인 텍사스 대학교에서 게임 개발 프로그램 연구비를 받아서, 스펙터에게 강의를 맡기고자 했던 것이다. "저는 늘 마지막엔 강단에 서지 않을까 생각해왔습니다. 그래서 이제 때가 됐나보다 했죠."

스펙터는 이듬해에 프로그램과 교육 과정을 짰고 2년 동안 비즈니스와 게임 디자인 과정을 가르쳤다. 보람찬 일이기는 했지만 강의가 진행될 수록 다시 직접 게임을 디자인하고 제작하고 싶다는 욕구가 점점 커져갔다. "과정이 반쯤 진행됐을 때, 아직 제가 뭔가를 만들고 싶다는 걸 깨달았습니다." 스펙터는 말했다. "젊은 친구들이 발전할 수 있게 도와주는 것도 좋지만, 사실 저에게는 결과물이 없잖아요. 완성된 게임 패키지를 손에 쥘 수 있는 것도 아니고, 파일을 다운로드할 수도 없고요." 마침 연구비도 떨어져가고 있었고, 스펙터는 자금을 모으기 위해 애썼지만 많은 사람을 설득하지 못했다. "그 3년 동안 연구비를 확보하려고 노력하면서, 게임 업계 사람들이 교육에 그렇게 큰 가치를 두지 않고, 상당히 인색하다는 것을 깨달았습니다." 스펙터는 말했다. 예순이 된 스펙터는 자신의 커리어가 막바지에 접어들었음을 알았다. 하지만 그는 곧 게임 업계에 복귀하게 됐고, 오랜 친구가 돌아오는 덕분에 다시 무언가를 만들기 시작했다.

■ ■ ■

스펙터가 정션 포인트를 세웠던 2004년부터 회사 문을 닫은 2013년 1월 사이에 **게임 세계에는 커다란 지각변동이 몇 차례 있었다.** 모바일과 페이스북 게임이 떠오르면서 전문가들은 콘솔 게임이 한물 갈 것이라고 믿었지만 결과는 그 반대였다. 더불어 2013년 가을에 새로운 세대의 콘솔인 플레이스테이션 4와 엑스박스 원이 발매되고, 다시 한번 콘솔 게임은 새로운 플레이어 층을 게임의 세계로 초대했다.

그와 동시에 개발 프로그램과 디지털 유통망이 보편화되면서 게임을 만들고 발매하는 과정의 장벽이 무너졌다. 2010년 초부터는 더 이상 개발자들이 **EA**나 액티비전 같은 대기업을 통해서만 대형 마트나 게임 전문점에 게임을 입점시키지 않아도 됐다. 이제는 누구나 게임을 개발하고 스팀이나 엑스박스 라이브 같은 디지털 플랫폼에서 판매할 수 있게 됐다. 취미로 게임을 만드는 20대 청년이 혼자 도전할 수도 있고, 머리 희끗희끗한 베테랑 개발자들이 의기투합하여 게임을 출시할 수도 있었다.

폴 노이라트는 이런 추세 변화를 직접 목격했다. 1990년대에 워렌 스펙터와 함께 〈시스템 쇼크〉 같은 게임을 만들었던 노이라트는 〈팜빌〉과 〈시티빌〉을 비롯해 페이스북 게임과 모바일 게임을 여럿 만들어낸 거대 소셜 게임 기업 징가Zynga에서 몇 년 동안 일했다. 징가는 로켓처럼 솟아올랐다가 페이스북이 알고리즘을 약간 손보면서 추락했다. 그리고 2013년, 한때 어마어마한 규모를 자랑했던 이들은 노이라트가 있던 보스턴 사무소를 닫았다.

그와 동시에 노이라트 같은 이들에게 완벽해 보이는 모델이 새로 떠올랐다. 그건 바로 **크라우드펀딩**이었다. 킥스타터Kickstarter는 팬들이 창작 프로젝트에 직접 투자할 수 있는 웹사이트로, 게임 개발자가 대박 터뜨리기에만 연연하는 유통사들의 구속을 받지 않고 플레이어들을 직접 만날 수 있는 장이었다. 크라우드펀딩을 이용하는 가장 효과적인 방식은 향수를 자극하는 것이었다. 〈메가맨Mega Man〉, 〈캐슬바니아Castlevania〉 같은 프랜차이즈 게임을 만들면서 유통사들의 많은 사랑을 받다가 버려진 창작자들을 위해 사람들은 킥스타터에서 수백만 달러를 모금했다. 그런 게임을 그리워하면서 새로운 게임을 하고 싶어하는 팬들이 후원자로 나선 것이다. 노이라트도 자신이 만들었던 고전 게임들을 되살려서 비슷하게 성공을 거둘 수 있으리라 확신했다.

노이라트는 EA와의 긴 협상 끝에 자신이 오래 전 만들었던 프랜차이즈 〈언더월드Underworld〉의 저작권을 돌려받았다. 게임 산업의 역사에 큰 획을 그은 〈울티마 언더월드〉를 기반으로 만들었던 이 게임은 노이라트가 오리진에서 워렌 스펙터와 함께 만든 것이었다(〈울티마〉 프랜차이즈는 EA가 계속 보유하기로 했다). 2014년에 그는 아더사이드 게임즈Otherside Games라는 회사를 세웠고, 1년 뒤 킥스타터에서 〈언더월드 어센던트Underworld Ascendant〉를 선보이고 80만 달러 이상을 모금받았다. 이 게임은 그가 과거에 만들던 게임들의 정신적 계승작이었다.[15] 복잡한 협상이 더 오간 끝에 아더사이드는 〈시스템 쇼크〉 신작을 개발할 권리도 얻어냈다.

신작 〈시스템 쇼크 3〉 제작을 이끌기에, 다시 게임을 만들고 싶어 몸이 근질근질해진 노이라트의 옛 친구만한 사람이 또 있을까? 노이라트는 오랫동안 워렌 스펙터와 가깝게 지내면서, 〈던

---

15 애석하게도 이 게임은 실패작이 되었다. 〈PC 게이머〉에서 릭 레인(Rick Lane)은 이런 평을 남겼다. "〈언더월드 어센던트〉는 끔찍하다. 형편 없는 디자인 아이디어들을 모아서, 한심하게 만들어 놓고, 버그는 집 한 채를 짓고도 남을 만큼 많이 심어놓은 한마디로 대참사다."

전 앤 드래곤〉을 새로 제작하고 플레이어에게 진정한 의미의 선택권을 주는 게임을 만들고 싶다는 오랜 열망을 자주 이야기해왔다. 2015년 말이 되어가는 시점에 노이라트는 스펙터에게 전화해 제안했다. "워렌에게, 〈시스템 쇼크 3〉를 만들 건데 관심 있냐고 했죠. 잠시 생각하더니 그러겠다고 하더군요." 노이라트는 당시를 회상했다. "몇 달 뒤, 강의를 마친 스펙터는 아더사이드의 지사 '아더사이드 오스틴'을 세우고, 〈시스템 쇼크〉를 새롭게 만들기 위한 팀을 꾸렸다. 1996년에 스펙터는 폴 노이라트가 세운 루킹 글래스의 오스틴 지사를 세웠다가 게임을 하나도 출시하지 않고 문을 닫았었다. 그로부터 20년 뒤, 두 사람에게 재도전의 기회가 생겼다.

하지만 이번에도 돈 문제가 스펙터를 괴롭혔다. 2016년에 아더사이드는 스타브리즈 스튜디오Starbreeze Studios라는 스웨덴 유통사와 계약을 맺고 〈시스템 쇼크 3〉 개발 자금을 지원받기로 했다. 그러면 스펙터는 직원을 열댓 명 뽑고, 오스틴 알보레텀이라는 근사한 지역에 거대한 유리 창과 싱그러운 녹지로 둘러싸인 사무실을 열 수 있을 것이었다. 2018년 가을까지는 일이 순조롭게 흘러갔지만, 갑작스럽게 스타브리즈가 재건을 신청했다. 이것은 스웨덴 식의 파산을 뜻했다. 그 뒤 며칠은 극적인 사건의 연속이었다. 스위스 당국은 내부자 거래를 의심하며 스타브리즈의 CEO를 체포했지만, 그는 혐의를 벗고 풀려났다. 그 뒤로 몇 주가 흐른 뒤 폴 노이라트와 워렌 스펙터는 스타브리즈에서 돈을 받을 수 없음을 깨닫고 프로젝트를 접었다.

스펙터는 갑작스레 거리로 내몰려서 유통사들을 돌아다니며 〈시스템 쇼크 3〉을 제안하게 되었다. 1990년대로 돌아간 것처럼 말이다. 하지만 지금은 나이가 들었고, 돈을 구하기 위해 비행기를 타고 이 도시 저 도시를 돌아다니기에는 기력이 부족했다. 유통사들은 확답을 주는 법 없이, '연락 드릴게요' 같은 어정쩡한 답변만을 내놓았다. 결국 2019년 말, 아더사이드는 자금 확보에 실패해서 오스틴 지사 직원 대부분을 해고하게 됐다.

〈시스템 쇼크 3〉의 디자인 디렉터로 합류했던 체이스 존스는 또 한 번 힘든 결정에 내몰렸다. 그는 2012년에 정션 포인트를 떠난 뒤 제작사가 문을 닫기 몇 달 전, 워싱턴주 레드먼드에서 마이크로소프트의 유통 팀에 들어갔다. 그 뒤로는 잠시 게임 업계를 떠나, 호주에 있는 소프트웨어 회사에 들어가기도 했다. 2018년에 다시 스펙터의 손을 잡고 아더사이드에 들어간 존스는 〈시스템 쇼크〉 신작에 참여한다는 기대감에 부풀었지만 또 돈 문제가 발목을 잡았다. 회사는 임금 지급의 문제가 있어 존스에게 근무 시간을 반으로 줄여 달라고 했다. 하지만 아기가 곧 태어날 예정이었기에 임금 삭감을 감당할 수 없었다. 그래서 존스는 결국 아더사이드를 떠나 그의 옛 친구들이 세운 게임 제작사에 합류했다.

한편 스펙터는 새 구세주를 찾았다.

2020년 5월, 여러 게임 회사를 보유했고 투자도 활발하게 하는 중국 대기업 텐센트Tencent가 〈시스템 쇼크 3〉을 인수한다고 발표했다. 스펙터는 다시 한번 거대 기업에 신세를 지게 됐다. 이 글을 쓰는 현재까지는 이 게임이 어떤 결말을 맞이할지 알 수 없다. 하지만 상황을 낙관적으로 볼 만한 이유는 있다. 텐센트만큼 재정이 탄탄한 회사는 이 업계에선 매우 드물다. 그러나 디즈니도 재정이 탄탄하기는 마찬가지였다.[16]

■ ■ ■

게임 업계에서 30년 이상 버틴 사람은 많지 않다.
워렌 스펙터의 험난한 여정이 그 이유를 잘 보여준다. 그가 커리어에 있어 대부분의 시간을 보낸 오리진, 루킹 글래스, 이온스톰, 정션 포인트는 그가 회사에 몸담고 있거나 떠난 지 얼마 안되서 문을 닫았다. 그의 몰입형 시뮬레이션 게임들은 극찬을 받았지만 그의 여러 동료들처럼 매출 면에서 성공을 거두진 못했다.

그의 여정은 여러모로 장대했지만, 모든 게임 개발자가 마주해야 하는 불안정성을 전형적으로 보여준다. 그나마 스펙터는 한 도시에 정착했고, 게임 업계에 큰 반향을 불러일으키기도 했다. 〈울티마 언더월드〉, 〈시스템 쇼크〉, 〈데이어스 엑스〉 등 그가 감독하고

---

16   옮긴이_ 〈시스템 쇼크 3〉은 2021년 여름에 출시 예정이었지만, 여전히 출시되지 않았다.

제작한 게임들은 셀 수 없이 많은 개발자들에게 영향을 미쳤다. 텍사스에 있는 그의 집 근처에는 아케인 오스틴Arkane Austin이라는 제작사가 있다. 그의 제자인 하비 스미스Harvey Smith가 이끄는 이 제작사는 〈프레이Prey〉, 〈디스아너드Dishonored〉 같은 게임을 통해 몰입형 시뮬레이션의 계보를 잇는다. 아이도스는 몬트리올에서 〈데이어스 엑스〉와 〈시프〉 시리즈의 후속작을 개발했다. 둘 다 이온스톰 폐업 후 오랫동안 쉬고 있다가 2010년대에 부활했다. 셀 수 없이 많은 게임 개발자들이, 〈던전 앤 드래곤〉이 선사하는 무한한 가능성을 재현하겠다는 스펙터의 열망에서 영감을 받았다.

아마도 스펙터의 게임 족보에서 가장 영향력 있던 게임은 〈시스템 쇼크〉의 계승작인 공상 과학 공포 게임일 것이다. 업계에 큰 파란을 일으키고, 게임에 대한 많은 이들의 인식을 바꿔놓았지만, 스펙터의 게임 제작자 인생을 꼬아버리기도 한 게임이다. 이 게임을 만들어낸 제작사를 파멸로 이끈 것은, 게임과 함께 따라온 명성, 압박감, 책임감이었을 것이다.

프로젝트 이카루스

프로젝트 이카루스

가장 높이 날아올라 결국 날개가 모두 타버린
이래셔널 게임즈

요즘에는 상상하기 힘들지만, 1990년대와 2000년대 초만 해도 존경받는 비평가들은 게임에서 서사가 지니는 가치에 의문을 제기했다. 게임은 분명 재미있고, 자꾸자꾸 하게 되는 오락거리이다. 하지만 게임이 이야기를 전달할 수도 있을까? 눈물샘을 자극할 수 있나? 생각 없는 쾌감, 쓸데없는 폭력을 넘어서 진정한 감동을 전할 수 있단 말인가? 애초에 터무니없게 시작된(1997년도에 〈파이널 판타지 7Final Fantasy VII〉에서 그녀의 죽음을 목격한 사람이라면 게임을 하면서 눈물을 흘릴 수 있다는 것을 안다)

이 논쟁에 종지부를 찍는 게임이 2007년에 등장했다.

아인 랜드Ayn Rand[1]를 숭배하는 재벌이 건설한 디스토피아적 해저 도시를 배경으로 펼쳐지는 〈바이오쇼크BioShock〉는 얼핏 보면 그 당시 게임 업계에서 흔히 볼 수 있는 평범한 게임이었다. 게임 플레이적으로만 보면 딱히 특별한 것은 없었다. 게임 플레이 대부분이 여러 지역을 헤집고 다니면서 총열을 내려다보고, 물약을 던지거나 돌연변이를 사냥한다.

하지만 〈바이오쇼크〉는 결코 어디에서도 본 적 없는 게임이었다. 〈바이오쇼크〉에는 볼 거리와 들을 거리가 매우 풍부했다. 한때 자유 시장 유토피아가 될 줄 알았던 '랩처'라는 도시의 폐허가 된 건물들 여기저기에는 반쯤 파괴된 아르 데코 양식 벽화가 있고, 이 도시에 사는 거대한 괴물 빅대디가 움직일 때면 쇳덩어리가 부딪히는 쨍그랑 소리가 난다. 다른 슈팅 게임의 스토리는 보통 디즈니랜드의 놀이기구처럼 해맑지만, 〈바이오쇼크〉는 전체주의적 디스토피아와 아인 랜드가 추구하는 객관주의를 스토리에 담았다. 게임이 끝날 무렵에는 강렬한 메시지가 플레이어들을 기다렸다. 플레이어가 생각했던 것만큼 많은 결정을 내리지 않았음을 보여주면서, 우리가 게임 안에서 하는 선택에 의문을 제기하는 것이다. 2016년에 〈복스Vox〉지 기사에는 이런 말이 실렸다.

1 　옮긴이 _ 유대인 러시아계 미국인 소설가로 합리적이고 윤리적 자기중심주의를 지지하는 '객관주의' 사상을 지지했다.

'〈바이오쇼크〉는 게임이 예술이 될 수 있음을 증명했다.'

　유명한 예술 작품들이 보통 그렇듯, 〈바이오쇼크〉도 어마어마한 희생의 산물이었다. 이 게임이 시작된 곳은 폴 노이라트가 세운 제작사 루킹 글래스다. 여기에서 〈시프〉와 〈시스템 쇼크〉 제작을 도왔던 게임 개발자 켄 레빈Ken Levine, 조나단 체이Jonathan Chey, 로버트 페미에Robert Fermier는 1997년에 루킹 글래스에서 독립해 직접 회사를 차렸다. 그 회사가 바로 이래셔널 게임즈이다. 매사추세츠주 보스턴에 있는 낡은 건물에 자리잡은 이 신생 독립 게임 제작사는 〈시스템 쇼크 2〉를 개발했다. 전작에서 성공적이었던 부분을 유지하고 롤플레잉 요소들을 추가한 차기작이었다. 〈시스템 쇼크 2〉는 평단에서 좋은 반응을 얻었지만 매출은 형편 없었고, 그 때문에 이래셔널은 EA에 〈시스템 쇼크 3〉 투자를 제안했지만 관심을 받지 못했다. 그래서 이들은 아예 새로운 느낌을 주기 위해 〈시스템 쇼크〉라는 옷을 벗은 〈시스템 쇼크 3〉를 만들기로 했다. 그리고 저작권 문제가 생기지 않도록 타이틀명과 설정도 새로 만들었다.

　〈바이오쇼크〉라는 타이틀명으로 세상에 나온 이 게임을 완성하기까지 이래셔널 직원들은 셀 수 없이 많은 밤과 주말을 사무실에서 보내야 했다(사무실은 보스턴에서 남쪽으로 몇 킬로미터 떨어진 퀸시에 있다). 개발자들이 디자인과 아트 디렉션을 놓고 설전을 벌이면서 게임 방향이 계속 달라졌다. 가장 갈등이 심했던 부분은 바로 접근성이었다. 레빈은 〈시스템 쇼크 2〉가 너무 밀도가 높아서 플레이어들이 흥미를 잃었던 게 아닌지 걱정하면서 〈바이오쇼크〉는 누구나 할 수 있는 슈팅 게임이 되도록 처음 구상했던 어려운 수치들과 RPG 요소를 상당수 제거하게 했다. 2006년 1월 개발이 반쯤 진행됐을 무렵, 게임 유통사 2K가 이래셔널을 인수하고 발표했다.

덕분에 재정 문제는 해결됐지만, 2K 경영진이라는 이름의 새로운 선장이 배에 올라타서 〈바이오쇼크〉를 〈헤일로^{Halo}〉나 〈콜 오브 듀티^{Call of Duty}〉처럼 대중적 인기를 휩쓰는 슈팅 게임으로 만들려고 해서 혼란을 가져올 게 분명했다. 그리고 2007년에 레빈은 〈바이오쇼크〉 개발자들에게 의무적으로 주 7일 근무를 해야 한다고 이야기했다. "없는 시간을 만들어서 썼던 겁니다." 〈바이오쇼크〉의 보조 프로듀서였던 조 폴스틱^{Joe Faulstick}은 말했다.

"당시에는 당연하게 주말에도 나가야 하는 분위기였어요."

〈바이오쇼크〉 발매 일주일 전, 이래셔널은 예상 구매자들을 위한 맛보기용 데모를 공개했다. 데모의 다운로드 수는 폭발적이었고 엑스박스 라이브 서버도 터져 나갔다. 분명 대박이 터질 징조였다. 마침내 게임이 발매된 2007년 8월 21일, 평단은 〈테트리스^{Tetris}〉, 〈슈퍼 마리오 브라더스^{Super Mario Bros}〉와 같은 역대 최고의 게임 중 하나라는 찬사를 보냈다. 제작진은 이런 반응에 어안이 벙벙했다. "몇 달을 충격 속에 보냈던 것 같아요." 〈바이오쇼크〉의 책임 레벨 디자이너였던 빌 가드너^{Bill Gardner}는 말했다. "항상 마음을 졸이며 기다리는 순간이 있잖아요. 근데 막상 눈앞에서 일어나니 이게 꿈인가 생시인가 싶었습니다."

이 일은 가드너가 게임 개발자로서 처음 맡은 프로젝트였다. 몇 년 전에 그는 보스턴에 있는 게임 가게에서 일하다가, 그의 상사가 다소 진지하게 생긴 남자와 〈시스템 쇼크 2〉에 대해 나누는 대화를 우연히 듣게 됐다. 가드너는 이전부터 이 게임을 즐겨 하곤 해서 반가운 마음이 들기도 했다. 그 진지한 남자는 대학 교수인지 조커인지 모를 독특한 억양을 구사했다. 상사는 가드너를 불러서 그 남자에게 소개해주었는데, 그의 이름은 켄 레빈이었다. 두 사람은 게임에 대한 애정을 공통 분모로 삼아 금세 친해졌고, 레빈이 가드너에게 이래셔널에 QA로 지원해보라고 제안하기에 이르렀다. 가드너는 2002년에 이래셔널에 입사해 〈로스트The Lost〉라는 게임을 처음으로 맡았다. 완성을 해놓고도 결국 발매하지 못한 안타까운 게임이다. 가드너는 그것이 마음이 쓰리지만 꼭 필요한 경험이었다고 말한다. "품질 수준과 회사의 명성을 생각할 때 그 게임은 발매하지 않는 것이 당연했습니다." 어느덧 시간이 흘러 2007년이 되었고, 이들은 세상에 내놓을 수도 없는 게임을 만들던 제작사에서 역대 최고의 찬사를 받는 게임을 만든 제작사로 성장했다.

〈바이오쇼크〉가 특별한 이유는 이야기 전개 방식에 있었다. 랩처라는 도시에는 여기저기 흩어진 음성 일기가 있다. 이 세계관의 등장인물의 이야기와 역사를 알려주는 이 일기는 침수된 거리를 살금살금 걸어 다니는 동안 박물관에서 듣는 오디오가이드처럼 들

을 수 있다. 워렌 스펙터와 루킹 글래스의 뒤를 따르는 〈바이오쇼크
〉는 상황에 따른 판단과 주변 환경에 대한 스토리텔링이 주를 이룬
다. 랩처가 왜 파괴되었는지 정확하게 설명하는 대신, 플레이어가
직접 이 도시 역사의 흩어진 이야기 조각들을 맞춰 알아내게 한다.
이 아주 어렵진 않은 퍼즐을 맞추다 보면 어느새 유저는 자신이 똑
똑해지는 것을 느끼며 게임에 더 몰입하게 된다. 여기에는 '**플레이
어가 하자는대로 하라**'는 몰입형 시뮬레이션 분야의 오랜 구호가 반
영되어 있었다. 결국 이래셔널은 개발 속 내부 갈등을 멋지게 조정
해냈고, 〈바이오쇼크〉는 지나치게 단순하지 않으면서도 어렵지 않
게 플레이할 수 있는 접점을 찾았다.

〈바이오쇼크〉가 영광을 누리는 동안(220만 부를 팔아 치우고
메타크리틱Metacritic에서 96점을 받았다![2]) 2K 경영진은 이래셔널
에 다음 프로젝트 계획을 물었다. 〈바이오쇼크〉의 성공은 자연스레
다음 질문으로 이어졌다. 이래셔널은 〈바이오쇼크 2〉를 만들고 싶
어 할까? 2K의 임원 크리스토프 하트만Christoph Hartmann은 이 게임
이 그들의 캐시카우가 되었다고 생각하면서, 앞으로 이래셔널이 후
속작을 계속 만들어주기를 바랐다.[3] "2K는 우리에게 후속작을 만들
의향이 있는지 물었습니다." 가드너는 말했다.

---

2   메타크리틱은 후기 점수를 모으는 웹사이트다. 단점도 있지만 게임 업계가 평단에서의
     성공을 측정하는 지표로 자주 쓰인다(https://www.metacritic.com/).

"고생은 고생대로 하고 실적이 안 나올까 얼마나 공포스럽고 불안한데요. 이걸 어떻게 바로 또 하나요?"

때는 2007년 가을, 이래셔널 직원들은 지칠 대로 지쳐있었다. 크런치 모드에 질리고, 제작사의 수장이자 게임 크리에이티브 디렉터인 켄 레빈에 질려서 퇴사한 사람들도 있었다.

레빈은 상대하기 까다로운 리더로 유명했다.

레벨이나 장면이 마음에 들게 나오지 않으면 소리를 지르고 욕도 서슴지 않았다고 한다. 하지만 이래셔널에는 이런 분위기를 견디거나 심지어 좋아하는 개발자도 많았다. 결국은 예술을 만드는 과정이었고, 그들은 시대를 초월하는 역작을 완성했으니까. 그러나 일촉즉발의 분위기에서 일을 하다 보면 참거나 좋아했던 사람들 마저 정신 건강이 상하기 마련이다.

레빈과 제작진은 몇 차례의 논의 끝에, 당분간은 〈바이오쇼크〉 신작을 만들지 않기로 했고, 2K와도 타협했다. 타협점은 이래셔널 직원 몇 명이 샌프란시스코 베이 지역으로 가서 2K 마린2K Marin이라는 제작사를 세우고, 즉시 〈바이오쇼크2〉 개발에 착수하기로 한 것이었다. 이렇게 하면 레빈과 남은 직원들은 후속작에서 해방되어 다른 프로젝트를 진행할 수 있었다.

---

3   크리스토프 하트만은 언론과의 인터뷰에서, 〈바이오쇼크〉의 후속작이 최소 6편은 나오길 바란다며 다른 SF 시리즈를 예로 들었다. "〈스타워즈〉를 보세요. 선과 악이 싸우는 게 〈바이오쇼크〉와 똑같잖아요."(사실 〈바이오쇼크〉는 선과 악의 싸움이 아니었다)

1~2년 전, 2K의 모회사 테이크투Take-Two는 〈엑스컴XCOM〉이라는 옛날 전략 게임 시리즈 저작권을 인수했었다. 엑스컴은 군인과 과학자들이 모인 조직으로 플레이어가 외계인 침공으로부터 지구를 수비한다는 콘셉트의 게임이다. 마침 〈엑스컴〉은 켄 레빈이가장 좋아하는 게임이었고, 오스트레일리아 캔버라에 있는 이래셔널의 두 번째 사무소에서 소규모 팀이 2005년부터 〈엑스컴〉 슈팅게임을 조용히 만들고 있기도 했다. 이제 보스턴 팀이 합류해서 〈엑스컴〉을 다음 대작으로 개발할 차례였다.

〈바이오쇼크〉 개발 후유증에서 벗어난 이래셔널은 떠난 직원들의 자리를 채우기 위해 채용을 시작했다. 그렇게 들어온 사람 중한 명이 채드 라클레어Chad LaClair였다. 이 야심만만한 아티스트는영화학교를 졸업했지만 할리우드는 자신과 맞지 않다는 걸 일찌감치 알아차렸다. 그는 몇 년 전 로스앤젤레스에 있는 일렉트로닉 아츠에 QA 테스터로 입사해서 게임 업계에 발을 들였다. "내가 지쳐가고 있구나, 계속 이렇게 갈 수는 없다 싶은 마음이었습니다." 라클레어는 말했다. 그는 일렉트로닉 아츠 안에서 다른 직무에 지원해서 주니어 레벨 디자이너가 되었다. 그 후로 3년 동안 〈메달 오브아너: 에어본Medal of Honor: Airborne〉 같은 게임에 참여했다가 로스앤젤레스에 질려버리고, 소속 팀 다음 프로젝트의 방향성에 실망했다. "저는 좀 다른 걸 해보고 싶었어요. 젊은 디자이너로서 나는 정말 재능이 있다고, 밖으로 나가서 예술성 있는 제작사를 찾아야겠다고 생각했습니다." 라클레어는 말했다.

그리고 라클레어가 발매 당시부터 플레이해 온 〈바이오쇼크〉의 제작진만큼 예술성 있는 제작사는 드물었다('**바로 반해버렸어요**'). 그런 그에게 이래셔널 채용 담당자가 메시지를 보내, 게임 제작사에 취업하려는 아티스트나 디자이너를 아는지 물었던 것이다. 그는 이 연락이 우연 같은 운명이라고 생각했다. 채용 담당자는 그가 보스턴에서 대학을 나온 것을 보고 그 지역에 아는 사람이 있을 수도 있겠다고 생각했다. "아는 사람은 없지만 제가 관심 있다고 말했습니다." 그는 자신의 아트 포트폴리오를 보내고 험난한 면접 끝에 미국의 서쪽 끝에서 동쪽 끝으로 옮겨갔다. 그의 새 일자리는 이래셔널 게임즈의 레벨 아티스트였다.

라클레어는 이래셔널에서 일하는 게 좋았다. 제작사는 적당한 크기였고, 직원은 이삼십 명 정도였으며, 자신이 열렬히 좋아하는 〈엑스컴〉 프로젝트를 잘 해보자는 기분 좋고 협조적인 에너지가 흘러 넘쳤다. 〈바이오쇼크〉 제작 과정은 너무나도 고통스러웠기에, 이래셔널에 남은 개발자들은 이제 더이상 무리한 길을 가려 하지 않았다. "정말 재미있었어요. 오후쯤 켄이 와서 '자, 여러분 모두에게 보여주고 싶은 아이디어가 있어요'라고 하면 우리는 제안을 듣고 의견을 주는 거죠. 멋진 시간이었습니다."

그러던 어느 날, 라클레어는 뭔가 이상한 점을 눈치챘다. 켄 레빈과 다른 제작사 임원들이 자꾸 사무실을 빠져 나가, 다른 개발자들은 제쳐두고 자기들끼리 회의실에 모여 길게는 몇 시간씩 시간을 보내는 것이었다.

머지않아 라클레어는 이유를 알 수 있었다. 이래셔널은 〈엑스컴〉을 접고, 제작사의 최고 성공작을 프랜차이즈로 만들기로 했다. "팀원들에게 이 소식을 알리던 켄의 모습이 생각납니다. 〈바이오쇼크〉 후속작을 만들기로 했다고 말했죠. 그러더니 저에게 와서 물었습니다. 〈엑스컴〉 때문에 회사에 들어왔는데 〈바이오쇼크〉 일을 해도 괜찮겠냐고 말이죠. 저는 말했습니다.

"당연히 괜찮고 말고요."

2008년 여름 동안 켄 레빈의 에이전트는 자금 확보와 창작의 자유를 위해 테이크투와의 계약을 재협상했다고, 〈버라이어티Variety〉와 〈뉴욕포스트New York Post〉지는 발표했다. 자세한 계약 사항은 간접적으로 전해 들을 수밖에 없었지만, 제작사에서 나온 말에 따르면 레빈이 〈엑스컴〉 프로젝트에 흥미를 잃고 〈바이오쇼크〉 신작을 만들고 싶은 충동을 느꼈다고 한다. 협상 과정에서 그는, 〈바이오쇼크 2〉가 나온 다음에 이래셔널이 〈바이오쇼크〉 시퀄을 직접 만들 수 있도록 테이크투 측을 설득했다고 한다.

이래셔널 베테랑 개발자들 사이에서는 자기들이 아닌 다른 제작사가 〈바이오쇼크〉 신작을 만들고 있다는 사실에 분개하는 목소리도 나왔다. **"제가 고생해서 완성한 자식 같은 게임을 생전 보지도 못한 사람들이 마음대로 가져가 버렸다는 사실이 정말 짜증났습니**

다." 책임 레벨 디자이너 빌 가드너는 말했다. 물론 애초에 〈바이오쇼크 2〉 제작 기회를 흘려 보낸 것은 이래셔널 본인들이었지만, 영혼의 단짝인 줄 알았던 옛사랑이 나와 헤어지고 다른 사람과 행복한 꼴을 지켜보는 기분이었다. 제 손으로 떠나 보냈어도 싫은 건 어쩔 수 없었다. "〈바이오쇼크〉는 우리 없이도 행복하게 제 갈 길을 가는 것처럼 보였습니다. 그래서 여러 직원이 낙담했던 것 같아요." 가드너는 말했다. "우리는 1년 내내 〈엑스컴〉을 만들었던 것 같습니다. 그러다가 이런 말이 나왔죠. '아 안되겠다, 직접 바이오쇼크 시퀄을 만들어 버리자.'"

2009년에 구체적인 계획이 나왔다. 이번에도 이래셔널 오스트레일리아 사무소가 〈엑스컴〉 프로젝트를 넘겨받았다. 이래셔널 전 직원들이 샌프란시스코 베이 지역에서 세운 2K 마린은 〈바이오쇼크 2〉 작업을 계속 해서 2010년에 발매한다. 그리고 이래셔널 직원들은 직접 개발할 〈바이오쇼크〉 시퀄을 구상하기로 했다.

다른 개발 프로젝트들과 마찬가지로, 세 번째로 나올 〈바이오쇼크〉에는 아직 타이틀명이 없고 코드명만 있었다. 이제 와서 돌이켜보면, 랩처에서 앤드류 라이언이 야심 차게 꿈꿨음에도 실패할 운명을 타고난 프로젝트들에 이름 붙이기 딱 좋은 역설적인 코드명이었다. 그 이름은 바로 **프로젝트 이카루스**였다.

■ ■ ■ ■

게임 개발은 크게 두 단계로 나뉘며, 둘 다 영화 제작에서 비롯되었다. 바로 사전 제작과 제작 단계다. 그 정의는 게임 제작사마다 다르지만, 보통 사전 제작은 게임을 구상하는 준비 단계, 제작은 실제로 만드는 단계다. 두 단계를 명확하게 가르는 선은 없지만 각 단계를 진행하는 기간은 자금 사정에 따라 달라진다. 예를 들어 집에서 혼자 파밍 게임을 만드는 사람은 정식 사전 제작 없이 바로 모니터 안에 타일을 배치할 수 있다. 그렇게 제작 단계에서 5년이라는 시간을 보낼지라도 말이다. 새로운 SF 프랜차이즈 게임을 개발하는 200명 규모의 팀은 사전 제작에 몇 년을 쓴 다음에야 실제 개발에 착수하기도 한다.

게임 개발자들 사이에는 흔히, 새로운 게임을 만들 때 사전 제작에 더 시간을 많이 들여야 한다는 믿음이 있다.

결국은 창작에 힘을 쏟아야 하며, 뛰어난 아트는 반복 작업에서 나온다는 믿음이다. 다시 말해 콘셉트 아티스트는 상상력을 자극하는 아름다운 괴물과 성을 그려놓고도, 다시 더 잘 그릴 수 있을 것 같으면 기존 작업은 과감히 버려버린다는 뜻이다. 게임플레이 디자이너는 머릿속으로는 끝내주게 재미있을 것 같았던 레이저 총격 기능을 만드느라 몇 달을 쏟아 붓기도 하지만, 막상 프로토타입을 만들어놓고 보면 만족스럽지 않으면 다시 만들어야 한다는 뜻이다 (하지만 레이저를 전부 미사일로 교체하면 또 어떨지 모른다). 이 가상의 프로젝트를 이끄는 디렉터들은 매일같이 고수준의 결정을 내리고, 10시간, 20시간, 심지어는 100시간동안 게임플레이가 이어지려면 무엇이 필요할지 고민하면서 버리고, 새로 만드는 과정을 반복한다.

프로젝트 관리에 참여해본 사람이라면 몇 가지 변수만으로도 머리가 지끈지끈해질 것이다. 그 중에서도 유독 골치 아픈 변수는 바로 재미다.

'재미'가 정확하게 뭘 말한단 말인가?

제아무리 대단한 게임 신봉자라도 이 질문에 대답하기는 힘들 것이다. 〈데스티니〉에서 전리품을 얻느라 '**노가다**'를 하는 게 재미있는가? 〈더 라스트 오브 어스The Last of Us〉에서 좀비가 우글거리는 도로를 통과하는 건? 정해진 공식 없이 완전히 새로운 것을 만들다 보면 이런 질문에 대한 답을 찾을 수 없을 때가 대부분이다. 재미는 어떻게 정량화할 수 있을까? 뛰고, 춤추고, 칼을 휘두르면서 재미있어하는 것도 1주일 아니면 2주일이다. 열댓 시간 내리 게임을 하고 나면 싫증나지 않을까? 중요하지 않은 레벨이나 장애물을 추가한 다음에 적을 으깨면 기분이 통쾌할지 착잡할지 어떻게 알 수 있을까? 아직 그래픽이나 음향 효과가 전혀 없다면? 게임이 완성되고 나면 더 재미있을 거라고 무작정 믿으면서 작업을 진행할 수 있을까?

외부 관찰자 입장에서는 이 모든 것이 힘겹고 비효율적인 과정처럼 들린다. 몇 달씩 고생해서 만든 작업물을 그냥 버리면서 어마어마한 스트레스만을 받는 그런 일이다. 〈바이오쇼크〉처럼 훌륭한 게임을 만들려면 본격적인 제작에 앞서 구상에만 2년씩 시간을 쓰는 방법밖에 없는 걸까? 그 기간 동안 개발자들에게 월급을 줄 사람이 있기는 할까? 그리고 이렇게 구상이 길다면, 악순환이 생긴다. 3년짜리 게임 프로젝트 계약에 성공해서 처음 1년 반은 프로토타입을 만들면서 실험을 하고, 남은 1년 반 동안은 크런치 모드를 하면서 개발을 한다면 끝나고 한동안 진이 빠져 아무것도 못할 것이다. 몇 주 동안 휴가를 내더라도 돌아오면 다시 강도 높은 개발 작업이 기다리고 있는 게 현실이다. 그래서 1~2년 정도는 스트레스가 적은 환경에서 느긋하게 일하는 걸 상상하며 행복해할 순 있겠지만, 정작 그러다 보면 다시 마감이 1년 앞으로 다가오고, 보여줄 것은 하나도 없는 상황으로 결국 발등에 불이 떨어진다.

2009년 초에 이래셔널 개발자들은 아이디어 모드에 들어가서 〈바이오쇼크〉 신작의 방향성을 논의하고 있었다. 게임 배경으로 또다시 랩처를 하지는 않는다고 모두 동의한 상태였다. 시퀄로서 전작의 분위기와 감성만 이어갈 뿐, 배경까지 유지하는 것은 모두가 원하지 않았기 때문이다(〈바이오쇼크 2〉의 배경도 랩처였기 때문에, 게임 세 편이 연속으로 같은 도시를 보여주면 유저들이 지겨워할 게 분명했다). 모두가 마음에 들어하는 아이디어가 하나 나왔다.

바로 구름 사이에 떠있는 공중 도시였다. "온갖 종류의 배경 아이디어가 나왔지만 하늘에 떠있는 도시 아이디어가 가장 많은 호응을 얻었습니다." 빌 가드너는 말했다.

그 후로 몇 달 동안 이래셔널은 제작사를 확장하면서 개발자들을 계속 고용했다. 이들이 참여하는 프로젝트의 이름은 〈**바이오쇼크 인피니트**BioShock Infinite〉가 되었다.[4] 〈바이오쇼크〉 신작 개발에 참여하고 싶어하는 사람을 구하기는 어렵지 않았다. 그보다는 새로운 〈바이오쇼크〉 게임이 어떤 의미를 지녀야 하는지 구상하는 것이 어려웠다. 가장 막막한 부분은, 몇 년 전 2K가 시퀄 이야기를 꺼내면서 이래셔널이 던졌던 질문이었다. 〈바이오쇼크〉는 그저 '생각하면서 해야 하는 슈팅 게임'일까? 첫 번째 〈바이오쇼크〉 같은 게임의 속편은 어떻게 이어가야 할까? 신작 게임은 어떤 메시지를 줄 수 있을까? 〈심슨 가족The Simpsons〉 에피소드에도 나올 정도로 유명해진 괴물 빅 대디를 도대체 어떻게 능가할 수 있을까?

이 질문들에 대한 답은 계속 달라졌다. 이래셔널은 7가지의 시대, 아트 스타일, 배경을 두고 왔다갔다했다. 한동안은 공중 도시가

---

4   2K 경영진과 종종 부딪쳤던 켄 레빈은 〈바이오쇼크〉 속편을 끊임없이 내고 싶어하는 2K의 계획에 불만을 품었다고 한다. 이래셔널 직원들 사이에서는, '무한함'을 뜻하는 단어 infinite를 넣어 〈바이오쇼크 인피니트〉라는 타이틀명이 시퀄을 더 내지 못하게 하려는 발칙한 조치였다는 말이 돌았다. 이미 '무한'한 게임에 2편을 만들 수는 없으니 말이다.

런던이나 파리가 떠오르는 1800년대 유럽 명화 풍이었다가, 또 한동안은 랩처를 하늘에 띄워놓은 것 같은 스타일이었다. 켄 레빈에 따르면 스토리에는 여러 매체가 뒤섞여 있었다고 한다. 체험형 연극 〈슬립 노 모어Sleep No More〉와 1893년에 열린 시카고 세계 박람회를 다룬 에릭 라슨Erik Larson의 『화이트 시티』(은행나무, 2004)를 끊임없이 오갔다. "한동안은 도시 건설을 여러 방법으로 실험하고, 어떤 건축물들을 만들어야 하는지 구상하는 사전 제작을 진행했습니다." 라클레어는 말했다. **"극초기 단계였어요. 하늘은 파랗고 모든 것이 훌륭했죠. 다 잘될 거라는 확신으로 모두가 행복했어요. 즐거운 시절이었습니다."**

그 즐거운 시절 뒤에는 썩 즐겁지 않은 시절이 따라왔다. 〈바이오쇼크 인피니트〉 개발 과정에서 레빈이 크고 작은 아이디어들을 버리고 정비하느라, 게임의 모양새가 끊임없이 바뀌었다. 도시가 하늘에 떠있다는 설정은 유지됐지만 그 외에는 스토리, 시대, 캐릭터의 능력 작동 방식 등 모든 것이 계속 변경됐다. 몇 주씩, 몇 달씩 고생해서 만든 게임의 많은 부분이 몇 분만에 잘려나가는 건 디자이너와 아티스트에게 참담한 과정이었다. "그 해에는 〈바이오쇼크〉가 무엇인지 낱낱이 분해하며 대부분의 시간을 보냈습니다." 빌 가드너는 말했다. "제작사를 확장하면서 채용한 직원들은 많이들 겁을 먹었어요. 이게 무슨 일이냐고, 전혀 진행이 안되고 있는 것 아니냐고 말이죠. 더 경험 많은 직원들은 우리가 재미 요소를 찾기 위해 대대적으로 진행된 작업을 자주 엎는다는 걸 이미 알아서 반응이 크진 않았습니다."

이것은 켄 레빈, 나아가 이래셔널이 게임을 개발하는 방식이었다. 전작도 그렇게 만들었고, 이번에도 그럴 참이었다. 레빈은 이런 철학을 감추거나 비밀에 부치려고 하지 않았고, 신규 직원들도 그 사실을 알아주기를 바랐다.

"우리는 수많은 실패를 해가면서 게임을 개발한다고 할 수 있습니다."

그는 〈바이오쇼크 인피니트〉 제작 당시 게임 업계 소식을 다루는 웹사이트 가마수트라Gamasutra.com에서 리 알렉산더Leigh Alexander 기자에게 이렇게 말했다. "저희는 버리는 게 일상입니다… 뭔가를 시도해보고, 얼마든지 실패할 수 있도록 장려하고, 그 실패에서 배운 다음 전진합니다." 그는 비용이 어마어마하게 든다는 점은 인정하지만, "매몰 비용에 신경 쓸 수는 없습니다"라고도 말했다.

■ ■ ■

2010년 8월 12일, 뉴욕 센트럴 파크 근처에서 화려함을 자랑하는 플라자 호텔에서 언론 행사가 열렸다. 기자들을 모아두고 〈바이오쇼크〉 후속작의 예고편을 공개하는 자리였다. 영상 시작은 익숙한 해저 도시의 실루엣이다. 하지만 이것은 깜짝 눈속임일 뿐, 카메라가 뒤로 빠지면서 사실 그 해저 도시는 어항이었음이 드러난다. 이제 정들었던 랩처에 안녕을 고하고, 〈바이오쇼크 인피니트〉에 새로운 인사를 건네는 예고편이 끝나고 켄 레빈은 기자들에게 게임의 큰 틀을 설명했다. 〈바이오쇼크 인피니트〉의 배경은 미국의 예외론을 예찬하는 공중 도시 컬럼비아이고, 배경은 1912년 7월이다. 핑커톤 국립 탐정사무소 출신 사설 탐정 부커 드윗이 엘리자베스라는 흑발 소녀를 구하기 위해 투입된다. 엘리자베스는 탑으로 된 감옥에 갇혀있고, 그 주위에서는 송버드라는 로봇 비행선이 보초를 서고 있다. 송버드는 빅 대디의 뒤를 잇는 훌륭한 마스코트(이자 상품 제작 소재)가 될 것이었다.

이 발표는 개발자들이 그간의 작업 내용을 공개하는 것은 물론, 드디어 공개한 디테일을 고수할 수 있게 됐다는 점에서 기쁜 자리였다. 이제 확실히 컬럼비아는 컬럼비아고, 엘리자베스는 엘리자베스다. 이제 더이상 중요한 디테일을 엎지 않을 수 있었다.

특히 이래셔널에 갓 입사한 포레스트 다울링Forrest Dowling에게는 더없이 좋은 시점이었다. 그는 〈바이오쇼크 인피니트〉가 대대적으로 공개되기 한 달 전에 레벨 디자이너로 들어왔던 것이다. 〈바이오쇼크〉의 팬인 다울링은 이래셔널이 무슨 일을 하고 있는지 무척 궁금했다. 첫 번째 게임이 나온 뒤로 3년 째 아무런 소식이 없었기 때문이다. 이래셔널의 신규 직원이 된 그는 제작진이 게임의 핵심 아이디어를 충실히 지키고 있다는 사실에 기뻐했다. "제가 입사했던 시기는 전격적인 변화가 있을 수 없도록 회사가 갑작스럽게 예방 접종을 맞은 때였습니다. 이제 시대, 배경, 장소, 갈등을 뒤엎을 수 없게 된 시점이었어요." 다울링은 말했다.

다울링은 덩치가 크고 수염이 덥수룩했다. 어리숙한 목소리에 비해 태도는 실용적이었다. 뉴욕주 서부에서 자란 그는 아티스트가 되고 싶었지만 어디서부터 시작해야 할지 몰랐다. 고등학교를 졸업한 다음에는 대학에서 회화를 전공했다. 미술 대학교는 '미술로 입에 풀칠을 하며 잘 살고 싶다는 생각을 하면 안되는' 곳, 철 주물과 조각으로 여러 작업을 실험하다가 결국 미술계에 환멸을 느끼게 되는 곳이었다. 고학년이 되어서는 〈데이어스 엑스〉 같은 게임에 푹 빠져 게임 만들기를 직업으로 삼으면 어떨까 하는 호기심에 진로를 다시 생각하게 됐다.

1990년대와 2000년대 초에 게임 개발 방법을 배우는 가장 좋은 방법은 '모드'를 만드는 것이었다. 모드는 팬들이 이미 발매된 게임의 아트나 플레이 방식을 새롭게 바꿔서 공개하는 것을 말한다. 재미로 모드를 만드는 사람들도 있지만, 이것을 진로 개발 기회로 삼는 이들도 있었다. 그 중 한 사례는 2003년에는 유명한 1인칭 슈팅 게임 〈배틀필드Battlefield〉의 모드를 만드는 사람들이 뉴욕에서 뭉쳐, 트라우마 스튜디오Trauma Studios라는 회사를 직접 세웠다. 〈배틀필드〉를 실제로 개발한 회사 DICE의 개발자들은, 이 사실을 알고 이듬해에 트라우마를 인수했다. 비록 1년도 안되어 폐업시켰지만 말이다.[5] 이때 경쟁 유통사 THQ 경영진이 기회를 보고 트라우마 스튜디오 직원들을 채용해서 새로운 게임 개발사 카오스 스튜디오Kaos Studios를 세웠다.

카오스 스튜디오는 애플 매장에서 일하면서 게임 업계에 들어가기 위해 〈하프라이프Half-Life〉 같은 게임의 모드를 만들던 다울링에게 좋은 기회 같았다. "모드를 만들다가 덜컥 AAA급[6] 게임 제작 예산을 받은 사람들이 있는 젊은 제작사였습니다." 다울링은 말했다. "그래서 그들은 저처럼 덜 떨어진 사람도 기꺼이 뽑아주었죠." 하지만 다울링은 맨해튼에 있는 아파트를 구할 돈이 없었다. 그래서 몇 달 동안 뉴저지 중부에 있는 처댁에서 지내면서, 매일 2시간을 들여 맨해튼에 출근하는 강행군을 했다. 처음 참여한 프로젝트는 2008년에 발매된 슈팅 게임 〈프론트라인: 최후의 자원 전쟁Frontlines: Fuel of War〉이었고, 그 다음은 북한이 미국을 점령하는 가까운 미래의 디스토피아적 세계관을 보여주는 게임 〈홈프론트Homefront〉였다.

2010년에 THQ가 곤경에 빠졌다. 미국 경제 불황이 유통사를

---

5   이 결정을 내린 CEO 패트릭 쇠더룬드(Patrick Söderlund)는 이후 DICE를 EA를 인수한 EA에 합류했다. EA에서 그는 비서럴 게임즈(Visceral Games) 같은 제작사들을 감독하는 임원이 되었다. 이 이야기는 나중에 다룬다.

6   AAA는 게임 업계에서 자주 쓰는 표현이다. 이 표현에 대한 사전적 정의는 없지만, 게임 개발자들과 임원들 사이에서는 보통 '비싸다'는 뜻으로 통한다.

강타하면서 전국의 제작사가 비용을 삭감했고, 카오스도 삭감 대상 중 하나였던 것이다. 이 상황에서 이래셔널 채용 담당자가 다울링에게 연락해서 〈바이오쇼크〉 신작 제작에 참여할 생각이 있는지 물었을 때, 다울링은 고민할 이유가 없었다. 전화 면접 뒤 디자인 시험이 있었고, 몇 차례의 전화 면접, 이래셔널 퀸시 사무소에서의 면접이 이어졌다. 퀸시에서 직원들은 다울링의 작업과 커리어에 대한 압박 면접을 했다. "저는 근거 없는 자신감이 있어서 겁을 먹지 않았던 것 같습니다. 겁을 먹었어야 했지만요." 다울링은 말했다. "디자인 시험을 잘 본 것 같았고 제 작업에 대해서도 자신 있었거든요. 그래서 감이 좋았습니다."

다울링이 집에 가려고 차에 타기도 전에 빌 가드너가 그를 세워서 합격 소식을 전했다. 그러나 다울링은 〈홈프론트〉 제작 마지막 해에 카오스를 떠난다는 게 마음에 걸렸다. "프로젝트가 완성되기도 전에, 그것도 사람들이 크런치 모드에 들어가는 때에 회사를 떠나는 건 바람직하지 않죠."

그는 이렇게 생각하면서도 지금이 떠날 시간임을 알았다.
카오스에는 문제가 있고, THQ도 오래 버티지 못하리라는 직감이 있었다. "제 마음 속에서 〈바이오쇼크〉는 거대한 게임이었습니다." 다울링은 말했다. "제가 정말 좋아하는 게임이었고, 우리 세대에서 가장 걸출한 게임이라고 생각했어요. 그래서 더더욱 제가 거대한 프로젝트를 거절하고 미래가 없어 보이는 팀에 머물 이유는 없었습

니다." 다울링의 직감은 정확했다. THQ는 1년 뒤 카오스를 폐업하고 파산에 이르렀다.[7]

그는 플라자 호텔에서의 행사가 있기 몇 주 전에 이래셔널에 입사했다. 그 당시 이래셔널 직원들은 지친 동시에 게임을 세상에 공개한다는 사실에 들떠 있었다. 몇 달을 거쳐서 내린 〈바이오쇼크 인피니트〉의 중요한 결정들이 이제는 무를 수 없게 확정되었다는 사실에 그들은 겨우 안도했다. 게임 배경은 컬럼비아라는 공중 도시이고, 때는 1912년이다. 부커는 엘리자베스를 구해야 한다. 이제 켄 레빈이 큰 틀에서 아이디어를 수정할 수 없게 됐으니, 직원들은 더 이상 무언가를 만들어내는 족족 폐기되는 아픔을 겪지 않아도 됐다.

물론 아직 바뀔 수 있는 요소는 많았다. 행사가 있은 뒤로 몇 달간 〈바이오쇼크 인피니트〉 개발은 이래셔널의 기준으로도 더디게 이루어졌다. 여기저기를 자르고, 교체하고, 새로 만드는 일이 잦았기 때문이다. **회사는 성장 중이었지만 게임은 그만큼 발전하지 못하고 있었다.** 레빈은 직원들에게 도시의 레벨이나 구역을 점검하게 했다. 자신이 생각하는 최고의 방안을 기준으로 삼아 변덕을 부리는 것 같았다. 레빈이 무언가를 잘라내거나 바꿀 때마다, 밑에 있는 디자이너, 아티스트, 개발자들에게 불똥이 튀었다. 몇 주 동안 삶을

---

7 이 소식이 전해진 뒤 가마수트라 사이트에는 이런 댓글이 달렸다. "팀 이름은 트라우마나 카오스라고 지었을 때 다음에 이런 일이 생긴다면, 나는 게임 회사 이름을 '다 잘될 거야 제작사'라고 지어야지."

갈아 넣어서 만든 결과물이 너무 쉽게 하수구로 흘러내려가는 경험을 하다 보면 어쩔 수 없이 사기가 꺾이기 마련이다. "직원들이 몇 달 동안 공들여 만든 것이 휙휙 잘려 나가거나 바뀌는 것을 보는 게 힘겨웠습니다. 이래셔널에서는 특히 그런 일이 더 많았어요." 다울링은 말했다.

매일같이 규모가 커지고 비용이 늘어나는 〈바이오쇼크 인피니트〉의 제작 인력을 늘려야 한다고 2K를 설득하려면, 이래셔널은 보다 신선하고, 몇 번이든 거듭 플레이하고 싶은 게임 방식을 생각해내야 했다. 그 계획 중 하나는 2가지 대규모 멀티 플레이어 모드를 만드는 것이었다. 2K 경영진은 〈바이오쇼크 인피니트〉 캠페인이 끝난 다음에도 플레이어들이 이 모드를 계속 즐겨주기를 바랐다. 하지만 이 멀티 플레이어 모드들은 서로 잘 어우러지지 않았고, 싱글 플레이어 모드도 일정이 밀려있었다. 그래서 이래셔널은 멀티 플레이어 모드를 없애고 전 직원을 싱글 게임에 투입한다는 과감한 결단을 내렸다. **"오랜 시간을 들이고, 온 마음과 정성을 쏟아서 무언가를 만들어요. 그런데 회의 한 번에 그 결과물이 다 사라지는 거예요."** 멀티 플레이어 팀 지휘를 도왔던 빌 가드너는 말했다. "마음의 상처는 쉽게 아물지 않죠."

2011년에 공개된 〈바이오쇼크 인피니트〉 데모는 팬들에게 감동을 선사했다. 컬럼비아의 활기찬 시민들의 모습, 엘리자베스가 마법 같아보이는 능력을 발휘해 현실의 막을 찢어 구멍을 내 다른 차원에서 물체를 부르는 모습이 나왔다(데모에 나왔던 요소들은 최종 게임에 거의 반영되지 않았으며, 이것은 게임 개발에 얼마나 큰 난항이 있었는지 입증한다). 그와 동시에 〈바이오쇼크 인피니트〉 개발자들은 게임을 완성하지 못할까 두려웠다. 이미 몇 차례 일정이 지연되었기 때문에 과감한 조치가 절실히 필요했다. 선임 직원들 몇몇이 거듭되는 수정과 레빈의 감독 스타일에 질려서 이래셔널을 떠났다. 이들의 자리를 메꾸고 게임을 완성하기 위해 이래셔널은 계속 사람을 뽑았다.

2012년 3월에 이래셔널은 소니와 마이크로소프트 같은 대형 유통사에서 게임을 완성한 경험이 있는 베테랑 게임 프로듀서 돈 로이^{Don Roy}를 영입했다. 그는 이래셔널에 들어와 현재 상황이 얼마나 심각한지 보고 충격을 받았다.

"제가 갔을 때 말 그대로 게임이 아무것도 없었습니다. 일은 어마어마하게 많이 했지만 형태를 갖춘 게임이라고 볼 수는 없었던 겁니다. 가자마자 게임 빌드를 플레이해볼 수 있을지 물었는데 없다고 하더라고요. 이 조각들을 플레이해볼 수는 있지만 실제로 게임처럼 작동하는 건 없다고 하더군요."

로이가 가장 이해할 수 없었던 부분은 체계가 없다는 것이었다. 2008년에 이래셔널은 수십 명의 규모였지만 2012년 말에는 직원이 200명 가까이 될 정도로 부풀어 있었고, 보조 제작사들과 외주 업체들 때문에 생산 파이프라인에 각종 결함도 생겨있었다. 그

야말로 **혼돈**이었다. "외주를 많이 주고 있었지만 작업 과정이 정립되지 않아서 실제로 게임에 들어가는 결과물이 없었습니다." 로이는 말했다. "외부에 아트 작업을 의뢰하면 작업물이 나오죠. 그러고 나서 다음 단계로 넘어가 버리니까, 정작 완성된 아트는 더 이상 쓸 수 없게 되어있는 겁니다." 로이의 여러 과제 중 가장 우선되는 사항은 회사가 시간과 돈을 낭비하지 않게 해주는 **작업 흐름**을 만드는 것이었다.

2012년 여름, 이래셔널은 게임계에서 역대 최고 수준의 유명세를 가진 인재를 영입했다. '완결자'로 불리고 있는 에픽 게임즈의 로드 퍼거슨Rod Fergusson이었다. 그는 게임을 완성하기 위해 어려운 결단을 내리고 불필요한 부분을 다듬을 줄 아는 인물이었다. 퍼거슨은 〈바이오쇼크 인피니트〉의 진행도를 보고, 남은 과제들을 분류한 다음 일정을 짰다. 크런치 모드도 필수였다. 그 일정을 따르면 게임을 완성할 수 있을 터였다. "로드 퍼거슨 없이는 게임이 나올 수 없었습니다." 이래셔널의 한 직원은 말했다.

퍼거슨과 함께 일했던 사람의 말에 따르면, 그는 일정만 잘 짜는 게 아니라 켄 레빈과 대화하는 법도 알았다고 한다.

"켄은 창의적인 인재입니다. 그런 사람에게는 일장일단이 있죠." 〈바이오쇼크 인피니트〉 제작진이었던 마이크 스나이트Mike Snight는 말했다. "켄은 리더로서는 형편 없었어요. 정말로요. 본인도 인정할 겁니다. 창의적인 건 맞지만 절대 리더감은 아니에요."

레빈은 첫 번째 〈바이오쇼크〉를 만들던 시절부터 세간의 주목을 받았다. 그와 함께 일했던 사람을 아무나 붙잡고 어떤 사람이었는지 물어보면 아마 '천재'와 '힘들다'라는 두 단어가 나올 것이다. 그는 〈바이오쇼크〉 같은 명작을 끌어낼 수 있는 비전을 지녔지만, 그 비전을 구상하는 데에 상당히 오랜 시간을 썼다. 직원들에게 아이디어를 설명하다가 애를 먹을 때도 많았다. "나쁜 뜻으로 하는 말은 아니지만, 그는 작가보다는 편집자가 맞는 것 같아요." 조 폴스틱은 말했다. "백지 상태에서 최고를 보여주지는 못하거든요. 그가 본인이 원하는 게 뭔지 모르는 상태라면 함께 일하기에 좋은 리더는 아닙니다." 이래셔널에 다녔던 사람들은 레빈이 다른 책임급들과 논쟁을 벌이고 고함을 지르던 이야기들을 들려주었다. 직원들이 자기 머릿속에 있는 아이디어를 구현해주지 않으면 낙담해서 화를 내기도 했다고 한다. 그와 함께 일했던 누군가는 이렇게 말하기도 했다. "그는 뛰어난 사람이지만 자기가 원하는 바를 제대로 표현할 줄 모를 때가 많습니다."

퍼거슨은 레빈과 대화하면서 그가 생각하는 게임의 모습을 파악하고, 그 메시지를 해석해서 다른 직원들에게 전달할 수 있었다. "로드를 영입한 건 정말 옳은 결정이었습니다." 돈 로이는 말했다. "켄의 머릿속에 있는 그림이 눈앞에 실현되도록 로드가 제작진과 소통해준 덕분에 〈바이오쇼크 인피니트〉가 지금 모습으로 완성될 수 있었습니다."

게임 웹사이트 '폴리곤Polygon.com'과의 인터뷰에서 켄 레빈은 자신의 개발 과정을 조소 작업에 빗대어 설명했다. "제가 게임을 만드는 방식은 조각상을 만드는 과정과 같습니다." 다시 말해서 그는 대리석 덩어리를 쪼갠 다음 원하는 형상으로 깎아내는 것이다. 레빈은 연극과 시나리오를 전공했고, 그 세계에서는 "글을 쓴다는 건 고쳐 쓴다는 것이다"라는 말이 진리로 통한다. 대본 초안이 무대에 오르거나 실제 촬영에 쓰이는 경우는 절대 없다. 하지만 게임 업계에서는 대본을 쓰는 동시에 게임의 다른 요소들을 제작한다. 그래서 계속 대본을 고쳐 쓴다면 다른 사람들의 몇 달치 작업물을 날려버려야 한다.

"그는 어마어마한 양의 게임을 만들어놓고 평가합니다. 타당한 방식이죠. 하지만 대본을 고쳐 쓰느라 종이가 버려지는 건 그렇다 쳐도, 실제 사람들의 노고, 시간, 돈, 감정, 의무가 버려지는 건 차원이 다른 문제입니다."

레빈은 몇 년 뒤 런던 유로게이머Eurogamer 컨벤션 자리에서 더더욱 흥미로운 말을 한다. "저는 지금까지 참여한 거의 모든 게임을 시간이 부족하다고 느끼며 개발했습니다. 개발 기간 몇 년을 그냥 낭비한 거나 다름없죠." 그는 이 말을 하면서 웃었다. "그런 다음에 '세상에, 시간이 없어'라고 하면서 놀라는 겁니다. 그러면 미뤄왔던 결정을 빠르게 내리게 되죠. 바로 그때 마법이 일어납니다. 제 작업 방식 때문에 항상 시간이 부족하다고 생각되시겠지만, 저는 뭘 살리고, 뭘 잘라내고, 무엇에 집중하고, 무엇을 다듬을지 자문하는 때, 바로 그때 더 좋은 게임이 완성된다고 생각합니다."

켄 레빈과 함께 일해본 사람들은 이런 개발 스타일을 두고 만감이 교차하는 걸 느끼며, 때로는 상충된 감정을 가지기도 했다. 채드 라클레어는 이래셔널에서 일하면서 아티스트이자 디자이너로서 훌쩍 성장했지만, 〈바이오쇼크 인피니트〉만큼 힘든 일은 또 없었다고 한다. "이걸 세상에 어떻게 공개해야 할지 감이 안 잡히던 시절도 있었습니다." 라클레어는 말했다. "할 일이 태산처럼 많이 남아있었어요." 제작 과정이 막바지에 접어 들었던 2012~2013년의 몇 달 동안, 그는 이래셔널의 다른 직원들과 마찬가지로 게임 완성에 필요한 수많은 업무를 처리하느라 어마어마한 잔업에 시달렸다.

"〈바이오쇼크 인피니트〉 수준의 크런치 모드는 다른 게임에서는 해본 적 없습니다."

마지막 해에 라클레어는 거의 매일 12시간씩 사무실에 나와 있었다고 기억했다. 그나마 아내도 이래셔널 직원이다 보니 사무실에서 점심과 저녁을 함께 먹을 수는 있었다.

포레스트 다울링도 마지막 몇 달 간은 일주일에 6일씩 출근하는 강도 높은 크런치 모드에 돌입했다. "그때 저희 집은 엉망이었어요. 설거지할 정신도 없었거든요. 쉬는 날에는 세탁기를 돌리고 영화나 보면서 빈둥거렸습니다. 일주일에 하루밖에 쉬지 못하면 그 정도 에너지밖에 남아있지 않으니까요." 라클레어와 다울링에게는 이래셔널의 연장자 직원들에 비해 유리한 점이 있었다. 두 사람이 이런 생활을 견디기 좋았던 이점은, 자녀가 없다는 것이었다. "아직은 업계에서 꽤 젊은 축인 것 같습니다. 이제 저의 마음가짐이 많이 달라졌어요." 라클레어는 말했다.

그리고 라클레어는 맡은 바 소임을 다 할 뿐이었다.

"그렇게 일했는데, 회사가 그렇게 금방 사라져버릴 줄은 몰랐죠."

■ ■ ■

〈바이오쇼크 인피니트〉는 2013년 3월에 세상에 나왔다. 평단은 극찬을 보냈고, 테이크투 수익 보고서에 따르면 2K는 발매 첫 해에 소매상에 370만 부를 출고했다(수익 보고서에는 그 중 실제 판매량은 나와있지 않고 '출고량'만 나와있다. 이는 실제 판매 수치를 모호하게 만들려는 게임 업계의 흔한 수법이다). 처음에는 찬사가 쏟아졌다. 〈게임 인포머Game Informer〉 리뷰어는 이 게임을 '지금껏 플레이해본 게임 중 최고 수준'이라고 했다. 그 후로 몇 달 동안 다른 비평가들이 이 게임에 담긴 서사적 약점과 기계적 공정주의에 대한 열정을 비판했지만,[8] 발매 당시 〈바이오쇼크 인피니트〉는 큰 사

---

8   컬럼비아에서 인종주의와 파시즘에 대항하는 세력 '민중의 목소리'의 지도자인 데이지 피츠로이(Daisy Fitroy)는 이후, 그가 맞서 싸우는 악당들만큼 사악한 존재로 제시되었다. 이것은 게임의 흥미로운 주제들의 싹을 자르는 실망스러운 전개였다.

랑을 받았다.

하지만 제작사에 남은 베테랑
들은 사내 문화가 달라졌다고 생
각했다. 직원 200명 규모로 회사
덩치가 커진 것이 오히려 그들의
의욕을 꺾었다. 이제는 한 방에 둘
러 앉아서 켄 레빈과 함께 아이디
어를 고민할 수 없었다. 서로 누가
누구인지 모르는 직원들도 많았
다. "겉돌거나 뒤쳐지지 않으려고

이카루스는 그리스 신화에서 아버지가 만든
밀랍 날개를 달고 너무 높이 날아올라 결국
태양열에 밀랍이 녹으면서 추락해 죽는 인
물이다.

복도를 어슬렁거리다 보면 이 사람들은 다 누구인가 하는 생각이 듭
니다." 빌 가드너는 말했다. "이런 점도 문제였던 것 같아요. 회사가
가지고 있던 원래 문화를 잃어버린 것이요."

〈바이오쇼크 인피니트〉 개발자들 일부는 다른 일자리를 찾
아 떠났고, 또 다른 이들은 길게 휴가를 내거나 다운로드용 콘텐츠
(DLC) 작업을 시작했다.[9] 포레스트 다울링은 첫 DLC였던 〈구름 속
전투Clash in the Clouds〉의 지휘를 맡아, 게임 발매 뒤 빡빡한 일정 속
에서 단출한 팀을 꾸렸다. 이 DLC는 적들 사이를 돌아다니면서 총

---

9 원래는 2K 마린에 있는 소규모 〈바이오쇼크 2〉 개발 팀이 첫 번째 〈바이오쇼크 인피니
트 DLC〉를 제작하기로 했지만 이 버전은 불발됐다.

을 쏴 점수를 올리는 전투 전용 모드였으며, 팬들에게 강렬한 인상을 남기지는 못했어도 다울링은 이 게임을 세상에 내놓았다는 게 자랑스러웠다. 두 번째이자 마지막 DLC가 된 〈바다의 무덤Burial at Sea〉은 에피소드 두 편으로 발매됐다. 이번에는 해저 도시 랩처로 돌아가고, 플레이어는 처음으로 엘리자베스 역할을 맡아 게임을 진행한다. 〈바이오쇼크〉와 〈바이오쇼크 인피니트〉를 멋지게 연결 지은 근사한 확장판이었다.

2013년 내내 이 DLC 작업을 하던 이래셔널 직원들의 머리에는 질문이 하나 맴돌았다. 다음은 뭘까? 켄 레빈은 〈바이오쇼크 인피니트〉를 제작하는 동안 비참한 기분이었다고 털어놓았고, 자기가 고용한 직원도 못 알아보는 회사에 있다는 게 이상했다고 종종 이야기했다. 로드 퍼거슨은 〈바이오쇼크 인피니트〉가 발매되고 얼마 뒤 이래셔널을 떠난다고 발표했다. 불길한 조짐이었다. 사람들은 자신의 미래가 어떻게 될지 궁금해하기 시작했지만, 경영진은 별다른 확답을 주지 않았다. 새로운 게임 프로젝트를 시작해야 하는 거 아닌가? 〈바이오쇼크〉 속편을 만들려나? 아니면 아예 새로운 게임? 회사의 미래는 이래셔널 직원들이 점심 시간이나 복도에서 어슬렁거릴 때 나누는 대화에서 가장 중요한 화두가 되었다.

도대체 계획이 뭔가?

머지않아 돈 로이는 경영진이 묵묵부답인 이유를 알게 되었다. 〈바이오쇼크 인피니트〉 홍보와 마케팅을 위해 함께 출장을 다니면서 친한 사이가 된 로이에게 레빈이 그간의 속내를 털어놓은 것이다. 레빈은 자신이 한동안 우울했으며, 앞으로 이렇게 큰 팀을 이끌면서는 새 게임을 만들고 싶지 않다고 했다. 그러면서 로이에게 물었다. 자신이 이래셔널 직원 몇 명만 데리고 나가서 더 작은 게임에 집중하면 어떻겠냐고. 2013년이 저물기 전에 두 사람이 레빈의 집에서 대화를 나누던 중, 레빈은 이래셔널을 그만 두고 직접 작은 제작사를 차릴 생각이라고 말했다. "처음에는 막연한 생각이었지만 이내 마음이 확고해졌습니다." 로이는 말했다. "그 다음에는 어떻게 실행에 옮길지를 이야기하게 됐죠."

레빈이 떠나기로 했다는 소식을 전하자 2K는 망연자실했다. 켄 레빈을 잃으면 그들도 끝이었다. 레빈은 하나의 브랜드이자, 회사의 얼굴이자, 많은 게이머들이 알고 사랑하는 인물이었다. 어떻게 설득해야 그를 붙잡을 수 있을까? 몇 차례의 협의 끝에 경영진은 그들의 전통적인 기업 구조에 얽매이지 않고 레빈을 위한 새 회사를 차려주기로 했다. 그가 지난 몇 년간 종종 다퉈온 2K 경영진에게 보고해야 하는 대신, 두 회사를 모두 소유한 상위 조직인 테이크투와 직접 일하기로 했다.[10] 레빈은 이 계약에 흡족해하면서 곧장 20명 이하의 직원으로 구성된 새 제작사를 시작할 계획을 짜기 시작했

---

10   테이크투는 2K와 동등한 자회사였던 〈GTA(Grand Theft Auto)〉 제작사 락스타게임즈
      (Rockstar Games)와도 비슷한 협의를 했다.

다. 그때 또 다른 문제가 생겼다. "원래는 회사를 떠난다고 했었거든요." 레빈은 이후 〈롤링스톤Rolling Stone〉과의 인터뷰에서 크리스 스웰런트로프Chris Suellentrop 기자에게 말했다.

"저는 훨씬 규모가 작은 일을 하고 싶다고 했습니다. 아주 실험적인 작업이요. 회사에서는 저에게 남아달라고 했지만 떠나기로 했습니다. 당연히 저는 제가 떠나도 2K는 〈바이오쇼크〉 속편을 위해 이래셔널을 계속 운영할 줄 알았어요. 그런데 그게 아니더라고요."

돈 로이는 이 소식을 듣고 어안이 벙벙해졌다. 레빈이 이래셔널을 떠나기만 하는 것이 아니라, 아예 이래셔널이 문을 닫게 되었다. 최종적으로 어떻게 그런 결정이 났는지는 모른다. 켄 레빈의 의사와 관계 없이 테이크투가 원래부터 제작사를 닫으려고 했던 걸까? 하지만 경영진은 켄 레빈 없는 이래셔널에는 더 이상 관심이 없는 게 확실했다. 이래셔널은 물론 켄 레빈 말고도 똑똑하고 유능한 인재들의 집합이었지만, 켄 레빈이 중심인 제작사이기도 했다. 그는 막강한 권한과 자치권을 가지고 있었다. 직원들도 〈바이오쇼크 인피니트〉 같은 프로젝트에 각자의 아이디어를 보탤 수 있었지만, 레빈의 마음에 들지 않는 아이디어는 퇴출이었다. 최종 결정 권한은 늘 그에게 있었다. 그런 체계의 장점은 2K 경영진의 무수한 압박으로부터 직원들을 보호할 수 있다는 것이었고, 단점이라면 켄 레빈 없는 이래셔널은 존재할 수도 없다는 것이었다.

이래셔널 개발자들이 〈바다의 무덤〉 DLC를 마무리 짓고 있을 무렵, 켄 레빈과 돈 로이는 사람들에게 슬쩍 다가가 레빈의 새 제작사에 합류할 생각이 있는지 묻고 다녔다. 제작사는 문을 닫을 것이고, 다음 프로젝트가 무엇일지는 몰라도 이 엄선된 사람들만 따라올 수 있다는 것이었다. 이 선택된 직원들은 제안을 받았다는 사실도, 모두의 퇴직금이 위험해질 수 있다는 사실도 다른 동료들에게 알려줄 수 없었다. 이 과정이 끝나갈 무렵 열댓 명 정도의 팀이 생겼고, 대부분은 〈바이오쇼크 인피니트〉의 책임급 인재였다. 이제 모두가 충격적인 비밀을 안고 있는 셈이었다. "저는 비밀을 지킬 준비가 안 돼있었어요. 동료 상당수는 먹여살릴 가족이 있었거든요." 로이는 말했다.

〈바이오쇼크 인피니트〉의 세계관 디자이너 마이크 스나이트도 레빈의 새 제작사에 함께 하도록 뽑힌 사람 중 하나였다.[11] 그는 새로운 기회에 설레었지만 비밀을 지키는 건 고역이었다. "정말 치사하다고 생각했습니다." 스나이트는 말했다. "저의 도덕 관념에 도저히 맞지 않았어요. 저와 친한 사람들의 삶이 송두리째 바뀔 일이 일어나는데 알려줄 수 없다니요."

2013년부터 2014년 사이에 퇴사와 해고가 단행되었다. QA 테스터들 대부분을 비롯한 임시직은 계약이 갱신되지 않는다고 통

---

11   게임 업계의 특이한 점 하나는, 회사마다 직무 명명 방식이 다르다는 것이다. 이래셔널에서 '세계관 디자이너'는 레벨을 구성하고 라이팅을 넣는, 아티스트와 디자이너의 중간 영역 같은 역할을 했다.

보 받았다. 남은 직원들 일부는 이래셔널이 차기작을 준비하기 위해 규모를 줄인다고 생각했다. 그러다가 얼마 안 있어서는 다시 사전제작에 들어가느라 휴식을 취하고, 앞으로 1~2년은 레빈과 함께 아이디어 구상을 할 것이라 짐작했다. 회사가 한동안 준비하던 이사 계획이 갑자기 감감무소식이 되는 등의 경고 신호를 눈치챈 사람들도 있었다. 어느 날 회사는 〈바다의 무덤〉 DLC 완성을 축하하기 위해 〈바이오쇼크 인피니트〉 송버드처럼 디자인한 거대한 3층 케이크를 준비했다. 여기에서 불길한 징조를 본 이들도 있었다.

"뜬금없이 '우리 아무 이유 없이 모여서 케이크나 먹자'라고 하는 게 좋은 신호일 리 없습니다." 빌 가드너는 말했다.

2014년 2월 18일 화요일, 켄 레빈은 제작사의 모든 직원을 위층 주방으로 불러서 전체 회의를 열었다. 대통령의 날을 맞이한 긴 주말이 지나고 직원들이 돌아온 날이었다. 직원들이 공간을 채우기 시작하자, 뭔가 일이 잘못됐다는 사실이 분명해졌다. "한 자리에 모이니까 두려움이 밀려왔습니다. 딱 느낌이 오죠." 가드너는 말했다.

그 시점에 이래셔널 직원은 이미 100명도 안되었기 때문에, 레빈이 종이에 적힌 글을 읽으면서 손을 떠는 모습을 모두가 지켜볼 수 있었다. 그는 이래셔널을 폐업하고 소수의 인원과 함께 새 제작사를 연다고 밝혔다. 나머지는 모두 해고될 것이었다. 회사 웹사이트에 올라온 블로그 글에는, 레빈이 자신의 결정에 전적으로 책임진다는 말과 함께 그가 직원들에게 했던 말이 그대로 올라왔다.

17년은 어떤 일을 해도 긴 시간입니다. 아무리 좋은 일을 하더라도 말이죠. 이래셔널 게임즈에서 멋진 팀들과 일하는 건 제가 가져본 최고의 직업이었습니다. 우리가 함께 이룬 성과가 진심으로 자랑스럽지만, 이제 저의 열정은 예전과는 다른 종류의 게임을 만드는 쪽으로 기울었습니다. 앞으로의 도전을 위해서는 규모가 더 작은 팀에게로 저의 에너지를 다시 집중시켜야 합니다. 더 수평적인 구조에, 게이머들과 더 직접적으로 교류할 수 있는 조직이어야 합니다. 이것은 여러모로 우리의 시작으로 돌아간다는 의미를 지닙니다. 조촐한 팀을 구성해 핵심 게임 플레이어 층을 위한 게임을 만드는 것입니다. 여러분도 아시다시피 저는 이래셔널 게임즈에서 물러나고 있습니다. 이제는 테이크투에서 더 작고, 더 진취적인 도전을 하겠습니다.

이래셔널 직원들은 어안이 벙벙했다. 다음 프로젝트 소식이 없는 것은 뭔가 잘못됐다는 신호였지만, 대다수는 레빈이 〈바이오쇼크 인피니트〉 초기 단계에 그랬던 것처럼, 어디선가 두문불출하며 디자인 문서나 제안을 준비 중이겠거니 했다. 레빈과 로이가 몰래 새 제작사 설립을 계획 중이라는 사실은 생각도 못했던 직원이 대부분이었다. "놀라운 일이었습니다. 하지만 완전 불시에 공격을 받은 건 아니었던 것 같습니다. 저도 켄이 만족하지 못한다는 건 알 수 있는 정도의 사이였거든요. 어떤 형태를 취할지, 어떤 식으로 내보일지를 몰랐던 겁니다. 그 날 짐을 싸야 하리라곤 생각 못했습니다."

레빈이 말을 멈추자 망연자실하고 성난 직원들의 질문이 쏟아졌다. 〈바이오쇼크 인피니트〉는 성공작이 아니었나요? 돈도 많이 벌어다 주지 않았나요? 우리의 재능을 입증한 거 아니었나요? 이래셔널은 레빈 없이도 게임을 계속 만들 수 있는 수준급 제작사가 아닌가요? "당시에 저는 크런치 모드의 피로에서 완전히 벗어나지 못한 상태였던 것 같습니다." 라클레어는 말했다. "불신이 들었어요. 화가 났죠… 개인적으로 걱정도 되고요. 이제 나는 어째야 하나?"

이래셔널의 베테랑 게임 개발자들은 해고는 물론 제작사 폐업도 익히 경험해봤지만, 보통은 재정적 문제가 원인이었다. 유통사가 게임 프로젝트를 취소하면 개발자들은 이력서를 업데이트할 시간임을 알았다. 게임 판매 실적이 신통치 않으면 그 게임을 제작한 제작사도 위험에 처했다. 그런 일은 납득할 수 있었다. 하지만 이래셔널이라는 이름의 의미를 따라가는건지…[12]

이 상황은 앞뒤가 맞지 않았다.

이곳은 6년이 지난 지금도 역대 최고의 게임 중 하나로 인정 받는 〈바이오쇼크〉를 만든 제작사가 아닌가. 물론 〈바이오쇼크 인피니트〉 제작 과정은 고달팠고 비용도 많이 들었다. 하지만 몇백만 부가

---

12   옮긴이_ 이래셔널(irrational)은 '비이성적'이라는 뜻이다.

팔리고 메타크리틱에서 94점을 받았다. 그들은 이 게임을 완성하기 위해 개인 시간과 가족과의 시간을 무수히 포기했다. 그 대가가 해고란 말인가? 천부당 만부당한 일이다.[13]

레빈이 말을 마치자, 이래셔널 인사 부서 직원들이 나와서 실행 계획을 발표했다. 해고되는 직원은 모두 이래셔널 근무 기간에 따라 퇴직금을 받는다. 앞으로 3~4개월 동안 임금을 받을 수 있는 사람도 있고, 복리 후생에 대해 협의할 수 있는 사람도 있었다. 채드 라클레어는 2011년에 암에 걸렸었는데(지금은 완치됐다), 회사를 설득해서 건강 보험 기간을 연장 받을 수 있었다. 이 이후로는 이래셔널 전 직원 상당수가 여러모로 볼 때 폐업이 인간적으로 이루어졌다고 입을 모았다. 레빈은 트위터를 통해 직원들을 한 명씩 소개하면서 다른 기업들에게 추천하기까지 했다.

그래도 새 제작사에 합류하도록 제안 받지 못한 직원들은 잘 나가는 그룹에서 소외된 기분이었다. 어떻게 괜찮을 수 있겠는가? 레빈은 같이 게임을 만들고 싶은 개발자를 소수만 골랐고, 이래셔널 직원 수십 명은 선택되지 않았다. "레벨 디자이너 한 명이 뽑혔는데 그 분은 마지막 DLC에 책임급으로 참여했기 때문에 이해가 됩니다. 다른 사람들까지 받아줄 여력이 없었어요. 그래도 그 당시에는 '아, 나는 선택 받지 못했구나, 나도 뽑혔으면 좋았을 텐데'라는 생

---

13   2K는 이 책을 위한 경영진 인터뷰나 발언을 일체 거절했다.

각이었죠."라클레어는 말했다.

이래셔널에 십 년도 넘게 몸담은 빌 가드너는 켄 레빈을 개인적으로도 친한 친구라고 생각했기에, 선택되지 못했다는 사실에 화가 났다. 그와 레빈은 〈바이오쇼크 인피니트〉를 개발하는 내내 부딪치는 일이 많았어도("창작 관점에서 컬럼비아에 대한 서로의 비전이 일치하지 않았다"고 가드너는 말했다), 자신을 두고 가는 레빈의 모습을 지켜보는 건 마음이 쓰라렸다. "솔직히 말하면 회사가 순조롭게 돌아가고 있지 않는 건 이미 알고 있었죠. 저는 레빈이 저에게 속내를 털어놓거나 다음 단계에 대해 이야기하려고 하지 않았다는 게 서운했습니다."가드너는 말했다.

이래셔널 폐업 이후, 대형 게임 회사들 수십 곳이 〈바이오쇼크〉 제작에 참여했던 인력을 손에 넣기 위해 보스턴으로 대표들을 보냈다. 이래셔널 임원들은 근처 호텔에서 취업 박람회를 열었고, 전 세계 게임 제작사들이 모여서 이력서를 받아갔다. "취업 박람회는 북새통이었습니다." 포레스트 다울링은 말했다. "채용 담당자들이 몰려왔고, 모든 직원을 만나보려고 시합을 펼치는 것 같았어요."그러나 이미 직원 일부는 다른 게임 제작사에 들어가기 위해 보스턴을 떠났고, 또 어떤 이들은 더 안정적인 분야를 찾아 게임 업계를 떠났다. **그리고 빌 가드너를 비롯한 몇몇은 이 해고를 독립의 기회로 삼았다.** 이래셔널이 문을 닫고 몇 달 동안 가드너는 아내 아만다 Amanda와 함께 자신의 집 지하에서 일했다. 그리고 2017년에 두 사람은 〈퍼셉션Perception〉이라는 공포 게임을 발매했다. 눈이 보이지 않는 여성이 반향 위치를 활용해 앞으로 나아가는 내용이다. 이 게임은 꽤 잘 팔렸지만("몇만 부가 팔렸습니다. 작은 회사를 유지하기에는 충분한 정도였죠") 가드너는 더 많은 것을 원했다. "더 많은 걸 바라기엔 세상은 호락호락하지 않더군요."

한편 텅 빈 이래셔널 사무실에서 레빈과 남은 직원들은 새 제작사를 꾸렸다. 이들의 새 이름은 '고스트 스토리 게임즈Ghost Story Games'가 되었다. 이들의 계획은 레빈이 '서사적 레고narrative LEGO'라고 부르는 개념을 바탕으로 게임을 개발하는 것이었다. 서사적 레고란 순서를 바꿔도 앞뒤가 맞아 떨어지는 스토리 조각들을 조합해서 모든 플레이어가 고유한 경험을 하게 해준다는 개념이다. 적어도 종이에 적어놓았을 땐 야심만만한 아이디어로, 게임에 무한한 가능성을 심는다는 워렌 스펙터의 비전을 한번 더 진화시킬 수 있었다. 그리고 레빈과 일해본 사람이라면 누구나 예측할 수 있듯, 이 프로젝트에도 예정보다 훨씬 오랜 시간이 걸렸다.

〈고스트 스토리Ghost Story〉 발매를 도운 돈 로이는 레빈과 사이가 틀어지면서 2017년 여름에 회사를 떠났다. "저는 레빈을 위해 계속 기적을 만들어준 기분입니다. 그런데 그는 자신이 해야 할 일조차 안 한 거죠." 로이는 말했다. 이래셔널이 문을 닫은 지 7년이 지났는데도, 레빈의 새 제작사는 게임에 대해 공개적으로 이야기하거나 보여준 것이 하나도 없다. 그 새 제작사에서 일했던 사람들은 그 프로젝트가 여러 번 지연되었다고 하고, 이 책을 쓰는 현재까지도 게임이 언제 나온다는 확실한 소식은 없다.

이제 이래셔널에서 일했던 몇몇은, 한 사람의 존재감이 너무 강해서 그 사람의 결정과 변덕에 장단을 맞출 수밖에 없는 게임 제작사에 가는 건 신중히 고민해본다고 한다. 첫 번째 〈바이오쇼크〉와 전문 언론사 노출을 통해 켄 레빈은 게임 업계의 몇 안 되는 작가주의 감독으로 입지를 굳혔다. 팬, 플레이어, 심지어는 2K 경영진에게도 레빈이 곧 이래셔널, 이래셔널이 곧 레빈이었다. 이래셔널에서 일했던 사람들은 좋든 싫든 그 사실을 받아들여야 했고, 더러는 그 사실을 자랑스러워하는 사람도 있었다. 하지만 결국 레빈이 일을 접기로 하자 모두가 떠나야 했다. 이래셔널 같은 AAA급 게임 제작사에서 일하려면 그런 현실을 받아들여야 했다. 수백 명의 인재, 몇백만 달러의 예산, 두둑한 연봉, 맛있는 간식을 제공하는 일터에서 야심차고 아름다운 슈팅 게임을 만들 수 있지만, 한편으로는 단 한 사람의 운명에 자신을 맡겨야 했다. 다른 제작사에서는 크리에이티브 디렉터가 물러나면 다른 사람에게 승진 기회가 열릴 수 있다. 하지만 이래셔널에서는 **단 한 명의 크리에이티브 디렉터가 퇴장하자 모든 것이 끝났다.**

─────── 흐르는 강물을 거꾸로 거슬러

흐르는 강물을 거꾸로 거슬러

폐업으로 가는 거센 급류를 헤엄쳐 올라간 사람들

그웬 프레이Gwen Frey는 게임 업계에 입문한 지 6개월만에 처음으로 제작사가 문을 닫았다. 프레이는 파란 눈동자가 총명하게 빛나고, 자신은 어떤 복잡한 기술적 문제도 잘 해쳐나갈 줄 믿고 있는 노련한 개발자였다. 어린 시절 〈월드 오브 워크래프트World of Warcraft〉에 빠져 헤어 나오지 못하면서도, ("인간적으로 너무 많이 했어요… 프로게이머라도 되는 것처럼요.") 게임 만들기를 자신의 직업으로 삼는다는 건 불가능한 이야기 같았다. 하지만 그녀는 로체스터 공과대학에 다니면서 야심찬 게임 개발 동호회를 발견했다. 그녀는 그 동호회에서 아트 작업을 해달라는 제안을 받으면서 마치 신의 계시를 받은 기분이었다. "그 전까지는 제가 게임을 만들 수 있게 되리라곤 생각하지 않았습니다. 바로 아트 작업에 푹 빠져버렸죠. 이걸로 먹고 살아야겠다는 생각이 들었어요." 2009년 3월, 프레이는 졸업을 앞두고 샌프란시스코에서 열리는 게임 개발자 콘퍼런스Game Developers Conference(GDC)에 가려고 돈을 모았다. 전 세계 개발자들이 모여서 대화를 나누는 교류의 장이었다. 밤에는 친구 집 소파에서 자고, 낮에는 이 부스 저 부스를 돌아다니면서 채용 중인 게임 제작사가 보일 때마다 취업 의사를 밝혔다.

각고의 노력 끝에 프레이가 주니어 아티스트로 일하게 된 곳은 전설적인 게임 디자이너 존 로메로가 이온 스톰을 떠나고 몇 년 뒤에 설립한 슬립게이트 아이언웍스Slipgate Ironworks였다. 뉴욕주 로체스터에 살던 프레이는 곧 짐을 싸서, 게임 업계에서 얻은 첫 일자리를 위해 캘리포니아주 샌마테오로 떠났다. 6개월 뒤인 2009년 10월, 프레이는 캐릭터 애니메이션 작업을 하다가 전체 회의가 있다는 상사의 부름을 받았다. "하던 일만 끝내고 가겠다고 했는데 상사가 딱 잘라서 말하더라고요. 그냥 바로 오라고요." 그리고 날벼락이 떨어졌다.

제작사는 문을 닫고, 모든 직원이 해고되었다.

프레이는 겁부터 났다. 가족의 품에서 수천 킬로미터 떨어진 나라 반대편에서 갑자기 실직자가 되었다. "그땐 돈이 없었어요. 그 지역에 아는 사람도 없고, 당장 거기서 뭘 해야겠다는 계획도 없고요. 숨이 턱 막혔습니다" 그녀는 말했다. 그나마 이제는 전 직장 동료가 된 사람들과 서로를 위로해줄 수는 있었다. "그런 식으로 회사가 없어지면 희한하게도 뜨거운 동지애가 생깁니다." 그 날 저녁, 여러 직원이 모여 송별회를 했다. 그들은 비틀즈 음악에 맞춰 싸구려 플라스틱 악기를 연주하는 〈더 비틀즈: 락 밴드The Beatles: Rock Band〉 게임을 함께 했다. "'나는 친구들의 도움으로 헤쳐나가지' 같은 가사를 따라 부르면서 울고 술도 마셨습니다. 그 밤은 제 인생에서 손에 꼽히는 멋진 밤이었어요."

프레이는 오래 지나지 않아 샌마테오에서 새 일자리를 얻었다. 슬립게이트 아이언웍스에 있는 동안 모회사가 같은 같은 건물에 있는 제작사 시크릿 아이덴티티Secret Identity의 개발자 몇몇과 친해졌었는데, 그들이 프레이를 멀티 플레이어 슈퍼히어로 게임에 참여할 테크니컬 아티스트로 불러들인 것이다. 그 게임은 이후 〈마블 히어로즈Marvel Heroes〉라는 타이틀명으로 알려졌다.[1] 그녀의 역할은 캐릭터 리거rigger로서, 아티스트들이 아이언맨, 토르 같은 히어로들의 거대하고 복잡한 모델('3D 메쉬'라고도 한다)을 만들어놓으면 그 모델에 가상의 관절과 뼈대를 넣는 일이었다. 그래야 애니메이터들이 모델에 움직임을 부여할 수 있기 때문이다. 캐릭터 리깅은 정적인

1 　시크릿 아이덴티티의 모회사 가질리언(Gazillion)은 디즈니가 〈마블 히어로즈〉 사업에서 손을 떼고 종지부를 찍자, 2017년 말에 폐업했다.

이미지를, 팔다리에 줄을 매달아 여러 방향으로 조종할 수 있게 하는 작업이다. 그러면 애니메이터가 줄을 어떻게 당겨야 할지 결정한다.

프레이는 시크릿 아이덴티티에서 일하는 게 좋았지만, 시간이 흐를수록 일이 지겨워졌다. 리깅 작업을 하는 슈퍼히어로 대부분이 두 발로 걷는 인간이라서 도전할 여지가 별로 없었다. 사람의 두 팔과 두 다리를 움직일 방법은 딱히 다양하지 않으니 말이다. 게다가 프레이는 샌마테오에서 기업가들을 많이 만났다. 낮에는 스타트업에서 일하고, 밤에는 모여서 지금이 스타트업을 떠나 직접 스타트업을 차릴 궁리를 하는 사람들이었다. 프레이에게도 그 포부가 스며들었다.

2011년에 프레이는 이직을 결심했고, 그 해 6월에 열린 E3 박람회에서 제작에 참여하고 싶은 게임을 찾아 온갖 화려한 예고편과 새 소식을 살펴보았다.

그 중 하나가 유독 눈길을 사로잡았다.

그건 게임 역사에 길이 남을 명작 〈바이오쇼크〉를 만든 제작사의 최신작 〈바이오쇼크 인피니트〉였다. "그 당시는 어둡고 칙칙한 게임이 굉장히 많은데, 이건 밝고 알록달록했어요. 그 제작사에 아는 사람들도 있었는데 모두 멋진 분들이었습니다." 마침 프레이의 룸메이트가 이래셔널 애니메이터와 친구였던 터라 데모 릴을 〈바이오쇼크 인피니트〉 아트디렉터의 코앞까지 전달할 수 있었다. 이후 면접을 보고 합격한 프레이는 미국 동부로 돌아와 〈바이오쇼크 인피니트〉에서 테크니컬 아티스트로 일하게 되었다.

2011년 가을, 프레이가 매사추세츠주 퀸시에 왔을 무렵 이래셔널 개발자들은 하나 같이 〈바이오쇼크 인피니트〉의 진척 상황에 스트레스 받고 있었다. 아직 게임이라고 부를 만한 요소도 없고, 이 게임이 다음 해까지 제작을 마치리라고 보는 아티스트나 디자이너는 거의 없었다. 이미 크런치 모드를 시작한 사람들도 있고, 다른 직원들도 일주일에 6~7일씩 근무하는 날이 많았다. 하지만 프레이에게 이래셔널은 꿈의 직업이었다. 이렇게 야심차고 아름다운 게임에 참여하는 건 처음이었다. "정말 좋았어요. 모두 그런 마음이 아닌 건 알았지만, 저에게는 좋았죠." 2년 동안 똑같은 애니메이션 리깅만 되풀이해온 프레이에게는, 〈바이오쇼크 인피니트〉에서의 다채로운 기술적 도전이 신선하게 다가왔다. 그녀는 배경 캐릭터라는 핵심 요소 하나를 책임지고 담당하기에 이르렀다.

게임에서 플레이어가 아닌 캐릭터, 즉 NPC^{non-layer character}는 모두 인공지능을 가지고 있다. 이 지능은 플레이어의 행동에 따라 어떻게 행동할지 알려주는 스크립트 형태의 원칙이다. 예를 들어 적 NPC는 여러분이 자신을 조준하면 근처 덤불에 숨거나 먼저 공격을 한다. 중립적 태도의 캐릭터는 친절하게 대하면 친절하게 도움이 될 수도 있고, 위협을 가하면 칼을 꺼내들 수도 있다. 역할이 많은 NPC일수록 이 원칙이 더 복잡하게 적용된다. 〈바이오쇼크 인피니트〉에서는 엘리자베스의 AI가 어찌나 정교한지, 이래셔널은 아예 '리즈 스쿼드'라는 팀을 만들어서 엘리자베스가 플레이어와 함께 컬럼비아 거리와 골목을 누비는 실제 동반자처럼 느껴지도록 전력을 기울였다.

원래 〈바이오쇼크 인피니트〉 개발자들은 복잡한 일을 할 줄 아는 정교한 AI를 기반한 캐릭터들을 세계관 전체에 심어서 길을 찾고, 사물 뒤에 숨을 수 있게 하고 싶었다. 하지만 당연하게도 AI가 복잡해질수록 게임의 처리 능력도 더 많이 필요했다. 너무 많은 스크립트를 한 번에 실행하려고 하면, 등에 짐을 터질 듯이 잔뜩 실어서 끌고 나온 말처럼 게임 자체가 휘청거릴 것이다. 〈바이오쇼크 인피니트〉가 부드럽게 작동하게 하려면 짐을 덜어내야 했다. 그래서 게임 NPC 대부분, 특히 군중이나 배경에서만 보이는 **NPC들은 말이 없어야 했다.**

프레이는 이 말이 없는 NPC들을 책임졌다. AI 없이 1~2개 정도의 과제만 수행하도록 스크립트를 짠 이 배경 캐릭터들을 프레이는 바보들이라고 불렀다. 처음에는 이런 NPC에 간단한 애니메이션 루프를 부여했다. 예를 들면 해변에서 하루 종일 모래만 파는 아이 NPC를 만들었다. 하지만 뭔가 부족했다. "캐릭터에게 다가갔는데 캐릭터가 플레이어를 쳐다보지 않는 거죠. 이건 아니다 싶었습니다." 프레이는 말했다. 그래서 플레이어가 가까이 다가가면 NPC가 고개를 돌려 플레이어를 바라보도록 기본 AI를 넣기 시작했다.

"정말 단순한 스크립트였어요." 프레이는 컬럼비아에 거지, 시끄러운 호객꾼, 성난 군중 등의 바보들을 채워 넣었다. 이래셔널에 있는 다른 동료들과 마찬가지로 엄청난 시간을 들이면서도 그녀는 개의치 않았다. "저는 제 일에 대한 책임감이 정말 투철했거든요. 그런 책임감이 있으면 크런치 모드가 그렇게 짜증나지 않죠."

2014년 2월 18일에 프레이는 휴가 중이어야 했다. 다음 날 새벽 비행기를 타고 보스턴에서 밴쿠버로 간 다음, 휘슬러산까지 차를 타고 가서 친구 결혼식에 참석하고 주말을 보낼 예정이라서 긴 주말 여행을 준비했었다. 그런데 상사에게 전화가 왔다.

"전할 소식이 있다고, 회사가 없어진다고 하는 거예요."
프레이는 그 날을 떠올렸다. 그리고 안타까움을 전하는 위로의 전화가 쏟아졌다. 그녀는 켄 레빈이 열었던 전체 회의에 참석하지도 못했지만, 이제 온 세상 사람들이 회사의 폐쇄 소식을 알고 있었다. 이제 더 이상 자신이 좋아하던 이래셔널은 없었다.

프레이는 퇴사 서류에 서명을 마친 다음 '카마'라는 사무실 근처의 허름한 술집에 갔다. 그곳에서는 이래셔널 전 직원들이 술을 마시고 있었다. "제가 자주 어울리던 사람들은 다들 크게 놀라지 않은 눈치였어요. 회사가 문을 닫으리라고 확신한 사람은 없었지만, 그렇다고 충격을 받은 사람도 없었습니다." 프레이는 퇴직금 내역을 보면서 돈이 얼마나 남았고, 이래셔널의 보험으로 얼마나 버틸 수 있는지 계산해보았다. "분노하거나 부들부들 떨고 있을 시간이 없었습니다. 벌어진 일을 처리하느라 바쁘니까요. 흔히 끔찍한 일을 겪는 그 순간에 뭔가를 경험한다고 하지만, 그럴 땐 아드레날린이 넘쳐 흘러서 공포에 질리지 않습니다. 나중에 질겁하는 거죠."

프레이는 원래 결혼식이 끝난 다음 캐나다에 며칠 더 있을 계획이었지만 일정을 마무리하고 자신의 미래를 수습하러 돌아가야 했다.

몇 주 뒤, 프레이는 이래셔널이 근처 호텔에서 개최한 취업 박람회에 갔다. 마음을 열고 다른 대형 게임 제작사, 유통사와 소통하면서 새 일자리를 알아보려고 했지만 대화를 하다 보면 마음이 뒤숭숭해졌다. 전에도 이런 일을 겪은 기분이었다.

"돌아다니면서 제작사들을 둘러 보는데 그런 생각이 들었어요. 또 게임 하나에 내 인생 몇 년을 쏟겠구나. 잘될 수도 있고 아닐 수도 있겠지. 그러면 다른 제작사에 가서 똑같은 일을 반복하고, 또 잘될 수도 있고 아닐 수도 있겠지. 하지만 내 것이라고 할 수 있는 일은 없을 거야. 계속 그럴 거야. 나는 지금 멈추지 않는 쳇바퀴에 올라타 있는 거야."

프레이는 이력서를 내밀고 채용 담당자들과 대화를 나누는 내내 이런 기분으로 괴로워했다. 내가 정말 이런 일을 계속 반복하고 싶은 걸까? 결국 다른 사람들의 소유가 될 게임을 만드느라 인생을 더 허비하고 싶은 걸까? 스타트업과 기업가들 사이에 둘러싸여 있던 샌마테오에서의 날들이 자꾸 떠올랐다. "저는 늘 그런 생각을 해왔어요. 내 것을 만들고 싶다고요."

■ ■ ■

이래셔널이 문을 닫던 날, 포레스트 다울링은 오랜 친구 한 명과 점심을 먹기로 되어 있었다. 그는 〈바이오쇼크 인피니트〉의 아트디렉터였던 스콧 싱클레어Scott Sinclair로, 제작사의 미래가 불투명해 보이던 몇 달 전에 진작 회사를 그만 뒀다. 그는 퇴사 후로도 다울링과 연락을 하고 지냈다. 점심을 먹기로 한 당일, 모든 직원이 전체 회의에 불려 나갔다. "제가 문자를 보냈어요. '회사에 회의가 잡혀서 좀 늦겠어. 무슨 일인지 잘 모르겠네.'" 이후 다울링은 말했다. "조금 있다가 다시 이렇게 보냈죠. '저기… 너만 괜찮으면 식사 시간을 좀 넉넉하게 잡는 게 좋겠어.'"

두 사람은 사무실 근처 쇼핑몰에 있는 멕시칸 식당에 앉아서 〈바이오쇼크 인피니트〉를 개발하던 시절의 좋았던 점과 나빴던 점을 떠올리면서 제작사의 폐업을 아쉬워했다. 앞으로 어떻게 살아갈지 이야기하면서, 두 사람 모두 회사 일 이외에 자신이 구상 중이던 아이디어를 꺼내놓았다. 다울링은 황야에서 살아남는 게임의 프로토타입을 만들고 있었고, 싱클레어는 '작은 세상들'이 나오는 아트 프로젝트를 디자인하고 있었다. 그가 만든 작은 세상은 자그맣고 자족적인 공간이며 독특한 심미감이 있었다. "이 아이디어들을 합치면 꽤 잘 어울리겠다고 서로 생각했습니다. 그 다음에 각자 갈 길을 갔죠." 다울링은 말했다.

다울링은 그 다음주에 집에 틀어박혀 〈배틀필드〉를 했다. "우선 기가 죽었어요. 앞으로 뭘 해야 할지 막막하고요. 삶이 어마어마하게 바뀔 텐데 어떻게 바뀔지 모르니까요." 하지만 크게 걱정하지는 않았다. 회사가 문을 닫은 뒤로 취업 박람회, 언론 기사, 트위터 해시태그가 이어지면서 크고 작은 회사들이 이래셔널에서 일했던 사람들을 뽑으려고 모든 직원에게 접근 중이었기 때문이다. "고등학생 자녀가 있는 것도 아니니 다른 지역으로 갈 수도 있었어요. 저는 인사담당자들에게 따끈따끈한 올해의 게임 상 수준 게임에 책임급으로 참여한 매력적인 물건이었어요. '내가 일을 할 수 있을까?'가 아니라 "어디에서 일을 하면 좋을까?'가 문제였죠." 다울링은 말했다.

시간이 흐를수록 다울링은 싱클레어와 점심을 먹으면서 이야기했던 아이디어에 마음이 끌렸다. 두 사람은 의욕 넘치는 문자를 주고받으면서 각각의 아이디어를 조화시킬 방법을 궁리했다. 줄줄이 이어지는 아기자기한 '작은 세상들'을 탐험하면서 황야에서 살아남는 게임을 만들면 어떨까? 이 작은 공간들을 강으로 연결하면 어떨까? 미국 남부를 배경으로 하면 어떨까? "혹시 이 게임을 함께 만들어보면 어떨지 이야기하기 시작했습니다." 다울링은 말했다. "저희는 일할 때 늘 합이 잘 맞았거든요. 기본적으로 서로를 깊이 존중하고 있어 함께 일하는 걸 정말 좋아했어요." 머지않아 '만약'이라는 말 대신 '언제'를 생각하기 시작했고, 둘은 자금을 모으고 독립 게임을 직접 디자인할 계획을 구체적으로 세우기 시작했다. 그때는 2014년 봄으로, 독립 게임을 개발해서 성공할 수 있는 가능성이 그 어느 때보다 높은 시기였다. **독립 게임을 만들려면 금전적으로 포기해야 할 부분이 많았지만, 다울링은 성공을 확신했다.**

게임 업계 새내기 시절에는 상상도 못 해본 변화였다. 다울링이 뉴욕주에 있는 카오스에서 1인칭 슈팅 게임을 만들던 2000년대 중반에는 게임을 팔려면 CD를 제작해서 게임스탑[2], 월마트 같은 상점에 들이는 수밖에 없었다. CD를 만들려면 유통사가 있어야 하므로 제작사 규모를 대폭 키워야 했다. 두 사람이 지하실을 사무실 삼아 일하는 정도로는 대형 마트에 게임을 입고시키기는커녕 소니에 플레이스테이션 3 개발 키트를 요청하기도 힘들 때였다.

고속 인터넷이 점점 널리 보급되면서 게임 유통사들이 자체적인 온라인 기반에 투자하기 시작하자 게임 제작의 판도가 바뀌었다. 소니, 마이크로소프트, 닌텐도는 자사 콘솔을 위한 디지털 매장을 구축했다. 2010년까지 〈브레이드Braid〉, 〈캐슬 크래셔Castle Crashers〉 같은 다운로드용 게임이 수백만 부 판매되었다. 대형 유통사에서 별다른 지원을 받지 못하고 소규모 팀이 만든 인디 게임들이었다. 스팀Steam, 엑스박스 라이브Xbox Live 같은 플랫폼은 개발자들

---

2   옮긴이_ 게임스탑은 세계 각국에 점포를 둔 게임 판매 체인이다. 2021년 1월에 주가가 폭등하는 사건으로 국내에서도 유명해졌던 그 회사다

에게 자신이 만든 게임을 원하는 가격에 디지털로 판매할 자유를 주었고, 그 결과 본격적으로 게임 개발의 시대가 열렸다. 더 이상 수천만 달러를 들여서 게임을 만들고 개당 60달러에 팔면서, 백만 부를 팔아서 파산은 면하게 해달라고 신에게 기도하지 않아도 됐다. 이런 상황이기 때문에 다울링과 싱클레어는 〈바이오쇼크 인피니트〉보다 훨씬 작은 규모의 게임을 만들어서 저렴하게 팔면서도 작은 제작사를 운영하기에 충분한 수익을 거둘 수 있게 된 것이었다.

그래도 사람이 좀 더 필요했다. 가장 먼저 생각난 인물은 〈바이오쇼크 인피니트〉를 만들면서 친구가 된 디자이너이자 아티스트 채드 라클레어였다. 이래셔널이 문을 닫자마자 다울링은 라클레어에게 독립을 생각 중이라고 말했었고, 라클레어도 그 아이디어를 마음에 들어하는 것 같았다. "주차장 가는 길에 있는 다리에서 다울링을 마주치고는 질투했던 기억이 나요." 라클레어는 말했다. 그는 일을 처음 시작했을 때 데이비드 쿠슈너David Kushner의 이드 소프트웨어에 대한 유명한 이야기를 들려주는 명저 『Masters of Doom』(Random House Trade Paperbacks, 2004)를 보고 깊은 감명을 받았다. 라클레어는 두 설립자 존 카맥과 존 로메로가 얼마 안 되는 인원으로 〈둠〉, 〈퀘이크〉 같은 전설적 게임을 빠르게 만들어냈다는 이야기가 특히 좋았다. 거대한 기업 조직보다는 락밴드에 가까운 팀이 현대적인 방식으로 게임을 개발했다. 라클레어 자신도 언젠가는 그런 회사에 들어가고 싶었다.

하지만 돈이 걱정이었다. 라클레어와 그의 아내가 모두 이래셔 널 직원이었기 때문에 두 사람 다 새로 일을 구해야 했다. 아직 자녀는 없지만 곧 아이를 가질 계획이었고, 라클레어는 괜찮은 급여와 건강 보험이 보장되는 안정적인 회사에서 일하고 싶어졌다. 이래셔 널이 문을 닫고 몇 주 동안 그는 큰 게임 회사들에 면접을 보러 다녔다. 그 시기에 다울링과 싱클레어에게서 함께 하지 않겠냐는 제안도 받았다. 라클레어는 솔깃하면서도 생각해보겠다고 대답했다. 그리고 정말 많이 고민했다.

"모든 면접에 영향을 미쳤어요. 나는 또 AAA급 회사에 가고 싶은 걸까, 아니면 우리만의 뭔가를 해보고 싶은 걸까?"

큰 회사들과 대화를 나누다 보니, 라클레어 눈에 낯선 추세가 보였다. 고예산 게임 업계가 점점 전문화되는 것이었다. 그래픽 충실도가 압도적으로 높아지면서 게임 캐릭터들이 엉성한 3D 형상에서 무서울만큼 사람과 비슷한 형상으로 바뀌어가고 있었다. 1990년대에 〈툼 레이더Tomb Raider〉의 주인공 라라 크로프트의 얼굴은 누가 코코넛에 그림을 그려놓은 것처럼 생겼었다. 하지만 2013년에 나온 신작에서는 실제 사람을 상당히 닮은 얼굴이 되었다. 그래픽이 나아지면서 플레이어들의 기준도 덩달아 높아졌다. 실물처럼 생생하기보다는 양식화되고 알록달록한 그래픽을 추구한 〈바이오쇼크 인피니트〉 같은 게임들마저 기존 게임들보다 다채롭고 아름다워야 한다는 기대가 생겼다.

그 생생한 세계를 만들려다 보니 스무 명 규모였던 담당 팀이 이제는 이백 명 규모로 커졌다. 아티스트 한 명이 처리하던 여러 업무 중 하나였던 작업에 대해, 이제는 그 작업만을 담당할 사람을 따로 뽑는다. "면접을 봤던 어떤 회사는 제가 레벨 디자이너, 아티스트, 디자이너였던 걸 알고 있었습니다." 라클레어는 말했다. "자기네 회사에서는 라이팅을 맡아주셨으면 좋겠다고 하더라고요." 다시 말해서 게임 세계 전체의 라이팅 디자인과 배치만을 책임져주기를 바라는 것이었다. "저는 그것도 정말 재미있겠지만 그것만 해서는 지겨울 것 같다고 말했죠. 저는 정말 다른 것도 하고 싶다고요. 그랬더니 그쪽에서는 정말로 라이팅 담당자만 필요하다고 하더군요."

예전 상사였던 켄 레빈과 다르지 않게, 라클레어는 대형 조직과 막대한 예산에 질려가고 있었다. 그는 카맥과 로메오 같은 스타 개발자가 이끄는 작은 팀에 들어가고 싶었다. "맨 처음 이래셔널에서 서른 명이 있던 때와, 직원이 100~200명으로 늘어났을 때는 분위기가 전혀 달랐습니다." 라클레어는 말했다. 라클레어는 2011년에 암에 걸려서 한동안 퇴근 후 치료를 다니느라 사무실 분위기가 얼마나 생경해지고 있는지 금방 알아차리지 못했다. "정신 없이 집중해서 일하고 병원에 갔거든요. 그러다가 갑자기 고개를 들었는데 얼굴도 모르는 사람이 오십 명도 넘게 있는 거예요." 그는 긴 고민 끝에 다울링과 싱클레어에게 함께 하겠다고 말했다.

"저는 작은 팀의 일원으로서 우리의 운명을 직접 통제할 수 있

는 곳에서 일하고 싶었습니다."

그웬 프레이를 설득하기는 더 쉬웠다. 그녀는 다시 AAA 게임의 쳇바퀴로 돌아간다는 생각에 지긋지긋해하고 있었다. 이래셔널 전 직원들과의 송별회에서 프레이는 동료들에게 원대한 홀로서기 계획이 있다고 이야기했다.[3] "저는 독립할 거라고, 이제 때가 됐다고 했어요." 프레이는 회상했다. 그리고는 마찬가지로 독립한다는 이야기를 했던 다울링을 마주쳤는데, 그는 스콧 싱클레어와 함께 하기로 했고 마침 애니메이터도 필요하다는 것이었다. "제가 했던 홀로서기는 신경 쓰지 말라고, 제가 애니메이션을 하겠다고 했죠." 프레이는 말했다.

2014년 여름 무렵 여섯 명의 팀이 결성됐다. 포레스트 다울링, 스콧 싱클레어, 채드 라클레어, 그웬 프레이와 다른 친구 두 명이었다. 한 명은 개발자이자 기타리스트인 브린 버네트Bryn Bennett로, 〈락밴드〉를 만든 제작사 하모닉스Harmonix에서 싱클레어와 함께 일했었다. 다른 한 명은 〈바이오쇼크 인피니트〉 프로젝트에 참여했던 AI 전문가 데미안 이슬라Damian Isla였다. 여섯 명 모두 새로 세우는 회사의 지분을 가지고, 개인별 필요에 따라 급여를 받아갔다. "저희

---

3   이래셔널 전 직원들은 케임브리지에 있는 미드홀(Meadhall)이라는 매력적인 술집에서 송별회를 여러 번 했다. 이제는 그들에게 슬픔과 체념으로 기억되는 곳이다. "이제 다시는 미드홀에 못 갈 것 같아요." 프레이는 말했다. "다른 지역으로 떠나기 전에 작별 인사를 하는 곳이었거든요."

가 스스로 책정한 급여는 대형 AAA급 제작사에서 받던 액수 근처에도 미치지 못했습니다. 모두 다 솔직하게 패를 보이면서 '나는 생활비로 이 만큼이 필요하다'고 털어놓았어요. 퇴직금을 적립하지도 않고, 호사스러운 생활은 전부 포기하고, 최소한으로 생활에 필요한 것만 제시하는 겁니다." 다울링은 말했다. 지금 희생할 수 있는 건 앞으로 게임을 발매해서 회사에 수익이 생기면 모두 돌려 받으리라는 희망 덕분이었다.

2014년 6월 5일, **이래셔널이 문을 닫은 지 녁 달 만에 다울링은 더 몰라서스 플러드**The Molasses Flood**라는 상표를 등록했다.** 이제는 보스턴의 설화처럼 전해져 내려오는 1919년 당밀 탱크 폭발 사건[4]에서 가져온 이름이었다.[5] 이들은 공식적으로 독립을 선언하며 기쁨을 만끽했다.

---

4   옮긴이_ '몰라서스(molasses)'는 '당밀'을, '플러드(flood)'는 '홍수'를 뜻한다. 당밀 홍수는 1919년 1월 15일 보스턴에서 15미터 높이의 거대한 당밀 탱크가 폭발하면서 그 안에 있던 당밀이 한꺼번에 터져 나와 수많은 사상자를 내고 건물 14채를 무너뜨린 비극적 사건을 말한다

5   어째서 21명이 목숨을 잃은 비극적인 사고에서 새 제작사 이름을 가져왔을까? "간단하게 말하면 남아있는 이름이었거든요." 다울링은 말했다. "회사 이름을 산업재해에서 가져오는 경우는 없잖아요. 제대로 답하자면 저는 이 이름이 우리에게 중요한 가치에 잘 맞는다고 생각합니다. 처음 들으면 가볍고 재미있는 이야기잖아요. 우스갯소리 같기도 하고요. 하지만 제대로 알아보면 정말 흥미롭고 복잡한 속사정이 숨어있죠."

● ● ● ●

꿈은 보통 이렇게 전개된다. 한번 상상해보자. 재기발랄하고 독창적인 인재인 당신은 위대한 게임을 만들기 위한 원대한 아이디어를 가지고 회사를 그만둔 다음, 2~3년쯤 저축한 돈으로 두문불출하며 집에서 게임을 만든다. 예술적 측면에서 그 어떤 타협도 하지 않는다. 어느 누구도 그 순결한 비전에 손을 댈 수 없다. 그러던 어느 날, 눈곱도 제대로 떼지 않은 꾀죄죄한 행색으로 사람들 앞에 다시 모습을 드러낸다. 이제부터 당신을 돈방석에 앉혀줄 희대의 역작을 품에 안고. 사람들은 당신의 게임을 사서 플레이한다. 당신의 작품은 수백만부가 팔려 나가면서 평생 당신을 먹여 살려줄 제2의 〈마인크래프트Minecraft〉, 〈언더테일Undertale〉, 〈스타듀 밸리Stardew Valley〉다. 무엇보다도 당신은 그 수익을 땡전 한 푼 나눌 필요 없다. 온전히 당신만의 수익이다. 이래라 저래라 간섭하면서 수익을 가져가는 거대 기업의 굴레에서 자유롭기 때문이다.

다울링과 동료들은 좀 더 실용적인 방식을 취했다. 자신들이 보기에 훌륭하면서도 합리적인 범위에 있고 마케팅할 매력이 있는 게임을 만들고 싶었다. "우리는 예술적인 쓰레기를 만들지 않는 회사를 구상했습니다. 질적으로 훌륭하면서 수익이 나는 게임을 만들고 싶다고 생각했어요. 두 마리 토끼를 다 잡고 싶었습니다." 프레이는 말했다. 이들의 첫 게임 〈더 플레임 인 더 플러드The Flame in the

Flood〉는 다울링과 싱글레어가 처음 상상했던 것처럼 황야를 탐험하면서 살아남는 게임이 될 것이었다. 스카우트^{Scout}라는 떠돌이가 강을 떠내려가는데, 강 모양은 게임을 할 때마다 달라졌다. 홍수가 휩쓸고 간 뒤 종말이 온 듯한 미국을 배경으로 쓰레기 더미를 뒤져서 먹을 거리를 찾고, 위험한 야생 동물을 피하고, 황폐해진 주유소와 버려진 철물점에서 생존자를 찾는다. 아이소메트릭 그래픽으로 이루어지고, 비교적 충실도가 낮은 만화 같은 게임이었다. 컬럼비아의 거대한 비행선과는 거리가 멀지만 충분히 사랑스러웠다.

2014년 10월 7일, 이들은 게임 계획을 세운 다음 킥스타터에서 〈더 플레임 인 더 플러드〉를 위한 15만 달러 모금을 시작했다. 이 소식은 여러 게임 매체에서 즉각적으로 입소문을 타고 번졌다.

이래셔널에서 해고된 개발자들이 직접 일을 냈다!

킥스타터 캠페인이 끝났을 때 모인 금액은 목표치의 두 배에 가까웠다. 인정 많고 호기심도 많은 7천 명 이상의 후원자가 250만 달러 이상을 내놓은 것이다. 어떻게 봐도 성공이었지만, 그 돈이 오래 가지 않으리라는 것을 모두 알고 있었다. 총 모금액이었던 251,647달러를 여섯이 나눠 가지면 1인당 4만 2천 달러 정도가 나왔다. 각자가 AAA급 제작사에서 벌던 돈의 반도 안 되는 액수였다. 여기에서 킥스타터 수수료, 후원자 리워드와 각종 비용도 제해야 했다.[6] 더 몰라서스 플러드는 마이크로소프트에서 추가로 자금을 지원 받으면서 콘솔 버전은 엑스박스 단독으로 발매하기로 잠정 합의했다.

은 모두 좋았지만 눈에 띄지 않았다). 이유가 뭐였든 〈더 플레임 인 더 플러드〉는 판매 실적은 더 몰라서스 플러드 개발자들의 바람에 부합하지 못했다. 그들은 수익을 거둬서 지난 2년간의 희생을 만회할 만한 급여를 받을 수 없었다. 그 뒤로 며칠 뒤, 여섯 구성원은 이대로는 게임 제작사 운영을 지속할 자금도 부족할지 모른다는 암울한 깨달음을 얻었다. 어느날 프레이는 아내가 얼마 전 첫째를 출산한 채드 라클레어에게, 그가 희생했던 급여를 지불해줄 여력이 전혀 없다고 털어놓았다. "그의 눈을 보면서 이야기해야 했어요. 아직 안정적으로 급여를 줄 수 없다고요. 얼마나 마음 아팠는지 모릅니다. 그 어떤 해고보다도 쓰라린 실패였죠. 우리 자신에게 책임이 있으니까요."

여섯 사람은 얼마 안 있어서, 더 몰라서스 플러드를 폐업해야 하는 상황에 대한 비상 계획을 세웠다. 브린 버네트는 상황이 불안정하기도 하고, 자신의 역할이 마음에 차지도 않아서 다른 회사로 떠났다.[7] 나머지 다섯 설립자도 다른 일자리를 알아봐야 할지 고민하기 시작했다.

〈더 플레임 인 더 플러드〉 발매 3개월 째였던 2016년 5월, 다

---

7   "제 전공은 그래픽 위주였어요. 그 회사에서는 제가 흥미를 가질 만한 일을 할 기회가 별로 없었습니다… 제 힘이 필요한 곳은 방대한 게임플레이 프로그래밍이었어요. 그것도 괜찮지만 제가 보통 흥미를 가지는 분야는 아니라는 거죠. 제 역량에 꼭 맞는 자리가 아니었습니다."

울링은 샌프란시스코에 있는 독립 제작사 더블파인Double Fine의 채용 공고 몇 건을 보았다. 우연치 않게도 더블파인은 바로 다섯 명의 역할에 꼭 맞는 개발자 다섯 명을 구하고 있었다. 다울링은 더블파인 담당자의 업무를 수월하게 만들어줄 제안을 이메일로 보냈다. 직무 별로 수십 명씩 면접을 봐서 사람을 뽑는 대신 다섯 공석을 한 방에 채울 수 있다면 어떻겠냐고. 더블파인은 그 제안을 흔쾌히 수락했다. 이렇게 해서 더 몰라서스 플러드에게는 갑작스럽게 금전적인 구세주가 생겼다. 그 뒤로 몇 달 동안 다울링과 동료들은, 더블파인에서 마니아층을 거느린 플랫폼 게임의 시퀄로 오랜만에 선보이는 〈사이코너츠 2Psychonauts 2〉 제작에 참여했다. "덕분에 조금이나마 숨통이 트일 만한 돈을 벌 수 있었어요." 다울링은 말했다.

그 해 여름이 끝날 무렵, 〈사이코너츠 2〉 계약이 끝나고 데미안 이슬라도 그만뒀다. "그 시점이 되자 게임 회사인데 엔지니어가 없다는 이 상황이 우리에게 매우 좋지 않다는 생각이 들었습니다." 다울링은 말했다. 재무 상태가 얼마나 심각한지 인지하면서, 남은 공동 설립자들은 폐업에 대해 고민했다.

하지만 아직은 포기할 수 없었다.

그 대신 6주 동안 쉬어 가면서 지난 날을 돌아보고 재충전하는 시간을 가지기로 했다. 다울링은 스페인으로 갔다. 몇 년만에 제대로 가 보는 휴가였다. "크런치 모드 때문에 번아웃이 온다는 말을 많이 하지만, 창작을 하느라 지쳤을 때도 번아웃이 오는 것 같습니다. 당시 저희는 게임 제작에서 잠시 벗어나서, 각자 개인적으로 무엇을 원하는지 생각해야 했어요."다울링은 말했다.

휴식을 끝내고 돌아온 2016년 가을, **더 몰라서스 플러드의 설립자들은 살아남기 위해 계속 싸우고 싶다고 마음먹었다.** 아직은 AAA급 제작사 시절과 비교하면 쥐꼬리만한 수준의 급여를 줄 돈밖에 없었지만, 재미 있는 일이 있었다.

〈더 플레임 인 더 플러드〉가 계속 팔리고 있었던 것이다. 이들은 〈바이오쇼크 인피니트〉나 과거에 참여했던 다른 고예산 게임들처럼 이번 게임도 발매 뒤 몇 주일 동안 수익의 대부분을 거둘 수 있는 줄 알았다. 그건 거의 모든 게임이 오프라인 매장에서 60달러에 팔리던 시절, 게임스탑이

강을 거꾸로 거슬러 오르는 연어들은 자신의 목적지인 고향에 돌아가기 위해 끝까지 포기하지 않는다.

커다란 포스터를 붙이고, 베스트 바이는 잘 보이는 위치에 게임 재고를 쌓아 놓던 시절의 이야기였다. 그러다가 언젠가는 매출이 확 꺾이는 날이 온다는 게 〈더 플레임 인 더 플러드〉를 바라보는 다울링과 프레이의 생각이었다. 그런데 이 보잘것없는 인디 게임이 아직도 팔리고 있었다. 아직 재정적으로 안심이 되는 수익은 아니었지만 게임 판매가 안정적인 추세를 보이고 있었다. 마치 게임 주인

공 스카우트가 배가 뒤집히지 않도록 조심하면서 강을 타고 내려가는 모습과도 비슷했다.

이들은 추가로 〈더 플레임 인 더 플러드〉를 다른 주요 콘솔용으로 발매하기 위해 작은 유통사와 계약했다. 그리고 2017년 1월에 플레이스테이션 4 버전이 나오면서 판매가 더 늘었다. "게임이 시장에서 팔리는 방식에 대해서 저희가 알고 있던 건 모두 AAA급 게임 기준이었습니다. 게임이 발매된 첫 달에 매출 대부분이 발생하고, 그 후론 급속하게 숫자가 점점 0에 가까워져 가는거죠." 다울링은 말했다. "마케팅 예산이 4천만 달러씩 있지 않을 때와는 얘기가 달랐죠. 그 당시에는 게임을 내놓고 마케팅에 2만 달러밖에 쓰지 않으면 그런 게임이 나왔는지 아무도 몰랐거든요. 그래서 사람들이 소식을 듣기까지 시간이 좀 걸렸습니다."

회사 계속 운영하기 위한 새로운 길을 찾았으니 이제 차기작을 결정해야 했다. 휴식이 끝난 다음 이들은 고등학생들이 1980년대 만화책 뒤쪽에 나오던 엑스레이 안경이나 호버보드 같은 아이템을 사용해서 서로 싸우는 멀티 플레이어 액션 게임의 프로토타입을 만들기 시작했었다. 이 게임의 스토리에서 이 아이템들은 어린 시절에 실제로 가지고 놀던 허접스러운 싸구려 장난감이 아니라 진짜 무기였다. "재미있는 아이디어였죠. 하지만 이 아이디어를 정말 좋아하는 구성원은 저뿐인 것 같았어요." 다울링은 말했다. "열정이 마구 느껴지지 않았거든요." 2017년 봄에 이들은 이 아이디어를 버리고 〈더 플레임 인 더 플러드〉 속편을 제작하기로 했다. 얼마 안 있어서 스콧 싱클레어가 그만두면서 더 몰라서스 플러드에는 네 사람만 남았다. 다울링, 플레이, 라클레어, 그리고 새로 채용한 엔지니어 알란 빌라니Alan Villani 뿐이었다.[8]

〈더 플레임 인 더 플러드 2〉도 오래 가지는 않았다. 시퀄이었던 게임이 머지않아 전혀 다른 방향으로 전개되었다. "저희가 팀으로서 가진 강점이자 약점은 넘겨짚었던 부분에 의문을 제기하는 것이라고 생각합니다." 다울링은 말했다. 일단 시퀄을 만든 다음에 마음에 안 드는 부분을 고치기로 하고 시작했던 일은, 전작에서 했던 모든 것을 완전히 뜯어 고치는 작업이 되고 말았다. "처음 시작은 '저기에 강이 꼭 있어야 하나?' 같은 것이었습니다." 결국 이 프로젝트는 〈드레이크 할로우Drake Hollow〉라는 타이틀명의 멀티 플레이어 게임으로 바뀌었다. 친구들과 팀을 짜서 정착지를 건설하고 위협적인 괴물들로부터 의인화된 채소를 지키는 게임이었다.

그 해 여름, 독일에서는 게임스컴Gamescom이라는 대규모 연례 게임 전시회가 열렸다. 더 몰라서스 플러드 설립자들은 유통사들에 〈드레이크 할로우〉를 제안하기 시작했다. 면담이 끊임없이 이어지는 길고 지치는 과정이었다. 솔직한 답을 해주면 몸이 어디 덧나

---

8   싱클레어는 캘리포니아주 노바토에 있는 2K의 품으로 들어갔고, 먼 길을 돌아서 결국 〈바이오쇼크〉 속편 제작에 참여했다.

는 경영진에게 현란한 파워포인트를 보여주며 프레젠테이션을 했다. "스트레스가 이만저만이 아니었습니다. 온갖 약속을 다 해줘요. '네, 네, 관심 있습니다. 그런데 지금 당장은 아니고요. 아마도 6개월 뒤에?' 이런 식이죠. 계속 그런 소리만 들었어요. 어떤 사람들은 관심 없다고 하진 않고 그냥 다음에 다시 오라고 하기도 합니다." 그 뒤로 몇 달 동안 프레이와 구성원들은 새 게임에 승부를 걸어줄 유통사들을 찾아 제안을 계속 하고 다녔다. 하지만 점차 가망이 없어 보였다. 자금이 부족하고 마음도 지쳐 있었기에, 이들은 매주 2~3일씩은 각자 프리랜서로 받은 일이나 개인 작업을 하기로 했다. 다 울링은 옛 상사 켄 레빈이 이래셔널의 폐허 위에 새로 세운 제작사 고스트 스토리 게임즈에서 받은 게임의 레벨 디자인을 했다. 프레이는 자기만의 작은 게임을 구상하기 시작했다.

2017년 가을, 몇 달 동안 제안을 하고 다닌 더 몰라서스 플러드 구성원들은 이제는 〈드레이크 할로우〉 제작 자금을 정말 구할 수 있을지 의구심을 품기 시작했다. 끝도 없이 제안을 하고 다니는 건 강물의 흐름을 거스르면서 노를 젓는 기분이었고, '다음에 아마도'라는 말을 듣는 것만큼 기운 빠지는 일도 흔치 않았다. 자금을 구할 수 있기는 할까? 그래서 자체적으로 기한을 정하기로 했다. **12월까지 계약을 맺지 못하면 회사를 접기로 다함께 합의했다.** 불과 3년 전, 이들은 제작사 폐업의 희생양이었다. 이제는 제 손으로 직접 차린 제작사의 폐업이 얼마 남지 않았다.

그때 뜻밖의 구세주가 나타났다.

1년 전, 다울링과 구성원들은 〈더 플레임 인 더 플러드〉를 콘솔 버전으로 제작하는 계약을 맺었었지만 그때 당시에는 닌텐도 스위치 버전에 대해서는 별 감흥이 없었다. 닌텐도의 기존 콘솔 Wii U는 처참한 실패작이었고, 새로 나오는 스위치가 잘될 것 같은 조짐도 딱히 없었다. 하지만 2017년 3월에 출시된 닌텐도 스위치는 날개 돋친 듯 팔려 나갔다. 휴대성이 좋고 〈젤다의 전설: 야생의 숨결 Zelda: Breath of the Wild〉 같은 환상적인 게임들이 독점작으로 함께 나온 덕분에 출시되자마자 몇백만 대가 팔렸다. 불과 1년만에 Wii U의 총 판매량을 눌러버린 것이다. 스위치가 있는 사람들은 새 게임을 하고 싶어 안달이 났고, 2017년 10월 12일에 **〈더 플레임 인 더 플러드〉가 스위치용으로 나온 것은 신의 한수였다.** 돌이켜보면, 그때 나온 스위치 버전은 더 몰라서스 플러드의 목숨을 살려준 심폐소생술과 같았다. "제안을 하러 다닐 때 도움이 됐습니다. 〈더 플레임 인 더 플러드〉 판매량을 몇십만 부 정도 더해서 고쳐 쓸 수 있었어요. 좋은 일이었죠." 다울링은 말했다.

앞서 정했던 12월의 기한이 다가왔을 때도 다울링과 동료들은 〈드레이크 할로우〉 제작을 위한 투자자를 찾지 못한 상태였다. 하지만 스위치 버전이 성공한 덕분에 조금의 시간을 벌 수 있었다. 이들은 직접 정했던 폐업 기한을 몇 달 미뤄서, 2018년 3월까지 투자자를 찾아보기로 했다. 만약 게임 개발자 콘퍼런스에서도 묘수를 찾지 못하면 정말 그때는 폐업하기로 했다. 그리고 당분간은 이제 다른 일은 신경쓰지 않고, 더 몰라서스 플러드의 일에만 집중하기로 했다. 그 이유는 모두가 다른 곳에서 받은 일 때문에 일주일에 며칠씩만 일해서는 〈드레이크 할로우〉를 제대로 발전시키기 힘들었고, 이제는 다른 일을 하지 않아도 모두에게 급여를 제대로 지불할 자금도 생겼기 때문이다. "이 일에만 전념하려면 안정적으로 생활비가 보장되어야 했죠. 그래서 모두가 만족할만한 급여를 받기로 했습니다." 다울링은 말했다.

"우리가 지금 하는 일이 어쩌면 다 허사로 돌아갈 수도 있지만, 그래도 우리 경력 정도에 합당한 급여를 가져갈 수는 있으니, 여전히 쥐꼬리만하지만 합당한 급여를 받는 기쁨을 누리자고 생각했습니다."

2018년 3월, GDC가 열리는 모스코니 센터에 게임 개발자들이 모이면서 샌프란시스코는 인산인해를 이루었다. 가장 인기 있는 콘솔은 역시 닌텐도 스위치였고, 마이크로소프트와 소니는 소수의 개발자들에게 2020년 출시를 목표로 준비 중인 엑스박스와 플레이스테이션에 대해 설명하고 있었다. 한편, 한 곳에선 초대형 기업이 조용히 회사들을 만나, 업계의 판도를 바꾸기 위해 준비 중인 새 게임 플랫폼을 소개하고 있었다. 바로 구글이었다.

구글은 새 스트리밍 플랫폼을 선보이기 위해 게임 개발자와 경영진을 비밀리에 채용 중이었다. 이 플랫폼은 이후 스타디아^{Stadia}라는 이름으로 공개됐다. 스타디아는 기존 게임 플랫폼들과 달리, 집에 있는 콘솔이나 컴퓨터가 아니라 전 세계 구글 노드에 위치한 컴퓨터 클러스터에서 게임을 실행시킬 계획이었다. 플레이어는 어디서든 원하는 기기에서 데이터 스트리밍을 통해 게임을 하면 된다. 이것은 구글이 기존 방식으로 게임을 할 수 없던 수억 명의 사용자를 끌어들이기 위한 야심찬 서비스였다. 그래서 스타디아에서만 할 수 있는 게임을 만들 개발자들을 찾고 있었고, 내부 프로듀서 중 한 명은 이래셔널에서 포레스트 다울링과 함께 일했었다. 좋은 기회였다. 구글은 게임이 필요하고, 다울링은 돈이 필요했다.

다울링은 구글 경영진을 만나 〈드레이크 할로우〉를 제안했다.[9] 구글이 관심을 보였다. 다울링은 희망을 품고 집으로 돌아갔으며, 곧 더 몰라서스 플러드 동료들에게 구글의 계약 의사를 전했다. 그 뒤로 몇 달 동안 두 회사는 계약 사항을 정하느라 연락을 주고받았다. "회사 크기가 클수록 협상할 내용이 많죠. 어떤 보험을 들어야 하는지 같은, 정말 지루한 내용이요." 그러나 결국 그들은 계약을 성사시켰다. 드디어 개발 자금을 찾은 것이다. **몇 년간 물 속에서 살기 위해 허우적거리다 드디어 뭍으로 돌아왔다.**

하지만 그때 그웬 프레이는 지칠 대로 지쳐 있었다. 그녀는 회

---

9   다울링은 이 책을 위한 인터뷰에서 게임 유통사 이름을 언급하거나, 구글이 맞다는 확답을 주지 않았다. 그 이유는 다른 경로로 알게 되었으며, 그 내용은 조금 뒤에서 다룬다.

사에서 개인 업무를 병행하기로 했을 때 혼자 게임 작업을 시작했는데, 다시 회사 일에 전념하기로 한 다음에도 밤 시간과 주말을 활용해 혼자만의 작업을 계속 하고 있었다. 〈카인Kine〉이라고 이름 붙인 그녀의 게임은 공중에 떠있는 플랫폼들로 이루어진 거대한 지도 위에 펼쳐지는 공간 퍼즐 게임이었다. 플레이어는 음악에 뜻을 두고 함께 밴드를 결성하고 싶어하는 세 로봇이 되어, 로봇을 각각 조종해 돌아다니면서 장애물을 통과하고 레벨을 올라간다. 프레이는 개발 초기 당시 나머지 구성원들에게 이 아이디어를 제안했지만 반응은 뜨뜻미지근했다. ("우리가 제작사로서 하고 싶은 게임이라는 기분이 안 들었습니다." 다울링은 말했다.) 게다가 음악을 주제로 서사를 전개하는 퍼즐 게임은 사업적으로도 위험한 선택이고, 설립 초기부터 더 몰라서스 플러드의 방향성이었던 실용성과 거리가 멀다는 것을 알았다. 그래서 결국 〈카인〉은 그녀만의 사이드 프로젝트가 되었다.

처음 생각은 몇 달 동안만 〈카인〉을 만들어서 온라인에 무료로 올리는 것이었지만, 시간이 지나며 게임에 정성을 들일수록 〈카인〉 개발에 빠져들었다. 샤워를 할 때도, 저녁을 차릴 때도 **머릿속에는 〈카인〉 생각뿐이었다.** 삶이 고달플 때는 〈카인〉에 더 빠져들었다. 게임을 하면서 현실 도피를 하는 사람이 많지만, 프레이는 반대로 게임을 만들며 현실에서 잠시 도망갈 수 있었다. "그 때는 그저 집에 가서 작업을 하면 행복했어요." 그녀는 말했다. 시간이 흐르면서 프레이는 더 몰라서스 플러드에서 하는 어떤 일보다 〈카인〉 작업에 더 열정을 가지게 됐다. "왜인지는 모르겠지만 〈드레이크 할로우〉에는 정이 가지 않았습니다. 지금 생각해보면 그 점이 아쉽네요."

2017년 말, 구글이 등장하기 전 프레이는 더 몰라서스 플러드가 자금이 떨어져 사업을 접게 되면 〈카인〉에 총력을 기울일 준비를 하고 있었다. "저에겐 항상 대안이 있었어요. 우리가 사업을 접겠구나, 그러면 나는 1인 개발을 시작해야지, 하고요. 그런데 사업을 접지 않으니까 오히려 제가 화가 나는 이상한 상황이 됐습니다. 저는 1인 개발에 뛰어들 마음의 준비가 되어 있었으니까요." 2018년 3월에 구글과의 계약이 현실화되자 프레이는 동료들에게 떠나고 싶다는 의사를 밝혔다. "제가 만들고 있던 저만의 게임이 너무 좋았거든요. 회사에 남아 있으면서 〈카인〉을 만드는 건 도저히 불가능했습니다."

다울링은 억장이 무너졌다.

회사를 살릴 계약을 위한 협상이 한창인데, 테크니컬 애니메이터가 떠난다고? 프레이는 실력 있는 아티스트이자 없어서는 안 될 구성원인 것도 물론이지만, 그녀가 나가면 당장 계약이 무산될지도 모른다는 걱정이 생겼다. "당시 저는 계약 성사가 코앞에 와있다는 점이 두렵기도 했습니다." 다울링은 말했다. "4명이 한 팀으로서 계약을 맺으려고 하고 있었죠. 그렇게 생각해보면 웃긴 겁니다. 정말 작은 팀이잖아요. 유통사가 제작사와 계약을 맺는데 제작사가 와서

'우리 인력의 25%가 방금 사직서를 냈네요'라고 하면, 유통사는 그 러겠죠. '아 그러시구나, 잘 알겠습니다. 좋은 하루 되세요.'이럴 리 가 없잖아요."

최대한 원만하게 갈라설 수 있도록 프레이는 계약이 완전히 끝 날 때까지 시간제로 남아있기로 했다. 그렇게 몇 달이 흘렀다. 더 몰 라서스 플러드가 구글과 계약 조건을 논의하는 동안 프레이는 회사 에 남아 새 애니메이터 교육을 돕고 자신의 업무를 다른 구성원들에 게 나눠주었다. 그래도 마음의 상처는 어쩔 수 없었다. "포레스트가 저에게, 최악의 시점에 회사를 떠나는 거라고 말한 적도 있어요." 프레이는 당시를 떠올렸다. "저는 억울했죠. 제가 더 일찍 떠났더라 면 회사는 이런 기회조차 얻지 못했을텐데, 객관적으로 봐도 이건 최악의 시점이 아니라고요. 포레스트는 제 말을 인정하며 분명 객 관적으로 보면 최상의 시기에 떠나는 거지만 나가지 않으면 좋겠 다고 했습니다."

그러다 문득 프레이는 자신이 화려한 성과급 잔치를 포기하는 것일지도 모른다는 생각에 사로잡혔다. "막상 회사를 떠나려고 하 니 여러 생각이 들면서 엄청나게 스트레스를 받았습니다. 동료들이 일하는 걸 보면서 '저 친구들은 회사가 인수돼서 돈방석에 오를 거 야. 나도 똑같이 지분을 가지고 있으니까 나도 돈방석에 오를 수 있 는데 쓰레기나 만들려고 회사를 나가다니. 나는 바보야.'라고 생각 했죠." 프레이는 말했다. 하지만 완전한 홀로서기는 프레이가 창작자로서 만족할 수 있는 유일한 길이었다. "지난 몇 년은 정말 괴로웠어요. 그렇지만 제가 행복할 수 있는 일을 한다는 건 이루 말할 수 없이 소중하죠."

회사를 떠나고 얼마 안 있어 프레이는 〈카인〉을 발매해줄 유통사를 알아보기 시작했다. 대기업에서 후한 제안을 거의 수락할 뻔하기도 했지만, 대기업 내부 아트 팀이 그녀의 게임을 검토하면서 대중에게 먹힐 방향으로 수정해야 한다는 이야기를 시작하자 마음을 바꿨다. 그 대신 에픽게임즈Epic Games와 논의를 시작했다. 오늘날 〈포트나이트Fortnite〉로 매우 유명하기도 하지만, 현재 크고 작은 게임 제작사들이 널리 사용하는 언리얼 엔진Unreal Engine이라는 툴로 회사 대부분의 수익을 거둔 제작사다. 에픽은 PC용 자체 유통 플랫폼 '에픽게임즈 스토어'를 막 출시한 상태였고, 〈카인〉을 에픽게임즈 스토어에서 단독 발매하는 계약을 맺을 의사가 있었다. 그러면 프레이는 뮤지션과 다른 외주자를 고용해서 아트와 기술 작업을 맡길 수 있었다. 2018년 말, **프레이는 취미로 시작한 프로젝트를 대작 퍼즐 게임으로 변신시키고 공식적으로 자기만의 독립 회사를 차렸다.** 회사 이름은 첨프 스쿼드Chump Squad라고 지었다.

■ ■ ■ ■

처음으로 큰 계약을 따내거나 간절히 원해온 계약을 성사시키

고 나면 안정감이라는 그늘에서 이제 성공은 따 놓은 당상이라고 믿기 마련이다. 하지만 게임 업계에 안정감 같은 건 어디에도 없다. 확실한 성공 또한 없다.

2018년 9월, 더 몰라서스 플러드와 구글의 계약이 체결되었다. 〈드레이크 할로우〉는 가을에 구글 스타디아가 세상에 공개될 때 스타디아 전용 게임으로 함께 공개된다. 더 몰라서스 플러드는 이제 세상에서 가장 큰 회사나 다름 없는 곳과 유통 계약을 맺은 제작사였으니, 당분간 돈 걱정은 안녕이었다. 두 달 뒤, 이들은 매사추세츠주 뉴턴에 있는 공장 건물 1층에 자리한 근사한 새 사무실을 마련했다. 그리고 2019년에는 4명에서 11명으로 인원을 늘리고, 가장 힘들었던 시절에 회사를 떠났던 공동 설립자 데미안 이슬라도 다시 데려왔다. 이슬라는 더 몰라서스 플러드가 부가적으로 비밀스럽게 진행하는 새 프로젝트의 크리에이티브 디렉터를 맡았다. "지금 진행 중인 프로젝트가 끝나갈 때 사람들에게 일을 쥐어줄 수 있도록 뭔가를 시작해 놓고 싶었습니다." 포레스트 다울링은 말했다.

이것은 이래셔널에서 사람들이 원했던 방식이었다. 게임 하나가 완성되었을 때 모두에게 다음 할 일을 제공해주는 것이다. 게임 업계에서는 보통, 프로젝트 하나를 완성하기 위해 몇백 명을 새로 고용했다가 게임이 완성된 다음에 인건비가 아깝다 싶으면 너무 쉽게 정리해고를 단행하곤 한다. 게임 여러 개를 동시에 각기 다른 제작 단계에서 진행하면 더 몰라서스 플러드는 그런 딜레마에 빠지지 않을 것이었다.

한동안 모든 것이 순조로웠다. 하지만 4년 동안 재정적 불안에 시달려온 다울링은 여전히 회사의 상태가 불안했다. 새로 직원을 들인다는 건 먹여 살릴 사람들, 새 가족이 생긴다는 뜻이었다. 켄 레빈이 수백 명 규모의 팀을 이끌면서 왜 그렇게 괴로워했는지, 옛 상사의 마음을 이제는 알 것 같았다.

"이 업계에서 완벽한 안정감을 느낄 수 있는 방법은 없습니다." 물론 이래셔널에서는 완벽과 비슷한 안정감을 느꼈다. 아무렴 〈바이오쇼크〉를 만든 제작사가 아닌가. 하지만 이제 그들은 그냥 널리고 널린 독립 게임 제작사 중 하나였다. "폐업한 제작사 두 군데에 있어본 다음에 5년째 직접 제작사를 운영하고 있다 보니, 지난 5년간은 위장약을 달고 살았다고 볼 수 있죠. 그 전 10년 동안과는 비교도 안 될 만큼요." 다울링은 말했다.

불안할 만도 했다. 2019년 봄에 더 몰라서스 플러드와 구글 사이에 균열이 생긴 것이다. 두 회사는 그 해 여름까지 겪은 갈등을 다울링은 '비전의 편차'라고 불렀다. 〈드레이크 할로우〉는 그들이 처음 제안했던 게임과 비슷한 모양새였고 다울링은 개발이 순조롭게 진행되고 있다고 생각했다. 플레이 테스트에 약간 삐걱거리는 부분이 있을 뿐이었다. 그런데도 구글 측의 반응이 시들해졌다. "외부 파트너사와 함께 일할 때, 해당 파트너사 조직에 추가로 중간 관리자와 승인 단계가 생긴다면 그런 일이 생길 수 있다고 생각합니다."

다울링은 말했다. "어떤 사람이 중간에 들어왔는데 그 사람 눈에는 포트폴리오 내용이 마음에 안 드는 거죠… 저야 추측밖에 할 수 없지만, 그런 단계가 아니었나 싶습니다."

2019년 9월에는 더 몰라서스 플러드가 마감일에 맞춰서 구글에 〈드레이크 할로우〉 빌드를 보낸 적이 있는데, 이상하게도 아무 답변이 없었다. 며칠 뒤 다울링은 에이전시로부터 청천벽력 같은 소식을 들었다. 구글이 손을 뗀다는 것이었다. **"말 그대로 '우리는 이 프로젝트에 서로 잘 맞는 파트너가 아닌 것 같아요. 그러니 이쯤에서 끝냅시다.'라고 하는 격이었습니다."** 다울링은 말했다. "아주 친절하긴 했어요. 불쾌하지도, 차갑지도 않았습니다."

다시 한번 더 몰라서스 플러드는 게임 업계의 롤러코스터에서 고꾸라져 내려갔다. 그러나 이번에 다울링은 크게 걱정하지 않았다. 더 몰라서스 플러드는 구글 없이도 게임을 완성할 수 있을 만큼 돈을 모아놨고, 사실 시기도 괜찮았다. 다울링은 이미 캘리포니아행 항공권을 예약해둔 상태였고, 그곳에서 대형 게임 유통사들을 다니며 데미안과 함께 다른 프로젝트를 제안할 계획이었다. "한 순간에 저희는 제안할 게임이 두 개가 된 겁니다." 다울링은 말했다. 그 중에는 마이크로소프트와의 마케팅 계약도 있었다. 덕분에 〈드레이크 할로우〉는 2019년 11월 14일에 엑스박스 콘퍼런스에서 대중에 소개되었다. 앙증맞은 채소 괴물들을 보호하는 아기자기한 멀티 플레이어 게임을 〈더 플레임 인 더 플러드〉 제작사가 선보이는 것은 의외였지만, 확실히 재미있어 보이기는 했다. 〈드레이크 할로우〉는 2020년 6월 19일에 발매되어 전반적으로 좋은 평을 받았고, 매출에 대해 다울링은 "환상적이지는 않지만 그럭저럭 괜찮았다"고 이야기했다.

포레스트 다울링과 그웬 프레이는 더 이상 함께 일하지 않지만 여전히 좋은 친구 사이로 지낸다. 주기적으로 만나서 술도 마시고, 보스턴 게임 개발자들의 모임에서 어울리기도 한다. 두 사람은 이제 제작사 운영에 대해 각자의 관점을 가지고 있다. "제가 몸담았던 폐업한 두 제작사가 퇴직금을 제대로 챙겨줄 돈과 여력이 있었다는 건 크나큰 행운이었습니다." 2019년 10월에 〈카인〉을 발매하고 거의 동시에 수익을 내기 시작했다는 프레이는 말했다. "이제 직접 사업을 하고 있고, (더 몰라서스 플러드의) CFO를 경험해 보기도 했으니 적자가 될 날이 얼마나 남았는지 알 수 있죠. 대부분 돈방석에 앉기 직전에 적자가 됩니다."

오늘날 더 몰라서스 플러드는 안정적인 상태인 듯 보인다. 적어도 독립 제작사치고는 안정적이다. 다 재능과 인내, 행운이 함께한 덕분이다. 하지만 이래셔널 게임즈에서 출발한 다른 제작사는 그런 행운을 누리지 못했다. 다음으로 소개할 이 스튜디오는 아가사 크리스티 소설 소재로도 쓸 수 있을 만큼 알쏭달쏭한, 게임 역사에서 가장 기이한 이야기로 남아있다.

이슬처럼 사라져버린 한 스튜디오에 대한 이야기다.

사라진 스튜디오

사라진 스튜디오

있었는데요. 없었습니다. 2K 마린 이야기

정선 포인트와 이래셔널 게임즈가 문을 닫자 게임 업계는 발빠르게 대응했다. 채용 담당자들은 취업 박람회에 참가하기 위해 텍사스와 매사추세츠로 날아갔다. #IrrationalJobs(이래셔널 일자리) 같이 시선을 끄는 해시태그들이 트위터에서 인기를 끌었다. 게임 웹사이트들은 각 회사의 역사를 조명하고 무엇이 문제였는지 추측해보는 기사를 냈다. 친구와 동료들은 안타까운 마음을 전했다.

하지만 여기서 만약 게임 제작사가 문을 닫았는데 그 사실을 아무도 모르면 어떻게 될까? 그 와중에 모회사가 폐쇄를 한 적도 없는 것처럼 입을 닦는다면?

2013년 10월 17일, 2K 마린이라는 게임 제작사가 자취를 감췄다. 유통사 2K의 자회사로서 캘리포니아 노바토에 있는 격납고를 개조한 사무실에 자리잡았던 이 회사는 지난 6년 동안 게임 두 편을 만든 뒤 새벽의 이슬처럼 사라지고 말았다. 그 날 아침, 2K 마린의 개발자들은 예능 프로그램에서 이긴 팀과 진 팀을 나누듯 2개 방 중한 곳에 들어갔다. 첫 번째 방에 들어간 사람들은 회사가 조용히 준비 중이던 새 제작사에 들어갈 수 있었다. 바로 현재의 행어13^{Hangar 13}이다. 한편 두 번째 방에서는 인사부 담당자가 앞에 서서, 그 방에 있는 모든 참가자에게 정리해고라는 안타까운 소식을 전했다. 모두가이 현실을 받아들일 때까지 다들 다정하게 자리를 지켜주었을까?

'폐쇄'라는 단어를 절대 쓰지 않았다는 점에 2K 마린에 몸담았던 이들은 실망을 감출 수 없었다. 바로 그날 게임 웹진 폴리곤과 락페이퍼샷건rockpapershotgun.com은 2K 마린이 대대적인 정리해고를 단행했고 폐쇄를 할지도 모른다고 보도했고, 2K 홍보 팀은 기사에 반박하는 듯한 성명서를 보냈다. "2K 마린이 직원 감축을 실시한 것은 사실입니다. 이는 아주 어려운 결정이었지만, 개발 활동을 정기적으로 평가한 결과 창작 부문 인력을 재배치하기로 결정했습니다.[1] 세계적인 게임을 만든다는 우리의 목표에는 변함이 없습니다."

어쩌면 의미상의 문제였을 수도 있다. 어쨌든 첫 번째 방에 있

---

[1] 미국 경제에서 직원 해고를 '창작 부문 인력 재배치'라고 표현하는 것 같은 엽기적인 일이 또 있을까?

던 사람들은 2K 사무실에서 계속 일을 할 테니 말이다. 아니면 그저 언론의 질타를 피하고 싶었을 수도 있다. 이유가 뭐였든 경영진이 공개적으로 이런 입장을 보인 덕분에 2K 마린에 몸담았던 직원들의 상황은 크게 달라졌다. 게임 제작사가 문을 닫으면 팬들과 업계 동료들의 응원이 쏟아져 나오기 마련이다. 다니던 회사가 갑자기 문을 닫을 때 내심 기대할 만한 일이 하나 있다면, 지금까지 해온 일을 이 세상이 얼마나 아껴왔었는지 확인할 수 있다는 것이다. 연예인이 세상을 떠나면 고인을 추모하는 트위터 게시물과 유튜브 영상이 쏟아지는 것처럼, 문을 닫은 게임 제작사에서 일했던 직원들에게 게임 업계는 취업 제안이라는 형태로 찬사를 보낸다. 더군다나 2K 마린은 '듣보잡'이 아니라 훌륭한 게임을 만들겠다는 일념으로 뭉친 특출난 인재들의 집합소였다. **"사실 그게 2K 마린 졸업생들의 큰 불만 중 하나였습니다. 회사가 공식적으로 폐쇄하지 않았다는 거요."** 2K 마린의 초창기 직원이었던 스콧 라그라스타^{Scott LaGrasta}는 말했다. "절대 폐쇄라는 말을 하지 않았습니다. 인력을 재배치한다고 했죠. 그러나 느껴졌죠. '아, 사람들을 좀 더 내보내겠네.'"

몇 달 뒤 뉴욕에서 열린 투자자 회의에서 2K의 모회사 테이크투의 CEO인 스트라우스 젤닉^{Strauss Zelnick}은 〈바이오쇼크〉의 근황에 대한 질문을 받았다.[2] 그 시점은 이래셔널 게임즈가 막 문을 닫은

---

2   이 행사에 참석했던 게임 웹사이트 게임즈팟(gamespot.com)의 기자 에디 마쿠츠 (Eddie Makuch)가 보도한 내용이다.

2014년 5월이었다. 그렇다면 〈바이오쇼크〉도 끝났다는 것인가? 젤닉은 아니라고 답했다. 〈바이오쇼크〉는 그들의 주력 프랜차이즈로 계속 제작할 것이며, '앞으로 2K 마린이 그 방향을 책임지고 안내할 것'이라고 말했다.

황당한 말이었다.

2K 마린은 7개월 전에 모든 직원을 내보냈다! 이를 지켜보던 사람들은 CEO가 착각을 해 말실수를 한 것은 아닌지 의심하기까지 했다. 회사의 CEO라는 사람이 2K 마린이 없어진 것을 몰랐단 말인가? 어쩌면 노바토에 있는 2K 사무실에서 근무하는 유통 팀을 말했으려나? 그들은 실제로 〈바이오쇼크〉 신작을 지휘할 테니?[3] 아니

2K 마린은 아무도 모르게 사라졌다.

면 CEO가 게임을 홍보하려고 장난을 치고 있었나? 2015년 6월까지도 2K가 배포한 보도 자료들에는, 더 이상 존재하지도 않는 2K 마린이 언급되어 있었다.[4] 지금은 2K 마린이 건재한 것처럼 행동하지 않지만, **딱히 폐쇄를 인정한 적도 없다.** 치사하게도 2K 경영진은 여전히 이 이야기를 입밖에 꺼내지도 않는다.

---

3   〈바이오쇼크〉의 4번째 게임타이틀은 '파크사이드'라는 암호명으로 진행 중이었으며, 텍사스에 있는 서튼 어피니티(Certain Affinity)라는 제작사가 처음 개발을 시작했다. 그 버전은 이후 취소되고 프로젝트는 노바토로 돌아와서 다른 제작사로 넘어갔으며, 그 제작사는 이후 클라우드 챔버(Cloud Chamber)가 되었다.

2K 경영진에게 이름은 아무래도 상관없었다.

노바토에 아직 2K의 게임을 만드는 사람들이 있는데 왜 2K 마린의 존재 여부를 두고 소란을 피우겠는가? 하지만 그 회사에서 일했던 사람들에게는 회사의 이름 혹은 존재유무가 작고 단순한 의미가 아니었다. 그들은 문어발식으로 확장한 2K 유통사의 여러 촉수 중 하나가 아니라, 스스로 특별한 게임을 만드는 존재라고 생각했다.

■ ■ ■

〈바이오쇼크〉 같은 걸작의 속편은 어떻게 만들어야 할까? 켄 레빈은 2007년 여름에 이래셔널 게임즈에서 마침내 게임을 출시했을 때 그 이상은 꿈도 꾸지 않을 거라고 결심했다. 하지만 이와 다르게 속편을 원했던 2K는 이래셔널 직원 몇몇이 매사추세츠에서 샌프란시스코 베이 지역으로 옮겨가서 〈바이오쇼크 2〉를 제작할 새 제작사를 차렸다.

〈바이오쇼크〉 첫 번째 게임타이틀 출시에 기여했던 전설의 프로듀서 알리사 핀리Alyssa Finley의 지휘 아래, 이 팀은 2K 본사에 사

---

4   2K 마린이 문을 닫은 지 2년 가까이 된 2015년 6월 1일자 보도 자료에는 이런 문장이 있다. "2K 레이블은 파이락시스 게임즈, 비주얼 콘셉츠, 2K 마린, 2K 체코, 2K 오스트레일리아, 캣 대디 게임즈, 2K 차이나 등 현재 세계에서 가장 유능한 제작사들을 보유하고 있다."

무실을 마련했다. 캘리포니아주 노바토에 있는 옛 공군기지 안에 있는 항공기 격납고를 개조해서 만든 곳이었다. 새 제작사의 이름은 카운티 이름을 따서 2K 마린이라고 지었다. 그리고 게임 역사상 최고의 작품 중 하나로 인정 받는 〈바이오쇼크〉의 시퀄 개발에 착수했다. 전작과 마찬가지로 〈바이오쇼크 2〉의 배경은 해저 도시 랩처였다. 이번에 플레이어는 전작에서 게임 여기저기 포진해있던 위협적인 존재 빅대디 중 한 명이 된다. 수많은 플레이어의 꿈을 망쳐놓았던 디스토피아를 객관주의자의 관점에서 바라보는 것이다.

조던 토마스Jordan Thomas는 〈바이오쇼크 2〉의 작가이자 디렉터다. 그는 볼이 홀쭉하고 머리가 늘 헝클어져 있다. 토마스는 워렌 스펙터의 제자로, 2000년대 초에 이온 스톰에서 스펙터와 함께 일했고 게임 서사에 대해서도 그와 비슷한 감각을 지녔다. 토마스는 공포 장르를 좋아했고, 이온 스톰의 〈씨프: 죽음의 그림자Thief: Deadly Shadows〉에서 그가 처음 맡은 업무는 버려진 정신병원에서 일어나는 '요람을 훔치다Robbing the Cradle'라는 강렬한 미션 설계였다. 〈PC 게이머〉지는 이 미션을 'PC 게임 역사상 가장 빼어나고 충격적인 미션 중 하나'라고 극찬하면서 토마스에게 기쁨을 안겼다. 2005년에 이온 스톰이 문을 닫자, 그는 변변찮은 스타트업에 잠시 다니다가 2K에 있는 오랜 친구와 연락이 닿았다. 그는 토마스에게 매사추세츠로 와서, 〈시스템 쇼크 2〉를 정신적으로 계승한 이래셔널 게임즈라는 제작사에 다닐 생각이 없는지 물었다. 물론 솔깃한 제안이었다. 그의 커리어에서 그보다 더 중요한 게임은 없었다. "팀원들과 만나봤는데 바로 마음이 잘 맞더군요." 토마스는 말했다. "그들은 저에게 게임 만드는 법을 가르쳐준 이복 형제나 다름 없었어요. 있는 줄도 몰랐던 가족을 만난 기분이었죠."

토마스는 이듬해에 보스턴에 가서 이래셔널을 도와 〈바이오쇼크〉 막바지 작업에 함께 했다. 그들은 게임 출시 전 마지막 한 해를 보내며 힘든 시간을 보내고 있었다("저는 잠을 줄여가면서 그간 놓쳤던 시간을 따라잡았습니다"). 그는 여기에서도 게임에서 가장 사랑 받는 레벨을 담당했었다. '포트 프롤릭Fort Frolic'이라는 레벨이었는데, 네온 불빛이 반짝이는 유원지를 반사회적 예술가가 공포스럽게 비틀어놓은 공간이 배경이었다. 이곳에는 인간 형상의 석고상이 많은데, 언뜻 보면 한낱 배경 같은 이 석고상들은 사실 플레이어를 위협하는 존재다. 〈바이오쇼크〉가 완성될 무렵 토마스는 오스트레일리아 캔버라에 있는 2K 사무실에서 몇 달째 근무 중이었다. 그가 여기에서 초기 버전에 참여했던 프로젝트는, 이후 그의 삶에 거대한 그림자를 드리운다. 그리고 2008년, 토마스는 알리사 핀리에게 전화를 받는다. 샌프란시스코에 와서 〈바이오쇼크 2〉의 디렉터가 되어달라는 요청이었다.

〈바이오쇼크 2〉 개발 과정은 누가 들어도 험난한 여정이었다. 2K 마린은 2년 안에 게임을 완성하기 위해 인원을 급속도로 늘리고 어마어마한 시간을 들였다. 일정 자체가 이 정도 규모의 게임을 만들기에는 촉박했다. 2009년에 토마스와 동료들은 노바토에서 채용한 직원 몇십 명만으로는 인력이 부족하다는 것을 깨닫고, 〈바이오쇼크〉 전작 제작진과 똑같은 결정을 내렸다. 2K 오스트레일리아에서 일손을 빌려온 것이다. 그들은 지금 하던 프로젝트를 멈추고 〈바이오쇼크 2〉 제작을 도와 달라고 요청했다. 2K 같은 대형 게임 유통사에서는 흔히 볼 수 있는 일이다. 제작사와 개발자들이 대체 가능한 자원으로 치부되어서 당장 완성해야 할 게임이 무엇이든 우선 그쪽에 사람을 투입한다. 당연하게도 2K 오스트레일리아 직원들은 불만을 터뜨렸다. 이 불만을 잠재우고자 경영진은 이들에게 약속했다. 〈바이오쇼크 2〉를 완성하고 나면 다음 프로젝트는 2K 오스트레일리아가 주도하고, 2K 마린이 작업을 보조하게 하겠다고. "이후에 우리가 대가를 치러야 할 것이라는 느낌이 확실하게 느껴졌습니다." 〈바이오쇼크 2〉의 선임 레벨 디자이너 JP 르브레통JP LeBreton은 말했다. "우선 마린이 빚을 지는 것이죠."

조던 토마스에게 〈바이오쇼크 2〉는 창작 부문의 리더가 되는 것이 얼마나 어려운지 알려주는 일종의 수업이었다. 그는 '요람을 훔치다'와 '포트 프롤릭'을 통해 받은 찬사에 도취되어 거만하고 자신만만한 상태로 프로젝트에 참여했다. 켄 레빈의 그늘 속에서 1년 동안 일했던 그는 이제 드디어 작가주의를 표방하는 자신의 위대한 상상이 화면에 펼쳐지는 모습을 지켜볼 차례라고 생각했다. 하지만 그가 구상했던 플레이어가 전작 〈바이오쇼크〉 캐릭터들의 심령을 찾아다닌다는(고전 플랫폼 게임 〈사이코너츠Psychonauts〉 같은 종류) 구성은 너무 패기 넘치는 꿈이었다. 개발 후반부에 들어서도 새로 시작해야 하는 작업이 많이 생겨서 일정이 한참 지연되고 스트레스가 가중되었다.

이 모든 과정을 거치면서 토마스는 점점 지쳐갔다. 게임 역사에서 손꼽히게 큰 사랑을 받아온 게임의 뒤를 이어야 한다는 압박이 그를 짓눌렀다. 그는 오랫동안, 전임자가 그랬던 것처럼 모든 팀원이 자신의 구체적인 상상에 따라 움직여야만 전작의 성공을 이어갈 수 있다고 생각해왔다. "〈바이오쇼크〉 전작의 성공을 이끌어준 제작 방식의 본질을 따라가야만 〈바이오쇼크〉를 만들 수 있는 거라고 철저하게 믿었고, 그것은 전형적인 작가주의적 방식이었습니다." 토마스는 말했다. "천재 몇 명이 모이고 더 굉장한 천재 밑에서 한 생각으로 일한 덕분에 이렇게 〈바이오쇼크〉 같은 놀라운 작품이 나왔다고 믿었습니다. 개발 초반에 〈바이오쇼크 2〉에 대해서 서로 많은 대화를 나눴습니다. 〈바이오쇼크〉는 …하는 방식으로 제작했었다 같은 이야기요. **하지만 우리에게 맞는 작업 방식을 찾아야 했던 것 같습니다.** 좀 더 평등주의에 가까운 방식이었죠. 그러려면 상당한 비용이 필요했죠."

토마스가 비용을 치러야 한다는 말은 디자인, 아트, 제작 팀 등의 구성원들과의 좋지 않은 관계를 회복해야 했다는 뜻이었다. "두어 명이 저한테 와서 울기도 하고, 다른 책임급에게 가서 저와 부딪혔던 일을 이야기를 하면서 울기도 했습니다." 토마스는 말했다. "저와 같이 일했던 사람들은 제가 광신도가 되어서 사람들은 내팽 개치고 아트에만 신경 쓴다고 생각했던 것 같습니다. 제가 그런 인 상을 바꾸는 건 불가능했고요." 이후 〈바이오쇼크 2〉 개발하면서 2K 마린은, 한 명뿐인 책임자에게 복종하거나 대립각을 세우는 대 신 서로 협력하고 타협하는 문화를 가꾸려고 노력했다. 그 과정에 서 토마스는 중요한 교훈을 얻었다.

"단기적으로 생각하느냐, 장기적으로 생각하느냐의 문제입니 다. 사람보다 아트를 중시하나요? 운이 좋으면 사람이 더 귀하다는 걸 처음부터 본능적으로 알 수 있겠죠. 하지만 아트가 더 중요하다 고 생각한다면, 시간이 흐르면서 깨닫게 됩니다. 아트를 위해서 사 람을 갈아내는 건 일을 위해서나 자신의 영혼을 위해서나 바람직하 지 못하다는 것을요."

〈바이오쇼크 2〉는 2010년 2월 9일에 발매되어 크나큰 찬사를 받았다. 첫 번째 게임만큼 획기적이진 않아도 충분한 가치가 있는 시퀄이라는 평이 대부분이었다. 개발 과정은 매우 힘겨웠지만 2K 마린 팀은 보상을 받은듯 기운이 솟았다. 이들은 성공을 위해 모든 제작사가 갖춰야 할 두 가지 덕목, 바로 재능과 추진력을 모두 가지 고 있었다. 이제 다음 프로젝트만 정하면 됐다.

2K 마린 선임 디자이너와 아티스트인 조단 토마스, 잭 맥클렌 돈Zak McClendon, 호가스 드 라 플란테Hogarth de la Plante, 제프 웨어Jeff

Weir는 머리를 맞대고 앉아 브레인스토밍을 시작했다. 〈바이오쇼크 2〉에서 안 좋았던 경험이 많았기에 토마스는 작가주의를 접고, 이번에는 네 사람이 모두 평등하게 발언권을 가졌다. 그렇게 구상한 아이디어 몇 가지를 2K 경영진에게 제안했고, 경영진은 그중 가장 마음에 드는 것을 골라서 한동안 진행할 수 있도록 허락해주었다. 프로젝트의 이름을 샌프란시스코에 있는 동네 이름을 따서 '리치몬드Richmond'로 정하고, 어떤 게임을 만들면 좋을지 몇 날 며칠을 구상하고 또 구상했다.

남겨진 디자인 문서와 이 프로젝트에 참여했던 사람들에 따르면, 리치몬드는 친구들과 팀을 짜서 즐기는 온라인 롤플레잉 게임으로 계획되었다고 한다. 멀티 플레이어 몰입형 시뮬레이션으로, 다양한 결정을 내리고 비밀을 밝혀내면서 플레이하는 흥미로운 게임이 될 예정이었다. 개발자들은 게임 〈폴아웃Fallout〉과 영화 〈트루먼 쇼The Truman Show〉를 합친 게임이 될 것이라고 소개했다. 플레이어는 거대한 돔에서 게임을 시작하고, 정체를 알 수 없는 외계인 부대에게 감시 당한다. 플레이어는 돔을 탈출해서 신비로운 기술이 가득한 미지의 황야를 발견한다. 게임이 진행되면서 플레이어는 다양한 무리를 만나고, 다른 돔을 탐험하고, 퀘스트를 수행하고, 전리품을 모으고, 다른 플레이어들과 소통한다.

디렉터들은 리치몬드 프로젝트를 위해 막상 제작에 착수하면 반 이상 버려질 수도 있는 온갖 아이디어를 생각해냈다. 플레이어는 다양한 무리를 친구로 사귀기도 하고 배신하기도 한다. 캐릭터가 마음에 안 들면 새 캐릭터로 다시 게임을 시작한 다음, 자신이 썼던 캐릭터를 찾아가볼 수 있다. 실제 제작의 냉엄한 현실에 부딪치지 않은 사전제작 단계의 게임이 보통 그렇듯, 리치몬드는 야심차고 흥미진진했다. 회사 안에서 새 게임에 대한 소문이 돌자 직원들은 기대에 부풀었다.

하지만 아직은 때가 아니었다.

2K 마린은 〈바이오쇼크 2〉를 완성한 다음 우선 작은 팀을 꾸려서 다운로드용 대규모 확장판 〈미네르바의 동굴Minerva's Den〉 제작에 들어갔다. 조단 토마스와 팀원들은 리치몬드를 제작하겠다는 환상에 젖어있었고, 나머지 2K 마린 직원들은 몇 년째 개발 중이었다가 2010년이 되어서야 제대로 제작에 들어갈 준비가 된 어느 프로젝트에 투입되었다. 이제 그들이 빚을 갚을 차례였다.

■ ■ ■

'엑스컴'이라는 머리글자들로 이루어진 두문자어 같아보이지만 사실은 '외계 전투'를 뜻하는 영어 표현 Extraterrestrial Combat의 줄임말이다. 오랫동안 사랑 받아온 게임 시리즈 〈엑스컴〉에는 외계인으로부터 지구를 지키는 비밀 무장 단체 '엑스컴'이 나온다. 영국인 디자이너 줄리안 골롭Julian Gollop이 만든 〈엑스컴〉 첫 번째 편에서 플레이어는 차례로 미션을 수행해가면서 알록달록한 외계인과 싸운다. 이 게임은 1994년에 발매되자마자 좋은 평가를 받고 매출도 호조를 보였다. 게임이 날개 돋친 듯 팔리자 유통사 마이크로프로즈MicroProse는 시퀄과 스핀오프를 줄줄이 내놓았다. 1994년부터 2001년까지 〈엑스컴〉 게임 여섯 편이 나왔고, 그 중에는 몇몇 버전은 다른 버전보다 훌륭했다. 그러다가 회사가 재정적으로 어려워지고 소유권이 왔다갔다하면서 한동안 시리즈 제작이 멈췄다. 마이크로프로즈는 이후 아타리가 된 해즈브로Hasbro에 팔렸고, 해즈브로의 어떤 부서에서도 엑스컴을 더이상 제작하지 않았다. 이후 2005년까지 휴면 상태로 있던 〈엑스컴〉 프랜차이즈에 대한 권리를 2K 게임즈가 사들였다. 신세대 게이머들의 감성에 맞춰 이 게임에 새 생명을 불어넣겠다는 취지였다.

켄 레빈은 그 해 오스트레일리아 캔버라에 있는 이래셔널 지사에서 새 〈엑스컴〉 프로젝트를 시작했고, 그동안 매사추세츠 본사는 〈바이오쇼크〉에 집중하고 있었다. 개발자들은 전략 게임이던 〈엑스컴〉의 콘셉트를 완전히 새롭게 구상해서, 주인공 캐릭터의 눈으로 게임 속 세상을 바라보는 1인칭 슈팅 게임으로 바꿔볼 계획을 짰다. 플레이어는 무기를 직접 다루고 자원을 관리하면서, 지구를 침공한 외계인들을 무찔러야 한다. 오스트레일리아 팀의 초반 프로토타입 중 하나는 주유소를 배경으로 외계인들과 떼지어 다니면서, 〈콜 오브 듀티〉에서 외계인과 싸우는 것처럼 플레이어가 적을 압도

하고 쓰러뜨리는 게임이었다. 또 다른 프로토타입은 플레이어가 엑스컴 비행 기지를 지휘하면서 지구 대기권 주위를 날아다닌다. 그러다가 영화 〈라이언 일병 구하기〉에서 해변을 공격하듯, 수송선에 들어가서 외계인들의 전투장 한복판으로 휩쓸려 들어간다.

켄 레빈은 보스턴에서 〈엑스컴〉의 크리에이티브 디렉터를 맡았지만 몇 달 만에 집중력이 떨어졌다. 〈바이오쇼크〉 개발이 본격적으로 시작되었기 때문이었다. 2006년까지 보스턴 팀은 오스트레일리아에 있는 직원들에게, 〈엑스컴〉은 작업을 제대로 진행하기 힘들 정도의 소규모 인원에게만 맡겨놓고 자신들의 게임부터 도와달라고 다그쳤다. 2007년 여름에 〈바이오쇼크〉가 발매되고, 레빈은 다시 〈엑스컴〉에 관심을 가지면서 이래셔널 직원들에게 이것이 다음 대작 게임이 될 것이라 이야기했다. 채드 라클레어도 이 프로젝트를 위해 채용한 것이었다. 레빈은 오스트레일리아 팀의 그간의 작업물을 보더니 모든 것을 바꿔야 한다고 말했다. "켄이 오더니 자기가 원하는 건 이런 거라고 하더군요." 2K 오스트레일리아의 개발자 한 명이 말했다. "지금까지 저희가 한 작업은 방향이 전혀 달라서 전부 폐기해야 했습니다."

같은 시기에 2K는 조직 개편을 단행해서, 이래셔널 본사와 지사를 2K 보스턴과 2K 오스트레일리아라는 별개의 두 법인으로 분류했다. 2K 보스턴은 몇 년 뒤 이래셔널이라는 이름을 되찾았지만, 자매 제작사였던 2K 오스트레일리아는 이름을 그대로 유지했다.

그러다가 2008년, 레빈과 매사추세츠 팀은 〈바이오쇼크 인피니트〉를 제작하기 위해 〈엑스컴〉을 오스트레일리아 동료들에게 떠넘겨 버렸다. 이렇게 되니 사내 정치와 분쟁으로(레빈과 2K 경영진의 다툼도 많았다) 회사 전체가 시끄러워졌다. 레빈과 2K 회장 크리스토프 하트만이 서로 악감정을 품었다는 소문이 돌았고, 사내 정치의 결과는 모든 2K 제작사들의 개발자들에게 영향을 미쳤다. "당분간 회사에서 누구도 보스턴 쪽과 대화를 하면 안 된다는 지시를 받았습니다." 오스트레일리아 팀의 직원이 말했다. 제작사들이 고유의 정체성을 발전시키지 못하도록 2K 임원들이 일부러 모든 제작사 이름을 획일화한 것이라는(2K 보스턴, 2K 오스트레일리아, 2K 마린) 이야기가 정설처럼 돌았다.

이제 2K 소속 제작사들은 그저 2K라는 거대 게임 생산 기계의 나사와 같은 존재였다.

2K 오스트레일리아 개발자들이 특히 좌절한 것은, 자체적으로 게임을 만들어보려고 할 때마다 모든 작업을 멈추고 다른 제작사의 프로젝트를 도우라는 윗선의 지시가 내려온다는 점이었다. 2010년 초에 〈바이오쇼크 2〉가 완성되고 2K 오스트레일리아와 2K 마린이 모두 〈엑스컴〉 작업에 돌입하면서 이전과 상황이 달라졌다. 〈바이오쇼크 2〉 작업 당시에는 오스트레일리아에 있는 디자이너와 아티스트들이 2K 마린의 지시를 따라야 했다면, 이번에는 반대가 되었다. 이제 2K 마린은 보조 역할을 하고 2K 오스트레일리아가 지휘

를 맡을 차례였다.

이로 인해 2K 마린에서 불평이 나왔다. 직원 상당수가, 단순 작업이나 하기에는 이미 스스로가 너무 유능한 인재라고 생각했기 때문이다. 하지만 그들은 한 가지 생각을 하며 위안을 얻었다. 지금의 희망대로 그리 오랜 기간이 아닌 2011년까지만 〈엑스컴〉을 완성하고 나면, 소문이 무성했던 리치몬드 프로젝트를 드디어 시작할 수 있었다. 하지만 문제는 2K 마린에서 전략 게임인 줄만 알았던 〈엑스컴〉슈팅 게임으로 존재하는 이유를 아는 이는 없었다. 내부에서 자체적으로 구상한 멋진 아이디어들을 제쳐두고 다른 프로젝트에 투입되어야 하는 현실도 의문이기는 마찬가지였다. 그래도 이런 상황치고 비교적 합리적으로 협의가 이루어졌다. 2K 마린 사람들은 〈엑스컴〉 발매를 도와준 다음에 실제로 만들고 싶은 게임 작업을 시작하면 됐기 때문이다. "리치몬드는 우리에게 꿈의 프로젝트였습니다." 2K 마린의 초창기 직원이었던 스콧 라그라스타는 말했다. "〈엑스컴〉은 단순히 곁다리로 하는 일이었고, 그쪽을 도와준 다음에 리치몬드를 진행하면 됐죠."

2K 경영진은 〈엑스컴〉에 대한 기대가 있었다. 싱글 플레이어 캠페인과 멀티 플레이어 모드를 모두 정식으로 제공해서 사람들이 한 번 해보고 게임스탑에 팔아버리지 않는 게임을 만드는 것이었다. 서른 명 정도로 구성된 오스트레일리아 팀은 그런 게임을 단독으로 만들기에는 규모가 너무 작았다. 그래서 오스트레일리아에서

는 싱글 플레이어를 제작하고, 직원이 여든 명 가까이 되는 마린 팀은 멀티 플레이어 모드를 한동안 만들다가 리치몬드로 넘어가기로 했다. 이만하면 제법 명쾌하게 합의를 본 것 같았다.

하지만 역시 사람이 하는 일은 계획대로 굴러가지 않는다.

2010년 봄, 마린과 오스트레일리아가 힘을 합쳐도 싱글 플레이어와 멀티 플레이어 모드를 전부 만들기에는 역부족이라는 사실이 확실해졌다. 그래서 결국 2K는 멀티 플레이어 모드를 포기했다. "그 작업을 하기 위해 어느 쪽이든 팀 규모를 늘릴 의지는 없었습니다." 2K 마린 디자이너 JP 르브레통은 말했다. "그래서 저희가 몇 달 동안 작업한 결과물이 버려졌죠."

이제 2K 마린과 2K 오스트레일리아가 모두 싱글 플레이어를 맡아서 〈엑스컴〉을 이루는 별개의 요소들을 각자 개발하기로 했다. 다시 말해 두 제작사가 긴밀하게 협력해야 하는 상황이 벌어졌다. 예전에는 극복할 수 있었던 문제들, 예를 들어 19시간이라는 시차 같은 것이 갑자기 끔찍한 걸림돌로 다가왔다. 〈엑스컴〉처럼 복잡한 게임을 만들려면 두 팀이 자주 소통을 해야 하지만, 미국 캘리포니아와 오스트레일리아 캔버라에서 시간을 맞춰 스카이프 통화 일정을 한 번 잡는 것도 상당히 골치 아픈 일이었다.

이제 몇 달 전부터 서서히 끓어오르던 갈등이 제대로 폭발하기 시작했다. 콧대 높고 자신감 넘치는 2K 마린 팀이 보기에 2K 오스트레일리아 팀은 일의 갈피를 못 잡는 것 같았다. 이 상황이 힘겹고

화가 나는 2K 오스트레일리아 팀이 보기에 마린 팀은 자기중심적이고 이 게임에 참여할 의지도 없어 보였다. 오스트레일리아에 있는 디자인 책임자들은 끊임없이 권위가 약해지는 기분이었고, 미국에 있는 디자인 책임자들은 〈바이오쇼크 2〉처럼 훌륭한 게임을 만들어낸 자신들이 바다 건너 사람들의 일벌이 되어주는 건 부당하다고 생각했다. "오랫동안 굉장히 적대적인 관계가 유지되었습니다." 2K 오스트레일리아의 디자이너 크리스 프록터Chris Proctor는 말했다. "책임급들 사이가 결코 좋지 않았어요. 정말 추잡한 사람들도 있었고요."

엎친 데 덮친 격으로 2K 경영진의 다소 경솔한 판단이 이 상황을 더 악화시켰다. 2010년 4월 14일, 2K는 〈엑스컴〉 1인칭 슈팅 게임을 개발 중이라는 소식을 언론에 이렇게 발표했다.

미국 캘리포니아 노바토와 오스트레일리아 캔버라에 있는 자매 제작사를 둔 2K 마린은 신규 IP 개발과 검증된 프랜차이즈 확장을 담당하는 2K 게임즈의 게임 제작사다.

다시 말해 오스트레일리아 사무소는 처음에 이래셔널 오스트레일리아였다가, 2K 오스트레일리아가 되었다가, 이제 이름까지 잃고 2K 마린의 소속 팀이 된 것이었다. 단순히 문장 의미상의 변화였지만 2K가 발표하는 모든 의미상의 변화가 그렇듯, 그 안에 함축된 의미는 어마어마했다. 캔버라에 있는 개발자들은 예전부터 회사의 2등 시민이 된 기분을 느끼기도 했지만, 이제는 고유의 이름도 없는 신세가 되었다. 정확하게 말하면 '2K 마린의 오스트레일리아 캔버라 사무소'였다. 좋게 포장해서 생각하자면, 2K 경영진은 갈등이 고조되어 있는 두 팀을 하나로 뭉치게 하고 싶었지만, 결과적으로 마린 사람들에겐 당황스러움을, 오스트레일리아 사람들에게는 큰 굴욕감을 안겼다. **"처참하더군요."** 캔버라에서 일했던 한 사람은 말했다. **"속이 뒤틀리는 고통이었죠."**

그 와중에 〈엑스컴〉 프로젝트는 계속해서 다른 게임이 되어갔다. 마치 전화기의 진화 과정을 보는 것 같았다. 이제는 프로젝트에 참여했던 사람들조차 이 게임이 어떤 형태들을 거쳐갔는지 전부 기억해내지 못한다. 한 시점에서는 플레이들이 인간과 외계인 역할을 모두 맡는 비대칭 멀티 플레이어 게임이었다. 그러다가 수수께끼를 조사하고 외계인 사진을 몰래 찍는 방향으로 수정이 진행됐다. 플레이어가 주인공의 눈으로 화면을 보는 1인칭 시점의 프로토타입이 나왔다가, 주인공 어깨 너머에서 카메라를 비추는 3인칭 시점의 프로토타입도 나왔다. 2010년 여름 무렵 프로젝트는 더 엉망이 되어 있었고, 양쪽 제작사 어디에도 게임이 어떤 형태로 나올지 아는 사람은 별로 없었다. "아슬아슬했던 프로젝트가 이제는 완전히 길을 잃어버린 거죠." JP 르브레통은 말했다. "오스트레일리아에서 저희에게 제시하려고 했던 전반적인 디자인 방향이 완전히 갈피를 잃었습니다."

2K 마린이 〈바이오쇼크 2〉를 개발하면서 발전시키려고 했던 궁합과 협조적인 문화가 흐트러지고 말았다. 크리스토프 하트만과 경영진은 2K 마린과 2K 오스트레일리아 직원들을 합치면 필요한 인력이 충족된다고 생각했지만, 두 회사는 물과 기름처럼 섞이지 않았다. 모두 기가 세고 창의적인 사람들이었고, 각각 아주 강한 자아와 그들만의 야망과 문화로 무장해 있었다.

"둘로 나뉘어 있는 게임 개발 팀을 그냥 하나로 합치면 온전한 개발 팀 하나가 되어서 이 야심찬 대작 게임을 완성할 수 있을 줄 알았던 거죠." 르브레통은 말했다. **"하지만 궁합이 그렇게 중요한지는 몰랐던 겁니다. 음악 밴드들처럼요."**

한편 조단 토마스를 비롯한 리치몬드 책임자들은 사전제작 과정에서 창작의 기쁨을 만끽하면서 꿈의 게임을 만들기 위한 디자인 문서를 쓰고, 콘셉트 아트를 스케치하고 있었다. 토마스는 동료들로부터 〈엑스컴〉의 근황을 들을 때마다 죄의식을 느끼면서도 그 소란에서 멀찌감치 떨어져 있는 것이 좋았다. 그러다가 2K 경영진의 부름을 받고 깨달았다. 이제 꿈에서 깨어나야 하는 시간이라는 것을. "새 IP 작업을 하던 팀에게 이 상황을 해결하라는 지시가 내려왔습니다." 토마스는 말했다. "그렇게 해서 〈엑스컴〉의 크리에이티브 책임이 2K 마린으로 돌아왔습니다. 사기를 진작시킬 수 있을 거라는 희망과 함께요." 2K 마린의 임시 보조 업무였던 〈엑스컴〉은 이제 이들의 대형 프로젝트가 되었다.

안타깝게도 2K 경영진은 모두에게 상처만 안기는 상황을 만들었었고, 마린 사람들은 애초부터 〈엑스컴〉을 담당하고 싶지 않았다. 제작에 참여조차 하기 싫어하는 직원이 대부분이었다. 하지만 이미 이 상태로 프로젝트가 너무 많이 진행된 상태였다. "그때 즈음에는 작업이 많이 진행되어 있었고, 디자인 관점에서는 모순된 결정들 투성이였습니다." 토마스는 말했다. "저희가 일을 받았을 때 이미 비상 상황이었죠." 한편 캔버라 사람들은 경영진이 자신들의 자율권을 빼앗아가는 광경을 또다시 목격했다. 처음에는 제작사의 이름을 가져가더니, 이제는 게임 개발의 주도권을 쥘 수 있는 절호의 기회조차 앗아갔다. 그들을 다시 마린의 보조 스튜디오로 전락시켰다. 그 결과 캔버라에서 디자인 디렉터 에드 오만Ed Orman과 아트 디렉터 앤드류 제임스Andrew James가 사임했고, 다른 직원들도 뒤따라 회사를 떠났다.

몇 달 뒤 2K는 또 다시 조직개편에 나섰다. "늦은 밤에 회의 초대장이 오더군요." 오스트레일리아에 있던 디자이너 크리스 프록터는 말했다. "모두에게 오전 10시에 주차장으로 모이라고요." 다음 날 아침에 출근했더니, 임원 한 명이 명단에서 이름을 부르기 시작했다. 이 사람은 아래층으로 가고, 저 사람은 위층으로 가고. 프록터는 아래층으로 가라는 안내를 받았고, 이내 그것이 나쁜 소식임을 알게 되었다. 2K가 〈엑스컴〉 프로젝트를 오스트레일리아에서 완전히 철수하기로 하고, 〈바이오쇼크〉 차기작을 개발할 때 이래서 널을 보조할 직원들만 남기기로 한 것이었다. "위층 사람들은 회사에 남아서 〈바이오쇼크 인피니트〉 일을 계속 하게 되었습니다. 프록터는 말했다. "그리고 아래층 사람들은 해고되었죠." 2K 임원은 어리둥절한 얼굴로 앉아있는 그를 다른 디자이너 몇 명과 함께 옆으로 불러서, 사실은 회사에 계속 다니면서 〈엑스컴〉 일을 할 수 있지만 그러려면 샌프란시스코로 옮겨가야 한다고 말했다. "짜증이 솟구치는 말이었죠." 프록터는 말했다.

프록터는 생각에 잠겼다. 친구와 가족의 곁을 떠나는 건 힘겨웠지만, 게임 개발자들이 대부분 그렇듯 그도 여기저기를 옮겨 다니는 일에 익숙했다. 오스트레일리아 멜버른에서 태어나고 자란 그는 국내에 있는 제작사 몇 군데에서 디자이너로 일하다가 게임 발매도 못 해보고 해고됐었다("제가 참여하는 동안 취소된 게임이 정말 많아요. 불운의 연속이었죠."). 그러다가 노르웨이 오슬로로 가서 온라인 스파이 게임 〈더 시크릿 월드The Secret World〉를 만든 제작사 펀컴Funcom에 합류했다. 이 곳에서 또 한번 정리해고를 겪은 뒤 오스트레일리아로 돌아온 그는 게임 업계를 떠날 생각을 하고 있었다.

"이건 너무 불안정하다, 평생 전국을 돌아다니고 이 나라 저 나라를 떠돌며 살 수는 없다 싶었습니다."

그때 전 직장에서 알게 된 친구가 캔버라에 있는 2K 오스트레일리아의 자리를 제안했다. 모국에서 게임을 계속 만들 수 있다는 생각에 솔깃해 2K 오스트레일리아에서 몇 달 동안 〈엑스컴〉을 만들다가 지금은 또 다시 아래층으로 불려 가서 나쁜 소식을 들었고 이제 그는 또 한번 힘겨운 결정을 내려야 하는 상황에 놓였다. "친구들, 가족들과 이야기를 많이 했어요. 다들 미국에 가서 기회를 잡아야 한다고 했죠." 프록터는 말했다. 2K는 그에게 이주비를 지급하고 샌프란시스코에서 살 집을 찾을 때까지 임시 거처를 찾을 수 있게 도와주었고 그는 결국 미국을 좋아하게 되었다. "결과적으로는 탁월한 선택이었죠." 프록터는 말했다.

이제 2K 오스트레일리아가 〈엑스컴〉에서 빠지는 것은 공식적인 사실이 되었다. 남은 사람들은 이래셔널의 〈바이오쇼크 인피니트〉 막바지 작업을 돕고, 2K 마린은 〈엑스컴〉 슈팅 게임 제작을 전담하게 됐다. 하지만 이 결과로 행복한 사람은 한 명도 없었다. 오스트레일리아 사무소는 완전히 쪼그라들었고 마린은 처음부터 만들고 싶지 않았던데다 거듭되는 뒤집기와 경영진의 지시에 따라 시시각각 형태가 바뀌어가는 게임[5]에 발이 묶여있었다. 그리고 팬들이 실제로 원하던 전략 장르의 〈엑스컴〉을 개발 중인 곳은 따로 있었다. 〈엑스컴〉 원작에 더 가까운 턴방식 전략 게임을 만들고 있던 주

---

5   오스트레일리아 팀은 이후 〈보더랜드: 더 프리 시퀄(Borderlands: The Pre-Sequel)〉이라는 자체 프로젝트를 지휘했다. 이 게임은 기어박스 소프트웨어(Gearbox Software)의 루트 슈터 시리즈 신작으로 2014년 10월에 나왔다. 6개월 뒤 2K 오스트레일리아는 완전히 문을 닫았다.

인공은 바로 〈문명Civilization〉 게임을 제작한 2K의 파이락시스였다. 그러나 여기도 마린과 마찬가지로 왜 존재하는지도 알 수 없는 게임을 만든다는 건 당황스러운 일이었다.

2010년과 2011년 박람회에서 2K 마린이 공개한 〈엑스컴〉 예고편은 플레이어가 1960년대 미국의 대체 현실에서 외계인을 무찌르는 다소 거칠고 충격적이며 흥미로운 1인칭 슈팅 게임이었다. 하지만 내부에서 개발되는 게임은 전혀 다른 모습이었다. 2K 마린은 제작을 전담하면서 작업을 더 많이 뒤엎고, 1인칭 게임을 3인칭으로 바꿨다. 발매 일정은 2012년 3월에서 2013년 초로 미뤄졌다가, 2013년 여름으로 다시 미뤄졌다. 2K 마린 직원들은 잠시 지나가는 프로젝트인 줄 알았던 이 게임에 몇 년째 매달리고 있었다. "팀의 사기가 완전히 꺾여 있었습니다." 선임 시스템 디자이너였던 제임스 클라렌던은 말했다. "우리가 무사히 발매할 수 있다고 생각하는 사람은 없었죠."

지금까지도 〈엑스컴〉 슈팅 게임 제작에 참여했던 사람들 중에는 제작이 왜 취소되지 않았는지 궁금해하는 사람이 많다. 2K 경영진, 그러니까 크리스토프 하트만은 왜 손실을 줄이고 다른 프로젝트로 넘어가지 않은 걸까? 크리스 플랜트Chris Plante 기자는 게임 웹진 폴리곤에서 이 프로젝트에 대해 자세히 다루면서 '재정적 싱크홀'이라는 표현을 썼다. 지금까지 제작된 〈엑스컴〉 프로토타입을 플레이하고 싶어하는 사람은 별로 없었고, 프로젝트를 계속 진행하고 싶어하는 사람은 더 없었다. **"게임 제작이 취소되는 건 큰 상처지만, 창의적인 생각에 쏟을 시간과 역량을 마구 앗아가는 혼란스러운 게임에 매달려 있는 것도 별로죠."** 조단 토마스는 말했다. "얻을 게 아무것도 없는 땅을 삽질하는 것처럼 말이죠"

결국 토마스는 개발 도중 자리에서 물러났다. 켄 레빈으로부터 이래셔널에 돌아와 〈바이오쇼크 인피니트〉 완성을 도와달라는 제안을 받기 때문이다. 2012년부터 2013년까지 다른 베테랑 몇 명도 〈엑스컴〉 프로젝트에 진절머리를 내며 2K 마린을 떠났다. 상황이 이렇다 보니 2K 마린이 긍정적인 결과물을 내는 건 불가능하다고 여기는 사람들도 점점 많아졌다. 책임급들이 〈엑스컴〉 프로젝트에 옮겨간 뒤에도 디자이너 몇 명은 리치몬드 작업을 이어가고 있었지만, 2012년에는 모두가 회사를 떠나거나 〈엑스컴〉 프로젝트에 불려가서 리치몬드 프로젝트는 결국 조용히 숨을 거뒀다. 2K 마린에서 좌절한 개발자 상당수는 애초에 〈바이오쇼크〉처럼 배경 서사와 실험적인 힘이 가득한 몰입형 시뮬레이션을 만들고 싶어서 들어온 사람들이었다. 그들은 더 이상 〈엑스컴〉 슈팅 게임에 인생을 허비하고 싶지 않았다. **"'플레이어가 하자는대로 하라'는 기조로 몰입을 이끌어내는 것이 저희가 〈바이오쇼크 2〉에서 다소 강압적이지만, 매우 중요하게 생각한 요소였습니다."** 스콧 라그라스타는 말했다. "하지만 〈엑스컴〉은 이런 식이었죠. '여기 가만히 앉아서 눈으로 스토리를 보세요. 그리고 슈팅 게임을 즐기세요.'"

2K 마린의 책임급 AI 개발자 데이비드 피트먼David Pittman도 불만에 찬 베테랑 중 한 명이었다. 그는 게임이 발매되기 몇 달 전인 2013년 3월, 게임과 회사의 상태에 불만을 품고 퇴사했다. **"여러 이유에서 참 어려운 프로젝트였습니다."** 피트먼은 말했다. "지시가 계속 바뀌었어요. 책임자들도 계속 바뀌고요." 다른 베테랑 동료들과 마찬가지로 피트먼은 언젠가 리치몬드를 제작하리라는 희망으로 2K 마린에 남아있었다. 하지만 2013년 무렵에 리치몬드는 이미 돌아올 수 없는 강을 건너간 프로젝트임을 깨달았다. "진작 떠났어야 했는데 그 게임을 만들고 싶은 마음에 더 오래 남아있었던 것 같습니다." 피트먼은 말했다. "그러다가 깨달았죠. 저를 버티게 해주고 있는 그 게임이 영영 물거품이 되었다는 것을요."

인원이 줄어든 것 말고도 나쁜 징조는 많았다. 〈엑스컴〉 발매를 몇 달 남겨둔 2013년 어느 날, 2K 마린은 해밀턴Hamilton 공군 기지 내 다른 격납고로 이사했다. 제임스 클라렌던은 그 날의 푹푹 찌는 더위를 기억하며 이렇게 말했다. "의욕이 없으니 각종 음모론이 고개를 들기 시작했습니다. 회사에서는 우리에게 관심도 없고, 우리를 쪄 죽게 만들려고 한다고요. 그리고 심지어 발 밑을 조심해야겠다는 생각까지 했습니다. 커다란 독거미를 이용해서 우릴 조용히 죽일 수도 있다고 생각했으니까요." 이제 그들은 맛있는 점심 식사와 에스프레소 머신 같은 복지를 누리려면 예전 격납고까지 걸어가야 했다. "우리가 2등 시민이 되고 있는 게 확실했죠." 라그라스타는 말했다.

얼마 안 있어, 개축 공사를 진행 중인 예전 사무실에 2K가 다른 제작사를 들이려고 한다는 소문이 돌았다. 그리고 그 소식은 곧 사실로 확인되었다. 2K는 이래셔널에서 〈바이오쇼크 인피니트〉 제작을 막 마친 로드 퍼거슨을 데려와서 새 게임 개발 레이블을 세웠다.[6] 몇 주 뒤 퍼거슨은 조용히 2K 마린 개발자들의 면접을 보면서 새 제작사에 어울릴 사람들을 고르기 시작했고, 이 회사는 이후 행어 13이라는 이름을 얻었다.[7]

2013년 8월, 〈엑스컴〉 슈팅 게임이 마침내 〈더 뷰로: 기밀 해제된 엑스컴The Bureau: XCOM Declassified〉이라는 난해한 타이틀명을 달고 발매되었다. 후기는 그저 그렇고 판매는 저조했으며, 외부인들은 이 게임이 굳이 왜 출시되었는지 이유를 궁금해했다. 더군다나 2012년에 나와서 평단의 극찬을 받으며 불티나게 팔린 파이락시스의 〈엑스컴〉 전략 게임이 훌륭한 완성도를 보여줬는데 말이다 (파이락시스는 그 후로 몇 년간 〈엑스컴〉 시퀄과 스핀오프를 만들

---

6   하지만 퍼거슨은 회사가 정식으로 설립되기도 전에 자리에서 물러났고, 루카스아츠(LucasArts)에 디렉터로 있던 헤이든 블랙맨(Haden Blackman)이 2014년에 그 자리를 대신했다.

7   해밀턴 공군기지에서 일했던 사람들이 보기에는 유쾌하지 못한 이름이었다. 그 기지에 행어, 즉 격납고는 10개뿐이었고 이름에 13이 들어가는 곳은 없었기 때문이다.

었다). 물론 2K 사람들도 그 이유를 몇 년째 궁금해해왔다. "게임이 빌매된 후로 직원들은 의기소침해 있었습니다. 크리스 프록터는 말했다. DLC를 제작 중이라는 것이 더더욱 의미 없게 느껴졌습니다. 만들어봐야 아무도 원하지 않는 콘텐츠일 테니까요."

그 후로 몇 주 동안 2K 마린에 남은 직원들은 다음 프로젝트가 무엇이 될지 알아보려고 했지만, 직접적인 답을 얻기는 힘들었다. 게임 세계의 저승에 서서 천국에 갈지 지옥에 갈지 심판을 기다리는 기분이었다. 뭔가 새롭고 흥미로운 것을 만들어가면 2K 경영진이 새 프로젝트를 시작하라는 허가를 내릴 거라는 희망을 갖고 프로토타입을 디자인하고 제안서를 만드는 개발자들도 있었다. 아니면 그저 책상에 앉아 링크드인 프로필을 업데이트하고, 다른 회사에 이력서를 넣는 이들도 있었다. 이루 말할 수 없이 이상한 시기였다. "근무 시간에는 모두들 일을 찾고 있었습니다. 책임자들도 개의치 않는 것 같았고요." 프록터는 말했다.

▪ ▪ ▪

2013년 10월 17일은 스콧 라그라스타에게 좋은 날이어야만 했다. 그는 아내와 함께 몇 달 동안 집을 사려고 노력 중이었지만, 지갑 두툼한 실리콘밸리 엔지니어들의 현금 공세에 밀려나기 일쑤였다. 그리고 이제 드디어 계약이 눈앞으로 다가온 날이었다. 그런

줄로만 알았다. 2K 마린이 회의를 열고 전 직원을 두 방에 나눠 넣기 전까지 말이다. 라그라스타는 패자의 방으로 불려가서, 인사 담당자들로부터 해고 소식을 들었다. "아내가 문자를 보냈어요. '집주인이 우리 액수를 받아들였어. 드디어 우리가 살 수 있게 됐어!!'" 라그라스타는 말했다. "그래서 답장을 보냈죠."

"아니, 우리 못 사. 나 지금 회사에서 잘렸어.'"

게임 업계에서의 경력이 라그라스타 정도 되면 바로 다음 순서를 알 수 있었다. 그는 2008년에 샌디에이고에 있는 액티비전 자회사 하이 문 스튜디오High Moon Studios에서 해고된 다음 2K 마린에 합류했었다(샌디에이고에서도 똑같이 승자의 방과 패자의 방이 있었다). 그는 〈바이오쇼크 2〉 개발이 좋았지만 〈엑스컴〉이라면 이야기가 달랐다. "힘들었어요. 그래도 최선을 다하긴 해야죠. 제가 만들고 싶은 게임은 아니지만 일부분이라도 제가 원하는 대로 해볼 수는 있잖아요?" 〈엑스컴〉 개발 초반에 그는 처음 구상했던 긴장감 넘치고 공포스러운 레벨 작업을 즐겨 했다. "그런데 2K에서 게임 방향을 바꿨습니다." 라그라스타는 말했다. "그러면 이런 식이 되죠. '분부만 내려주십쇼. 제가 독창성을 발휘하는 게 아니라 당신들의 상상을 구현해주기만 바라지 않으십니까.' 그게 사실이라는 걸 확인하고 나면 일의 재미가 떨어집니다." 그는 결국 퇴근 후에 작은 게임을 개발하기 시작하면서 개인 프로젝트에 자신의 못다 쓴 창작열을 불태웠다.

〈엑스컴〉에 대한 반응은 미적지근하고, 새로 시작할 프로젝트는 없고, 옆 사무실에 새 제작사가 생기는 비밀도 기정 사실화된 마당에 라그라스타는 정리해고가 머지않았음을 예감했다. 〈엑스컴〉에 3년을 허비한 것은 개발자들의 결정이 아니었기에 현실은 더 잔인하게 다가왔다. 스스로 무모한 도전을 해서 실패했거나, 멋진 게임을 만들었어도 잘 팔리지 않아서 제작사가 문을 닫는다면 마음은 슬퍼도 자부심을 가지고 떠나 보낼 수 있었겠지만, 〈엑스컴〉은 원치 않는 과제였고 돈만 밝히는 2K 경영진이 버리기 싫었던 프로젝트의 찌꺼기에 불과했다. 그런 게임이 2K 마린의 최후의 업적이 되었기에 현실은 더 쓰라렸다.

라그라스타는 결국 바라던 집을 사지 못했다. 2K 마린 폐쇄 후 몇 년 동안 그는 베이 지역에 있는 게임 회사들을 전전하다가 텔테일Telltale이라는 제작사에 자리 잡았다. 〈왕좌의 게임Game of Thrones〉과 〈워킹 데드The Walking Dead〉 같은 대형 프랜차이즈를 기반으로 내러티브 어드벤처 게임을 만드는 곳이었다. 그곳도 지옥 같기는 마찬가지였다. "끊임없이 발등에 떨어진 불만 끄는 꼴이었습니다. 회사에서 8시간씩 일하고 집에 오면 아이들을 이미 잠자고 있고, 저는 다시 회사에서 미처 끄지 못한 불씨가 남아있는지 살펴보는 거죠." 이 생활을 계속할 수 없던 그는 새 일자리를 찾아보면서 아내와 마주앉아 현실을 직시해보았다. 게임 업계에 남아있으려면 계속 이 도시 저 도시를 옮겨 다니며 살아야 할 것이다. "저희 아내가 이런 말을 했던 것 같아요. '그럼 우리 유럽 같은 데도 갈 수 있나?'"라그라스타는 그 당시를 회상했다.

"제가 대답했죠. '진심이야? 당연히 갈 수 있지.'"

2017년 가을, 라그라스타는 아내와 함께 이삿짐을 싸서 스웨덴 말뫼로 떠났다. 그는 그곳에서 유비소프트^{Ubisoft}의 제작사 매시브 엔터테인먼트^{Massive Entertainment}에 들어가, 제임스 카메론^{James Cameron}의 영화 〈아바타^{Avatar}〉를 기반으로 한 게임을 만들기로 했다. 샌프란시스코에서 10년 동안 살다 온 미국인에게 말뫼란 도시는 거대한 문화 충격을 느끼게 했다. 스웨덴에서의 생활은 여러모로 달라도 너무 달랐다. 대표적으로 연봉이 훨씬 적었다. 라그라스타는 연봉 협상을 하면서 과거 연봉을 기준으로 숫자를 제시했다가, 그 액수는 제작사 책임급 수준이라는 말을 들었다. 그리고 스웨덴 정부는 미국인이라면 누구든 어안이 벙벙해질 복지를 제공했다. 건강 보험과 교육을 지원해주고, 아기가 태어나면 480시간이라는 말도 안 되는 유급 휴가를 주는 것이었다. 스웨덴의 노조 중심 문화는 노조가 있는 게임 회사를 거의 찾아볼 수 없는 미국과 강하게 대비되었다.

"유비소프트는 전체적으로 봤을 때 대규모 정리해고를 안 한다는 점에서 아주 좋은 회사입니다." 라그라스타는 말했다. "그래서 정착할 수 있는 곳이라는 생각이 들었죠." 스웨덴의 복지에 감동을 하고 있는 와중에 미국에서는 도널드 트럼프 임기 중 행정부의 정책으로 인해 현실이 디스토피아로 변하고 있었다. 그래서 라그라스타는 스웨덴에 머무는 쪽으로 마음이 기울었다. "삶의 중심을 조정해야 합니다. 캘리포니아에 살던 시절에 비해 중하류층이 된 기분이었어요. 그때만큼 사치를 부릴 수 없었으니까요." 하지만 말뫼에 살면 미국의 파탄난 건강 보험 제도에서 비롯된 근심걱정을 느낄 필요가 없었다. "혹시나 교통사고를 당해도 어느 정돈 괜찮다는 걸 알거든요." 라그라스타는 말했다. "미국 베이 지역에서는 대부분의 사람이 큰 사고 한 번이면 바로 파산인데 말이죠."

■ ■ ■

제작사 하나가 문을 닫으면 유능한 인재가 쏟아져 나온다는 말은 이제 진부하게 들리기까지 하지만, 이 말이 진부할 정도의 진리가 된 데에는 다 이유가 있다. 몇 년에 걸쳐 2K 마린을 벗어난 사람들 중 상당수는 AAA급 연봉을 포기하고 친구나 가족의 응원에 힘입어 독립의 길을 걸었고, 그 결과 몇 개의 훌륭한 게임을 만들기도 했다. 그 중 가장 눈에 띄는 게임은 〈바이오쇼크 2〉 확장판에 참여했던 스티브 게이너Steve Gaynor, 존네만 노르드하겐Johnnemann Nordhagen, 칼라 지몬자Karla Zimonja가 개발한 〈곤 홈Gone Home〉이었다. 10대 소녀가 가족이 살던 빈 집에 돌아가 모두의 행방을 찾으러 다닌다는 짧지만 가슴 아픈 내용의 게임이다. 냉장고에 붙은 달력,

자동 응답 기계에 녹음된 메시지, 버려진 편지와 일기장 등 주변 요소들을 통해 모든 스토리가 전개된다. 〈바이오쇼크〉에서 슈팅만 빠진 몰입형 게임이었다. 2013년 8월 15일에 세상에 나온 이 게임은 (〈엑스컴〉이 나오기 불과 며칠 전이었다) 좋은 평가를 받았고, 자기만의 인디 게임을 만들고 싶어하는 2K 마린 개발자들의 마음에 불을 지피면서 문화적으로도 즉각적인 반향을 일으켰다.

침몰한 2K 마린의 잔해 속에서 독립적으로 자금을 조달해 제작한 다른 게임으로는 내러티브 어드벤처 게임 〈노벨리스트The Novelist〉(2K 마린의 책임급 디자이너였던 켄트 허드슨Kent Hudson), 히말라야 산맥을 배경으로 한 〈와일드 이터널The Wild Eternal〉(QA 테스터 출신 케이시 구드), 미국의 음산한 민간 설화 〈웨어 더 워터 테이스트 라이크 와인Where the Water Tastes Like Wine〉(〈곤 홈〉 이후 홀로 서기에 나선 노르드하겐)이 있다. 지구 반대편 오스트레일리아에서는 〈바이오쇼크〉 개발 디렉터 조나단 체이가 카드 기반 전략 게임 〈카드 헌터Card Hunter〉, 뒤이어 SF 로그라이크 게임 〈보이드 바스타즈Void Bastards〉를 만들었다. 〈엑스컴〉 프로젝트 중반에 사임한 에드 오만과 앤드류 제임스는 독립 제작사를 세워서 종말 이후 세계를 탐험하는 내용의 게임 〈서브머지드Submerged〉를 개발했다.

2013년 초에 리치몬드는 끝났다는 사실을 받아들이고 2K 마린을 떠났던 개발자 데이비드 피트먼도 자신의 게임을 개발하기 시작했다. 저축해둔 돈과 마찬가지로 게임 업계 종사자인 아내가 받은 거액의 상여금을 생각하면 연말까지는 버틸 수 있을 것 같았다. "저는 인디 게임을 만들고 싶어서 오랫동안 기다려 왔었습니다." 피트먼은 말했다. "저축해둔 돈이 있으니 8~9개월 안에 게임을 완성하면 되겠다 싶었습니다. 9개월동안 쉰다고 생길 수 있는 최악의 상황이라고 해봐야, 저 혼자 휴식하며 즐거운 시간을 보내고 끝나는 정도이고요."

피트먼은 몇 달 동안 〈엘드리치Eldritch〉를 만들었다. H. P. 러브크래프트의 크툴루 세계관에서 영감을 받은 배경과 땅딸막한 〈마인크래프트〉 스타일 그래픽을 보여주는 1인칭 슈팅 게임이었다. 레벨들이 무작위로 생성되고 몰입형 시뮬레이션에서 착안한 능력들이 제공되어 길이는 짧지만 구성은 훌륭했다. 투명인간으로 변신하고, 순간이동을 하고, 적에게 최면을 걸 수 있는 물약을 찾아서 다양한 전투에 활용할 수 있다. 〈엑스컴〉을 개발하면서 힘겨운 시간을 보내다가 소규모 게임을 혼자 제작하는 피트먼의 마음은 더없이 자유롭고 짜릿했다. 전 직장이 문을 닫은 2013년 10월에 그는 〈엘드리치〉를 발매해서 게이머들의 호응을 얻었다. "제가 투자한 금액을 회수하고 다음 게임 두 편을 만들 자금도 확보했습니다." 피트먼은 말했다.

이렇게 해서 정치적인 스텔스 게임 〈네온 스트럭트Neon Struct〉와 〈버피Buffy〉에서 착안한 뱀파이어 슈팅 게임 〈슬레이어 쇼크Slayer Shock〉(이 두 게임은 아쉽게도 덜 성공적이었다)를 제작했고, 2016

년 무렵 그는 좀 더 안정적인 일자리를 원하게 되었다. 돈이 부족해서가 아니라 다른 사람들과 함께 일하던 시절이 그리웠기 때문이다. 물론 게임 개발자인 쌍둥이 형제 J. 카일 피트먼J. Kyle Pittman과 함께 일할 때도 있었지만 느낌이 좀 달랐다.

피트먼은 잘 알려진 회사 몇 군데에 입사 지원을 해봤지만, 몇 년 동안 독립적으로 살다보니 또 다시 거대한 AAA 프로젝트 일을 한다는 생각에 짜증이 올라왔다. 그는 2K 마린의 잔해 위에 세워진 제작사 행어 13과 면접을 보았다. 사무실에 걸어 들어가기만 하는데도 식은땀이 흘렀다. "그 환경에 몇 시간밖에 있지 않았는데도 너무 지쳐서 나가 떨어지는 기분이었습니다." 피트먼은 말했다. "1인 독립 개발자로서 창의적인 작업을 하다가, AAA 개발자로서 하던 잡무를 다시 해야 한다는 게 저에겐 굉장한 스트레스였어요."

자신이 정말로 원하는 건 옛 동료들과 다시 뭉치는 것이라고 생각했다.

〈바이오쇼크 2〉의 디렉터였던 조단 토마스는 과거 동료들의 홀로서기 여정을 부러운 눈으로 지켜봐왔다. 그는 2013년에 매사추세츠에서 〈바이오쇼크 인피니트〉 마무리 작업을 하는 동안, 피트먼의 성공과 〈곤 홈〉 팀의 성공 같은 옛 동지들의 활약을 보면서 자신도 독립 개발을 도전해보고 싶어졌다. 그는 오랜 동료로서 돈독한 사이가 된 또 다른 〈바이오쇼크〉 아티스트 스티븐 알렉산더Stephen Alexander에게, 〈바이오쇼크 인피니트〉가 끝나면 같이 무언가를 시작해보자고 이야기했다. "저희는 모두 AAA급 게임을 만드는 기계 같은 생활에 지쳐 있었거든요. 운이 좋게도 둘 다 재정적으로 든든한 버팀목이 되어줄 반려자가 있었습니다. 그리고 당시 저희 나이에 독립을 하는 건 학생 신분으로 독립하는 것보단 덜 무섭죠."

그게 바로 그들의 무기였다. 재정적으로 기댈 언덕이 있다는 건 2K 마린에서 고통 받았던 많은 이들이 가지지 못한 자유를 마음 껏 누릴 수 있다는 의미였다. 2013년 여름에 토마스와 알렉산더는 이래셔널을 그만두고, 알렉산더의 부모님 댁에서 아이디어를 구상 하기 시작했다. 잔인한 공포물을 좋아하는 토마스는 음침한 게임을 몇 가지 제안했지만 알렉산더는 그게 썩 마음에 들지 않았다. 몇 년 동안 〈바이오쇼크〉의 세계에 살았던 그는 이제는 좀 더 밝은 게임 을 만들고 싶었다. 그때 토마스가 번뜩이는 아이디어를 냈다. 그 아 이디어는 지금 그들처럼 게임 개발자 두 명이 의사결정을 하면서 다 투는 상황이 연출되고, 카메라는 그 개발자들이 아닌 그들의 화이트 보드를 비추며, 마커로 아이디어가 쓰이고 줄이 그어지는 동안 두 사 람이 다투는 목소리가 계속 들려오는 그런 콘셉트의 게임이었다.

이 아이디어를 바탕으로 토마스와 알렉산더는 제4의 벽을 무 너뜨리는 초현실적인 게임 〈더 매직 서클The Magic Circle〉을 만들었 다. 플레이어는 미완성 상태로 방치되어 있던 게임의 게임 속 테스 터로서, 개발자들이 버리고 간 도구들을 활용해서 레벨을 디자인하 고 적들의 AI 행동을 새로 프로그래밍하면서 게임 속 세상을 바꿔

나가고 최종적으로 게임을 탈출한다. 게임을 하다 보면 다소 언짢은 목소리의 총괄 프로듀서 메이즈 에블린Maze Evelyn과 집요하고 자기중심적인 크리에이티브 디렉터 이스마엘 길더Ishmael Gilder가 다투는 장면이 계속 나온다. 토마스는 자기 자신과 본인이 거쳐갔던 작가주의적 상사들을 돌아보면서 그 장면들을 만들었다고 한다(어떤 부분에서는 길더가 이렇게 말해요. "사람들을 잘 골라서 방에 가두지. 그 방에서 일어나는 일은… 기적이라고밖에 설명할 수 없어. 그런 기적이 일어나지 않으면 우리가 서로를 죽여 버리는 거야. 그럼 어쨌든 문제는 해결되지.").

2년 뒤, 배우자들의 전적인 지원과 알렉산더의 부모님께서 마련해주신 대출금 덕분에 토마스가 이끄는 소규모 팀은 〈더 매직 서클〉을 발매했다. 제작비는 건질 수 있었지만(대출금과 이자를 갚을 수 있었다) 새 게임을 만들만한 수익이 나오지 않아서 토마스와 알렉산더는 궁지에 빠졌다. 재정적으로 독립하고 싶었지만 그러려면 투자를 받아야 했다. 업계 사람들에게 연락을 하면서 수소문한 결과 〈시스템 쇼크 3〉가 제작될 수도 있다는 흥미로운 소식을 들을 수 있었지만, 그 프로젝트는 실제로 실현되지 않았다(그리고 결국은 워렌 스펙터가 차지했다). 이후 토마스는 동료 한 명과 이야기를 나누기 시작했는데, 알고 보니 그는 수억 달러의 자산이 있는 부자였다. 그는 바로 〈사우스 파크South Park〉의 공동 감독인 맷 스톤Matt Stone이었다. 토마스는 〈사우스 파크〉 롤플레잉 게임에 대해 자문하면서 방송계 사람들을 개발자들과 연결해준 적이 있다. 그러면서 스톤과 또 다른 공동 감독 트레이 파커Trey Parker를 알게 되었다. 토마스는 자신들이 새 게임을 만들기 위한 자금을 구하고 있다고 말했고, 스톤은 흔히 백만장자 친구를 둔 사람들이 상상할 만한 달콤한 제안을 건넸다. 자신이 파커와 함께 투자를 하고 싶다는 것이었다.

토마스와 팀원들은 〈더 블랙아웃 클럽The Blackout Club〉이라는 게임을 제안했다. 지금껏 세상에 나온 적 없는 반전이 기다리는 온라인 공포 게임이었다. 스톤과 파커 덕분에 2017년에는 개발자들을 더 채용할 자금이 생겼다. 1인 게임 개발이라는 모험을 마치고 토마스와 함께할 기회를 몇 달째 기다려온 데이비드 피트먼도 이때 합류했다. 마치 2K 마린의 미니 동창회 같았다. "저는 두 사람이 예산을 구할 때까지 기다려야 했어요. 기다리는 동안 두 사람이 하고 있던 프로젝트가 정말 흥미로워 보였죠."

〈더 블랙아웃 클럽〉은 2019년 여름에 발매됐다. 주민들이 정체를 알 수 없는 질병에 감염되어 밤마다 마을 사람들이 몽유병 증세를 보이는 마을을 배경으로, 플레이어는 그 마을의 한 청소년이 되어 마을 어른들의 전염병에 대한 눈에 빤히 보이는 거짓말을 파헤치며 그 병의 초자연적인 기원을 알아내는 게임이다. 플레이어는 미션을 계속 수행하면서 다른 플레이어들과 힘을 합쳐 정보를 모으고, 그 과정에서 마을에 출몰하는 괴물들을 피해야 한다.

플레이가 재미있기도 하지만 〈더 블랙아웃 클럽〉이 더 특별한 이유는 숨어있는 반전 때문이었다. 게임을 하다 보면 npc가 아닌 실제 인물이 등장해 갑자기 게임 속 생명체들을 통제하는 것이었다. 개발자들은 실제 배우들을 고용해서 밤 중 특정 시간이 되면 〈더 블랙아웃 클럽〉에 로그인 후 플레이어들의 미션에 무작위로 합류하게 했다. 그들은 '우리를 위해 춤추라', '한 마음으로 말하라' 같은 이름의 신비로운 신처럼 나타났다. 플레이어가 〈더 블랙아웃 클럽〉을 할 때면 언제든 이 배우들을 초현실적으로 마주치거나, 개발자 중 한 명에게 오싹한 문자 메시지를 받을 수 있다. 마치 게임 안에 상호작용형 극장이 있는 것 같았다. "저희가 무엇을 하고 있는지 알아차린 사람들이 환호성을 지르며 좋아했어요. 그런 반응은 처음 봤다니까요." 토마스는 다시 말했다. **"제가 지금까지 게임을 만들면서 이런 반응을 얻어본 건 처음이었습니다."**

〈곤 홈〉, 〈엘드리치〉, 〈더 블랙 아웃 클럽〉 등 획기적인 게임들을 모두 돌아보면, **2K 마린이 〈더 뷰로: 기밀 해제된 엑스컴〉처럼 형편없고 기운 빠지는 게임을 떠안지 않았다면 어떻게 됐을까 궁금해질 수 있다.** 2K 마린에서 일했던 사람들은 아직까지도 만들기 싫은 게임에 매달려서 자신들이 몇 년을 허비하지 않았다면 어땠을지 궁금해하며 리치몬드에 미련을 두고 있다. 2K 경영진이 더 상식적인 결정을 내렸다면 2K 마린은 오늘날 〈더 블랙아웃 클럽〉처럼 독창적인 게임을 만들 수 있지 않았을까? 제작사가 해저도시 랩처에서 납치라도 당한 듯 하루아침에 사라지지 않았다면 리치몬드는

〈데이어스 엑스〉나 〈바이오쇼크〉처럼 사랑 받는 몰입형 시뮬레이션이 되었을까?

　물론 다른 관점에서 이 상황을 볼 수도 있다. 2K 마린이 실패하지 않았다면 여전히 이 개발자들은 모두 AAA급 게임 개발의 늪에서 벗어나지 못했을 수도 있다. 이 곳은 하나의 프로젝트에 투자하는 비용이 너무 커서 개발자들이 게임에 상호작용형 극장을 도입하는 등의 엉뚱한 실험을 하기에는 위험 부담이 너무 큰 세계다. 이전 사례들을 통해 〈곤 홈〉 같은 게임을 경영진이 보면서 폭발 장면을 더 넣으라고 하거나, 〈더 블랙아웃 클럽〉의 상호작용형 극장을 보면서 플레이 중 신을 만나지 못하는 플레이어들에게는 불공평한 게임이라고 말하는 모습을 쉽게 상상할 수 있다. 프로젝트 하나의 수백 명의 일자리와 수천만 달러가 걸려있다 보면, 책임자들은 이미 알고 있는 공식을 따르기 쉽다. 그러면서 당신에게 멀티 플레이어 모드를 만들라고 강요하기도 쉽다.

　데이비드 피트먼과 조단 토마스는 운이 좋은 셈이었다. 가족, 반려자 혹은 백만장자인 언론계 거물에게서 재정적 지원을 받는 일이 흔하지는 않으니 말이다. 대부분의 개발자는 2K 마린 폐쇄 후 본인만의 창의적인 꿈을 펼칠 수 있는 기회를 얻지 못했다. 같은 지역에 있는 다른 대형 제작사로 떠난 사람들도 있고, 다른 도시로 간 사람들도 있고, 새로 일을 구하기 위해 더 고생한 사람들도 있다.

　2K 마린과의 작별 뒤, 게임 업계 경력이 10년 이상이었던 레벨

디자이너 케니스 레이나Kenneth Reyna도 그 후로 6개월 가까이 실직 상태였다. 산 마테오에서 〈콜 오브 듀티〉를 만드는 계약직 자리를 찾았지만 출근에 2시간이 걸려서 무리였다. 결국 2014년 말에 그는 게임 업계를 떠났다. 불안정성, 크런치 모드, 낮은 임금으로 점철된 게임 업계는 그에게 더 이상 괜찮은 커리어가 아니었다. **"게임 업계 밖에서 비슷한 일을 하면 돈을 더 많이 받습니다."** 레이모어는 말했다. "대형 제작사의 널리고 널린 레벨 디자이너 중 한 명으로 돌아가면 잃을 게 너무 많았습니다. 다시 게임 회사에 들어가는 건 눈앞에 놓인 돈을 마다하는 선택이었죠."

　게임 업계의 인력 유출은 관련 기업들이 대외적으로 자랑할 만한 현상은 아니지만, 레이나가 느끼는 감정은, 특히 샌프란시스코 베이 지역에서는 드물지 않다. **게임 업계에서 10년 이상 일하면서 게임을 몇 번 발매해보고 나면 자신이 혹사당하고 있다는 뼈아픈 사실을 알게 된다.** 그나마 덜 고달프게 일하는 옆 사무실 사람의 연봉이 3천 5백만 달러라는 이야기를 들으면 더더욱 마음이 아프다.

워커홀릭

워커홀릭

게임에 모든 것을 바친 잭 뭄바크

잭 뭄바크는 자신의 게임 업계 입성기를 '정말 말도 안 되는 이야기'
라고 말한다. "어린 시절에 저는 캘리포니아주 새너제이에서 스케
이트보드를 타고 다니면서, 언젠가 정식 게임 개발자가 되는 꿈을
꾸는 펑크락 키즈였습니다. 그후 고등학생 시절에는 1인칭 슈팅 게
임 〈듀크 뉴켐 3D^{Duke Nukem 3D}〉의 레벨 배치를 바꾸고, 캐릭터들
을 전부 〈스타워즈〉 속 인물들로 바꾸면서 2차 창작물을 만드는 모
드 작업을 하며 게임 디자인의 맛을 보았습니다." 이 모드 작업으로
작은 성공을 맛본 그는 자신이 게임 개발자가 될 수 있다는 가능성
을 보았고, 2000년 여름에 고등학교를 졸업하자마자 온라인에서

자신이 가장 좋아하는 게임 회사의 주소를 찾았다. 바로 일렉트로
닉 아츠^{EA}였다.

이제 EA라고 하면 발전 없는 양산형 시퀄과 끝도 없이 이어지
는 소액 결제가 생각나겠지만, 원래 EA는 오랜 세월동안 게임 플레
이어들이 높이 평가하고 사랑하는 유통사였다. 1980년대와 1990
년대에 걸쳐 EA는 스포츠 게임 프랜차이즈를 독점 판매하면서 큰
수익을 올리고(〈매든^{Madden}〉, 〈피파^{FIFA}〉), 윌 라이트^{Will Wright}(〈심
시티^{SimCity}〉), 피터 몰리뉴^{Peter Molyneux}(〈테마파크^{Theme Park}〉), 리처
드 게리엇, 워렌 스펙터 같은 천재 창작자와 그들이 이끄는 제작사
들에 현명하게 투자했다.

잭 뭄바크가 가장 좋아하는 게임을 개발해서 유통하는 곳도
EA였다. 게다가 본사가 집에서 차로 30분 거리밖에 안 되는 레드우
드 쇼어에 있었다. "제일 좋은 셔츠를 꺼내 입고(한 벌밖에 없었지
만) 회사에 찾아갔어요. 정문으로 들어가 경비실에 가서 말했습니
다. '저 취직하고 싶어서 왔어요.'" 경비원은 뭄바크를 사람들이 잔
뜩 모인 방으로 데려갔다고 한다. 가는 날이 장날이라고, 그 날은
마침 EA 채용 날이었다. 인사 담당자들은 서류 한 뭉치를 나눠주
었고, 그 중 한 명이 뭄바크를 보더니 누구냐고 물었다. "그래서 대
답했죠. '아, 저는 잭 뭄바크라고 해요.'" 그는 당시를 회상했다. "그
랬더니 제 이름이 명단에 없다고 죄송하다고 하면서, 명단에 이름
을 올려주고 서류를 주더라고요. 진짜라니까요? 저는 서류를 작성

했고, 그날부로 QA 테스터로 일하게 되었어요. 충동적으로 들어간 겁니다. 정말 말도 안 되는 이야기지만, 진짜로 그랬습니다."[1]

잭이 원래 그 날 오기로 했던 사람이 아니라는 것을 알았다고 하더라도 EA 상사들은 크게 상관하지 않았을 것이다. 게임 회사에서 QA, 즉 품질 보증 부서는 결함, 버그, 오류 찾기를 전담한다. 밖에서 보면 꿈의 일자리처럼 보일 수 있다. 하루 종일 게임만 한다니! 하지만 현실은 힘겹기 그지없다. 테스터는 절대 보통 사람처럼 게임을 하지 않는다. 때로는 몇 주 동안 똑같은 레벨만 연거푸 플레이해야 한다. 아니면 카메라 테스트를 위해 갑자기 휙 돌아가는 동작을 계속하거나 벽을 향해 달려가는 등의 지루한 활동을 몇 시간이고 반복할 때도 있다. 2000년에 EA는 게임 테스터들에게 화려한 경력을 요구하지 않고, 돈을 잘 주지도 않았다.[2] EA의 QA 부서에서 일했던 한 사람은 '당시 그곳은 완전히 남학생 동아리방' 같았다고 말했다. 고등학교를 막 졸업하고 무작정 사무실에 찾아온 사람도 얼마든지 환영이었다.

뭄바크는 신이 나서 어쩔 줄 몰랐다.

---

1   그 팀에 있었던 루크 해링턴(Luke Harrington)은 뭄바크의 특이한 입사 과정을 기억한다. "잭은 인사 부서에서 보통 거치는 심사 과정 없이 나타났어요. 본인은 그냥 들어와본 건데 기회를 줘보자고 한 사람이 많았겠죠."

2   지금까지도 미국에 있는 대형 비디오 게임 회사 상당수가 QA 테스터에게 최저 임금에 가까운 급여를 주고 이들을 하층민 취급하며 복지 혜택을 적게 주며, 다른 개발자들과 말을 섞지 못하게 한다.

그에게는 이 기회가 귀중한 돌파구였다.
뭄바크를 비롯한 지원자들 앞에는, 몇 달 전에 EA가 발매한 레이싱 게임 〈로드래시: 제일브레이크Road Rash: Jailbreak〉의 구 버전이 깔린 콘솔이 놓여있었다. 그 버전에는 이미 회사에서 발견한 결함과 오류가 잔뜩 있었다. 상사들은 예비 테스터들이 그 오류를 잡아낼 수 있는지 보고 싶어했다. 2주 동안 지원자들은 버그를 최대한 많이 잡아내고, 매일 새로운 빌드를 받아서 같은 과정을 반복해야 했다.

모든 지원자가 이 시험 기간을 끝까지 버틴 것은 아니다. 의사소통에 서툰 사람도 있고, 버그를 통과선만큼 찾지 못한 사람도 있었다. 시험에 통과한 사람들은 EA의 테스트 부서에 들어가서 1년 동안 계약직으로 일한 다음 정규직으로 채용되었다. 뭄바크는 2주간의 시험에 통과한 후 정규직을 바라보며 일했다. "저는 종교를 믿지 않지만, 마치 신이 저를 보살펴주는 기분이었습니다." 그는 말했다. "아니면 이 일이 제 운명이거나요."

패기 넘치는 여느 게임 개발자들처럼, 뭄바크는 QA 일을 다른 게임 개발 부서로 가기 위한 디딤돌이라고 생각했다. 몇천 명이 탐내는 일자리를 얻어서 게임으로 먹고 살 길을 찾은 것 같았다. 그래서 그는 이 자리를 받아들이고 슈팅 게임과 스포츠 게임, 〈007 언리미티드The World Is Not Enough〉, 〈녹아웃 킹스 2001Knockout Kings 2001〉 등 여러 게임을 테스트하면서 크런치 모드를 했다. 뭄바크는 이 게임들 상당수에 애착을 가지지 않으면서도 매일 밤 야근을 하면서 크고 작은 결함을 찾아냈다. 자신이 가장 열심히 일하는 직원임을 입증하면 EA에서 최고로 돋보일 수 있고, 그렇게 돋보이면 게임을 테스트하는 부서에서 제작하는 부서로 옮겨갈 수 있을 것 같았다.

뭄바크가 사무실에서 시간을 보낸 이유는 또 있었다. 달리 갈데가 없었던 것이다. 고등학생 시절에 그는 문 닫은 스케이트보드 가게에 침입한 친구를 데리러 갔다가 절도 공범으로 잡힌 적이 있었다. "그러니까 제가 친구의 알리바이가 되어준 거였죠." 뭄바크는 말했다. "제가 밤새도록 같이 있었다고 했거든요. 사실 그렇지 않았는데도요. 그랬는데 친구가 자수를 한 겁니다." 경찰은 뭄바크에게 허위진술에 대한 죄를 물었고, 그는 EA에 취직하고 몇 주 뒤에 열린 재판에서 죄를 인정했다.

결과는 가택 연금 3개월이었다. 뭄바크는 법정을 나서면서 발목에 추적 장치를 차게 되었고, 오직 집과 회사에 있는 것만 허락되었다. 이참에 부모님과 사이가 썩 좋지 않았던 뭄바크는 EA 레드우드 쇼어 사무실을 새 보금자리로 삼았다. "취직해서 처음 세 달 동안은 EA에서 살았다고 볼 수 있어요." 그는 말했다. "아침 9시에 출근해서 새벽 1시까지 있었어요. 집에 가서는 잠만 자고 바로 나왔죠."

가택 연금이 끝난 다음에도 뭄바크는 사무실에서 최대한 많은 시간을 보내면서, 자신의 매력과 끈기로 상사들을 사로잡았다. 2011년에 그는 맥시스가 제작한 〈심 골프Sim Golf〉의 책임 테스터로 승진했다. 플레이어들이 자기만의 골프 코스를 직접 설계하고 골프를 치는 시뮬레이션 게임이었다.[3] 뭄바크는 북쪽으로 80km 떨어진 월넛크리크에 있는 맥시스의 사무실로 근무처를 옮겨서, 몇 년 동안 〈심즈: 세상 밖으로The Sims: Bustin' Out〉, 〈심즈 2: 럭셔리 쇼핑The Sims 2: Glamour Life Stuff〉 같은 게임들의 테스트를 도왔다. 그러다가 EA가 개편하는 과정에서 파격적인 승진과 함께 레드우드 쇼어로 돌아왔다.

맥시스에서 뭄바크는 제작 부서의 일정, 예산, 물류 담당자 등과 긴밀하게 협력했다. 제작 부서는 쉽게 말해서 모든 일이 이루어지게 해주는 부서였다. 테스트 부서보다 급여도 좋고 더 근사한데다가, 게임 개발의 중심 축이 되는 의사 결정을 하는 곳이었다. 뭄바크는 이미 제작 부서의 책임급이나 다름 없이 조직 관련 업무를 일부 맡고 있었다. QA 테스터로 거의 5년째 일해온 그는 더 중요하고 새로운 업무를 맡을 준비가 되어 있었다. "회사에서 프로듀서가 필요한데, 제가 QA 부서에 있으면서도 제작 업무를 일부 하고 있으니까 이제 프로듀서가 되어볼 생각도 있냐고 묻더라고요." 뭄바크는

---

3 2002년 1월에 나온 〈심 골프(Sim Golf)〉는 전설적인 디자이너 시드 마이어(Sid Meier)의 실패에서 비롯되었다. 마이어는 몇 년 동안 공룡에 대한 게임을 만들려고 노력했지만 좀처럼 괜찮은 프로토타입이 나오지 않았다. 그러던 어느 날, 동료인 제이크 솔로몬(Jake Solomon)이 기억하기로 마이어는 공룡 게임을 포기한다고 하고 2주 동안 회사에 나타나지 않았다고 한다. 2주 뒤에 돌아온 그는 모두에게 다음 게임을 구상했다고 하면서, 플레이어가 골프 코스를 설계하는 게임의 프로토타입을 보여주었다. EA는 바로 열광했다. "그 프로토타입을 봤다면 누구라도 환상이라고 생각했을 겁니다." 솔로몬은 말했다.

당시를 회상했다.

프로듀서로서 그가 처음 만든 게임은 2007년에 나온 〈더 심슨게임The Simpsons Game〉이었다. 기존 게임의 관습을 산산조각 내고 제 4의 벽을 밥 먹듯 깨버리는 매우 독특하고 이상한 게임이었다. 나중에는 〈심슨 가족〉 시리즈의 작가 윌 라이트와 맷 그레이닝Matt Groening이 게임 속 버전으로 나와서 플레이어를 마주하는가 하면, 신과 〈댄스 댄스 레볼루션Dance Dance Revolution〉 대결을 하기도 한다. 등장인물들의 대사는 알찼지만 평단의 반응은 시큰둥했다. "〈심슨 게임〉에는 팬이 원하는 모든 것이 있다." 〈게임 인포머〉지는 이 게임을 이렇게 평했다. "그러나 그게 재미있고 흥미로운 게임이란 것은 아니다."

EA의 레드우드 쇼어 개발 팀은 대박은커녕 정체성도 찾지 못하고 헤매고 있었다. 그에 비해 다른 EA 자회사들은 대형 프랜차이즈로 이름을 날렸다. 맥시스는 〈심시티〉와 〈더 심즈〉로 사랑 받았고, 바이오웨어는 〈매스 이펙트Mass Effect〉 같은 롤플레잉 게임으로 유명했다. 이래셔널은 막 〈바이오쇼크〉를 발매해 세간의 주목을 받고 있었다. 블리자드 엔터테인먼트Blizzard Entertainment, 닌텐도Nintendo 같은 더 큰 회사들은 여러 장르와 프랜차이즈를 실험하면서도 흠잡을 데 없는 완벽한 게임을 선보였다. 〈디아블로 2Diablo II〉나 〈젤다의 전설 바람의 지휘봉The Legend of Zelda: The Wind Waker〉 같은 게임은 회사 이름만으로도 사람들이 아주 근사하리라는 확신을 가

지고 살 수 있다.[4]

하지만 EA 레드우드 쇼어를 보고 무언가를 떠올리는 사람은 없었다. 그냥 어느 때나 EA 경영진이 시키는 게임은 뭐든 만드는 무색무취의 개성 없는 게임 제작사였다. 타이거 우즈가 나오는 게임도 만들고, 영화 〈반지의 제왕Lord of the Rings〉 게임도 만들었다. EA 레드우드 쇼어가 개발하는 게임들은 대부분 제임스 본드James Bond 나 〈대부The Godfather〉 같은 외부 라이선스에 묶여있었다. 바깥 세상에서 보면 이곳 개발자들은, 아티스트라기보다는 EA에 수익을 벌어다 주는 일이라면 무엇이든 하는 용병 집단처럼 보였다. 제작사로서 제대로 된 이름조차 없었다.

그러던 2008년, EA의 운명이 바뀌었다. EA 레드우드 쇼어에서 마이클 콘드리Michael Condrey와 글렌 스코필드Glen Schofield가 이끌던 팀은 SF 공포 게임을 디자인했다. 이 게임에서 플레이어가 아이작 클라크라는 과학자가 되어 추락한 우주선의 구조 신호를 받고 출동한다. 우주선에 올라 탄 그는, 시체를 혐오스러운 변종 생명체로 살려내는 외계 바이러스가 승무원들을 공격한 현장을 발견한다. 클라크는 이제 낡은 채굴 도구들과 즉석에서 만든 화염 방사기로 무장

---

4 게임 전문가라면 게임 각각을 보고 브랜드가 아닌 그 뒤에 있는 사람들을 떠올려야 뭘 좀 안다고 하겠지만, (ㄱ) 게임 제작진은 보통 수십 명에서 수백 명이고, (ㄴ) 게임 제작사는 내부의 업무 방식을 공개하려 하지 않으며, (ㄷ) 크리에이티브 디렉터, 책임 아티스트, 개발자 등등의 이름을 전부 기억하는 것보다는 회사 이름을 기억하는 편이 쉽다. 그래서 브랜드의 힘이 크다.

한 채, 이 생명체들과 싸우면서 앞으로 나아가야 한다. 〈데드 스페이스Dead Space〉라는 타이틀명이 붙은 이 게임은 2008년 10월에 발매되어 극찬을 받았다. 대박은 아니었지만(이후 EA는 발매 직후 몇 달 동안 백만 부가 팔렸다고 밝혔으며, 이는 그들의 드높은 기대에 미치지는 못했다) 사람들은 이 게임을 무척 좋아했다. 오랫동안 다른 사람들의 IP를 가지고 게임을 만들어온 EA 레드우드 쇼어가 마침내 독자적인 게임으로 중대한 성공을 거둔 것이다.

이듬해에 EA 경영진은 EA 레드우드 쇼어의 브랜드를 정비해 '비서럴 게임즈Visceral Games'라고 이름 붙이고, 두 지역에 지사를 세워서 회사를 확장한다고 밝혔다. 하나는 캐나다에 있는 비서럴 몬트리올, 다른 하나는 오스트레일리아에 있는 비서럴 멜버른이었다.[5] 큰 의미 없이 형식적인 확장이었지만, 2K가 브랜드를 다양하게 개편했던 때처럼 이 개편은 내부 직원들에게는 큰 영향을 미쳤다. EA 레드우드 쇼어에서 개성 있는 이름으로 브랜드를 단장하면서, 이들에게도 정체성이 생겼다.

회사의 이름은 비서럴, 3인칭 액션 어드벤처 게임을 만들며 세계 각국에 자회사를 둔 하나의 게임 제국이다.

EA 경영진은 평단의 호응을 얻고 입소문도 자자했던 〈데드 스

---

5   'visceral'이라는 단어는 보통 직감을 뜻한다. E3 기자 회견을 끝까지 본 적 있는 사람이라면 누구나 알겠지만 이 단어는 '몰입', '테라플롭'과 함께 비디오게임 업계에서 가장 남용되는 용어이기도 하다.

페이스〉의 시퀄을 만들고 싶어 했기에, 그 프로젝트도 당연히 비서럴의 몫이 되었다. 비서럴 개발자들은 첫 번째 〈데드 스페이스〉를 제작하면서 순차적으로 진행되는 공포 게임을 어떻게 만들어야 하는지에 대해 많은 것을 배웠기에, 이번에는 더 잘 해보고 싶었다. 잭 뭄바크도 〈데드 스페이스〉 1편 제작에 참여하지 않았지만(1편 제작 당시 단테의 『신곡』 속 지옥을 기이하게 각색한 게임 〈단테스 인 페르노Dante's Inferno〉 제작을 돕고 있었다) 이번에는 〈데드 스페이스 2〉의 보조 프로듀서가 된다는 사실에 마음이 설레었다.

〈데드 스페이스 2〉 제작진들은 모두 개발 과정이 풍류적이었다고, 이제까지 참여해본 프로젝트들 중 최고였다고 말한다. 2010년 여름에 〈데드 스페이스 2〉 제작 인턴으로 일했던 야라 코리Yara Khoury는, 비서럴에 있는 게 너무 좋아서 인턴십 연장을 요청해서 결국 정규직이 되었다. "지금까지도 누구를 붙잡고 물어보든 〈데드 스페이스 2〉 시절이 커리어의 백미였다고 할거예요." 코리는 말했다. "조직 전체가 프로젝트에 적극 협조했습니다. 팀이 굉장히 주도적으로 움직일 수 있었고요. 자율성과 주인정신 덕분에 모두가 한 몸처럼 뭉쳤고, 의욕이 넘쳐 흘렀습니다."

〈데드 스페이스 2〉는 2011년 1월에 발매되어 환상적인 반응을 얻었고, EA는 몇 주 뒤 열린 주주 회의에서 이 게임이 전작의 판매량을 뛰어넘을 게 '분명'하다고 발표했다. 여러모로 성공인 것 같았다. 하지만 성공의 개념은 언제나 상대적이다. 워렌 스펙터가 몇 년 전에 배웠듯이, EA 같은 상장사들은 1루타나 2루타로 만족하지 못한다. 그들이 원하는 건 홈런이다. EA 경영진은 주주들에게 매년 수익이 기하급수적으로 성장하는 모습을 보여줘야 한다. "그게 EA의 최대 단점이죠." 뭄바크는 말했다. "올해 천만 달러를 벌었으면 성공이지만, 내년에도 천만 달러를 벌면 그건 성공이 아닙니다. 제 주가가 내려가는 거죠. 성장을 보여주지 못했으니까요."

2011년은 게임 시장이 급변하는 시기였다. 게임 제작비가 점점 높아졌고, 순차적으로 진행되는 싱글 플레이어 게임은 시간만 많이 들고 시시한 도전처럼 보이기 시작했다. 2K 같은 유통사들이 〈더 뷰로: 기밀 해제된 엑스컴〉과 〈바이오쇼크 인피니트〉 같은 게임에 멀티 플레이어 모드를 끼워 넣으려고 한 이유도 이것이었다. **업계의 골칫거리 중 하나는 중고 게임 시장이었으며, 그 시장의 큰 손은 북미 지역에서 가장 큰 게임 소매 체인 게임스탑이었다.** 게임스탑은 60달러에 게임 하나를 팔고, 일주일 뒤에 30달러에 매입했다. 그런 다음 돌아서서 그 게임을 다른 고객에게 55달러를 받고 판다. 그렇게 생긴 수익은 고스란히 게임스탑의 몫이었기에, 게임 회사들은 이 거래가 저작권 침해에 준한다고 보며 격노했다. 게임스탑에서 누군가 55달러에 〈데드 스페이스 2〉 중고품을 사면 EA는 땡전 한 푼 챙길 수 없었으니 말이다.

몇 년 뒤 디지털 유통이 부상하면서 이 문제 해결에 도움이 되었지만, 〈데드 스페이스 2〉가 주목 받는 시절에는 게임스탑이 게임 소매 유통을 독점했다. EA를 비롯한 초대형 유통사들은 어떤 달콤한 말로도 중고 게임을 사고 파는 게임스탑의 행태를 막을 수 없었고, 지구에서 가장 큰 게임 체인을 보이콧하는 것도 여의치 않았다. 그래서 그들은 다른 전략을 내놓았다. 중고 게임의 가치를 떨어뜨리는 것이다. 새 제품을 샀을 때 더 많은 것을 누릴 수 있다면 중고품을 사는 사람이 줄어들 것이었다.

EA가 2010년에 선보인 자구책 중 하나는 '온라인 패스'였다. 새 게임을 사서 열어보면 CD와 각종 홍보물 옆에, 고유 코드가 적힌 작은 쪽지가 있었다. 그래서 게임을 실행하고 그 코드를 입력하면 멋진 콘텐츠가 나왔다. 다운로드용 콘텐츠가 추가로 나오기도 하고, 멀티 플레이어 모드가 나오기도 하는 식이었다. 단, 이 코드는 딱 한 번만 쓸 수 있었다. 코드를 쓴 다음에 게임을 게임스탑에 되판다고 할 때, 중고품을 사는 사람은 10달러 정도를 더 써야 온라인 패스를 가질 수 있었다. 〈데드 스페이스 2〉 1편은 싱글 플레이어 전용이었지만, EA는 사람들이 게임을 사고 한참이 지나도 계속 플레이해주기를 바라는 마음으로 후속편에 4:4로 경쟁하는 멀티 플레이어 모드를 넣었다. 멀티 플레이어 모드를 하려면 온라인 패스가 필요했다.

〈데드 스페이스 2〉가 발매된 후, 판매량은 아직 EA의 드높은 기대에 미치지 못했지만 비서럴 직원들은 잔뜩 고조되어 있었다. 개발자들은 경영진만큼 판매량에 연연하지 않았고, 〈데드 스페이스 3〉을 만들 수 있다는 사실이 기쁠 따름이었다. 이번에는 주류 시장에 진입하고 싶다는 염원을 담아, EA는 비서럴에게 멀티 플레이어 모드를 강화해서 캠페인 전체를 두 사람이 함께 플레이할 수 있게 만들 것을 지시했다. 〈데드 스페이스 3〉의 배경은 타우 볼란티스라는 얼음 행성이었고, 과학자 아이작 클라크와 함께 외계인을 물리치는 것은 그대로지만 이번에는 친구와 함께 할 수 있었다. 친구는 새로운 등장한 존 카버 병장을 플레이한다. 게임 전체를 혼자서도 할 수 있고 친구와 함께 할 수도 있었지만, 협동 모드에서만 공개되는 보너스 스테이지들이 있었다. 그래서 그 놈의 온라인 패스가 필요했다. "협동 모드는 제작진 생각이 아니었습니다." 뭄바크는 말했다. "유통사에서 하자고 한 거죠. 저희에게 이 게임이 성공하려면 협동 모드가 필요하다고 했어요."

EA 경영진은 〈데드 스페이스 3〉으로 전작들보다 넓은 플레이어 층의 관심을 끌고 싶은 마음에, 비서럴에게 공포 수위를 낮추고 액션을 늘리라고 밀어붙이기도 했다. 〈데드 스페이스 3〉 개발 중반부를 지나던 2012년 6월에 열린 E3에서 EA 임원 프랭크 지뷰Frank Gibeau는, 게임 웹사이트 〈CGV〉와의 인터뷰에서 이 게임에 엄청난 기대를 걸고 있다고 말했다. "이 게임을 더 다양한 사람들에게 사랑받는 프랜차이즈로 만들 방법을 생각 중입니다. 〈데드 스페이스〉 같은 IP에 개속 투자하려면 궁극적으로 5백만 명 규모의 플레이어를 계속 확보해야 하거든요."

한편 다국적 비서럴 제국을 건설한다는 비전은 실현되지 않았다. 2011년에 EA는 비서럴 멜버른을 닫았다. 잭 뭄바크는 〈단테스 인페르노〉 시퀄을 잠시 제작했지만 결국 무산되었다. 2012년에 그는 〈아미 오브 투: 데빌즈 카르텔Army of Two: The Devil's Cartel〉이라는 슈팅 게임 완성을 도우러 비서럴 몬트리올에 갔다. 2~3주 정도로 끝날 줄 알았던 출장은 1년을 꼬박 잡아먹었다. 그리고 2013년 2월, 〈아미 오브 투: 데빌즈 카르텔〉이 발매되기도 전에 EA는 비서럴 몬트리올 지사를 철수해버렸다.

같은 2월에 〈데드 스페이스 3〉가 발매되었다. 판매량은 5백만 부를 넘기지 못했다. 비서럴 직원들은 괜찮았다고 했지만, 이제 그들은 게임 세 편을 발매했지만 EA의 야심 찬 기대를 한 번도 채우지 못한 상황에 놓였다. "제가 알기로 〈데드 스페이스〉가 돈을 벌긴 했습니다. 큰 돈이 아니라서 그렇죠." 뭄바크는 말했다. "〈데드 스페이스 2〉도 그랬고, 〈데드 스페이스 3〉도 그랬어요. 그러니까 이 게임이 아주 매력적이지는 않구나 했죠." EA의 입장에서 〈데드 스페이스〉가 기하급수적으로 성장하지 않는다는 것은 이 게임이 주류가 아닌 틈새 상품이라는 뜻이었고, 틈새 상품은 수익이 나더라도 EA가 취급하는 품목이 아니었다. "어느 시점부터는 3백만 부가 팔렸으면 다음에는 5백만 부, 그 다음에는 천만 부를 팔아야 한다는 기대가 생깁니다." 뭄바크는 말했다.

"계속 성장해야만 하죠."

〈데드 스페이스 3〉 발매 후 얼마 지나지 않아, EA가 이 프랜차이즈를 중단한다는 이야기가 위에서 내려왔다. 경영진이 〈데드 스페이스 4〉에 대한 투자 명분을 찾기에는 비용이 너무 많이 들고 수익은 충분히 나지 않았다. 게다가 샌프란시스코 베이 지역은 페이스북과 구글 같은 거대 TI 기업들이 들어오면서 생활비가 치솟았다. 생활비와 임대료가 천문학적으로 치솟은 이곳에 엔지니어들을 붙잡아두기 점점 더 힘들어졌다. 어느 비서럴 전 직원의 추측에 따르면 매달 회사에서 나가는 비용이 1인당 1만 6천 달러 정도였다. 인건비와 부대 비용이 포함된 액수였다. 그렇게 따져보면 연간 직원 100명에 1900만 달러 이상이 들어가는 셈이었다. 비서럴 사무실은 EA 경영진 방 바로 옆에 있어서, 직원들은 임원들에게 끊임없이 감시 당하는 기분이었고, 존재의 이유를 증명해야 할 것 같은 압박감에 시달렸다. 물론 그 임원 두 세 명의 연봉이면 비서럴 전체에 자금을 댈 수 있다는 것을 직원들은 잘 알았다(미국 증권거래위원회 기록에 따르면 2012년에 EA CEO 존 리치티엘로John Riccitiello는 950만 달러를, 프랭크 지뷰는 980만 달러를 받았다).

상황은 참담해 보였지만 적어도 비서럴에는 가치를 증명할 기회가 한 번 더 있었다. 굉장한 인기를 자랑하는 1인칭 슈팅 게임 프랜차이즈 〈배틀필드〉의 차기작을 2012년 내내 소규모 개발 팀이 모여서 만들고 있었던 것이다. 이렇게 해서 나온 결과물 〈배틀필드 하드라인Battlefield Hardline〉에는 현대 마이애미와 로스앤젤레스의 경찰과 범죄자들이 등장했다. 2013년에 〈데드 스페이스 3〉을 완성한 비서럴 개발자 대부분이 〈배틀필드 하드라인〉으로 옮겨갔다. 이번에 주류 시장에서 상업적인 성공을 거둬서 장기적으로 안정성을 확보하고, 앞으로 직원들이 독창적인 아이디어를 구상하게 해주고 싶었던 것이다. 그러면 몇몇 직원이 모여서 오픈월드 해적 게임의 프로토타입을 만들었던 것처럼 사이드 프로젝트를 진행할 수 있었다. 〈배틀필드 하드라인〉은 비서럴이 절실히 원하는 성공을 쉽게 가져다줄 것 같았다.

다만 비서럴에는 멀티 플레이어 슈팅 게임을 만들기 싫어하는 직원이 많다는 문제가 있었다. 비서럴은 〈데드 스페이스〉 제작사로 유명해졌고, 새로 합류한 개발자들 대다수는 〈데드 스페이스〉 같은 게임을 만들고 싶어서 들어온 사람들이었다. 그들은 슈팅 게임이 아니라 액션 어드벤처 게임 전문가들이었다. 〈데드 스페이스〉의 3인칭 관점을 〈배틀필드〉의 1인칭 관점으로 바꾸는 정도의 단순해 보이는 변화를 위해서도 디자인에 임하는 사고방식에 큰 전환이 필요했다. 영화 감독이 광각으로 촬영하다가 클로즈업을 하는 것과 비슷하게, 레벨과 접점을 만드는데 있어 다른 방식으로 머리를 써야 한다. 비서럴의 모든 직원이 그런 변화를 원치는 않았기에, 2013년에는 회사를 떠난 사람이 많았다. 비슷한 정체성 문제를 겪던 2K 마린에서와는 다른 양상이었다. "물론 다양한 게임을 만드는 게 좋다고 하면서, 기분 전환이 된다고 반기는 직원들도 있었습니다." 〈배틀필드 하드라인〉 멀티 플레이어 모드의 프로듀서가 되었던 뭄바크는 말했다. "그래도 이 변화로 훌륭한 인재를 많이 잃은 건 분명한 사실이었죠."

어느새 뭄바크가 EA에서 일한지도 13년이 된 시점이었다. 그는 여전한 일중독자였고, 지금은 아내가 된 리사 요한슨Lisa Johansen을 만나 사귀는 동안에도 마찬가지였다.

"회사는 의자에 사람이 앉아있기를 바랐고, 뭄바크는 언제나 기꺼이 그 자리를 채웠죠." 리사는 말했다.

"한 번은 하루에 14~16시간씩 일하던 때였는데, EA 앞 고속도로 맞은편에 있는 웬디스에서 오후 5시에 만나 점심을 먹었어요. 두어 달 동안 그런 식으로밖에 만날 수 없었다니까요." 다행스럽게도 리사는 일중독자와 어울리는 데 익숙했다. 어린 시절 변호사였던 어머니와 컨설턴트였던 아버지 모두 밤낮과 주말을 가리지 않고 일했기 때문이다. 게다가 샌프란시스코 사람들은 모두 새 회사를 차리거나 상사에게 주목 받기 위해 끝없이 일을 하며 살아가고 있었다. "일종의 유행병 같은 거죠." 리사는 말했다. "그런 걸 좋아하진 않았지만 제게는 아주 익숙한 풍경이었습니다."

2014년 3월에 〈배틀필드 하드라인〉 개발은 막바지에 접어들었고, 잭 뭄바크와 리사 뭄바크 부부에게는 아들이 생겼다. 잭은 아이가 태어나고 단 1주일만 휴가를 냈고 〈배틀필드 하드라인〉 작업을 위해 금방 복귀했다. 이 프로젝트에는 인력이 절실하게 필요했다. "리모델링은 막바지에 접어 들었지만 완성까지 아직 2달이나

남았고, 저는 처음으로 엄마가
되었는데, 여전히 부모님과 함
께 살고 있고, 남편은 매일 크
런치 모드를 하고 있었어요.
어떻게 봐도 이상적인 상황은
아니었죠." 리사는 말했다.

워커홀릭은 한국말로 '일중독증'이다.

잭 뭄바크의 크런치 모드가 끝도 없이 이어졌다. 그는 좀처럼
EA 입사 초기 때부터 가졌던 가족보다 자신의 일을 우선시하는 태
도를 떨치기 힘들었다. 거의 매일 밤 퇴근하고 집에 와서 가족과 함
께 저녁만 먹고, 다시 회사에 갔다. "물론 EA에서 저에게 늦게까지
남아 〈하드라인〉을 만들라고 하는 사람은 없었어요." 뭄바크는 말
했다. "게임에 사로잡혀서 시간 가는 줄 모를 때도 있고, 삶의 다른
부분들보다 일을 우선시했죠. 가족까지도 제쳐두고요. 그게 좋다는
건 아니지만 저는 그렇게 살았어요. 이제 저는 EA에서 책임자 자리
까지 올라간 상태였습니다. 〈배틀필드 하드라인〉 멀티 플레이어의
책임자가 된 거죠. 저는 그 자리를 정말 무겁게 받아들였어요."

이런 일중독 증상은 일찍이 가택 연금 시절부터 잭 뭄바크의 머
릿속에 스며들어 있었지만, 이제 그 증상이 더 심해졌다. 밤에 집에
오면 〈배틀필드 하드라인〉에 맵과 총을 몇 개나 넣어야 할지 고민
했다. 그런가 하면 식탁에 앉아 아내와도 어느새 플레이어가 죽었
다가 부활할 때까지 몇 초를 기다리게 해야 할지 논의했다. 영화를

보거나 다른 게임을 할 때에도 결론은 〈배틀필드 하드라인〉이었다. "그런 식으로 일에 빠져 사는 사람이 생각보다 많지 않을까 합니다. 저도 그렇고요." 뭄바크는 말했다.

"분명 문제가 있는 인간들이죠."

뭄바크의 일중독은 바이러스처럼 회사 전체로 퍼졌다. 뭄바크를 존경하고 우러러 보는 다른 직원들은 늘 열심히 일하는 그의 모습을 보면서 퇴근할 때마다 죄책감을 느꼈다. "이런 기분이 들죠. '이게 뭐야, 나는 내 몫을 다하고 있는 게 아닌 가봐. 항상 나와서 일하는 저 뭄바크를 좀 봐.'" 뭄바크는 말했다. "어느새 똑같이 나와서 일을 해야 할 것 같다는 사회적 압박이 생깁니다." 이런 암암리에 퍼지는 크런치 모드 권장 문화가 지금까지 게임 업계에 만연해 있다. 이 방법이 많은 기업이 직원들에게 강압적으로 야근을 시키지 않아도 크런치 모드를 하게 만드는 비결이다. "정말 영리한 경영자는 그런 식으로 일에 푹 빠진 사람들을 채용해서 높은 자리에 앉혀줍니다." 뭄바크는 말했다. "그러면 사람들에게 잔업을 시킬 필요 없어요. 그냥 모르는 척하고 있으면 되죠."

또다른 영향으로 직원들 사이에는 이 회사에 있는 것에 감사해야 한다는 인식도 깔려 있었다. 뭄바크는 최대한 열심히 일하지 않으면 다른 사람으로 교체될 것임을 알았다. 게임 업계 전반에서 폐쇄와 정리해고를 수도 없이 봐왔기 때문이다. EA에서 제작사 폐쇄를 직접 목격해봤고, 비서럴의 비용 삭감으로 친구와 동료들이 일자리를 잃는 것도 보았다. 정리해고를 피하려면 그 어떤 동료보다 열심히 일해야 했다. "묌바크는 항상 EA 복도를 경보하듯 빠르게 걸어 다녔어요. 급하게 어디 갈 데라도 있는 것처럼요." 그와 함께 일했던 루크 해링턴^{Luke Harrington}은 말했다. "계단도 뛰어서 오르락내리락 했죠."

묌바크는 게임 업계를 스포츠 분야에 비교하곤 했다. 자신의 인생을 바치는 사람이 최고의 성과를 내는 세계이다. 예를 들어 전설적인 농구 선수 코비 브라이언트^{Kobe Bryant}는 강박적으로 최고를 추구하기로 유명했다. 매일 아침 제일 먼저 체육관에 도착해서 맨 마지막까지 남아있었다. 부상을 입었든, 밖에 캄캄하든 상관하지 않고, 할 수만 있으면 슈팅 연습을 했다고 한다. 연습을 하지 않을 때는 경기 영상을 봤다.

물론 코비 브라이언트는 2,500만 달러라는 연봉으로 그 시간을 보상 받았다. "저는 그런 보상 같은 건 생각도 안 해봤습니다." 묌바크는 말했다. "저는 이 일이 저에게 뭘 요구하는지 생각했고, 그 다음에는 사람들이 그 요구를 더 세게 제게 밀어붙이리라는 것을 알았습니다. 물론 그 요구에 보답하기 위해 본인이 더 노력할 수도 있고, 아닐 수도 있죠." 정리해고의 시간이 오면 회사는 오전 10시에 출근해서 저녁 6시에 퇴근하는 사람 보다는 하루에 20시간씩, 일주일에 하루만 쉬고 일하는 사람들을 먼저 챙길 것이었다. "죽기살기로 하는 면이 있어야 합니다." 묌바크는 말했다. "AAA 팀에서 일하고 있으면, 그 자리를 노리는 사람이 많습니다. 그 자리를 탐내는 사람이 많으니 언제나 압박을 느낄 수 밖에요. 조금씩 나이가 들고, 결혼을 하고, 아이가 생기고, 삶을 꾸리기 시작하면 더 그렇고요."

〈배틀필드 하드라인〉은 3년간의 험난했던 제작 기간을 거쳐 2015년 3월에 발매되었고, EA 경영진이 만족할 만한 성적을 냈다. 게임이 완성되자 비서럴 개발자들은 두 팀으로 나뉘었다. 한 팀은 〈랙택Ragtag〉이라는 코드명의 다음 프로젝트로 넘어갔고, 다른 팀은 〈배틀필드 하드라인〉 멀티 플레이어 확장판 작업을 시작했다. 뭄바크는 확장판 개발에 참여했다. 〈배틀필드 하드라인〉은 〈데드 스페이스〉 정도로 사랑 받지는 못했지만, 매일 꾸준히 플레이하는 사람들이 있어서 뭄바크도 종종 그들과 함께 했다. 그가 트위터에 자신의 핸들을 올리면, 팬들이 그를 찾아서 멀티 플레이어 대결을 벌이는 것이었다. 그를 비롯한 〈배틀필드 하드라인〉 제작진 몇몇은 몇 달을 들여서 후속작 제안서와 프로토타입을 만들었지만 EA는 받아들이지 않았다. 2016년에 비서럴은 〈랙택〉에 모든 일손을 동원해야 했고, 이 게임은 결국 그들에게 가장 크고 흥미로운 프로젝트가 되었다.

■ ■ ■

2013년 4월, 잭 뭄바크가 〈배틀필드 하드라인〉 제작을 시작할 무렵 옆 사무실에서 일하던 프랭크 지뷰와 EA 경영진은 역사적인 거래를 두고 협상 중이었다. 디즈니가 루카스필름을 인수하면서 초특급 프랜차이즈인 〈스타워즈〉가 따라왔고, 미디어의 지평이 완전히 뒤집혔다. 디즈니는 이후 상징성 강했던 게임 제작사 루카스아츠를 폐쇄하고 150명을 해고했으며, 그들이 맡았던 프로젝트들을 전부 취소했다(정션 포인트가 문을 닫고 겨우 몇 달 뒤의 일이었다). 루카스 아츠가 진행하던 프로젝트들 중 하나인 〈스타워즈 1313Star Wars 1313〉이 E3에서 온 관심을 독차지한지 1년도 안돼서였다. 당시 EA가 이 게임 제작을 인계 받는 건을 두고 대화가 오고 갔는데, 이 대화가 아주 진지하게 이어졌다. 그래서 〈스타워즈 1313〉 개발자들이 비서럴에 가서 지금까지의 진척 상황을 자랑하기까지 했다. 하지만 협상은 불발됐고, 〈스타워즈 1313〉은 취소되었다.[6]

그 대신 EA 경영진은 〈스타워즈〉 콘솔 게임 독점권을 가지기로 합의하고, 2013년 5월 6일에 공표했다. 발표문에 따르면 〈스타워즈〉 소셜 게임이나 모바일 게임은 다른 회사들도 만들 수 있지만, '핵심' 플레이어들을 위한 〈스타워즈〉 게임을 만들 수 있는 유통사는 EA 뿐이었다. 보도 자료에서 EA는 제작사 세 곳이 〈스타워즈〉 세계관을 다룰 것이라고 이야기했다. 그 주인공은 DICE, 바이오웨어, 비서럴이었다.

---

6   〈스타워즈 1313〉에 대한 이야기는 나의 이전 저서 『피, 땀, 픽셀』(한빛미디어, 2018)에서 읽을 수 있다. 쓸데없이 홍보를 한 것 같아 죄송스럽다. 솔직히 그렇게 죄송스럽지는 않지만.

오랜 세월을 버텨온 비서럴에게 이 소식은 화려한 승전보였다. 비서럴 개발자 대부분이 〈배틀필드 하드라인〉을 제작하는 동안 소규모 팀이 직접 〈스타워즈〉 게임 제작에 돌입했다. 그들은 게임의 형태와 코드명을 몇 번씩 바꾸다가 인기 게임 〈언차티드Uncharted〉 시리즈를 지휘한 것으로 유명한 에이미 헤닉Amy Hennig을 프로젝트 지휘관으로 영입했다. 2016년 봄에 잭 뭄바크가 〈배틀필드〉 작업을 마치고 〈스타워즈〉 팀에 합류했을 때, 이 게임은 〈데드 스페이스〉 같은 3인칭 액션 어드벤처가 되어 있었다. 처음 구상했던 게임은 영화 〈오션스 일레븐〉을 은하계로 옮겨온 것 같은 도둑들의 이야기였다. 한 솔로 느낌의 콧수염을 기른 악당 다저, 그와 함께 총을 쏘고 다니는 동료 로비 등 여러 주인공이 나왔다. 이 주인공들이 잡다하게 모였다고 해서 '오합지졸'을 뜻하는 영어 단어 'ragtag'을 프로젝트 코드명으로 지은 것이었다.

웬만한 게임 개발자들은 〈랙택〉 같은 게임을 만든다고 하면 쾌재를 부를 것이다. 하지만 뭄바크는 실망했다. 물론 그는 게임 업계 사람들이 모두 그렇듯 〈스타워즈〉를 무척 좋아하기는 했다. 게임 업계에 입문하고 시어서 〈듀크 뉴켐〉으로 〈스타워즈〉 모드를 만들었던 그가 아닌가. 하지만 〈스타워즈〉 게임을 플레이하고는 싶어도 만들고 싶지는 않았다. 뭄바크는 〈배틀필드 하드라인〉 시퀄을 만들고 싶었고, 이 게임의 잠재력을 제대로 보기도 전에 〈배틀필드〉를 떠나 보내기는 못내 아쉬웠다.

그래도 안정성은 확보됐다.

사실 〈데드 스페이스 3〉이 EA 경영진의 기대에 못 미친 후로 비서 럴에는 노심초사하는 직원이 많았다. 경영진이 비서럴 사무실을 흘 끗 보면서, 왜 이런 비싼 인력에 아직도 돈을 쓰고 있는지 의구심 을 가지면 어쩌나 하는 걱정이었던 것이다. 하지만 이제 비서럴은 지구 상에서 가장 큰 프랜차이즈 중 하나로 게임을 만들고 있었고, EA는 그 사실을 공개적으로 널리 알렸다. 〈스타워즈〉 게임을 만드 는 사람들이 정리해고와 제작사 폐쇄로부터 보호 받지 못한다면, 게임 업계에서 누가 안정성을 보장 받겠는가? "솔직히 말해서 오 랜만에 가장 안전한 나날을 보내는 기분이었습니다." 뭄바크는 말 했다.

하지만 영원한 안정감은 없는 것처럼 〈랙택〉 제작은 곧 난관에 봉착했다. 비서럴은 비슷한 규모의 게임을 만드는 다른 제작사들에 비해 인력이 부족했다. 게다가 비서럴이 게임 개발에 사용하던 게 임 엔진 프로스트바이트Frostbite에 기술적인 문제도 있었고,[7] 헤닉 과 다른 비서럴 직원들 사이에 갈등도 있었다. 게임 디렉터들과 EA 경영진 간에 격렬한 논쟁이 오가면서, 게임플레이의 방식부터 〈스 타워즈〉 요소 활용 등을 놓고 사사건건 싸움이 일어났다. 개발 팀 은 제다이나 털북숭이 괴물들 없이 〈스타워즈〉를 있는 그대로 보여 주고 싶어 했다. 하지만 EA 시장 조사 팀이 팬들은 〈스타워즈〉에서 특정 캐릭터들을 떠올린다고 제안했기에, 경영진은 제작진에게

"츄바카는 어땠어요?" 같은 질문을 하게 되었다.

수익 창출을 두고도 마찰이 있었다. 경영진은 〈데드 스페이스 3〉에서처럼 〈랙택〉에도 멀티 플레이어 요소를 넣고 싶어 했다. **"이 게임에 피파 얼티밋 팀**FIFA Ultimate Team**은 어땠죠?"** 경영진이 이렇게 묻는 것은, EA의 축구 프랜차이즈 〈피파〉에서 연간 수억 달러의 수익을 벌어다 주는 카드 수집 모드를 가리키는 것이었다. 옛날에 중고 시장을 해결하기 위해 사용했던 온라인 패스는 너무 인기가 없어서 2013년에 EA 경영진이 폐지했다. 하지만 회사의 우선순위는 여전히 모든 게임의 중고 거래를 막고 최대한 많은 돈을 뽑아내는 것이었다. **EA는 발매 뒤에도 한참 동안 돈을 벌어들일 수 있는 게임을 원했다**(흔히 '서비스 같은 게임'이라고 부른다).

또한, 다시 한번 비서럴은 정체성 위기를 맞이했다. 오랫동안 라

---

7   게임 엔진이란 재사용 가능한 코드와 기술들을 모아둔 묶음을 말하며, 개발을 효율적으로 진행하기 위해 사용한다. 2010년대에 EA는 모든 자회사에게 단 하나의 엔진 프로스트바이트를 쓰도록 적극 권장했다. 엔진을 하나로 통일하면 EA의 모든 자회사가 기술을 공유하고 외부 엔진 회사에 지불하는 사용권 비용을 수 백만 달러 줄일 수 있기에 서류 상으로는 탁월한 선택이었다. 그러나 프로스트바이트는 DICE가 1인칭 슈팅 게임 제작을 위해 만들었던 엔진이다. 그래서 이 엔진을 다른 장르에 사용하려고 하면 온갖 골칫거리가 생겨났고, 비서럴 직원들도 이 문제로 골머리를 앓았다. 특히 바이오웨어는 〈드래곤 에이지: 인퀴지션(Dragon Age: Inquisition)〉, 〈매스 이펙트: 안드로메다(Mass Effect: Andromeda)〉, 〈앤섬(Anthem)〉을 개발하는 데 프로스트바이트의 이상한 기능들 때문에 크게 애를 먹은 것으로 유명하다. 바이오웨어 개발자 한 명은 이렇게 말한 적도 있다. "프로스트바이트는 온통 지뢰밭이에요."

이선스 게임에 묶여있다가 드디어 〈데드 스페이스〉 3부작으로 자체적인 게임을 선보였다. 그 다음에는 〈배틀필드 하드라인〉을 제작하느라 3인칭 액션 어드벤처 게임을 만들고 싶었던 개발자 다수를 떠나보냈다. 이 게임을 만들기 위해 비서럴은 1인칭 슈팅 게임 제작 경력자들을 새로 뽑았다. 그 후 3년이 지나고, 1인칭 슈팅 게임 개발자로 가득해진 비서럴은 다시 3인칭 액션 어드벤처 게임을 만들게 되었다. "3년 전에 있었던 직원들이 적임자였죠." 뭄바크는 말했다. "하지만 우리는 멀티 플레이어 슈팅 게임 제작사가 되기로 했어요. 그래서 그런 게임을 만들 수 있게 스스로를 갈고 닦았죠. 그 이후 모두가 슈팅 게임 전문 개발자가 되었는데, 갑자기 이전에 모습으로 우리를 다시 갈고 닦으라는 겁니다. 이러면 결국 삐걱거릴 수밖에 없죠."

2017년 무렵에는 〈랙택〉에 문제가 생겼다는 것을 모르는 사람이 없었다. EA는 밴쿠버 지사 직원들을 프로젝트에 투입했지만, EA의 진짜 계획은 밴쿠버 팀에게 프로젝트를 넘기는 것이었다. 비서럴의 모든 직원이 이 사실을 알게되었다. 그 결과 두 제작사가 바로 충돌했다. 레벨과 데모를 개발하는 과정에서 작업 프로세스와 디자인 관련 결정을 두고 다툼이 계속되었고, 그로인해 개발 진도는 더 늦어졌다. 뭄바크와 동료들은 어떻게든 결판이 날 것이라고 생각했다. 그는 에이미 헤닉이 그만 두거나, EA가 프로젝트를 밴쿠버로 옮기거나, 추가로 다른 지원 팀이 도우러 오지 않을까 했다. 하지만 결국은 가장 바라지 않던 일이 일어났다. "정말이지 생뚱맞은 일이었습니다." 다른 비서럴 개발자는 말했다. **"어떻게 그런 일이 생길 수 있는지 상상도 못 했어요."**

■ ■ ■

2017년 10월 15일 일요일 이른 아침, 잭 뭄바크와 리사 뭄바크는 둘째 아들을 낳았다. 다음 날, 그들이 병원에서 돌아오는 길에 EA의 고위급 임원이 대화를 나누고 싶다며 연락해왔다. 환희에 가득 차 있지만 잠이 부족했던 뭄바크는 그 임원을 집으로 초대했다. 집에 온 임원은 뭄바크 부부에게 인사하고 새로 태어난 아기에게 웃어보였다. 그러더니 두 사람은 불러서 충격적인 소식을 전했다. **비서럴을 없애고 〈랙택〉 프로젝트를 취소한다는 것이었다.** 화요일에 모든 직원에게 이 소식을 전할 계획이라고 했다.

그 임원은 그 게임의 개발 일정이 얼마나 뒤쳐져 있는지, 샌프란시스코에서의 운영비가 얼마나 비싼지 계속 설명했다. 하지만 뭄바크의 귀에는 그 설명이 귀에 들어오지 않았다. 그의 머릿속은 태어난 지 하루 된 자식, 정든 회사, 오랫동안 함께 일해온 사람들을 더 이상 매일 사무실에서 만날 수 없게 되었다는 아쉬움으로 가득 차 있었다. 그 임원은 EA에 다른 자리가 있을 거라고 장담했지만, 뭄바크에게는 자신의 새 일자리보다, 자신이 누리는 행운보다 운이 좋지 않을 다른 동료들이 걱정이었다.

"제작하던 게임이야 쉽게 잊을 수 있죠. 게임을 못 만드는 건 짜증나는 정도지만, 그 여파로 회사가 문을 닫는 건 너무 잔인합니다."

2017년 10월 17일, 뭄바크는 캘리포니아 레드우드 쇼어에 있는 비서럴 사무실에 입장했다. 비서럴 최후의 전체 회의가 있는 날이었다. 나머지 비서럴 직원들은 무슨 일이 일어날지 꿈에도 몰랐고, 뭄바크를 보고 놀란 이들도 있었다. 출산 휴가를 쓰지 않았었나? 왜 출근했지? "제가 왔다는 것 자체를 나쁜 신호로 받아들인 사람들도 있었습니다." 뭄바크는 말했다. "물론 무슨 일인지 모르는 사람들도 있었습니다. 회의실에 가는데 제가 좋아하는 동료 한 명이 다가와서 기쁜 얼굴로 저를 안아주더라고요. 아이가 태어났다는 걸 알고 축하해줬죠."

EA 캠퍼스 공연장 객석의 앞쪽 몇 줄에 나란히 앉은 비서럴 직원들은 임원인 패트릭 쇠더룬드와 제이드 레이몬드가 전하는 사업 철수 소식을 듣고 망연자실했다. 이들은 사업 철수 결정에 많은 요인이 있었다고 설명했다. 게임 시장이 바뀌었고, EA는 더 이상 사람들이 한 번만 해보고 게임스탑에 되파는 싱글 플레이어 게임에 더 이상 큰 돈을 쓰지 않을 계획이라고 했다. 임원들은 새롭게 등장해 뜨거운 인기를 누리던 〈배틀그라운드PlayerUnknown's Battlegrounds〉 같은 게임을 만들고 싶다면서 뜬금없이 비서럴 직원들을 칭찬하고 그들이 얼마나 재능이 있으며 성실했는지 진부한 말을 늘어놓았다.

그리고는 퇴직금 받는 법을 안내하기 시작했다.

회의가 끝나고 직원 수십 명이 공연장을 나오자 현실이 눈앞에 다가왔다. 이제 EA 안에서든 다른 회사든 새 일자리를 찾아야 했다. 비서럴에서의 훌륭한 이력을 가지고 고예산 제작사에서 일하기 위해 가족의 곁을 떠나 새 도시로 이동하는 사람들도 있을 것이었다. 모두가 퇴직금을 두둑하게 받아 재정적인 버팀목은 마련되어 있었지만, 이제 그들의 삶은 어제와 너무나도 달라졌다. "다들 크게 상심했어요." 뭄바크는 말했다. "모두 반응이 달랐죠. 화를 내는 사람도 있고, 그냥 슬퍼하는 사람도 있고, 진절머리가 난다는 사람도 있었습니다. '아 몰라, 여기 불이나 질러버릴 까보다.'" 그 중에서 뭄바크는 일단 집에나 가고 싶었다. "나는 가련다. 출산휴가 중이니까. 그렇게 바로 자리를 떠나버렸죠."

EA는 웹사이트를 통해 비서럴 폐쇄 결정은 〈랙택〉 창작상의 어려움 때문이었다고 밝혔다. 그 프로젝트는 원래 '스토리 기반의 순차적 어드벤처 게임'으로 가닥을 잡고 있었다가 '더 다채롭고 플레이어에게 더 광범위한 경험'을 제공하는 게임으로 바꾸기로, 다시 말해 〈언차티드〉 느낌을 덜고 오픈월드 느낌을 강화하기로 했다고 한다. "개발 과정에서 플레이어들과 게임 콘셉트를 시험해보고, 어떤 게임을 어떤 식으로 즐기고 싶은지 의견을 묻고, 시장의 근본적인 변화를 예의주시했습니다." EA 임원 패트릭 쇠더룬드는 폐쇄를 발표하는 블로그 글에서 말했다.

"플레이어들이 오랫동안 되풀이해서 즐길 만한 경험을 선사하려면 기존 디자인 방향을 아예 바꿔야만 했습니다."[8]

이 글이 올라오자 비서럴 게임즈의 최후를 두고 끝없는 억측과 설이 쏟아졌다. 게임 업계에는 어떤 파장이 있을까? 싱글 플레이어 게임은 끝난 걸까? EA는 구매를 하면 영구적으로 플레이할 수 있던 게임의 개념을, 완전히 서비스 개념으로 바꿀 계획이었을까? 〈데드 스페이스〉 같은 프랜차이즈는 아예 포기하는 것일까?

비서럴이 문을 닫고 몇 주 뒤, 또 다른 설이 나왔다. 2017년 11월 9일에 EA는 4억 달러 이상을 들여 리스폰Respawn이라는 제작사를 인수한다고 발표했다. 2010년에 〈콜 오브 듀티: 모던 워페어Call of Duty: Modern Warfare〉의 제작사 인피니티 워드Infinity Ward의 직원들이 대거 이탈해서 설립한 리스폰은 EA와 함께 〈타이탄폴Titanfall〉과 〈타이탄폴 2〉를 만들었었고, 이제 EA는 〈타이탄폴〉 3편을 바라보고 있었다.[9] EA는 리스폰과 〈스타워즈〉 세계관을 배경으로 한 3인칭 액션 어드벤처 게임 계약도 맺었다. 〈스타워즈 제다이: 오더의 몰락Star Wars Jedi: Fallen Order〉이라는 타이틀명으로 알려진 이 게임은 비서럴이 구상했던 〈랙택〉과는 전혀 다르게 사회 부적응자와 악당

---

8 이 프로젝트는 EA 밴쿠버로 옮겨가서 코드명 〈오르카(Orca)〉라고 하는 오픈월드 〈스타워즈〉 게임으로 개편되었고, 1년 정도 더 있다가 취소되었다. 그 다음에 개발자들은 새로운 〈스타워즈〉 프로젝트로 〈배틀프론트(Battlefront)〉의 스핀오프인 코드명 〈바이킹(Viking)〉을 제작했다. 이 역시 취소됐다.

무리를 보여주지 않고 광검을 휘두르는 제다이에 주목했다. 하지만 두 게임 모두 EA의 포트폴리오에 정말 잘 어울리는 게임인지에 대해서는 의문이 남았다.

비서럴 폐쇄와 리스폰 인수가 서로 관련되어 있는 것일까? EA는 말이 없었지만 제법 신빙성 있는 의문이었다. 리스폰 인수 일주일 전, 게임 웹사이트 〈코타쿠Kotaku〉는 한국 유통사 넥슨이 그 해 여름에 리스폰 인수 제안을 했다는 문서를 입수했다. 리스폰의 유통 계약에 따라 EA에게는 우선 매수권이 있었다. 그래서 EA 경영진은 중대한 판단을 내려야 했다. 인수를 포기하면 리스폰이 소유한 〈타이탄폴〉 프랜차이즈는 넥슨의 자산이 되고, EA는 그때까지 쏟아 부었던 돈을 잃게 된다. 그러고 싶지 않다면 반대 제안을 위해 현금을 마련해야 했다.

EA는 후자를 택했다. 아마도 그 결과로 게임 제국을 꿈꿨던 비서럴은 하루 아침에 이슬처럼 사라졌다.

■ ■ ■

비서럴이 문을 닫고 몇 달 동안, 일자리를 잃은 전 직원들은 비

9 　그들이 계획했던 〈타이탄폴 3〉은 최종적으로 〈에이펙스 레전드(Apex Legends)〉라는 배틀로얄 게임이 되었으며, 2019년 2월에 발매되자마자 성공을 거두면서 〈플레이어 언노운 배틀그라운드〉를 따라하고 싶었던 EA의 바람을 이뤄주었다.

통한 마음으로 다음 커리어를 고민했다. EA에 남아서 〈더 심즈〉 제작사 맥시스에 들어간 사람들도 있고, EA의 대규모 캠퍼스가 있는 밴쿠버 등 다른 도시로 떠난 사람들도 있었다. 베이 지역 안이나 밖에서 다른 게임 제작사에 들어가기도 하고, 게임 업계를 떠나 페이스북이나 애플 등 가까이 있는 IT 기업들에 후한 대접을 받으며 들어가기도 했다.

잭 뭄바크와 리사 뭄바크는 회사가 문을 닫고 며칠 동안 정신없는 나날을 보냈다. 신생아를 돌보는 건 그 어떤 호시절에도 버거운 일이다. 하물며 실직한 뒤의 육아는 공포 그 자체다. 들어오지 않는 월급, 3살배기 첫째와 갓 태어난 둘째의 건강 보험 문제 등 여러 문제들로 인해 뭄바크 부부가 살아가던 모든 생활이 한 순간에 와르르 무너졌다. 심지어 서로 10년도 넘게 알고 지내며 친해진 비서럴 직원들과도 뿔뿔이 흩어지게 되었다. "다시 생각해도 그 때는 감당하기 버거웠습니다. 특히 아기가 갓 태어난 상태에서요." 리사는 말했다. "우리 부부에게 회사는 아주 편안한 곳이었거든요. 친구들도 대부분 EA에서 만났고요… 우리의 모든 인맥이 회사에서 나왔기 때문에 모든 인간 관계가 끝난 격이었죠." 두 사람은 매년 EA 명절 파티에 참석했고 리사는 올해 EA 여름 축제에 아이들도 데려갈 계획이었다. 하지만 이제는 앞으로의 삶이 어떻게 펼쳐질지 상상도 할 수 없었다.

다행히 잭 뭄바크에게는 선택지가 많았다. 비서럴이 문을 닫자마자 〈심슨게임〉 시절에 함께 했던 오랜 친구 스콧 아모스Scot Amos에게 연락이 왔다. 아모스는 크리스털 다이나믹스Crystal Dynamics라는 제작사를 운영하면서 〈어벤저스The Avengers〉가 바탕인 게임을 개발 중이었다. "바로 일자리를 제안해주었습니다. 자세한 내용은 함께 논의해야 하지만 제 자리가 있다는 건 알았으면 좋겠다면서요." 뭄바크는 말했다.

비서럴은 1월까지 퇴직 수당을 지급하기로 되어 있어서, **뭄바크는 두 달 동안 가족과 시간을 보내면서 오랫동안 생각할 시간을 얻었다.** 지난 17년동안 그는 EA에 삶을 바쳤고, 회사에서도 아무리 좋은 대우를 받았어도 비서럴 개발자들과 옆 사무실 임원들의 연봉 차이를 모르는 척하기는 힘들었다. 증권거래위원회 문서에 따르면, EA의 CEO 앤드류 윌슨은 회계연도 2018년에(2017년 4월부터 2018년 3월까지) 연봉으로 3500만 달러를 넘게 받았다. 패트릭 쇠더룬드는 EA가 회사에 잔류하는 조건으로 제시한 근속 특별 배당주를 받으면 4800만 달러 이상을 챙길 수 있었다. 그는 회사에 잔류하지 않지만 나가면서도 몇 백만 달러는 받아갔다.

뭄바크와 동료들은 〈배틀필드 하드라인〉 같은 게임을 위해 크런치 모드를 하면서 그 임원들이 매일 오후 5시에 퇴근하는 모습을 지켜보았다. 그는 늘 코비 브라이언트 같은 최고가 되기 위해 더 많은 시간을 들여야 한다고 생각했지만, 실제로 슈퍼스타 선수들처럼 돈을 받는 이들은 일주일에 40시간만 일했고, 비서럴에서 크런치 모드를 하던 사람들은 이제 새 일자리를 알아보고 있었다.

"일주일에 80시간씩 일해서 패트릭 쇠더룬드 같은 사람들이 새 차를 뽑는 데 보태 주는 행태에 질렸습니다." 뭄바크는 말했다. "저는 괜찮은 연봉을 받기는 했지만, 점점 번창하는 게 아니라 살아 남는 수준이죠." 뭄바크의 동료 개발자들은 제자리걸음을 하고 있었다. 집세와 공과금은 내지만 그 이상은 힘들었고, 내 집 장만은 꿈도 꾸기 힘든 처지가 대부분이었다. "2~3년을 뼈빠지게 일하고 나면 뭐가 남죠? 상여금 2~3만 달러 정도?" 뭄바크는 말했다.

"EA와 액티비전 임원들은 홍보 자료를 만드는 사람이지, 게임을 만드는 사람이 아닙니다. 그게 결정적인 차이죠."

이제 뭄바크는 회사 정책과 경영진의 술책에 대해 생각할 시간이 많았다. 그는 EA가 비서럴은 물론 수십 개의 제작사를 닫는 것을 지켜보았다. 비서럴의 몬트리올과 오스트레일리아 지사, 불프로그 Bullfrog(〈던전키퍼Dungeon Keeper〉), 오리진(〈울티마Ultima〉), 스트우드(〈커맨드 앤 컨커〉) 등 유수의 제작사들이 사라졌다. 투자자와 회계 일정을 우선시하는 EA 경영진에게 개발자들의 삶은 그저 스프레드시트에 입력하는 숫자로밖에 보이지 않는 것 같았다.

"경영진에게 개발자들의 삶은 정말 안중에도 없습니다.
1년에 2천만 달러를 상여금으로 받으면 평생 먹고 살 수 있죠. 그러니까 2년 뒤에 망할 걸 알면서도 당장 오늘 주가를 3배로 불릴 수 있는 결정을 내릴 수 있다면 그들의 알 바가 아니지 않겠어요?" 뭄바크의 입장에서, EA 경영진은 훌륭한 게임을 만들기보다 최대한 빨리 수익을 극대화하려는 것 같았다. "이 사람들은 게임을 하고 있는 것 같습니다." 뭄바크는 말했다. "예산을 가지고 게임을 하는 거죠. 수익을 가지고도 게임을 하고, 비용을 가지고도 게임을 합니다. 너무 쉽게 사람들을 잘랐다가 다시 고용하기도 합니다. 그래야 이번 분기 실적이 좋아보이니까요."

그리고 뭄바크는 둘째가 태어나면서 자신의 삶을 다시 돌아보게 되었다. 비서럴이 문을 닫고 몇 달 동안 아내와 함께 둘째를 키우던 그는 자신이 첫째와의 소중한 시간을 놓쳐버렸다는 사실을 깨달았다. 첫째 아들이 태어나고 몇 달 동안 그는 〈배틀필드 하드라인〉 작업으로 밤을 지새웠다. 밥을 먹이고, 기저귀를 갈아주고, 온갖 아기 뒤치다꺼리를 하느라 아내가 얼마나 고생했는지 이제야 알게 된 것이다. "와, 첫째가 태어났을 때 제가 정말 못할 짓을 했구나 싶더군요. 저는 옆에 있어주지도 않았습니다. 아내에게 정말 잔인한 행동이었어요. 리사는 정말 아무 도움도 받지 못했죠."

이제 그는 육아를 도울 수 있고, 가족과 함께 할 시간이 있었다. "그이가 매일 가족과 정말 많은 시간을 보냈어요. 한번 가족과 함께 하기 시작하면 그 시간을 포기하기 힘들죠." 리사 뭄바크는 말했다.

. . .

비서럴이 문을 닫고 석 달이 지난 2018년 1월, 잭 뭄바크는 크리스털 다이나믹스에 프로듀서로 입사했다. 처음부터 마음이 편하지 않았다. 〈어벤저스〉 게임은 흥미진진하지만 정말 또 다시 자신이 게임 제작에 인생을 갈아 넣고 싶은 지 확신할 수 없었다. 뭄바크는 분유 값을 벌고 가족의 의료 보험을 유지할 걱정에 겁에 질려서 회사에 들어갔지만 이게 옳은 선택이 맞는지 계속 의구심이 들었다. 크리스털 다이나믹스에서의 생활은 비서럴에서와 크게 다르지 않았다. "저에게 크런치 모드를 시키지는 않았습니다." 뭄바크는 말했다. "하지만 팀원들은 게임을 만들 생각에 들떠서 혼신의 힘을 다해 일하고 있는데, 저는 매일 저녁 6시에 퇴근하면서 찜찜함을 느꼈습니다." 비서럴에서 〈랙택〉, 〈배틀필드 하드라인〉 등을 제작하던 때 익히 느꼈던 죄책감이 엄습했다. 저녁을 먹거나 아이들을 재우는 동안, 뭄바크는 멍하니 앉아 토르의 망치나 게임의 협동 미션 작동 방식에 대해 고민했다. 다른 개발자들이 아직도 야근을 하고 있다고 생각하면, 밤 중에 불현듯 사무실로 달려가고 싶기도 했다.

짜증과 우울이 몰려왔다. 이 방향 저 방향에서 그의 사지를 잡아당기고 있는 기분이었다. 일에 전념할 수도, 가족과 오롯이 함께할 수도 없었다. 매일 출근하면 지금 뭘 하고 있는 것인지 자문했다. 2000년에 EA에 입사했던 뭄바크는 늘 사무실에서 막내 직원이었다. 그랬던 그가 이제 서른 여섯이다. "주변에 저보다 나이 많은 사람이 별로 없더군요." 뭄바크는 말했다. "신입 시절에는 모두 저보다 나이가 많았어요. 그건 18년 전 일이었죠. 그때 서른이나 스물여덟이었던 사람들은 지금 도대체 어디 있는 걸까요?"

그 질문에 대한 답이 매일 더 확실하게 다가왔다.

잭 뭄바크는 입사한 지 한 달 만인 2월에, 책임자인 스콧 아모스에게 퇴사의 뜻을 밝혔다. 아모스는 그 입장을 이해한다고 하면서, 후임을 찾을 때까지 두어 달만 더 있어 달라고 부탁했다. 뭄바크는 입사 석 달 만인 2018년 4월 4일부로 회사를 떠났다. "저도 위선적인 건 마찬가지입니다. 회사에서 직원들과 이야기할 때면, 한 번 게임을 시작했으면 그 게임을 떠나면 안 된다고, 그 게임을 완성할 때까지 떠나면 안된다고 말했었거든요." 뭄바크는 말했다. 게임 개발이라는 거대한 기계의 톱니바퀴가 되었다가 프로젝트를 두고 떠난다는 건, 다른 사람들에게 더 많은 일을 안긴다는 뜻이다. "6개월 동안 일하다가 떠나버릴 생각이라면 처음부터 들어가지 않는 게 낫습니다. 하지만 저는 더이상 가족보다 일을 우선할 순 없었습니다."

그 후로 몇 달 동안 뭄바크 부부는 대대적인 변화를 결정했다. 베이 지역에서 더 이상 살지 않고 샌 마테오에 있는 집을 팔아서, 시애틀 외곽 워싱턴에 있는 베인브릿지 아일랜드로 보금자리를 옮긴 것이다. 뭄바크는 오래 전 EA에서 알던 사람을 통해 건축 회사 사무직으로 취직했다. 그는 몇 달 간 일반적인 일과에 맞춰 일했다. 매일 퇴근하고 가족과 저녁을 먹었다. 매일 밤 아이들과 잠자기 전까지 놀아주었다. 그렇게 서서히 일과 가정을 분리하고, 지난 18년간 게임 개발을 하면서 쌓아온 나쁜 습관을 버리는 연습을 할 수 있었다. **"게임 개발은 분명 매력적이고 흥미롭지만 이렇게 소중한 것을 포기하면서까지 모든 것을 바치는 것은 제가 어릴 적부터 꿈꾸던 일은 아니었습니다.** 24시간 사로잡혀 있을 일은 더더욱 아니었죠." 뭄바크는 말했다.

이사 후의 생활 방식은 기존과 어마어마하게 차이 났다. 매일 주차장 같은 도로를 기어가는 대신 베인브릿지 아일랜드에서 시애틀까지 페리를 타고, 시애틀에서 자전거로 갈아타고 시내에 있는 사무실까지 갔다. 부엌 창문으로 이웃집이 보이던 샌프란시스코 집 대신, 자연으로 둘러싸인 고요한 숲 속 집을 얻었다. 주변은 온통 나무였다. "이 곳에서의 삶이 정말 만족스럽습니다. 저희에게 정말 바람직한 변화였어요. 친구와 가족을 떠나온 건 아쉽지만, 삶의 속도가 크게 달라졌어요. 숲과 자연 속에서 살아가는 곳이죠. 차도 막히지 않고요. 멋진 곳이에요." 리사 뭄바크는 말했다.

하지만 잭 뭄바크의 삶에는 어딘가 허전한 구석이 있었다. 그는 평상시 대화에서나 트위터 프로필에서나 여전히 자신을 게임 개발자라고 불렀다. 새로운 사람을 만나서 직업에 대한 질문을 받으면 건축 회사에서 일한다고 대답하는 것이 고역이었다. "충격적일 정도로 쓰라리고 자존심 상하죠. 이건 자존심이 걸린 문제입니다.

저는 AAA 게임 개발자가 되려고 무던히도 노력했어요. 14살때부터 품었던 꿈이었죠. 이제 게임 일을 안 한다고 말할 때면 자존심이 짓밟히고 실패자가 된 기분이었습니다."

한편 뭄바크는 비서럴에서 만난 오랜 친구 벤 완더Ben Wander가 금주법 시대 캘리포니아를 배경으로 한 탐정 게임 〈케이스 오브 디스트러스트A Case of Distrust〉를 개발하고 발매하는 과정을 감탄하며 지켜봤다. EA 게임처럼 방대하거나 화려한 광고가 붙지는 않았지만, 손으로 그린 유려한 실루엣과 1920년대 주류 밀매자들에 대한 비정하고 반전 있는 이야기를 담은 인상적인 프로젝트였다. 완더는 여가 시간에 세계 여행을 하면서, 비서럴 전 직원 몇몇과 함께 차기 프로젝트를 구상 중이었다 "데모를 만들고 있었습니다. 친구들에게 의견을 구하기 위해 보내주었어요. 이 정도로 괜찮을지, 어떤 느낌이 드는지 물어보려고요."

그 친구들 중 한 명이었던 잭 뭄바크는 이 게임이 어떤 프로젝트인지, 지난 몇 년간 어떻게 지냈는지 묻기 시작했다. 그러더니 불쑥 제안했다. **"제가 투자를 하고 싶다고 했어요. 나는 너희들을 믿고 마침 여윳돈도 있다고요. 그 친구들은 분명 돈이 필요할 테니까, 제가 게임에 투자하고 싶다고 했죠."** 뭄바크는 말했다. "그랬더니 그게 무슨 뜻이냐고, 투자를 해서 뭘 얻고 싶은 거냐고 되묻더라고요. 저는 그랬죠. '바라는 건 없어. 그냥 내가 돕고 싶어서 그래.'"

물론 뭄바크가 진정으로 바라는 건 투자가 아니었다. 그는 자

신의 정체성을 되찾고 싶었다. 다시 게임 개발자가 되고 싶은 것이었다. 벤 왈더의 다음 프로젝트인 〈에어본 킹덤Airborne Kingdom〉은 공중 도시를 관리하고 운영하는 전략 게임이었고, 뭄바크는 제작에 참여하고 싶은 마음이 간절했다. "뭄바크는 처음부터 아주 신나 보였습니다. 그저 어떻게든 함께 하고 싶어하는 게 보였죠." 완더는 말했다. 완더도 프로듀서가 꼭 필요한 상황이었고, 뭄바크는 무보수에도 불구하고 도움을 자처했다. "저희는 겨우겨우 입에 풀칠이나 하고 있었어요. 그래서 인건비를 추가로 지출할 여력이 없었습니다." 완더는 말했다.

뭄바크는 하루 일과를 정했다. 생활비를 벌기 위해 회사에 갔다가, 퇴근 후에는 가족과 시간을 보냈다. 밤에 아이들이 잠들고 나면 몇 시간 동안 〈에어본 킹덤〉 제작과 홍보를 도왔다. 다시 기력을 소진해버릴 위험이 있어도 점점 쌓여가는 창작열을 불태울 창구가 필요했다. "뭄바크는 그저 삶의 질을 높이기 위해 좋아하지 않는 일을 하면서 꽤 큰 희생을 했다고 생각해요." 리사 뭄바크는 말했다. "사실 저는 남편이 꿈을 포기할까봐 걱정이 이만저만이 아니었거든요. 그 프로젝트에 함께 하게 된 게 남편에게 신의 한수였던 것 같습니다. 가족과 함께 하면서도 열정을 지킬 수 있었으니까요."

2020년 여름, 완더는 〈에어본 킹덤〉 제작을 위한 투자금을 충분히 확보해서 뭄바크를 제대로 고용할 수 있게 됐다. 이제 뭄바크는 2년간의 공백 끝에 다시 전업 게임 개발자가 될 수 있었다. 하지만 그는 '다시는 AAA 유통사와 일하지 않을 것'이라고 다짐했다. 고예산 게임 업계를 떠나고 인생이 행복해졌기에 다시 그 시절로 돌아가고 싶진 않았다. **"게임 업계에 몸담고 있을 때에는 그게 세상에서 가장 중요한 일처럼 느껴집니다."** 뭄바크는 말했다. "물론 내가 하고 있는 일이 너무나도 중요하죠. 이 초대형 AAA 게임을 만들고 있으니까요." 하지만 한 발짝 떨어져서, 아이가 태어나고 제작사가 문을 닫은 상황을 돌이켜보면 인생의 다른 가치들이 훨씬 중요하게 다가왔다. 그는 더 이상 자신과는 비교도 안 되게 높은 연봉을 받는 경영진을 위해 일하고 싶지 않았고, EA 같은 회사의 지속가능성을 걱정하고 싶지도 않았다. "독립이 답이었습니다." 뭄바크는 말했다. "결국 독립성이 있어야 더 좋은 게임이 나오죠."

비서럴이 존재할 당시 그들의 가장 큰 문제는 정체성 부재였다. 직원들이 물갈이되고 장르가 획획 바뀌었기에 명성을 쌓지 못하다가 결국 종말을 맞이했다. 하지만 그렇다고 정선 포인트나 이래셔널처럼 게임 업계에서 정체성이 확실한 제작사들이 특별히 안정적인 것도 아니다.

게임 업계의 불안정성이라는 태풍은 언제 어떤 이유로든 이들을 덮칠 수 있다. 몸값이 수천만 달러에 이르는 전설적인 야구 선수가 소유한 회사라도 예외는 아니었다.

핏빛 양말

핏빛 양말

무너져버린 전설

경력 10년차를 넘긴 유능한 게임 아티스트인 톰 앙의 마음을 사로잡은 것은 회사 복지였다. 처음에는 디즈니에서 〈라이언 킹The Lion King〉과 〈토이스토리Toy Story〉 같은 라이선스 게임을 슈퍼 닌텐도[1]와 세가 제네시스[2]용으로 개발하는 데 참여했고, 이후 소니, EA, THQ에서도 일했다. 물론 모두 좋은 직장이었지만 가장 호사스러운 건 38 스튜디오38 Studios였다.

---

[1] 옮긴이_ 한국에서는 슈퍼 컴보이라는 이름으로 출시
[2] 옮긴이_ 한국에서는 슈퍼알라딘보이라는 이름으로 출시

38 스튜디오는 10대들이 게임 개발자가 되는 상상을 할 때 꿈꿀 법한 그런 회사였다. 우선 매사추세츠 주 메이나드, 유서 깊은 옛 공장에 자리해 있다. 붉은 벽돌담, 어렴풋이 보이는 시계탑, 근처에서 흐르는 아사벳 강의 운치 있는 풍경을 보면 이 회사는 돈이 넘쳐나는 것 같았다. 경영진은 이제 막 10억 달러의 기업 가치를 인정 받은 실리콘밸리의 유니콘 스타트업처럼 회사를 운영했다. 직원들에게는 최고 수준의 의료 보험과 헬스장 멤버십을 제공하고, 몇천 달러 상당의 개인 맞춤형 고사양 노트북을 지급했다. 무료 식사, 넉넉한 출장비, 당시 개발 중이던 게임(코드명 〈코페르니쿠스Copernicus 〉)의 세계 지도를 넣어 제작한 팀벅2 가방은 덤이었다.

이렇게 인심 좋은 복지를 결정한 인물은 38 스튜디오의 설립자이자 경영자인 커트 실링Curt Schilling이었다. 그는 연갈색 머리의 전직 프로 야구선수이다. 실링은 메이저리그에서 20년간 투수로 활약하면서 애리조나 다이아몬드백스의 우승에 기여했고, 무엇보다도 보스턴 레드삭스를 1918년 이후 첫 1위로 이끌었다. 이제 매사추세츠에서 은퇴한 그는 게임 회사 CEO라는, 야구 선수들이 은퇴 후 일반적으로 가지 않는 길을 걸었다. "커트는 사람을 진심으로 아꼈습니다." 앙은 말했다. "그는 자신이 야구계에서 스타 대우를 받았다는 것을 알고 있어요. 최고 수준의 선수였고, 정말 모든 면에서 최고 대우를 받았습니다. 그래서 직원들에게도 그런 기분을 느끼게 해주고 싶었다고 해요. 최고의 인재들을 모아서 최고인 것처럼 대우해줄 거라고요. 정말로 그렇게 해주었죠."

2008년에 38 스튜디오 채용 담당자에게서 처음 전화가 왔을 때 톰 앙은 걱정이 앞섰다. 따듯한 캘리포니아 남부에서 자란 그는 자신이 끔찍하게 추운 동부에서 살고 있는 모습을 상상도 할 수 없었다. 하지만 EA 시절 동료 상당수가 이미 38 스튜디오에 가 있었기 때문에 일단 회사 돈으로 매사추세츠에 가서 옛 동료들 얼굴이나 보고 오자고 마음먹었다. "사실 저는 입사하지 않을 생각으로 면접을 보러 갔습니다." 앙은 말했다. 하지만 막상 회사에 도착하자마자 눈앞에 보이는 멋진 사무실을 보고, 그 속에서 일하는 자신의 창창한 미래가 바로 그려졌다. 옛 동료들은 그에게 지금까지 작업 중이던 게임 아트를 보여주었다. "정말 근사하더라고요. 아트가 정말 멋있어서 바로 참여하고 싶다고 했죠."

즉, 앙은 38 스튜디오의 '**멋**'에 반해버렸다.

앙이 입사를 결정하자 38 스튜디오는 이주 비용을 넉넉하게 지원해주었다. 심지어 새 집을 찾을 수 있도록 보스턴으로 가는 비행기 표 비용까지 대주었다. 그는 매사추세츠 주 액턴 호숫가에 있는 아름다운 방 3개짜리 단층집에 마음을 뺏겼다. "제가 항상 원했던 집이었습니다. LA에서는 호숫가 집을 구할 수 없죠." 톰 앙은 2008년 6월부터 정식으로 38 스튜디오의 아트 디렉터가 되었다. 그는 〈코페르니쿠스〉의 아트 팀을 관리하고 이 게임의 시각적 톤을 잡아야 했다. 회사가 설립된 지도 2년이 지났지만 게임은 크게 진척되어 있지 않았다. 하지만 그게 특별히 잘못된 것처럼 보이지는 않았다. 앙은 게임 업계에 있으면서 프로젝트 초반에 일이 더디게 진행되는 경우를 많이 봐왔기 때문이다.

앙은 38 스튜디오의 재정 상태를 걱정하거나 어디서 그렇게 돈이 나오는지 궁금해하지 않았다. 그는 어차피 한 명의 아티스트일 뿐이었다. 물론 회사 임원이기는 하지만 사업 개발이나 재무 계획은 그의 소관이 아니었다. 그러나 게임 개발 일정에는 비현실적인 면이 다소 있었다. 실링은 사람들에게 2011년 가을이 목표라고 했지만 지금까지의 진행 상황을 보면 그 안에 게임이 완성될 가능성은 매우 희박했다. 하지만 커트 실링은 돈 많은 사장님이었다. 돈이 아주 까무러치게 많았다. 지난 20년간 야구를 하면서 1억 1400만 달러 이상을 벌었던 그는 게임 개발을 제2의 커리어로 생각하고 있었다. 그래서 〈월드 오브 워크래프트〉 같은 게임을 만들기 위해 막대한 돈을 쓸 뜻이 있었다.

그러니 걱정할 일이 뭐 있겠는가?

■　■　■

시간을 한참 거슬러 올라간 1987년 가을, 영국의 한 대학교에 다니던 리차드 바틀Richard Bartle은 이 세상이 얼마나 엉터리인지 생각하면서 긴 시간을 보냈다. 그는 영국의 작은 해안가 마을에서 가

난하게 자랐다. 집은 공영 주택이었고, 주변에는 가정 생활이 순탄치 않은 아이들이 많았다. 그는 주로 보드게임을 하고 머릿속으로 가상 세계를 그리면서 현실을 벗어났다. 그후 집에서 가까운 에식스 대학교에 운 좋게 합격한 다음에는 학교 컴퓨터실에 빠져들었다. 컴퓨터는 그가 자주하던 상상을 현실처럼 만들어주었다. "그 시절에 컴퓨터 과학에 입문하려면 특별한 시각으로 세상을 바라봐야 했습니다." 바틀은 말했다. "컴퓨터가 저에게는 개인의 힘을 키우고 세상을 바꿀 수 있는 수단이었습니다. 세상을 지금보다 훨씬 좋은 곳으로 만들어줄 것이었죠." 에식스 대학교의 다른 학생들은 대부분 중산층이나 상류층 출신이었기에, 바틀은 또 다른 노동계급 학생 로이 트룹소^{Roy Trubshaw}를 만나서 기뻤다. 둘은 친구가 되어서 계급이 중요하지 않고, 어떤 부모를 뒀든 모두가 평등하게 성공할 기회를 얻는 가상 세계를 만들면 좋겠다고 이야기했다. "저는 현실 세계가 싫었어요. 다 엉터리였거든요. 물론 지금도 엉터리고요."

1978년 10월에 트룹소와 바틀은 앞으로 개발할 게임에 사용할 기술을 처음으로 시험해보았다. 두 사람은 〈다중 사용자 던전^{Multi-User Dungeon}〉, 줄여서 〈머드^{MUD}〉라고 하는 게임을 개발해 몇 년 뒤 대중에 공개했다. 이 게임은 문자만으로 이루어져 있었다. 문장을 통해 가상 세계를 묘사하고("쇠살대 안에서 불꽃이 이글거린다.") 플레이어가 "서쪽으로 이동" 같은 간단한 명령어로 세계와 소통하는 게임이었다. 캐릭터를 역할을 수행하면서 괴물과 싸우고 마법 물약을 던진다. 하지만 그 시절의 다른 텍스트 기반 게임과는 달리 〈머드〉는 다른 사람들과 함께 즐길 수 있었다. 이 게임은 인터넷의 기반이 된 초창기 온라인 네트워크 아르파넷ARPANET에서 실행되었으며, 80~90년대에 다양한 버전으로 발전하면서 컴퓨터를 할 수 있는 어린 친구들 사이에 인기를 끌었다.

트룹소와 바틀은 〈머드〉의 소스 코드를 대중에게 무료로 공개해서 스스로 부자가 될 수도 있는 싹을 잘라버렸지만, 전세계 개발자들이 〈머드〉의 코드를 기반으로 자기만의 게임을 개발하면서 게임의 인기가 치솟았다. 그 이후 새로 나온 인터넷이라는 세상에서 몇몇 파생 게임과 후계자 격의 게임이 나오면서 〈머드〉라는 이름은 온라인 텍스트 어드벤처 장르를 가리키는 말이 되었다. 가장 크게 두각을 나타낸 게임은 1991년에 덴마크 학생들이 모여서 만든 〈디커머드DikuMUD〉였다. 이 학생들은 심도 있는 스탯과 긴장감 넘치는 던전 탐험을 맛볼 수 있는 〈던전 앤 드래곤〉 같은 온라인 게임을 하고 싶은 마음에 이 게임을 개발했다. 다른 〈머드〉 코드 기반 게임들과 달리 〈디커머드〉는 준비 없이 바로 플레이할 수 있었다. 서버 한 대와 프로그래밍 기본기만 있으면 됐다. 게임 전체가 텍스트로 이루어져 있어 사용자가 마음대로 각색하기도 쉬웠다. 단어 몇 군데만 고쳐 쓰면 무기를 고무 닭 인형으로 만들 수도 있고, 적들을 전부 아기 천사 캐릭터로 바꿀 수도 있었다. 1990년대에 사람들은 〈디커머드〉 같은 코드 기반을 사용해, 〈해리포터〉와 〈드래곤볼 Z〉 등 다른 인기 프랜차이즈를 주제로 온라인 게임을 만들었다. 좋아하는 작품을 온라인에서 찾아보면 그 작품을 배경으로 한 가상 세계가 이미 존재하기 마련이었다(물론 야한 롤플레잉 〈머드〉도 많았다).

〈디커머드〉 소스 코드를 사용하는 사람은 누구든 막대한 권리를 포기해야만 했다. 돈을 버는 목적으로는 이 코드를 사용할 수 없기 때문이다. 〈디커머드〉를 기반으로 만든 게임은 판매하거나, 구독을 요구하거나, 게임 내 아이템에 요금을 부과할 수 없었다. 그래서 1990년대에 일렉트로닉 아츠를 비롯해 무서운 기세로 성장하던 대기업들은 〈디커무드〉의 인기 있는 가상 세계를 넘보면서 어떻게 돈벌이에 활용해볼까 고민했지만, 코드를 처음부터 새로 짜야 한다는 현실에 아쉽게 돌아서야 했다. 리처드 게리엇은 이런 〈디커머드〉에서 강한 영감을 받아 1996년에 EA를 통해 자신의 유명 프랜차이즈인 〈울티마〉의 가상 세계 버전인 〈울티마 온라인〉을 선보였고 1999년에 소니 온라인 엔터테인먼트Sony Online Entertainment는 〈에버퀘스트〉라는 온라인 게임을 발매해 선풍적인 인기를 끌었다. 이 게임은 〈디커머드〉의 그래픽 버전이라고 볼 수 있었다.[3]

〈울티마 온라인〉와 〈에버퀘스트〉는 게임 업계에서 전례를 찾아볼 수 없던 수준의 중독성을 선사했다. 기존 RPG의 흥미로

---

3   이를 두고 약간의 논란이 있었다. 한 컨퍼런스에서 소니 측 개발자 한 명이 〈에버퀘스트〉
는 〈디커머드〉를 기반으로 했다고 말했지만, 〈에버퀘스트〉 제작진은 사실 〈디커머드〉
코드를 사용하지 않고 아이디어만 차용했기에 법적인 문제는 없었다.

운 레벨 루프에, 타인과 교류하는 온라인 활동을 결합한 이 게임들은 대규모 다중 사용자 온라인 롤플레잉 게임massive multiplayer online role-playing game(MMORPG)이라는 새로운 장르가 되었다. 식음을 전폐하고 빠져들게 만드는 장르였다. 전세계에서 마음이 맞는 플레이어들을 만나 친구가 되고 나면, 관계를 유지하고 다함께 윗레벨로 올라가기 위해 계속 게임을 해야 한다는 의무감을 느끼게 된다. 이 이유로 〈에버퀘스트〉는 웃기기보다 자조적인 어조의 '에버크랙EverCrack'[4]이라는 별명으로 불리기 시작했다.

하나의 장르가 될 정도로 사람들이 열광하면 게임 기업은 막대한 수익을 올릴 수 있다. 〈울티마 온라인〉과 〈에버퀘스트〉는 플레이를 계속 하는 사람들에게 월 단위 요금을 청구했다. 플레이어들이 게임 중독에서 벗어나기 전까지는 수백만 달러의 수입원이 유지된다는 뜻이었다. 21세기에 접어들면서 게임 업계의 모든 기업이 자체적인 MMORPG를 만들고 싶어했다. 가상 세계를 만든다는 리처드 바틀의 비전이 결실을 맺어, MMORPG로 완성되었다. **이 온라인 게임만 있으면 현실에서 도피해, 모두가 똑같은 계급으로 흥미로운 세계에 모일 수 있었다.** 매달 10달러씩 돈만 낼 수 있으면 어디서 태어났는지, 부모가 누구인지는 아무 상관없었다.

〈울티마 온라인〉과 〈에버퀘스트〉는 모두 수십만 구독자를 거

---

4   옮긴이_ 크랙(Crack)은 마약의 일종이다.

느리며 승승장구했지만, MMORPG가 진정한 주류 대열에 오르기까지는 몇 년이 더 걸렸다. 2004년 11월 23일, 〈스타크래프트 StarCraft〉와 〈디아블로Diablo〉라는 걸작을 만들며 급성장 중이던 블리자드 엔터테인먼트는 〈월드 오브 워크래프트〉라는 게임을 발매했다. 1990년대에 블리자드에 명성을 안겨준 전략 게임 시리즈 〈워크래프트〉를 기반으로, 〈월드 오브 워크래프트〉는 인간과 오크가 공존하는 가상 세계를 배경으로 했다. 플레이어는 인간이 이끄는 얼라이언스와 오크라고 하는 종족이 이끄는 호드 중 하나의 진영에 들어가야 한다. 진영을 선택하고 캐릭터를 만들고 나면 레벨업을 하고, 던전에서 퀘스트를 수행하며 전투를 치르고 자원을 얻는다. 그 과정에서 서서히 캐릭터 레벨을 높여가면서 초짜에서 실력자로 거듭난다. 길드에 가입하거나 화산심장부(보스들이 우글거리는 화산 던전이며, 일사불란하게 협동해야만 이길 수 있다)처럼 40명이 함께 하는 레이드에 합류할 수도 있다. 이 레이드에서 승리한 플레이어의 캐릭터에는 특별한 장비가 주어진다. 이제 〈월드 오브 워크래프트〉 서버에 있는 모두에게 이 장비를 자랑하고 다닐 수 있으며, 이것은 게임을 하면서 누릴 수 있는 주된 목표가 되는 일 중 하나다. 4명만 모여도 전술을 짜기 어려운 마당에 40명이 모인 레이드는 말할 것도 없다. 그래서 이런 레이드에서 승리하는 기분은 월드컵 우승처럼 짜릿했다.

〈월드 오브 워크래프트〉는 하나의 문화 현상으로 부상했다.

복잡한 인터페이스, 캐릭터가 죽었을 때의 가혹한 불이익 등 기존 MMORPG의 단점을 상당수 해결해서 새내기도 쉽게 게임을 배우고 즐길 수 있었다. 만화 스타일의 그래픽은 근사하면서도 저사양의 컴퓨터에서 부담 없이 실행됐다. 2008년 1월까지 이 게임은 천만 명이라는 압도적인 수의 구독자를 보유했고, 뉴스 기사와 방송에 끊임없이 언급되었다. 밀라 쿠니스Mila Kunis와 빈 디젤Vin Diesel 같은 연예인이 자신이 〈월드 오브 워크래프트〉에 중독되었음을 털어놓은 것도 이 게임이 게이머들만의 전유물이 아닌 일반 사람들의 평범한 취미라는 이미지를 얻는 데 큰 도움이 되었다. 전 세계 게임 회사 경영진은 〈월드 오브 워크래프트〉의 수익 창출 능력에 감탄했다. 게임 본품이 60달러에 확장판은 나올 때마다 40달러였으며, 캐릭터를 유지하려면 매월 15달러를 따로 내야 했다. 〈월드 오브 워크래프트〉 가입자가 천만 명 이상이기에 매월 1억 5천만 달러를 벌어들였다. 하지만 이것은 오로지 '게임 속 자신의 존재'를 유지하기 위해 내는 돈일 뿐, 게임 판매와 몇 년 뒤에 도입된 소액 결제까지 더하면 숫자는 더 어마어마했다. **주주들에게는 신이 내린 선물이자 황금 알을 낳는 거위나 다름없었다.**

극적으로 팀을 우승으로 이끈 전설적인 야구 선수가 보기에 MMORPG의 성공은 부자가, 본인의 말을 빌리면 '빌 게이츠 급 부자'가 될 기회처럼 보였다. 게임만 만들면 되는 일이었다.

■ ■ ■

커트 실링이 처음으로 MMORPG에 빠져든 때는 기나긴 야구 시즌이었다. 논란에 휩싸이기도, 아내와 다투기 싫었던 그는 출장 경기가 있을 때마다 동료들과 클럽이나 술집에 가지 않고 노트북을 챙겨 가서 호텔 방에만 붙어있었다. "출장 경기 중에 놀러 다니느라 결혼 생활을 망칠 생각은 없었습니다. 그래서 게임을 하면서 스트레스를 풀었죠." 실링은 〈하버드 비즈니스 리뷰〉의 2011년 비즈니스 사례 연구에서 이야기했다.[5] "15파운드(약 7kg)짜리 노트북을 가지고 출장을 다녔습니다."

그 중에서도 실링은 〈에버퀘스트〉를 가장 좋아하면서 자신의 명성을 이용해 게임 제작자인 소니 온라인 엔터테인먼트와 만남을 가지고, 샌디에이고 야구 팀 파드레스Padres와 경기를 하러 갈 때마다 샌디에이고에 있는 회사 오피스에 들렀다. 그는 개발자나 경영진과 대화를 나누면서 게임 제작의 세계를 들여다보곤 했다. 2000년대 중반에 야구 선수 생활이 막바지에 접어들면서 은퇴 후의 삶을 준비하기 시작한 실링은, 자신이 꿈꾸는 게임을 만들어보기로 결심했다.

[5] 노암 와서맨(Noam Wasserman), 제프리 버스강(Jeffrey J. Bussgang), 레이첼 고든(Rachel Gordon)이 저술한 〈하버드 비즈니스 리뷰〉 사례 연구를 보면 38 스튜디오 설립에 대해 자세히 알 수 있다.

자신이 〈월드 오브 워크래프트〉를 타도하는 역대 최고의 MMORPG를 만들 거라고, 최첨단 그래픽과 깊이 있는 스토리의 게임으로 고개를 내젓는 사람들까지 홀려버릴 게임을 만들겠다고 이야기하고 다녔다.

2006년 초의 어느 날 밤, 〈하버드 비즈니스 리뷰〉에 따르면 실링은 친구들과 온라인 게임을 하고 있었다. MMORPG에서 만난 친구들도, 게임 업계에서 만난 친구들도 있었다. 그렇게 게임을 즐기던 중, 그는 자신이 게임 회사를 세우겠다고 선언했다. 들어오고 하고 싶은 사람 있으십니까? 그날 밤, 그의 온라인 친구 여섯 명이 실링이 세울 회사의 첫 직원이 되기로 약속했다. 회사 이름은 원래 그린 몬스터 게임Green Monster Games이라고 지었다가, 이후 실링의 등번호를 따서 38 스튜디오로 바꾸었다. 그 후로 몇 달 동안 실링은 직원을 소니 온라인 엔터테인먼트에서 직접 채용했다. 그 중에서도 〈에버퀘스트〉 개발에 참여했던 사람들을 최대한 많이 데려오려고 특히 노력했다.

실링은 야구 팀에서와 마찬가지로 최고의 인재를 확보하는 것이 성공의 길이라고 생각하면서 파격적으로 두 인물을 영입했다. 만화가 토드 맥팔레인Todd McFarlane과 판타지 작가 R.A. 살바토레R. A. Salvatore였다. 소소하게 시작해서 차차 규모를 확장하는 것은 그의 성미에 맞지 않았다. 그는 지금 당장 〈월드 오브 워크래프트〉를 내놓고 싶었다. 그래서 **처음부터 5백만 달러를 투자하면서 '유토피아'**

같은 회사를 만들겠다고 선언했다. 게임을 만드는 것이 9시에 출근해서 5시에 퇴근하는 그저 그런 직업이 아니라 마치 자신이 메이저 리그에 입성한 것처럼 느껴지는 일터를 만들고 싶었다. 회사 대표는 게임 업계의 베테랑 브렛 클로즈Brett Close였으며 그는 실링이 법인 차량 제공, 직원들과의 수익 반반 공유 같은 원대한 포부를 펼치지 못하게 막아야 했다. 그래도 복지는 여전히 최고 수준이었다.

게임 업계에 대해 조사하면서 실링은 MMORPG가 일방적인 싱글 플레이어 게임보다 훨씬 개발하기 어렵다는 사실을 배웠다. 우선 네트워크와 온라인 서버 유지만 담당하는 개발 팀이 필요했다. 그래야 플레이어들이 렉 없이 게임에 접속할 수 있었다. 게임 제작 범위도 생각해 플레이어가 매달 돈을 내고 특권을 누리게 하려면 가격에 걸맞은 콘텐츠를 제공해야 했다. 2000년대 중반의 일반적인 싱글 플레이어 게임은 플레이 시간이 10~25시간 정도면 큰 불만이 나오지 않았다. 하지만 MMORPG는 끝도 없이 이어지는 기분이 들어야 했으므로, 수백 시간 분량의 콘텐츠가 필요했다. 그러려면 작가, 아티스트, 디자이너를 엄청나게 채용해야 했다. 게다가 개발을 하다 보면 찾아오는 복잡한 난관도 해결해야 했다. 보통 프로 야구 선수들은 고등학교 시절에 두각을 보이고 그 능력으로 대학을 진학하고 실력을 계속 쌓아 마이너 리그를 거쳐 마침내 메이저 리그에 진출한다. 제 아무리 화려한 아티스트와 작가 군단을 거느렸더라도 실링이 경험도 없이 MMORPG 개발에 뛰어드는 것은 뒷마당에서 야구 방망이나 휘둘러본 사람이 곧장 메이저리그 팀 뉴욕 양키스에 입단하는 격이었다. 한 마디로 정말 말도 안 되는 일이었지만 커트 실링에게는 특유의 허세가 있었다.

실링은 투지와 인내로 전설이 된 인물 아닌가.

그가 심심찮게 언론에 시비를 거는 경솔하고 시끄러운 성향의 야구 선수라고 보는 사람도 많았지만, 그는 2004년 메이저리그 포스트 시즌에 최고로 빛나는 활약을 보인 적이 있다. 당시 실링은 부상당한 발목으로 시합에 나섰다. 레드삭스는 이미 3대 0 승리를 거두고 온 양키스를 상대로, 아메리칸 리그 챔피언십 시리즈 6차전에서 3대 2의 점수차로 경기를 벌이고 있었다. 승리의 순간이 코앞으로 다가왔을 때, 발목 부상이 악화될 대로 악화된 나머지 실링이 신고 있던 양말이 피로 물들었다. 결국 레드삭스는 숙적인 양키스를 물리치고 월드 시리즈에 출전했다. 닷새 뒤, 세인트 루이스 카디널스St. Louis Cardinals와의 월드시

혼신의 투구, 부상 투혼, 영웅의 탄생을 위한 완벽한 시나리오였다.

리즈 2차전에서 실링은 다시 투수로 나섰다가 수술 부위의 봉합선이 터지는 바람에 또 한번 양말이 피로 물들었다. 그리고 소속 팀 레드삭스는 1918년 이후 처음으로 우승을 거머쥐었다.

커트 실링의 핏빛 양말은 그렇게 사람들의 뇌리에 각인되었다.

그후 실링은 뭐든 할 수 있는 기분이었다. 그래서 배워본 적도, 경험해본 적도 없는 MMORPG 게임 개발도 해낼 수 있을 것 같았다. 실링이 야구장을 떠난 2008년에 38 스튜디오에서는 개발자 60명 이상이 MMORPG를 만들고 있었다.[6] 그 후로도 몇십 명을 더 고용했다. "정신나간 성장세였죠." 톰 앙은 말했다.

다만 이런 성장세에서도 한 가지 문제가 있었다.

회사는 새로 들인 사람들에게 당장 줄 돈을 찾아야 했다. 이때까지도 38 스튜디오에 직접 자금을 투자하고 있던 실링은 투자를 유치하기 위해 사람들을 만나고 다녔지만, 대부분 투자보다는 야구 선수로서 실링을 만난다는 잿밥에 관심이 있었다. 게임 업계는 투자처로 보았을 때 평범한 조건에서도 충분히 조마조마하다. 하물며 게임 개발 경험도 없이 제 2의 〈월드 오브 워크래프트〉를 만들겠다며, 운동 선수가 돈을 펑펑 써서 세운 신생 기업은 투자처로서는 너무 리스크가 컸다.

38 스튜디오의 제안을 받은 벤처 투자자 토드 다그레스Todd Dagres는 이후 〈보스턴Boston〉지에서 제이슨 슈워츠Jason Schwartz 기자에게 실링이 열정은 있지만 자신감이 지나친 듯 보였다고 말했다. 실링은 업계 경력이 있는 경영진과 책임자들을 주변에 뒀지만

---

6   정확하게 말하면 커트 실링은 2009년 3월에 은퇴했지만 그는 부상으로 2008년 시즌에 활동하지 않고 38 스튜디오 일에 전념했었다.

회사를 이끄는 사람은 여전히 실링 본인이었고, 그가 경험이 없다는 사실이 너무나도 선명하게 드러났다. **"실링은 CEO가 아니었지만 회사 일에 상당히 깊게 관여하고 자율성을 보장해야 하는 곳도 손수 지휘했습니다."** 다그레스는 말했다. "저는 좀 불안했어요." 38 스튜디오에는 투자자들이 경계심을 가지게 만드는 요인들이 있었다. 우선 최고 운영 책임자 빌 토마스^{Bill Thomas}는 게임 업계에서 일해본 적이 없었다. 그는 실링의 처남이었다. 실링의 아내도 이사로 등재되어 있었고, 장인 어른은 38 스튜디오의 IT 부서에서 일했다.

새로 많은 사람을 들이고 인심 좋게 복지를 챙겨주느라, 2009년 무렵에는 회사에 들인 돈이 실링이 처음 생각했던 투자액인 5백만 달러를 훌쩍 넘어 있었다. 새 투자자를 찾을 수도 없고 회사를 닫고 싶지도 않은 실링은 어마어마하게 쌓아 둔 재산을 소진해가며 38 스튜디오를 계속 확장했다. 2009년 3월에 그는 회사에 큰 도움이 될 수 있지만 지출액을 더 늘려야 하는 기회를 마주했다. 상황이 여의치 않은 게임 유통사 THQ가 보유하고 있던 빅휴즈게임즈^{Big Huge Games}를 매각하고 싶어했던 것이다. 메릴랜드 주 발티모어 외곽에 있는 제작사였다. 38 스튜디오의 임원이자 게임 업계의 베테랑이면서 빅휴즈게임즈즈 공동 설립자들과 친구였던 제니퍼 맥린^{Jennifer MacLean}이 실링에게 인수를 권유했다.

근거는 타당했다.

실링은 직원들과 잠재 투자자들에게 2011년 가을에 MMORPG를 내놓을 예정이라고 말하고 다녔다. 하지만 38 스튜디오의 게임 제작진 중 어느 누구도, 지금의 작업 속도로 그 일정을 맞출 수 있다고는 생각하지 않았다. 메릴랜드에서는 빅휴즈게임즈가 싱글 플레이어 RPG를 개발 중이었다. 38 스튜디오가 빅휴즈게임즈를 인수하면 그 RPG를 가져와서, 38 스튜디오가 MMORPG를 위해 개발 중이던 아말러라는 세계관에 포함시킬 수 있었다. 그러면 우선 싱글 플레이어 RPG를 발매해서 플레이어들에게 MMORPG에 대한 기대감을 심어주고, 현재 회사에 절실하게 필요한 수익을 창출할 수 있었다. "저희 책임자들과 함께 빅휴즈게임즈의 작업을 살펴보았습니다." 톰 앙은 말했다. "괜찮더라고요. 아트워크가 훌륭했어요. 확실히 될 것 같은 게임이었습니다."

2009년 5월 27일, 38 스튜디오는 빅휴즈게임즈를 인수하고 직원 70명이 잔류한다고 발표했다(몇십 명은 해고했다). 2009년 말에 그들은 EA와 계약을 체결하고 〈킹덤 오브 아말러: 레코닝 Kingdoms of Amalur: Reckoning〉을 발매했다. EA가 제작에 3500만 달러를 투자하기로 약속한 덕분에 실링은 자기 돈을 쓰지 않고도 빅휴즈게임즈 직원들에게 임금을 지급할 수 있었다.

하지만 MMORPG 〈코페르니쿠스〉는 아직도 투자자나 유통사가 없이 실링의 돈을 매일 같이 빨아들이고 있었다.

실링은 매사추세츠에 있는 38 스튜디오 본사로 돌아오자 어마어마한 게임을 만들어야 한다는 부담감이 커졌다. 〈월드 오브 워크래프트〉는 새 패치와 확장판을 줄줄이 공개하면서 날로 성장하고 있었고, 다른 MMORPG들도 안정적으로 시장에 진입하고 있었다. 스퀘어 에닉스Square Enix의 〈파이널 판타지 XIVFinal Fantasy XIV〉, EA의 〈스타워즈: 구 공화국Star Wars: The Old Republic〉 등이 새로운 대작으로 기대를 받았다. 이 게임들과 경쟁하려면 〈코페르니쿠스〉의 세계관을 계속 더 발전시켜야 했고, 개발 팀은 확장 작업을 멈출 수 없었다. 38 스튜디오는 〈코페르니쿠스〉의 새 지역, 새 직업, 새 능력, 새 인종을 추가했다. 그럴 때마다 시간과 돈이 추가로 들어갔다. 개발자가 게임에 새로운 것을 더할 때마다 전체적인 세계관에 잘 어울리고 플레이했을 때 재미있는지 하는 테스트 작업도 추가되었다. "계속 규모를 키웠습니다." 톰 앙은 말했다. "그렇게 세계를 넓힐 때마다 우리는 이렇게 말했어요. '깊이가 부족해.'"

이들은 여러 선수에게 귀감이 되는 만큼, 대책 없는 인물인 실링의 말에 고무되었다. 실링은 38 스튜디오와 그의 비전을 따르는 사람들을 식구라고 불렀고, 야구장에서 그랬던 것처럼 사무실에서도 좋은 지도자였다. 직원들은 그를 주장이라고 불렀다. "정말 큰 사람이었어요. 아우라가 느껴지는 그런 사람이었죠." 38 스튜디오에서 일했던 앤디 존슨Andy Johnson은 말했다.

"그가 부르면 기꺼이 전장에 따라 나갈 만한 인물이었습니다."

하지만 실링은 그 전까지 사업을 해본 적이 없는 사람이란 점은 그의 모든 말이나 행동에서 분명하게 드러났다. 초기에는 모든 직원이 야구 팀처럼 교대 근무를 하자고 제안하기도 했다. 15일 연속으로 출근한 다음 닷새 동안 쉬자는 것이었다. 경영진은 이 아이디어를 바로 퇭겨냈다. 그는 종종 이메일을 보내거나 즉흥적으로 제안을 해서 직원들에게 커다란 일거리를 안겼다. 실링이 '날아다니는 탈 것을 타고 전투를 하면 멋있겠다' 같은 말을 하면 직원들은 하던 일을 일제히 멈추고 디자인 문서를 새로 작성해야 했다. "이제 디자인 회의에 불쑥 들어가서 '내가 좋은 아이디어가 있는데'라고 말을 꺼내면 안된다는 걸 알죠." 실링은 〈하버드 비즈니스 리뷰〉에서 말했다. "그러면 또 새 일이 시작되고 돈이 나가니까요. 직원들은 그 아이디어가 먹히지 않을 거라고 확신하는데도 말입니다."

실링이 게임 개발 초기에 〈코페르니쿠스〉 플레이 가능한 켄타우로스 캐릭터를 만들어야 한다고 집착을 보이기도 했다. 디자이너와 아티스트 들은 반인반수는 탈 것에 타지 못하고 문을 통과할 수도 없다고 설명하면서 그를 설득하려 했지만, 실링의 고집이 여간 세지 않았다. 커트 실링은 〈코페르니쿠스〉에 한계가 없어야 한다고 생각했다. 이 게임은 정말 그의 꿈이었다. 2010년 초에 그는 자비 3천만 달러를 38 스튜디오에 투자했고, 친구들로부터 소소하게 투자를 받기도 했지만 〈코페르니쿠스〉를 세상에 내놓으려면 훨씬 큰 돈이 필요하다는 것을 알았다. 실링은 여전히 이 게임을 〈월드 오브 워크래프트〉의 대항마라고 홍보하면서 나날이 큰 목표를 세워 갔다. 그냥 MMORPG가 아니라 프랜차이즈가 될 것이라고 하면서 파생 상품 출시, 브랜드들과의 거래는 물론 TV 방송까지 이야기했다. 그는 이 게임을 통해 빌 게이츠 수준의 부자가 되어 인류를 위한 목표를 추구할 것이라고 했다.

실링은 투자자들에게 연거푸 거절을 당하면서도 주변 사람들에게는 항상 38 스튜디오에 문제가 없다고 주장했다.

아무렴 그는 피로 물든 양말을 신고 월드 시리즈에서 승리한 인물 아닌가. 열심히 일하고 인내하기만 하면 다 잘될 일이었다. 커트 실링의 인생은 늘 그렇게 풀려왔다.

■ ■ ■

미국에 있는 작은 주 로드아일랜드가 **어려움을 겪던 시절, 실링은 이곳 주지사 도널드 카시어리**Donald Carcieri**를 만났다.** 카시어리는 경제가 무너지고 있는 로드아일랜드 주를 다시 살려내겠다고 약속하면서 2003년에 당선된 말을 아주 잘하는 공화당원이었다. 하지만 몇 년이 지나도 그는 그 약속을 지키지 못했다. 로드아일랜드의 실업률은 미국 내 최악의 수준인 12퍼센트까지 치솟았다. 여기에 2008년 미국 경제 위기가 덮쳐 경제는 만신창이가 됐다.

카시어리는 자신의 원대한 약속을 지키려면 과감한 수를 두는 수

밖에 없다고 생각했다.

2010년 3월 6일, 커트 실링은 매사추세츠 주에 있는 자신의 사유지에서 제 2차 세계대전 다큐멘터리 모금 행사를 열었다(실링은 2차 세계대전 애호가로 역사적인 수집품들을 소장하고 있었다. 그의 소장품 중 가장 논란이 된 것은 나치 제복이었다.). 그는 카시어리를 비롯한 지역 내 유력 인사들을 초청했고, 두 사람은 38 스튜디오에 대한 이야기를 시작했다.[7] 실링은 자신의 회사를 키우고 싶다고 말하면서 매사추세츠 주가 세금 혜택이나 재정적 지원을 제안하지 않았다고 한탄했다. 카시어리는 게임에 대해 아는 것이 없었지만, 38 스튜디오가 매사추세츠를 버리고 짐을 싸서 로드아일랜드로 넘어온다는 발상은 마음에 들었다. 커트 실링은 뉴잉글랜드의 영웅이니 거대한 매사추세츠 주에 있던 영웅의 회사를 자그마한 로드아일랜드 주로 가져온다면, 카시어리는 그 이전이 자신에게 짜릿한 성공을 안겨줄 것만 같았다. 카시어리는 계속 연락을 하기로 약속하며 파티장을 떠났고, 로드아일랜드에 기술 단지를 짓는다는 꿈에 부풀었다. **38 스튜디오를 중심축으로 하는 동부의 실리콘밸리가 탄생하는 것이다.**

---

7   도널드 카시어리는 38 스튜디오와 손잡는다는 아이디어를 이 자리에서 처음 생각했다는 입장을 고수하지만, 법원 서류에 따르면 그보다 몇 달 전 로드아일랜드의 다른 고위급 인사들도 38 스튜디오 최고 임원들과 접촉했었다고 한다. 이 사실은 이후 진행됐던 소송에서 중요한 논쟁거리였다.

실링에게 돈이 절실했을 때 카시어리는 로드아일랜드 경제개발청을 통해 이른바 일자리 창출 보증 프로그램을 만들어 돈을 대주었다. 또한, 로드아일랜드는 38 스튜디오에 거액의 대출 보증을 서 줄 수도 있었다. 실링은 그 대가로 38 스튜디오를 3년 안에 로드아일랜드로 이전하고 일자리 450개를 새로 만들기로 약속했다. 정부의 막대한 지출을 종종 비판하던 실링을 안다면 그가 정부와 이런 거래를 하는 것은 다소 어색해 보일 수 있지만, 회사 자금을 위해서 실링은 더욱 강하게 카시어리에게 게임을 완성하려면 7500만 달러가 필요하다고 말했고, 카시어리는 문제없다고 말했다.

그 후로 몇 달 동안 38 스튜디오 임원 여럿이 매사추세츠 메이나드에서 차로 90분 떨어진 로드아일랜드 프로비던스에 가서 경제개발청 책임자들에게 이것이 현명한 투자라고 설득했다. 그러나 38 스튜디오가 제시한 약속은 너무 과장된 내용이 많았다. 한 슬라이드쇼 프레젠테이션에서 그들은 RPG 신작을 2년에 하나씩, '온라인 게임' 신작을 4년에 하나씩 발매할 것이라고 주장했다. 최고로 노련한 개발자들만 모아 놔도 그런 속도를 내기는 불가능할뿐더러, 이 회사는 아직 게임을 하나도 내놓지 못한 상태였다(워렌 스펙터는 자신이 만든 모든 게임에 개발 기간이 3년 걸렸다고 말하고 다녔다. 21세기에 발매되는 고예산 게임 중 제작 기간이 그보다 짧은 경우는 찾아보기 힘들다. 온라인 게임에는 기간이 두 배로 든다).

로드아일랜드 관료들은 아마도 커트 실링의 매력에 홀려버렸는지 38 스튜디오의 주장을 그대로 받아들였다. 그리고 7월, 계약은 체결되었고 은행 대출 7500만 달러가 승인되었다. 앞으로 10년 동안 갚아야 할 돈이었다. 로드아일랜드 하원 의장 고든 폭스Gordon Fox는 이후 〈뉴욕타임스〉에서, **실링의 허풍에 자신과 다른 로드아일랜드 정치인들이 어느새 설득당해서 이것이 올바른 길이라고 생각하게 되었다고 털어놓았다.** "그 당시 우리 주 실업률이 당장이라도 13~14퍼센트가 될 수 있다고 했습니다." 폭스는 기사에서 말했다. "그리고 주민들은 외치고 있었습니다. '우리에겐 새로운 일이 필요하다, 지금 당장 일자리가 필요하다'라고."

하지만 로드아일랜드 사람들이 전부 이 의견에 동의하지는 않았다. 무소속으로 로드아일랜드 주지사 선거에 출마했다가 떨어진 (카시어리의 임기가 연장되었다) 정치인 링컨 체이피Lincoln Chafee는 2010년 8월 6일자 서신에서, 38 스튜디오 투자 약속을 연기해달라고 주 정부에 요청했다. 그는 이 투자에 어떤 위험이 있는지 지적하면서, 그렇게 훌륭한 기회라면 매사추세츠가 38 스튜디오를 붙잡기 위해 다른 제안을 하지 않았을 리 없다고 주장했다. "이렇게 융자가 어렵고 자기 자본을 찾기 힘든 상황에서, 로드아일랜드는 왜 다른 기업을 고려하지도 않고 38 스튜디오로 결정을 내려버리는 것입니까" 체이피는 이렇게 썼다. "저는 7500만 달러 대출 보증의 효용에 대해 상당한 관심과 활동이 있어야 할 것입니다. 제가 보기에 38 스튜디오와의 거래는 처음부터, 우리 주지사와 커트 실링의 우연한 만남에서 시작된 자기실현적 예언[8]이었습니다."

하지만 너무 늦었다. 이미 대출은 진행되었다.

실링과 경영진은 2010년부터 말부터 2011년 초까지 39 스튜디오 직원들에게, 계약이 체결될 것이고 회사에 자금이 생길 것이라고 몇 차례 이야기했다. 실링은 늘 사람들에게, 모든 직원에게 모든 것을 투명하게 공개해야 한다고 말했다. 그는 직원이 회사 사정을 전부 알고 있기를 바랐고, 전체 회의를 몇 번이고 열면서 상황을 최대한 설명하려고 했다. 한 시간 반 거리의 로드아일랜드로 사무실을 이전해야 하지만, 이것은 모두의 재정적 안정을 위한 것이라고 알려주었다.

직원들이 로드아일랜드로 이사를 준비하는 동안, 실링과 경영진은 개발자들에게 가족을 타운홀 미팅에 데려오라고 말했다. 그 자리에서 궁금한 점을 물어보면 회사가 걱정이 해소되도록 모두 설명해주겠다는 것이었다. 직원 배우자들은 매사추세츠에 집을 사서 정착한 사람들은 어떻게 해야 하는지 궁금해했다. 실링과 경영진은 이주 프로그램을 만들겠다는 거창한 약속을 했다. 이사 비용은 회사가 지원한다고 했다. 무엇보다도, 매사추세츠에 집이 있지만 처분하지 못하는 직원은 그 집을 38 스튜디오에 넘길 수 있었다. 집을

---

8   옮긴이_ 사회심리학적 현상의 하나로, 누군가 어떠한 일이 발생한다고 예측하거나 기대하는 것인데, 이러한 예측 혹은 기대가 실현되는 것은 순전히 자신이 그렇게 될 것이라고 믿고서, 행동을 믿음에 따라 맞춰가기 때문이다.

사겠다는 사람이 나올 때까지 회사가 모기지 대금을 부담하겠다고 했다. 그러니까 직원들은 잃을 것이 없다는 뜻이었다.

38 스튜디오에 입사하면서 호숫가 집을 산 톰 앙은 로드아일랜드로 사무실이 이전한 다음에 매일 한 시간 반씩 운전을 해가며 출근하고 싶지 않았다. 하지만 그는 모기지 대출금 잔액이 자산 가치보다 높았다. 괜찮은 가격에 집을 사겠다는 사람도 없었다. 그러니 38 스튜디오와의 거래는 난감한 상황을 벗어나는 완벽한 기회 같았다. 앙과 그의 아내는 집을 회사에 팔고 로드아일랜드로 이사할 계획을 세웠다. 이 거래는 본전치기였지만, 지난 몇 년간의 주택 시장 상황을 생각하면 이것도 작은 기적 같았다.

실링의 말에 따르면 38 스튜디오는 160 가족의 이사 비용으로 320만 달러를 썼다. 하지만 이제 돈이 있지 않은가. 몇 년 동안 투자자를 찾지 못했던 38 스튜디오는 이제 로드아일랜드라는 자그마한 주 덕분에 현금이 차고 넘쳤다. 실링이 보기에 모든 직원이 함께 지역을 옮기려면 이런 이주 프로그램밖에 방법이 없었다. 직원들에게도 좋은 거래였고, 톰 앙에게는 더할 나위 없었다. "직원들이 이런 질문도 했었어요. 어떻게 모든 직원에게 그 돈을 다 대줄 수 있냐고요." 앙은 말했다. **"'우리에겐 이제 7,500만 달러가 있다'는 답이 돌아오더군요."**

2011년 4월 8일, 38 스튜디오는 메이나드에서 프로비던스로 정식 이전했다. 그들은 원 엠파이어 플라자One Empire Plaza를 주소지로 둔 6층 건물을 임대했다. "다들 건물을 보면서 완벽하다고 입을 모았습니다." 톰 앙은 말했다. "(엠파이어라는 건물 이름처럼) 우리도 우리의 제국을 세우는 거라고요." 개발자들 상당수가 프로비던스를 좋아하기 시작했다. 산책하기 좋은 길이 많은 작지만 매력적인 도시였다. 시내에 있는 사무실에서 술집이나 레스토랑까지 걸어가서 느긋하게 점심을 먹거나 퇴근 후 시간을 즐길 수 있었다. 사무실 자체는 호화로운 놀이터로, 냉장고마다 먹거리가 가득 차 있고 토드 맥팔레인의 아트워크를 바탕으로 만든 조형물들이 전시되어 있었다. "미친 것 같았죠." 38 스튜디오의 전 직원 한 명은 이렇게 말했다. **"게임 회사에 다니면서 받아본 최고의 대우였습니다."**

개발자들은 2011년 내내 〈코페르니쿠스〉를 제작하면서 로드아일랜드에 적응해갔고, 회사는 점점 성장해갔다. 차관계약서에는 38 스튜디오가 12개월 안에 로드아일랜드에서 새 일자리 125개를 만들어야 한다고 규정되어 있으며(다음 해에는 새 일자리 175개, 그 다음 해에는 다시 150개), 채용 담당자들은 새 디자이너, 아티스트, 개발자를 서둘러 채용하느라 크런치 모드에 시달렸다. 새로 들어온 직원들은 38 스튜디오를 좋아했고, 앙이 처음 그랬던 것처럼 회사 복지에 매료되었다. "저는 38 스튜디오에서 일하는 게 정말 좋았어요." 2011년에 입사했던 피트 파케트Pete Paquette는 말했다. "사람들은 업계 최고의 인재들이었고, 저는 남은 평생 로드아일랜드에 살면서 남은 커리어를 이 회사에 모두 바칠 준비가 되어있었습니다."

하지만 원 엠파이어 플라자가 보이는 것처럼 안정적이지 않다는 것은 누구든 조금만 유심히 살펴보면 알 수 있었다. 끊임없이 새 직원을 뽑고, 멋들어진 복지를 제공하고, 직원들의 모기지 대금을 **내주느라 38 스튜디오는 매달 몇백만 달러씩 밑 빠진 독에 돈을 붓고 있었다.** 아직 발매된 게임도 없고 수입은 한 푼도 벌어본 적 없지만 로드아일랜드에서 빌린 대출금 상환도 바로 시작해야 했다. 나중에 나온 보고서를 보면, 38 스튜디오는 2011년 내내 매달 4백만 달러 이상을 지출하면서 대출금 전액을 1년만에 써버렸다. 법원 문서를 보면 38 스튜디오는 로드아일랜드가 실행 대출금 7500만 달러 중 4900만 달러만을 받았다. 은행은 커트 실링에 대한 실망으로 잔액을 지급하지 않고 있었다.

회사를 유지하려면 실링에게는 돈이 더 필요했다. 38 스튜디오는 두 게임을 모두 제작 중이었다. 메릴랜드에 있는 빅 휴즈 게임즈는 〈킹덤 오브 아말러: 레코닝〉을, 로드아일랜드에서는 〈코페르니쿠스〉를 맡았다. 실링은 계속 새 투자자들을 찾아 다녔다.

몇 년째 대대적인 투자 유치에서 고배를 마셔오면서 이제 그의

퀘스트는 현실성이 없어 보이기도 했지만, 실링은 진심을 다하면 꿈을 이룰 수 있으리라는 믿음을 버리지 않았다.

아직은 투자자들이 가능성을 알아보지 못했지만 언젠가는 알아봐 줄 것이었다. "저는 그런 식으로 단련해왔습니다." 실링은 〈보스턴〉 지와의 인터뷰에서 질문을 받고 말했다. "이것이 제가 야구를 그만큼 할 수 있었던 비결 중 하나라고 생각합니다. 저는 다른 사람들이 믿지 않는 것을 믿게 만드는 상황에 있어봤어요."

실링은 지출을 줄일 생각은 절대 하지 않았다. 그는 38 스튜디오 직원들을 가족이라고 생각했다. 가족. 그는 직원들과의 회의에서도 이 단어를 즐겨 말했다. 실링은 직원들의 이적을 막으려면 최고의 대우를 해주는 수밖에 없다고 생각했다. "우리보다 직원을 진심으로 아끼는 회사는 없다고 직원들이 느낄 수 있도록 할 수 있는 일은 뭐든 했습니다." 실링은 이후 보스턴 WEEI-FM 라디오 방송에서 말했다. "우리 같은 팀을 만들려면 그 방법이 유일했습니다."

38 스튜디오에 로드아일랜드로 이전하고 석 달 뒤에 입사한 제니퍼 밀스Jennifer Mills는 입이 다물어지지 않았다. 대학을 졸업하고 첫 직장으로 38 스튜디오에 들어온 그녀는 이 회사의 매력에 빠져버렸다. 첫 출근 기념으로 새 동료들에게 인사를 다니는 그에게 사람들은, 직원들에게 이렇게 잘해주는 게임회사는 없다고 얘기했다. 모든 게임 회사가 이렇게 훌륭한 아티스트를 많이 고용하고 복지를 두둑하게 챙겨주지는 않는다. "모두들 저와 악수를 하면서 그러더

라고요. '여기가 첫 직장이라고요? 처음부터 너무 단맛을 봐 버렸네요. 이렇게 좋은 직장은 다시는 못 볼 거예요." 밀스는 말했다. "회사 분들 실력을 보고 넋이 나갈 정도였어요."

그들이 만든 게임은 근사해 보였다. 중세의 성은 황홀하고, 주변 환경 표현은 생생했다. 거대한 폭포, 고대 조각상, 험준한 산, 아슬아슬한 녹색 네온 조명만이 켜진 위협적인 지하 도시가 있었다. 밀스는 3D 모델과 환경 요소들에 색을 입히는 텍스처 아티스트였다. 그래서 〈코페르니쿠스〉의 레벨을 예쁘게 꾸며주는 풀, 나무, 바위, 건축물에 색을 입혀야 했다. 처음에는 환경 텍스처 디자이너로 입사했지만 몇 달 만에 인턴 한 명을 두게 되었고, 인턴은 몇 명으로 늘어났다. 밀스는 1년이 채 안 되어 책임자로 승진했다. 보통은 경력이 훨씬 많은 사람에게 주어지는 직책이다. 이후 38 스튜디오를 **둘러싼 풍문이 돌 때 어디에서나 들리는 말은 승진이 마구잡이로 이뤄졌다는 것이었다.** 하지만 밀스는 스스로 그 자리에 올라갈 자격이 있는 유능한 아티스트라고 생각했다. "적어도 저희 팀의 승진은 마구잡이가 아니었어요." 밀스는 말했다. "승진을 했으면 그럴 자격이 있었던 거죠. 저는 몸을 갈아가면서 일했습니다."

문제는 그 직책에 걸맞게 연봉이 올라가지 않았다는 것이다. 2012년 초에 그녀는 승진을 했지만, 임금 인상은 승인되지 않았다고 통보 받았다. **"임금이 동결되었고, 지출을 늘리는 것이 아예 금지되었습니다."** 밀스는 말했다. "저는 회사가 재정적으로 신중을 기하려고 한다고 생각했었습니다." 하지만 밀스는 몰랐다. 임금 동결은 보통 불길한 조짐이라는 것을. "저에게는 첫 직장이다 보니 그게 겉으로 드러난 것보다 더 나쁜 소식이라는 것을 모르고 순진하게 있었던 것 같습니다."

칙칙하던 회색 모델을 아름다운 황금빛으로 칠하는 밀스의 작업처럼, 38 스튜디오는 휘황찬란한 외양으로 추한 현실을 감췄다. 황금빛 칠이 벗겨지는 건 이제 시간 문제였다.

■ ■ ■

2011년 크리스마스 앤디 존슨과 그의 가족은 이삿짐을 쌌다. 애리조나주 피닉스에서 새 직장 38 스튜디오가 있는 로드아일랜드주 프로비던스로 멀리 떠나는 길이었다. 존슨은 다양한 게임을 선보이는 게임 유통사 THQ에서 6년 동안 일했지만 회사의 아슬아슬한 재정 상태에 불안했다. 경영진이 바뀌고, 주가가 폭락하고, 동료들이 갑자기 해고를 당하는 것이 일상이었다. "석 달 동안 함께 일한 동료에게 이메일을 보냈는데 그 이메일이 반송되는 겁니다." 존슨은 말했다. 자신의 일자리도 위태롭다는 것을 안 존슨은 몇몇 회사에 지원했다가 38 스튜디오에서 연락을 받았다. 그들은 새로운 MMORPG를 곧 발매할 계획이라서 현지화 팀이 필요하다고 했다(현지화는 게임을 여러 언어와 국가용으로 발매할 수 있도록 준비하는 업무를 말한다). 존슨은 몇십 년째 현지화 일을 해왔다. "어차피 곧 해고될 테니 딱 좋은 시기라고 생각했습니다." 그는 말했다. "하지만 사실은 혹 떼러 갔다가 혹을 붙여 오는 꼴이었죠."

존슨은 2012년 1월에 원 엠파이어 플라자에 도착해서, 38 스튜디오 경영진과 개발자들에게 자신을 소개했다. 그들은 가을에 〈코페르니쿠스〉를 발매하기 위해 존슨이 인력을 충원하고 현지화 팀을 꾸려주기를 바랐다. "저는 디자이너들과 이야기하면서 게임의 규모와 상태에 대해 물어보았습니다." 존슨은 말했다. "디자이너들이 게임 제작 상황을 제대로 모르고 있다는 게 제법 확실했죠." 그는 게임 구역마다 번역해야 단어 수를 기준으로 일정을 짜보았다. "당시 상태로는 1년이 필요했습니다." 존슨은 말했다. 백번 양보해도 2012년 안에 〈코페르니쿠스〉를 발매하는 것은 불가능했다.

그 다음 주에 존슨은 38 스튜디오 부사장 한 명에게 일정을 보여주었다. 그는 집무실 문을 닫고 이 일정을 본 사람이 또 누가 있는지 물었다. "입사 둘째 주 월요일이었습니다. 그 때부터 모든 일이 터무니없이 흘러갔습니다." 존슨은 말했다. 이 소식을 들은 다른 부사장과 임원들이 존슨을 찾아와 그가 세운 일정에 대해 물었다. "사람들이 제 사무실에 찾아와서 말을 걸기 시작했습니다. '이 파일이 뭔가요? 이게 뭐죠? 이거 누구한테 보여주셨어요? 저도 좀 보여주세요.'" 존슨은 말했다.

"똥을 밟았구나 싶었죠. 저는 일을 할 수 있게 규모, 범위, 예상

기간을 조사한 **것뿐이었습니다. 그런데 거대한 비밀이라도 밝혀낸 기분이 들었습니다.**"

그리고 앤디 존슨은 기겁하기 시작했다. 기껏 가라앉는 배에서 탈출해온 곳이 또 가라앉는 배였단 말인가? 아직 38 스튜디오에 위험할 정도로 자금이 부족한 상태라는 것은 몰랐지만, 커트 실링 바로 아래 사람들이 제 기능을 하지 못한다는 기분은 들었다. 개발자들이 두둑한 복지와 연봉을 받고 동료들과 정답게 지내면서 신나게 게임을 만드는 동안, 위에 있는 경영진은 〈왕좌의 게임〉[9]의 현실판을 찍고 있었다. 임원들 중 상당수는 아직 존재하지도 않는 사업을 맡았다. 실물로 나올 파생 상품, 장차 나올 아말러의 세계관을 위한 외부 라이선스 사업 등을 담당하면서 각자의 영역을 두고 다투곤 했다. "서로 대화도 안 하고 불신에 가득 찬 팀들도 있었습니다." 존슨은 말했다. 함께 똘똘 뭉쳐있지 않고 여기저기 금이 가 있었습니다." 38 스튜디오 부사장들은 존슨이 말한 '제국 건설'에 참전해서 각자의 팀을 늘리고 영역을 확장하기 위해 싸웠다. 그리고 모두가 커트 실링에게 승승장구하는 모습을 보여주기 위해 노력했다. 그가 화가 났을 때의 후환이 두려웠기 때문이다. 〈보스턴〉지에 따르면 커트 실링은 자신을 화나게 하거나 듣기 싫은 소식을 전하는 임원들

---

9   옮긴이_〈왕좌의 게임〉은 허구의 세계인 웨스테로스 대륙에서 연맹 국가인 칠왕국의 왕좌인 철 왕좌를 차지하기 위해 싸움을 벌이는 이들에 대한 이야기이다.

을 배척하고 거친 모습을 보였다고 한다. "임원들이 서로 잘 지내지 않았습니다." 실링은 〈보스턴〉지에 털어놓았다. "그들이 자신의 영역을 만들고 보호하려 드는 모습이 놀라울 정도였죠."

그리고 채용도 멈췄기 때문에 존슨은 자신의 업무를 처리할 수 없었다. "지원 팀을 만들기 위해 저와 같은 직급으로 입사한 동료들 중에는, 집무실에 앉아서 스프레드시트를 만지면서 마치 누군가 실행해줄 것처럼 계획을 세우고 있어야 겠다는 사람이 있는가 하면, 새 일자리를 찾겠다는 사람도 있었습니다. 모두들 집무실에 들어가 문을 잠그고 있었죠." 존슨은 말했다. 그는 따분함을 떨치려 다른 부서들을 다니며 일손이 필요한지 물었다. 그는 결국 입사한 지 한 달도 안 되어 웹사이트 지원 팀 선임 프로듀서로 직무를 바꿨다.

한편 이 상황에서도 〈코페르니쿠스〉는 진척을 보이고 있었다. 경영진의 상황을 눈치채지 못한 개발자들은 게임 개발에 매진했다. 디자인 팀은 전투 시스템 확정에 애를 먹었지만(실링은 게임 플레이가 재미있지 않다고 한탄하곤 했다) 아직 고칠 시간이 남아 있었다.[10] 그들이 구상했던 아이디어 일부는 2012년에 나온 온라인 게임이라고 하기에 획기적이었다. 플레이어가 플레이 방식을 통

---

10 이후 38 스튜디오 개발자 한 명이 〈코타쿠〉에 연락해서 〈코페르니쿠스〉 게임플레이가 즐겁지 않다는 실링의 공개 발언에 이의를 제기했다. "이 사달이 나기 바로 이틀 전, 회사에서 있었던 최후의 플레이 테스트는 굉장히 재미있었습니다." 그리고 이어 말했다. "그 게임에 플레이어 대 플레이어 전투가 들어간 건 처음이었는데 게임을 멈추려는 사람이 별로 없었습니다.'

해 세계의 결과를 바꿀 수 있는 것이었다. 한 서버에 있는 플레이어들이 악한 용을 물리치면 그 세계는 축제 분위기가 되었다. 반면 용을 무찌르지 못한 서버에서는 도시가 용암에 뒤덮여 무너지는 광경을 보아야 한다. 〈월드 오브 워크래프트〉와 달리 〈코페르니쿠스〉 MORPG는 결말이 있도록 디자인되었다. 시간의 흐름과 함께 이야기가 전개되다가 결말에 이르렀고, 그 다음에는 확장판과 시퀄이 기다리고 있었다.

하지만 실링이 38 스튜디오를 세운 이래로 MMORPG의 세계에 변화가 생겼다. 2012년에는 매월 10달러 내지 15달러를 내려는 플레이어가 줄어들었고, 전문가들은 온라인 게임의 미래가 부분 유료화(구독 대신 소액 결제를 하는 모델)에 있다고 믿었다. 이런 부분 유료화 게임은 무기나 의상 같은 아이템을 소액에 판매했다. 38 스튜디오는 〈코페르니쿠스〉를 부분 유료화 게임으로 만들기 위한 재정 모델을 구성하고자 자문가들을 고용했다. 개발자들은 어느 방향을 따라야 할 지 몰라 갈팡질팡했지만, 부분 유료화의 길을 간다면 게임 디자인과 구조를 대대적으로 바꿔야 했다. 그러면 일정이 더 늦어지고 돈도 더 쏟아부어야 했다.

회사 윗선이 제 기능을 못하고, 돈이 줄어들고, 〈코페르니쿠스〉가 더디게 개발되면서 38 스튜디오는 서서히 위험 수위에 다가가고 있었다. 그래도 마침내 발매할 게임이 생겼다. 2012년 2월 7일, 38 스튜디오는 빅휴즈게임즈가 지난 몇 년간 개발해온 싱글 플레이어 RPG 〈킹덤 오브 아말러: 레코닝〉이 세상에 공개됐다. 시기는 썩 좋지 않았다. 베데스다Bethesda의 혁명적인 게임 〈엘더스크롤 5: 스카이림The Elder Scrolls V: Skyrim〉이 석 달 전에 나와 있었다. 그래도 〈킹덤 오브 아말러: 레코닝〉은 아름다운 아트와 탁월한 전투로 이루어진 걸출한 게임이었다. 〈가디언〉의 평론가 마이크 안데리에즈Mike Anderiesz는 이렇게 썼다. "〈킹덤 오브 아말러: 레코닝〉은 여타 다른 게임과 비슷한 세계관과 같은 엔진을 기반으로 하되 더 매력적으로 만들어서 미래의 MMO를 전망하게 만드는 위대한 성공이다." 판매도 호조를 보였다. EA의 예상을 넘긴 130만부가 팔렸지만, 38 스튜디오의 기대치에 미치지는 못했고, 제작비만을 회수할 수 있었다. 다시 말해 38 스튜디오는 아직 게임으로 수익을 벌어들이지 못했다. 돈이 거의 바닥난 회사 입장에게는 안타까운 소식이었다.

2012년 3월, 직원들은 대부분은 모르는 상태였지만 38 스튜디오는 외주업체 대부분에 대한 대금 지급을 중단했다.[11] CEO였던 제니퍼 맥린이 자리에서 물러났다. 아직 로드아일랜드로 이전한지 1년도 되지 않았지만 38 스튜디오는 이미 대출금 4900만 달러를 거의 소진한 상태였다. 커트 실링은 여전히 새 투자자를 찾을 수 있다고 믿으면서 게임 유통사들을 만나 〈킹덤 오브 아말러: 레코닝〉

---

[11]   스튜디오에 커피를 공급한 도널드 바보우(Donald R. Barbeau)는 이후 〈프로비던스 저널(Providence Journal)〉에서, 38 스튜디오가 지불하지 못한 청구서 때문에 7천 달러 넘게 손해를 봤다고 밝혔다.

시퀄에 대한 투자를 타진했다. 그는 한국의 게임 유통사 넥슨과 중국의 초대형 기업 텐센트에 38 스튜디오에 대한 투자를 제안하기도 했다. 그는 곧 거래가 이루어질 것이라 생각했다. 조금만 더 기다리면 된다고 생각하며, 기다리는 동안 청구서 몇 건은 못 본 척 하기로 했던 것이다.

■ ■ ■

2012년 5월 15일, 38 스튜디오 디자이너 헤더 코노버Heather Conover는 원 엠파이어 플라자로 걸어가던 길에 디자인 부서 동료를 마주쳤다. 두 사람이 인사를 나누고 함께 걷던 중, 동료는 코노버에게 월급이 들어왔는지 물었다. 그녀는 잘 모르겠지만 확인해보겠다고 대답했다. 그렇게 사무실에 도착했고, 코노버는 은행 계좌에 접속해보았다. 잔액은 없었다. "이 소식이 퍼지면서 모두가 세상에 무너지는 기분을 느꼈습니다." 코노버는 말했다.

"월급 받으셨어요?"

"아뇨, 저는 못 받았어요."

"말도 안 돼... 저도 못 받았어요."

"왜 그런거죠? 이게 무슨 일일까요?"

코노버는 38 스튜디오가 매사추세츠에 있던 2010년 여름, 품질 보증 부서 인턴으로 입사했다. 회사가 너무 좋았던 나머지 2011

년에 기회가 생기자마자 디자이너로 돌아왔다. 로드아일랜드로 이전한 뒤였다. 그녀는 다른 디자이너, 아티스트들과 함께 〈코페르니쿠스〉의 구역, 퀘스트, 퍼즐, 생명체를 만들면서 플레이어가 흥미로워할 만한 도전 과제와 과업을 개발하려고 노력했다. "창작열이 넘치는 즐거운 시간이었습니다." 코노버는 말했다. "콘텐츠 디자인은 그 자체로 굉장히 다면적이라서 다방면의 기술이 필요했습니다. 저는 그런 점이 정말 좋았습니다."

코노버가 얻은 교훈을 하나 예로 들자면, MMORPG의 미세한 요소들은 싱글 플레이어 RPG에 비해 수준 높게 구현하기가 어렵다는 것이었다. 게임 초반에는 요정들이 사는 얼음 마을이 있었는데, 코노버는 플레이어가 어떤 남자를 마주치는 퀘스트를 디자인했다. 그 남자는 마을에서 아름다운 얼음 조각상을 만들기로 유명한 마법사인데, 아내가 어딘가로 사라졌다. 이 마법사는 플레이어에게 아내가 결혼생활이 불행해서 자신을 떠난 게 분명하다고, 이상한 일이 있었던 것은 아니라고 주장한다. 하지만 플레이어가 퀘스트를 통해 여러 실마리를 맞춰가면 점차 사건의 실체가 드러난다. "사실은 그 마법사가 사람들을 얼려서 얼음 조각상으로 만들고 있었던 겁니다. 그게 훌륭한 예술가로서 명성을 쌓는 비결이었죠." 코노버는 말했다. "단서를 너무 노골적으로 보여주지 않으면서도 플레이어가 진실을 밝힐 수 있게 유도한다는 개념을 구현하기가 힘들었습니다." 싱글 플레이어 RPG에서라면 이런 미세한 요소를 잘 살릴 수 있었을 것이다. 하지만 MMORPG에서는 주위에 다른 플레이어들이 있고 게임 내내 친구들과 대화를 나누기 때문에, 게임 방법을 비교적 간단하게 알려주는 것이 더 중요했다.

코노버는 38 스튜디오에서 보내는 하루하루가 즐거웠기 때문에 이런 디자인상의 어려움도 열정에 불을 지펴주는 요소였다.

적어도 월급이 끊기기 전까지는 그랬다.

"끔찍한 소용돌이의 시작이었습니다." 코노버는 말했다. 갑자기 사무실이 술렁이기 시작했다. 출장 뷔페 업체가 돈을 받지 못했다. 지역 기자들이 사람들의 집에 전화하고 사무실에 나타났다. 한 개발자의 아내는 임신을 해서 산부인과에 갔다가 38 스튜디오의 의료보험이 만료되었다는 소식을 들었다.

코노버와 동료들이 진상을 알게 된 것은 한참 뒤였다 2012년 5월 1일, 38 스튜디오는 은행 대출금을 상환하지 못해서 채무 불이행 상태가 되었고, 그 이유로 로드아일랜드의 주지사가 된 링컨 체이피의 분노를 샀다. 체이피는 주지사가 된 후로 38 스튜디오에 대한 공개적인 비판을 살짝 철회한 상태였다. 아마도 자신이 이 거래에서 벗어날 수 없음을 깨닫고 현실을 받아들이기로 했을 것이다. 38 스튜디오가 로드아일랜드로 이전한 2011년에 체이피는 새 사무실을 둘러보고, 최선을 다해서 회사를 지원하겠다고 말했다. 하지만 그 후로는 거의 침묵을 지켜왔다. 38 스튜디오가 대출금을 상환하지 못한 것은 체이피가 정치계에 쏘아 올리기 위해 기다리고 있던 작은 공이었다.

2012년 5월 14일에 링컨 체이피는 기자들을 향해 '38 스튜디오를 상환 가능 상태로 유지시키는 것'이 자신의 목표라고 말했다. 이 말은 업계에 반향을 일으키면서, 실링이 투자를 타진하고 있던 잠재 투자자들을 겁먹게 했다. 넥슨과 텐센트도 예외는 아니었다.

"바로 대화가 끝나버렸습니다."

실링은 이후 보스턴의 한 라디오 방송에서 말했다. "우리가 치명타를 입었음을 알 수 있었습니다." 5월 15일에 로드아일랜드와 메릴랜드에 있는 전 직원 379명은 임금을 들어오지 못할 것임을 알게 되었다. "낭떠러지에서 떨어진 기분이었습니다." 앤디 존슨은 말했다.

"우리는 끝없이 추락 중이었어요. 그저 땅에 떨어질 순간을 기다리면서요."

그로부터 며칠 간은 혼돈 그 자체였다. 분노한 직원들이 모여 전체 회의를 했고, 아직 월급을 받지 못한 직원들은 신경이 곤두서 있었다. 경영진은 38 스튜디오가 가족이라며, 모두가 똘똘 뭉쳐서 이 어려움을 극복해야 한다며 계속 출근해서 일을 해달라고 호소했다. 아무도 출근을 하지 않으면 부정적인 기사가 실릴 것이고, 그러면 회사를 살릴 기회가 송두리째 사라지는 것이라고 경영진은 말했다. 사무실 밖에는 카메라와 마이크로 무장한 기자들이 진을 치고 있다가, 내부를 드나드는 직원에게 다가갔다. 계속 출근하는 개발자들이 있는가 하면, 사무실 장비를 집에 가져가려고 하는 직원들도 있었다. "컴퓨터 본체와 모니터를 가져가는 사람들이 있었어요. 이거라도 챙겨야 한다며, 월급 대신이라고요." 존슨은 말했다. "경비원들이 모여서 사무실 집기 반출을 막고 있었습니다."

회사의 수장인 커트 실링은 평소답지 않게 잠잠했다. 그는 기적을 일으키기 위해 노력 중이었다. 그는 회사를 구하기 위해 경영진, 변호사들과 머리를 싸매고 있었다. 다른 은행 대출을 받기 위해 자신의 소중한 금화 소장품을 담보로 내놓았다. 하지만 그 정도로는 어림없었다. 로드아일랜드에서 세액 공제를 받아서 투자 유치에 이용한다는 계획을 최선을 다해 만들어 제출했지만, 주지사인 체이피가 받아주지 않았다. 38 스튜디오의 붕괴를 자신의 정치적 기회로 보았던 그는 이제, 하루가 멀다하고 언론을 통해 회사를 공격하고 있었다. 〈킹덤 오브 아말러: 레코닝〉을 '비참한 실패'라고 부르기까지 했지만 그 말만큼은 어느 모로 봐도 진실이 아니었다(사실 새로 나온 프랜차이즈 게임으로서 꽤 훌륭한 성적이었다).

머지않아 체이피는 38 스튜디오가 기밀이라고 생각했던 내용을 대중에 공개했다. 〈코페르니쿠스〉 발매 예상일이 이제 2013년 6월로 늦춰졌다는 사실 등이었다. 이 회사의 자유분방한 지출 내역도 주기적으로 공격했다. 사실 체이피에게는 더 원대한 포부가 있었다. 2016년에는 민주당원으로, 2020년에는 자유당원으로 대선에 나가려 했던 것이다. 그래서 38 스튜디오를 공격하는 것은 정치적 승리를 거머쥘 수 있는 손쉬운 방법 같았다. 몇 년 뒤 실링은 신문 사설을 통해 자신의 사업 실패를 체이피의 탓으로 돌리며 가차없는 비난을 퍼부었다. "체이피는 거짓말쟁이에 사기꾼이다." 실링은 이렇게 적었다. "그는 주지사로서 자격 미달이었다. 그는 사업을 위한 거래에 개입해서 영향력을 발휘할 만한 역량이 없었다. 그런 사업을 이해하기에는 능력이 부족했다. 그가 로드아일랜드 시민, 특히 38 스튜디오 직원들에게 무슨 짓을 했는지, 무엇을 외면했는지 사람들이 절대 잊지 않도록 내가 노력할 것이다."

5월 말까지 38 스튜디오 직원 상당수가 월급을 받지 못하면서도 회사에 나왔다. 〈코페르니쿠스〉의 근사한 배경 아트를 자세히 보여주는 2분짜리 예고편을 만들어서 유튜브에 올린 사람들도 있었다. 게임 유통사들에게 게임을 받아 달라고 호소하는 최후의 발악이기도 했고, 게임이 결국 세상에 나오지 못하더라도 자신들의 작업물을 온 세상이 볼 수 있게 하려는 조치이기도 했다.

하지만 **이제는 정말 그들에게 어떤 희망도 남지 않았다.** 38 스튜디오가 보내는 격동의 시간에 대한 기사가 매일 같이 쏟아졌다. 굳이 위험을 안고 갈 필요가 없는 대형 게임 유통사들은 이 정도로 나쁜 기사가 넘쳐나는 회사와 계약을 맺겠다고 뛰어들지 않았다. 그래도 아직 38 스튜디오에는 커트 실링이 어떻게든 회사를 살리리라고 믿는 직원들이 있었다. "계속 그런 생각이 들었어요. 회사가 마술사처럼 모자에서 토끼를 꺼내 보일 거라고요." 톰 앙은 말했다.

"회사가 이 사태를 해결해줄 것 같았죠."

일이 이 지경에 다다른 것도 결국은 실링을 향한 믿음 때문이었다. 그는 여전히 이 회사의 주장이자 지도자였고, 양말을 피로 물들여가며 팀을 우승으로 이끌었던 장본인이었다. "저는 회사를 위해 최선을 다한 그가 좋습니다." 앙은 말했다. 하지만 실링의 마지막 분투는 빛을 발하지 못했고, 로드아일랜드주를 대표하는 체이피와의 협상에는 진전이 없었다. "전 직원이 나와야 했던 전체 회의가 기억납니다." 제니퍼 밀스는 말했다. "가장 높은 임원 두 명과 커트가 들어왔고, 커트는 전 직원 앞에 앉아서 양손으로 얼굴을 감쌌습니다. 모두가 그 장면을 보고 가슴이 내려앉았을 거예요. 그가 이 회사를 얼마나 살리고 싶어 했는지 아니까요."

2012년 5월 24일에 38 스튜디오 직원 모두에게 이메일이 도착했다. 적법한 최고 운영 책임자이자 커트 실링의 아내의 삼촌인 빌 토마스Bill Thomas가 쓴 이 이메일은 예상 밖으로 싸늘했다.

당사는 경제적 침체기를 겪고 있습니다. 추가적인 손실과 인원 감축 가능성을 피하기 위해, 당사는 전사적인 정리해고가 반드시 필요하다는 결론을 내렸습니다. 이 정리해고는 자발 사직이 아니며 징계 조치도 아닙니다. 이로써 귀하에게 공식적으로 정리해고를 통지하며, 해고는 오늘, 즉 2012년 5월 24일 목요일 자로 발효됩니다.

퇴직금은 없었다. 직원들은 지금까지 밀려있던 입금을 끝내 받지 못했다. 의료 보험은 사라졌다. 나중에 공개된 파산 기록에 따르면 38 스튜디오에는 1억 5천만 달러의 빚이 있었고 갚지 못한 대출금과 외주 업체, 보험사에 지급해야 하는 돈도 몇백만 달러였다. 직원들에게 지급해야 할 임금은 말할 것도 없었다.

며칠 뒤 커트 실링은 여러 인터뷰를 통해, 자신이 회사에 투자한 사재 5천만 달러가 이제 '거덜 났다'고 말했다. 그는 기자와 라디오 진행자들에게, 회사 돈을 한 푼도 가져가지 않았다고 몇 번이고 말했다. 하지만 그가 진실만을 말한 것은 아니었다. 실링이 급여를 받지 않은 것은 맞지만, 파산 기록을 보면 그는 2011년 6월부터 회사 자금 4만 달러 가량을 출장비로 사용했고, 회사에서 월 1500달러에 가까운 의료 보험 혜택을 받았다. 최고 경영진도 각자의 몫을 알차게 챙겼다. 빌 토마스는 회사가 영업한 마지막 연도에 보상금으로 총 421,678달러를 받았다고 기록되어 있다. 이주비 129,857달러, 출장 경비 5만 달러 이상, 자신이 수행한 폐업 업무에 대한 자문료 1만 달러 이상을 합친 금액이었다. 그동안 나머지 직원들은 임금도 받지 못하고 있었다.

실링은 직원들을 가족이라고 말하곤 했지만, 결국 가장 큰 이득을 본 사람은 그의 진짜 가족이었다.

실링이 사치스러운 것은 38 스튜디오 직원들도 알았지만 경영진 상당수도 어마어마한 연봉을 받았고, 회사가 실제 자산보다 많은 돈을 쓰고 있는 줄은 몰랐다. 5월 14일 전까지는 38 스튜디오가 재정난에 시달리고 있음을 알아챌 수 있는 신호가 거의 없었다. 심지어 〈킹덤 오브 아말러: 레코닝〉이 발매된 2월에는 모든 직원이 게임 속 트롤 모양의 값비싼 조각상을 받았었다.

개발자들은 회사가 번창하고 있고 로드아일랜드의 대출 보증을 통해 〈코페르니쿠스〉를 완성해서 발매할 수 있을 것이라고 믿었다. 그들은 모든 것을 투명하게 공개하겠다는 실링의 약속을 믿었다. 그가 지키리라 믿어 의심치 않은 약속이었다. "직원들은 불시에 당한 격이었습니다." 실링은 이후 한 라디오 방송에서 말했다. "제가 저지르고, 경영진이 저지르고, 또는 어쩌다 보니 그렇게 된 여러 실수 중에서 가장 죄책감이 큰 실수는 직원들 입장에서는 이 일이 갑작스레 벌어진 일이라는 겁니다."

이후 소송이 제기되었고, 전문가들은 38 스튜디오의 파국을 누구의 책임으로 돌릴지 예상했다. 의견은 제각각이었다. 실링과 예전 개발자들 여럿은 곧장 링컨 체이피를 지목했다. 일부 경영진은 실링의 경영을 탓했다. 회사가 대금을 지급하지 못한 사실을 알면서도 실링이 비용을 줄이거나, 직원들에게 알리거나, 상황을 통제해보려고 전혀 노력하지 않았다는 것이었다. 마치 제 기량을 찾지 못하고 발버둥치는 투수를, 코치로서 쳐다보기만 하고 있었던 격이다. 회사에 변화가 필요하다는 것을 모두가 알았지만 실링은 새 선수를 경기장에 내보내지 않는 것처럼 회사가 무너지는 것을 그저 바라보고 있었다.

톰 앙은 무브트렉 모빌리티MoveTrek Mobility에서 편지를 받을 때에도 눈앞이 캄캄했다. 38 스튜디오는 매사추세츠에 있는 앙의 호숫가 집을 팔기 위해 무브트렉 모빌리티라는 회사를 고용했었고, 알고 보니 집은 아직 팔리지 않았다. 계약서의 깨알 같은 약관을 자세히 살펴보니, 앙은 38 스튜디오가 재정적 위기에 처해서 모기지 지불을 중단하면 자신이 모기지 지불 의무를 다시 넘겨 받기로 동의했었다. 그는 1년 전에 팔린 줄만 알았던 매사추세츠 집을 다시 소유하게 됐다. 청천벽력 같은 소식을 들은 앙은 무브트렉 모빌리티에 전화해서 자초지종을 물었다. "이제 은행에 대출금을 갚아야 한다고 하더라고요." 앙은 말했다.

이제 앙은 직장도 없고, 받을 임금도 없었지만, 로드아일랜드 집의 임대료를 내고 매사추세츠 집의 대출금을 갚아야 했다. 그나마 앙은 운이 좋아서 집값이 어느 정도 다시 올랐다. 매사추세츠 집이 팔리지 않은 직원은 여섯 명 더 있었으며, 집값보다 대출금이 몇만 달러는 더 큰 경우도 있었다. 파산 기록에 따르면 손실이 십만 달러를 넘긴 직원도 있었다.

게다가 38 스튜디오는 직원 이주 프로그램을 위해 이용한 이사 업체에도 빚이 있었다. 불과 다섯 달 전에 애리조나에서 로드아일랜드로 가족을 데려온 앤디 존슨은 이사 업체로부터 만 달러짜리 청구서를 받았다. "저는 공포에 질렸습니다." 그는 말했다. 존슨은 일자리를 잃었고, 가족은 낯선 도시에서 오도가도 못했고, 임대료를 낼 돈도 없었다. "은퇴 자금을 생활비로 탕진할 수밖에 없었습니다. 여섯 달째 일을 못했거든요." 존슨은 말했다. "40살 생일날은 특히 자랑스러운 순간이었습니다. 자랑스럽다는 건 그러니까 역설적으로 제 인생이 바닥을 찍은 순간이었다는 뜻이죠. 영국에 계신 어머니가 임대료를 내주고 계셨어요." (그는 끝내 이사비를 내지 못했다)

커트 실링의 도박은 실패했다.

부상을 입은 몸으로도 계속 공을 던질 수 있으리라는 믿음, 끈기와 의지만 있으면 다 잘될 거라는 믿음은 결실을 맺지 못했다. 그 대신 수 백 명의 삶이 산산이 부서졌다.

■ ■ ■

38 스튜디오 폐쇄 후 몇 주 동안 게임 업계는 쫓겨난 직원들을 돕기 위해 뭉쳤다. 채용 담당자들은 SNS에서 #38jobs 같은 해시태 그를 홍보하고 프로비던스로 날아가 취업 박람회에 참석했다. 로드 아일랜드는 원 엠파이어 플라자 대리인을 보내서 사람들이 실업 급 여를 신청할 수 있게 했고, 어려움에 처한 동료들을 돕기 위해 통조 림을 가져온 직원들도 있었다. 모두 함께 술잔을 기울이면서 회사 의 마지막을 아쉬워했다. 게임 업계에 오래 몸담아 온 베테랑 개발 자들에게도 38 스튜디오는 인생 최고의 회사 중 하나였다.

출근 길 동료와의 대화로 월급이 들어오지 않는다는 사실을 알게 됐던 헤더 코노버는 취업 박람회에서 카바인Carbine이라는 제작사와 이야기를 나누면서 이 회사의 온라인 게임 〈와일드스타WildStar〉에 반해버렸다. 그래서 평생 살아온 뉴잉글랜드를 떠나 캘리포니아 남부로 보금자리를 옮겼다. 이것은 그다지 힘든 결정이 아니었다고 한다. "회사 분들이 말하기를, 캘리포니아는 말 그대로 매일 햇빛이 쨍쨍하다고 하더라고요." 그녀는 38 스튜디오에서 배운 MMORPG 디자인 기술로 카바인에서 4년간 일하다가 또 다시 정리해고를 맞이했다. 그 다음에는 워싱턴주 시애틀에 있는 아레나넷ArenaNet에서 온라인 게임 〈길드워 2Guild Wars 2〉 디자인에 참여했다. 시애틀은 게임 업계의 중추이자 마이크로소프트, 닌텐도 같은 초대형 기업의 본거지였다. 이것은 코노버가 아레나넷을 선택한 이유이기도 했다. 또 해고를 당하더라도 다른 선택지가 있는 것이다. 코노버에게 있어 게임 업계에 몸담는 것은 삶의 목표를 포기한다는 뜻이었다. "저는 내 집 마련이라는 꿈이 있지만 게임 일을 하면서는 그 꿈은 이룰 수 없다고 생각했습니다" 코노버는 말했다.

"38 스튜디오 일을 겪으면서 정신이 번쩍 들었습니다. 이 일을 하면서는 절대 집 장만을 생각하는 등의 안정감을 원하면 안 되는구나, 하고요."

38 스튜디오가 문을 닫기 1년 전 애니메이터로 입사한 피트 파케트는 프로비던스에서 북쪽으로 겨우 몇 킬로미터 떨어진 곳에 새

로운 일자리를 찾았다. 이래셔널 게임즈였다. 그리고 2년 뒤에도 똑같은 일이 벌어졌다. "처음에는 충격이었죠. 와, 또 이러기냐 싶었거든요." 파케트는 말했다. "나는 한 직장에 2년 이상 다닐 수는 없는 건가 싶고요." 그는 결국 프리랜서가 되어 라이엇^{Riot}, 블리자드 같은 회사의 애니메이션 작업을 원격으로 맡았다.

"두 상황을 돌이켜보면 정말 힘이 빠졌지만, 따지고 보면 그 두 회사에서 일해 본 경험 덕분에 굉장히 많은 기회를 잡을 수 있게 됐어요. 저에게 정말 값진 시간이었던 거죠."

수석 환경 텍스처 아티스트였던 제니퍼 밀스는 언제나 정리해고에 대비했다. "저는 사회 생활을 시작할 때부터 항상, 결국 떠돌이 생활을 하게 될 마음을 다잡았습니다. '괜찮아, 언젠가는 나도 해고되겠지'라고 늘 되뇌면서요. 그래도 첫 직장에서 그렇게 될 줄은 몰랐죠. 태어나서 처음 들어간 제작사에서 이 정도 규모의 정리해고가 있을 거라고는 생각하지 않았습니다." 38 스튜디오가 문을 닫고 몇 년 뒤, 그녀는 (자신이 해고됐던) 보스턴으로 돌아갔다가, (자신이 해고됐던) 텍사스로 돌아갔다가, 결국 꿈꾸던 직장을 만나 시애틀로 갔다. 바로 게임에 막대한 투자를 하고 있던, 〈던전 앤 드래곤〉을 만든 위저드 오브 더 코스트^{Wizards of the Coast}의 아트 디렉터 자리였다. 밀스는 새 일이 좋았지만 한동안 트라우마를 떨칠 수는 없었다. "이렇게 멋진 회사에 있어도 며칠만 지나면 슬슬, 이번에는 또 언제 꿈에서 깰까 걱정되는 거죠." 밀스는 말했다. "앞으로 다가

올 비극이 어렴풋이 느껴졌습니다." 그래도 일을 하면서 비슷한 격동의 시간을 거쳐온 사람이 많아 동료들과 이야기를 나누는 게 도움이 되었다고 한다.

게임 일을 해본 사람은 웬만하면 그런 경험이 있으니 말이다.

모든 좋지 않은 경험의 공통된 맥락은 불안정성이었다.

물론 38 스튜디오 폐쇄는 흔하지 않은 터무니없는 사건이 분명했지만(미국 정부로부터 7500만 달러라는 대출 보증을 받은 게임 회사는 역사상 전무후무하다), 대규모 정리해고가 일어난 것은 다른 곳과 똑같은 결말이었다. 다른 게임 회사나 일자리가 없는 로드아일랜드에서 수백명이 발이 묶이고 말았다. 게임 업계에 남고 싶은 사람들은 또 한번 정든 보금자리를 뒤로 하고 다른 도시로 떠나야 했다.

그러나 38 스튜디오에서 일했던 사람들은 그 시절을 아름답게 추억하며, 사람과 게임을 모두 칭찬한다. 옛 동료들과 계속 연락하고 지내는 사람도 많고, 모든 일이 잘 풀렸다면 어땠을까를 기분 좋게 추억하고 아쉬워한다. 시간이 더 있었더라면, 링컨 체이피가 그렇게 잔인한 말을 하지 않았더라면, 커트 실링이 그 많은 돈을 물쓰듯 써버리지 않았더라면.

실링에 대한 의견은 다소 엇갈린다. 여전히 옛날의 주장을 그리워하는 이가 있는가 하면, 그의 오만함 때문에 모든 사단이 났다고 비난하는 이도 있다. 〈코페르니쿠스〉는 실링이 상상했던 것과 같은 〈월드 오브 워크래프트〉의 대항마가 될 수 있었을까? 파생상품과 TV 계약으로 수십 억 달러를 찍어내는 초대형 프랜차이즈가 될 수 있었을까? 리처드 바틀이 구상한 가상 세계에서 돈을 벌어보려고 애쓰는 그저 그런 게임들 중 하나로 이제 할인 매대에 올라와 있었을 수도 있는 일이다. 몇 년이 지난 지금까지도 제작진들의 마음에 사무치는 것은, 승부를 시도해볼 기회조차 얻지 못했다는 아쉬움이었다.

38 스튜디오가 무너진 뒤 커트 실링은 인터넷상의 싸움꾼이 되어, 트럼프를 지지하면서 페이스북과 트위터에 보수 성향의 짤을 올리고 다녔다. 그러면서 그는 자유민주적 정치인, '흑인의 목숨도 소중하다Black Lives Matter' 같은 진보적 메시지, 폭스[12]를 제외한 모든 언론사를 공격하는 데 상당한 시간을 쏟았다. 2015년에는 극단주의 이슬람 교도를 나치에 비교하는 이미지를 인터넷에 올려서 ESPN 해설가 자리에서 정직되기도 했다. 1년 뒤 ESPN은 SNS에 성전환자를 혐오하는 짤을 올린 그를 해고했다. 이후 그는 브레잇바트Breitbart 방송사에서 라디오를 진행하던 중 국회의원 선거 출마를 고민 중이라고 말했다.[13]

---

12   옮긴이_ 미국에서 보수주의 성향을 대표하는 뉴스 채널

13   2019년 8월 13일에 도널드 트럼프는 이런 트윗을 남겼다. "위대한 투수이자 애국자인 커트 실링이 애리조나 국회의원 선거 출마를 생각 중이다. 멋지다!" 실링은 트럼프를 계속 지지했지만 애리조나 선거에 출마하지는 않았다.

이제 38 스튜디오에 몸담았던 개발자 상당수는 실링의 행동이 끔찍하다고 말한다. 사무실에서는 절대 그런 식으로 말하거나 행동하지 않았다고 하지만 말이다. 38 스튜디오를 지휘하는 커트 실링은 유별나기도 했지만, 직원에게는 상냥하고 다정한 사람이었다고 모두가 입을 모은다. 몇 년 뒤까지도 그와 함께 일했던 사람들 중에는 실링을 위대한 리더였다고 하는 사람도 있고, 직원과 그 가족을 진심으로 아꼈다고 하는 사람도 있다. 재무적으로는 그의 노림수가 실패로 돌아갔지만 말이다. 2008년에 자신이 직접 겪었던 커트 실링과 2015년 이후의 커트 실링은 너무나도 달라서 여전히 혼란스러워하는 사람도 많다. 하지만 그의 실체가 2008년에 가까운지, 2015년에 가까운지는 아무도 모른다.

38 스튜디오 사건은 이 전설적인 야구 선수에게도 지대한 영향을 끼쳤다. 실링이 민주당원들을 마구 공격하고 비열한 짤을 공유하는 와중에도 그는 법정에서 진술을 하고, 파산 뒤 경매를 통해 회사 자산이 팔려 나가는 것을 지켜보았다. 복잡한 소송전 중, 2016년 미국 증권 거래 위원회는 로드아일랜드 경제개발청과 웰스파고 은행이 38 스튜디오가 실제로 필요한 대출금 전액을 받지 못한 사실을 밝히지 않아 투자자들의 돈을 사취했다는 혐의로 그들을 기소했다. 고소문은 이렇게 쓰여 있었다. "우리는 로드아일랜드 경제개발청과 웰스파고가, 38 스튜디오에게 2500만 달러가 추가로 필요하다는 사실을 알면서도 채권 투자자들에게 그러한 중요한 정보를

알리지 않아서 재무적 상황을 완전하게 보여주지 않았다는 혐의를 제기한다."

38 스튜디오의 실패는 회사가 문을 닫고도 몇 달 동안 미국을 가장 시끄럽게 만든 뉴스거리였고, 로드아일랜드와 커트 실링의 위험한 거래도 주목을 받았다.

그런데 커트 실링 대참사의 희생양들은 로드아일랜드에서 남서쪽으로 약 600km 떨어진 곳에도 존재했다.

이들의 이야기는 비극적이고 역설적이기도 했지만 큰 관심을 받지 못했다. 그래도 이들은 게임을 완성하기는 했다.

웅장한 골칫덩어리

웅장한 골칫덩어리

두 번 쓰러진 빅휴즈게임즈

2012년 5월 15일 화요일은 빅휴즈게임즈는 〈디아블로〉의 날을 맞이했다. 경영진은 오랫동안 고대해온 〈디아블로 III〉가 발매되면 업무 생산성이 떨어질 것을 감안해서, 직원들에게 근무 시간에 게임을 해보게 했다. 이를테면 경쟁사 조사 같은 것이었다.

그 달은 쉬어 가기 좋은 시간이기도 했다. 빅휴즈게임즈는 신작 〈킹덤 오브 아말러: 레코닝〉을 막 발매한 뒤 두 차례의 확장을 거친 참이었다. 경영진은 시퀄 개발을 위한 계약을 앞두고 있었다. "〈디아블로〉를 연구하는 하루를 보내기로 했습니다." 책임 디자이너 이안 프레이저Ian Frazier는 말했다. "하루 종일 〈디아블로 III〉를 해보는 거죠. 재미있을 거예요." 하지만 〈디아블로 III〉에 마음을 뺏긴 사람은 별로 없었다. 대신 출근 길부터 질문이 오고 갔다.

"월급 들어왔어요?"

"아니요, 왜 안 들어오죠?"

이미 모회사인 38 스튜디오가 재정 문제로 아수라장이 되었다는 소문이 돌았다. 전날 밤에 로드아일랜드 주지사 링컨 체이피는 38 스튜디오가 상환 능력을 유지할 수 있도록 자신이 어떤 노력을 기울이고 있었는지에 대해 거친 말을 남겼다. 빅휴즈게임즈 직원 몇몇의 눈에는 재앙의 메시지처럼 보였다. 빅휴즈게임즈에서 전투 팀을 이끄는 조 쿠아다라Joe Quadara는 월요일 밤에, 38 스튜디오가 돈이 없어서 직원들에게 월급을 주지 못했다는 소식을 들었다. 화요일이 급여일이니, 하루만 있으면 소문이 사실인지 확실하게 알 수 있을 것이었다. "아침에 일어나자마자 통장을 확인했습니다." 쿠아다라는 말했다. "들어온 돈이 없더라고요. 이게 뭐야, 진짜였구나 싶었습니다."

전투 디자이너였던 저스틴 페레즈Justin Perez는 휴가를 썼다. 몇 주 전 그는 동료 세 명과 함께, 한 사람의 집에 컴퓨터를 전부 가져다 놓고 모여 하루 종일 〈디아블로 III〉를 하기로 했었다. 그냥 회사에서 게임을 해도 된다는 사실을 알게 됐지만 셋은 처음 계획을 밀어붙이기로 했다. 하루 종일 현실을 등지고 〈디아블로 III〉만 생각하면서 악마들을 물리치고 다닐 생각이었다. 소싯적 랜 파티[1]처럼 말이다.

하지만 전화 벨이 울리기 시작하고 계획은 무산되었다. "회사 친구들 몇 명이 전화를 하더라고요." 페레즈는 말했다. "회사에 와 보는 게 좋을 것 같다고 하더라고요. 그래서 아쉬움을 뒤로하고 바로 회사로 갔죠." 회사는 혼란과 공포였다. 〈킹덤 오브 아말러: 레코닝〉의 판매 실적은 훌륭했고, 제작진은 이 기세를 이어서 시퀄을 제작하기 위해 아이디어를 모으고 있었다. 빅휴즈게임즈나 38 스튜디오가 재정적으로 문제를 겪으리라 생각하는 사람은 거의 없었다. 커트 실링이 로드아일랜드주에서 7500만 달러 대출 보증을 받은 게 엊그제이니 말이다. 그런 회사에서 급여가 밀릴 리가 있나? "굉장히 충격받았던 기억이 나네요." 페레즈는 말했다. "하지만 저는 처음 겪어보는 일이라서 이런 일이 정상인지 비정상인지 알 수 없었습니다. 원래 가끔 이런 건가? 아니면 진짜 큰일난 건가?"

그날 오후, 빅휴즈게임즈 직원들은 로드아일랜드에 있는 38 경영진과 화상 회의를 했다. 그들은 기다려달라고 했다. "'생각지 못한 문제가 생겼지만 우리가 해결할 테니까 걱정 말라'는 말이었습니다." 페레즈는 말했다. "'내일이면 해결될 겁니다. 아니면 이번 주 안에 될 겁니다. 하지만 노력하고 있으니까 너무 걱정하지 마세

---

1   옮긴이_ 1990년대에 미국에서 시작된 게임 문화다. 사람들이 각자 컴퓨터를 가지고 한 장소에 모여서 온라인 게임을 함께 즐기는 시간이다.

요.'"그 뒤로 며칠 간 이 약속만 되풀이했습니다.

걱정 마라. 우리가 해결한다.

그 뒤로 열흘 간 빅휴즈게임즈 직원들은 매일같이 은행 잔고를 확인했지만 들어오는 돈은 없었다. 그리고 5월 24일, 38 스튜디오는 공식적으로 정리해고를 단행했다.

이 사실이 공표되고 몇 시간 뒤 〈디아블로 III〉에는 서버가 충돌하며 '오류 37'이라는 알쏭달쏭하고 힘 빠지는 메시지가 뜨는 등의 문제가 생겼다. 하지만 빅휴즈게임즈 직원들이 진정으로 걱정해야 할 오류는 다름아닌 '오류 38'이었다.

■　■　■

얄궂게도, 〈디아블로〉는 이안 프레이저가 게임으로 커리어를 쌓는 출발점이 된 게임이었다. 어린 시절 그는 『나만의 모험 선택하기*choose-your-own-adventure*』 전집을 읽으면서 직접 게임을 디자인하는 공상에 빠지곤 했고, 공학을 전공한 아버지는 그가 게임 개발자를 꿈꾸도록 격려해주셨다. 그래서 그는 대학에서 컴퓨터 그래픽 기술을 전공하고 2003년에 졸업한 다음 대형 게임 제작사 여러 곳에 이력서를 냈다. 좋은 소식은 없었다. 면접에 불러주기라도 하는 회사는 최저임금을 주는 QA 테스팅 부서뿐이었다. 그 정도 일자리를 위해서 로스앤젤레스나 시애틀 같은 대도시로 갈 수는 없었다.

프레이저는 결국 테네시주 스모키 마운틴에 있는 월마트 물류 센터에 취직했다. 물류 일로 돈을 모으면서 게임 회사에 계속 지원했다. 그러던 중 제 2의 〈디아블로〉 제작을 꿈꾸며 보스턴 근처에 새로 설립된 제작사 아이언 로어 엔터테인먼트 Iron Lore Entertainment 가 그에게 손을 내밀어주었다. 그 당시의 최신작은 2000년에 나온 〈디아블로 II〉였으며, 그만큼 중독적이거나 세계적으로 선풍적인 인기를 끄는 게임은 매우 드물었다. 플레이어는 마법사, 성전사, 그 밖의 판타지 속 캐릭터가 되어 괴물과 악마 무리를 무찌르고, 그 과정에서 최고의 장비를 노린다. 〈디아블로〉의 성공 비결 중 하나는 무작위적인 숫자였다. 컴퓨터 알고리즘을 통해 지도, 무기, 갑옷이 저절로 생성되어 매 게임이 조금씩 다르게 전개되었다.

이제 아이언 로어 같은 제작사들이 〈디아블로 II〉의 성공을 따라가려 하고 있었고, 프레이저는 이 기회를 통해 게임 업계에 발을 들일 수 있으리라 생각했다. "이 제작사도 새로 생겼으니까 아직 뭐가 뭔지 모를 수도 있겠다, 생각했죠." 프레이저는 말했다. "유명한 제작사들은 다들 저를 거절했지만 아직 감이 없는 이 회사라면 제 이력서를 받아줄지 모른다고 생각했습니다."

프레이저는 아이언 로어에 신입 레벨 디자이너로 지원했다. 응답은 없었다. 그래서 제작사 웹사이트에 가보았다가 다른 방법을 찾았다. 직원들의 이름과 약력이 나온 페이지에서 사무실 전화번호를 찾은 것이다. 전화는 사장의 자동 음성함으로 넘어갔고, 그는 메시지를 남겼다. "안녕하세요, 저는 이안 프레이저라고 합니다. 이미 이력서를 보시고 저를 떨어뜨리신 것으로 알고 있습니다. 저는 신입인데 신입을 뽑으려는 회사는 없으니까요. 하지만 제가 굉장한 모드를 만들었습니다…" 그는 자신이 지난 4년간 진행한 〈라자루스Lazarus〉라는 프로젝트를 소개했다. 리처드 게리엇이 1988년에 발매한 판타지 롤플레잉 게임 〈울티마 V〉를 완전히 리메이크한 게임이었다. 프레이저가 대학에 들어간 2000년에 〈울티마 V〉는 구식 게임처럼 보였다. 그래픽은 조악했고, 액션은 대부분 화면에 텍스트가 지나가는 식으로 진행되었다('거대한 거미 놓침!). 프레이저는 어린 시절 이 게임을 좋아했고, 여가 시간에 게임 리메이크를 만들어보면 재미도 있고 커리어에도 도움이 될 것 같았다.

프레이저는 아이언 로어에 지원한 2004년에 〈울티마〉 팬들 몇 명을 모아 〈라자루스〉를 함께 만들었다. 〈라자루스〉는 야심 찬 3D 그래픽 게임이었으며 〈울티마 V〉 원작에 비해 게임플레이도 현대적이고 이해하기 쉬웠다. 아이언 로어의 책임자들은 이 프로젝트를 인상 깊게 보고 프레이저를 매사추세츠로 불러 면접과 디자인 시험을 보게 했다. "저를 어떤 방에 데려다 놓고 회사의 전용 레벨 편집 프로그램을 주면서, '레벨을 하나 만들어보세요. 멋있게 만들어주세요. 다 되면 알려주시고요.'" 프레이저는 몇 시간 동안 레벨을 만들다가 질겁했다. 그가 만드는 것은 좀처럼 작동하지 않았다. 지금 그는 게임 일을 시작할 기회—어쩌면 유일한 기회—를 날려버릴 것 같았다. "그냥 자리에서 일어나서 가방을 챙기고, 말 없이 떠나고 싶었습니다." 프레이저는 말했다. 하지만 그는 지금까지의 작업을 모두 엎고 처음부터 다시 시작했다. 밤 10시 또는 11시쯤, 마지막까지 남아있던 직원이 프레이저에게 다가와 회사 문을 잠가야 할 시간이라고 알려주었고 그 때 프레이저는 마침내 만족할만한 레벨을 완성했다. 일자리를 얻기에 충분한 수준이었다.

이안 프레이저는 2005년 2월에 테네시에서 매사추세츠로 이주해, 아이언 로어의 〈타이탄 퀘스트Titan Quest〉 개발과 발매를 도왔다. 이 게임은 〈디아블로〉에서 기본적인 핵 앤 슬래시 게임플레이를 가져오고, 괴물과 배경은 그리스와 이집트 신화에서 가져왔다. 이 게임과 확장판 두 편은 괜찮은 판매 성적을 거뒀지만, 2007년에 이들은 〈타이탄 퀘스트〉 시퀄을 발매해줄 유통사를 구하지 못해 고군분투하며 직원 40명을 먹여 살리느라 돈을 축내고 있었다. 회사를 살리기 위한 최후의 수단으로 아이언 로어 경영진은 다른 회사의 외주 일을 구하기 시작했고, 프레이저는 〈던 오브 워Dawn of War〉 확장판 제작을 위한 제안서를 만들었다. 〈던 오브 워〉는 테이블톱 게임 〈워해머Warhammer〉를 기반으로 한 실시간 전략 시리즈로 인기를 끌었다. 아이언 로어가 계약을 따내면서 프레이저는 책임 디자이너가 되었고, 이 게임은 〈던 오브 워: 소울스톰Dawn of War: Soulstorm〉이라는 타이틀명으로 알려졌다. 하지만 1년 뒤에 〈소울스톰〉을 완성한 뒤 그들은 다시 똑같은 문제에 부딪쳤다.

또다시 새 계약을 따내지 못한 채 돈만 축내고 있었던 것이다.

2008년 초의 어느 날, 아이언 로어의 대표 제프 굿실Jeff Goodsill은 전 직원을 한 자리에 소집해서 곧 자금이 바닥난다는 소식을 전했다. 지금으로서는 더 이상 답이 없으니 회사 정리를 시작할 계획이라고 말했다. "돈이 한 푼도 남지 않을 때까지 버티다가 직원들을 전부 난처하게 만들기보다는 모두에게 퇴직금을 조금씩이라도 챙겨주고 싶다고 하더라고요." 프레이저는 말했다.

그러더니 굿실은 프레이저를 따로 불러서, 마지막으로 그의 임금을 인상해주겠다고 말했다. 프레이저의 급여는 책임 디자이너 직급의 평균 연봉에 한참 못 미치는 수준이었다. 회사에 그 정도 임금을 지급할 여력이 없었기 때문이다. "제 마지막 급여를 크게 올려주었어요. 이직할 때 다른 회사에 가서 '원래 이 정도 돈을 받았었다'고 보여줄 수 있게 말이죠." 프레이저는 말했다. "사람들이 잘 생각하지 않는 부분인데, 참 사려 깊은 분이었어요."

아이언 로어의 폐업 사실이 공개되자 채용 담당자들의 연락이 이어졌다. 그후 프레이저는 메릴랜드주 볼티모어로 보금자리를 옮겨 빅휴즈게임즈에 디자이너로 들어갔다. 원대한 목표를 가지고 자신만만하게 이름은 붙인 제작사였다. 2000년에 파이락시스에서 출신 네 명이 모여 설립한 회사였다. 이들은 파이락시스 시절 〈문명〉을 디자인한 전설적인 인물 시드 마이어 밑에서 일했었기에, 빅휴즈게임즈는 〈라이즈 오브 네이션즈Rise of Nations〉라는 인기 전략 게임 시리즈로 이름을 알렸다. 〈라이즈 오브 네이션즈〉는 기술 변천사에 따라 발전하는 군대들을 동원해 적과 싸우며 영토를 차지하는 게임이다. 플레이어는 문명 하나를 고르고(영국, 프랑스, 잉카, 마야) 나머지 문명들과 맞서 싸운다. 〈라이즈 오브 네이션즈〉는 최대 경쟁작인 〈에이지 오브 엠파이어Age of Empires〉 같은 인기를 누리지는 못해도 나름의 입지를 다졌다. 덕분에 빅휴즈게임즈는 승승장구하면서 규모를 확장할 수 있었다.

7년간 전략 게임을 만들어온 끝에 빅휴즈게임즈 경영진은 변화를 꾀하기로 했다. 2007년 2월, 이들은 파격적인 인사를 단행했다. 획기적인 롤플레잉 게임 〈엘더스크롤 3: 모로윈드The Elder Scrolls III: Morrowind〉와 〈엘더스크롤 4: 오블리비언The Elder Scrolls IV: Oblivion〉의 책임 디자이너 켄 롤스턴Ken Rolston을 영입한 것이다. 롤스턴은 빅휴즈게임즈가 새로운 영역에 도전하기 위해 준비하는 오픈월드 RPG 게임을 지휘하게 되었다. 5월에 THQ와의 유통 계약이 발표되었고, 두 회사는 협력 관계를 더 발전시키기 위한 논의를 이어 갔다. 니켈로디언Nickelodeon과 월드 레슬링 엔터테인먼트World Wrestling Entertainment 같은 기업의 라이선스 게임을 빠르게 찍어내서 막대한 수익을 올리는 THQ는 다른 게임 제작사들을 게걸스럽게 집어삼켜왔다. 마침내 2008년 1월, 계약이 체결되고 공표되었다.

THQ는 그렇게 빅휴즈게임즈를 인수했다.

프레이저는 회사가 인수되고 몇 주 뒤 입사했다. 그는 〈크루서블Crucible〉이라는 코드명이 붙은 RPG 신작의 책임 시스템 디자이너가 되었다. "크루서블은 무척 흥미진진한 점이 많았습니다." 그는 말했다. 그들은 인기 있는 액션 게임 〈갓 오브 워God of War〉의 박진감 넘치는 전투, 거대한 판타지 세계에 사람들이 모여 도시를 탐험하는 〈엘더 스크롤The Elder Scroll〉이 섞인 게임을 구상했다. "아주 매력적인 조합이었습니다." 프레이저는 말했다.

하지만 빅휴즈게임즈 직원들은 지난 10년 가까이 RPG가 아닌 전략 게임을 만들어왔다. 일찍이 비서럴을 비롯한 여러 제작사는 새로운 장르에 도전하는 것이 얼마나 험난한 도전인지 몸소 깨달은 바가 있다. 빅휴즈게임즈 개발자들은 〈크루서블〉의 정체성과 제작 방향을 구상하느라 오랜 시간을 쏟았다. "어떤 게임을 만들지 결정하는 데 몇 달, 아니 몇 년이 걸릴 수도 있습니다." 프레이저는 말했다. "그 답을 찾기 위해 〈크루서블〉을 구상하면서 생각할 것이 많았고, 그러는 동안 기술적인 기반도 다져야 해서 스트레스가 상당했습니다."

THQ처럼 거대한 유통사에 소속되어 좋은 점은 돈 떨어질 걱정이 없다는 것이다.

아이언 로어는 프로젝트 하나를 끝낼 때마다 새로 투자자를 물색해야 했고, 직원들은 늘 불안정성에 시달려야 했다. 하지만 빅휴즈게임즈는 이제 거대한 상장사의 일부였다. 2008년에 이들이 〈크루서블〉을 구상하면서 힘든 시간을 보내자, THQ 경영진은 시간이 충분하다며 제작진을 안심시켰다. "'돈은 무한정으로 있으니까 구상을 계속하라'는 메시지를 계속 받았습니다." 프레이저는 말했다. "이제는 알아요. '돈이 무한정으로 있다'는 말을 절대 믿으면 안된다는 것을요. 그 당시에는 그럴싸하게 들렸습니다."

진실이 드러나기까지는 오랜 시간이 걸리지 않았다. 사실 THQ의 돈은 굉장히, 굉장히 한정적이었다.

■　■　■

조 쿠아다라는 늘 경쟁심이 강했다. 동생 여섯 명과 함께 자라면서 닌텐도를 차지하기 위해 수없이 싸워야 했다. 1980년대에는 샌프란시스코에서 오락실을 들락거리며, 기계 밑에 떨어진 동전을 줍고 모르는 사람들과 함께 〈스트리트 파이터〉 대결을 벌였다. 그는 오락실에서 시간을 보내며 친구도 사귀었다. 그 중에는 매주 수요일 밤 쿠아다라가 가장 좋아했던 서니베일 골프랜드에 모이는 무리도 있었다. 이들은 단순한 게임 플레이어가 아니라 소니, 크리스털 다이나믹스 같은 회사의 실제 게임 개발자들이라는 소문이 돌았다. 결국 쿠아다라는 그 무리 중 한 명에게 다가가, 게임 일을 시작하려면 어떻게 해야 하냐고 물었다. "모두들 테스팅으로 입문했다고 하더라고요." 쿠아다라는 말했다. 테스팅이라 함은, 게임 하나를 몇 번이고 되풀이하면서 버그와 오류를 찾아내는 것이다. 쿠아다라는 이미 오락실에서 재미로 하던 일이기에 경쟁력이 있었다. 그 개발자는 그를 보며 말했다. "그러고보니 꽤 잘 하시겠는데요?"

이후 몇 번의 면접을 보고, 쿠아다라는 크리스털 다이나믹스에 테스터로 취업해서 〈소울 리버 2 Soul Reaver 2〉와 〈아나크록스 Anachronox〉(크리스털 다이나믹스의 자매사이자 워렌 스펙터가 세운 이온 스톰 오스틴의 쌍둥이인 이온 스톰 달라스가 개발)의 버그를 찾는 일을 도왔다. 그는 일을 시작하고 얼마 지나지 않아 다른 개발자들이 점심 시간에 〈카운터 스트라이크 Counter-Strike〉라는 팀 슈팅 게임을 즐기는 것을 보았다. 한 번도 해본 적 없는 게임이었지만 내면의 승부욕이 불타오르기 시작했다. "저는 바로 뛰어들었다가 호되게 당했습니다. 집에 가서 오직 〈카운터 스트라이크〉를 하기 위한 컴퓨터를 장만하고 연습을 거듭했습니다. 회사에서 최고가될 때까지요." 쿠아다라는 잭 맥클렌돈(그는 이후 2K 마린에서 〈바이오쇼크 2〉, 〈리치몬드〉, 〈엑스컴〉 제작에 참여했다) 등 크리스털 다이나믹스에 있는 여러 베테랑으로부터 게임 개발에 대해 배웠다. **쿠아다라는 QA 부서에서 제작 부서로, 디자인 부서로 옮겨가면서 자신에게 게임 전투를 맛깔스럽게 만드는 재주가 있음을 깨달았다.**

크리스털 다이나믹스에서 6년을 보낸(잠시 소니 QA 부서에서 일하기도 했다) 2008년 가을, 쿠아다라는 메릴랜드 볼티모어에 있는 빅휴즈게임즈로 이직했다. 그는 〈크루서블〉이라는 RPG에 책임 전투 디자이너로 투입되었다. "처음 들어갔을 때에는 약간 속은 기분이었습니다." 그는 말했다. "회사에서 저에게 보여줬던 게임플레이 영상은 꽤 좋았거든요. 그런데 막상 가보니 캐릭터가 똑바로 움직이지도 못하더라고요." 애니메이션은 엉성하고, 버튼은 작동이 되었다 말았다 하고, 게임플레이어는 쿠아다라가 보기에 여러모로 부실했다. 〈크루서블〉을 괜찮은 게임으로 완성하려면 작업 과정을 전체적으로 돌아보아야 했다. 이를 위해 쿠아다라는 전투 제작만 전담하는 아티스트와 디자이너 팀을 꾸렸다.

이와 동시에 쿠아다라는 THQ에 문제가 생겼음을 깨달았다. 2008년에 전세계가 경제 위기를 맞이하고, 니켈로디언과 월드 레슬링 엔터테인먼트 라이선스 게임의 인기가 떨어지고, 게임용 태블릿에 거액을 투자하는 등의 무분별한 방향 전환 등으로 인해 THQ는 몇백만 달러를 손해보고 있었다.

경영진은 더 이상 '돈이 무한정 있다'고 하지 않았다.

11월에 THQ는 게임 제작사 다섯 곳을 폐쇄하고 직원들에게 비용을 삭감하라고 지시했다. "전사적으로 폭풍이 몰아쳤습니다. 허리띠를 졸라매야 한다는 메시지가 내려왔죠." 이안 프레이저는 말했다. "고급 화장지를 사지도 말라, 일등석을 타지도 말라 등이요. 회사 상태가 심상치 않음을 알 수 있었습니다." THQ는 빅휴즈게임즈가 시작하려던 두 번째 프로젝트인 위 시뮬레이션 게임 〈갓: 더 게임God: The Game〉도 취소했다. 그래서 이 프로젝트에 참여하려던 사람들은 〈크루서블〉로 옮겨가야 했다.

2009년 3월, THQ 경영진은 빅휴즈게임즈를 더 이상 유지할 생각이 없다는 뜻을 밝혔다. 그리고 바로 최후통첩이 내려왔다. 앞으로 60일 안에 새 주인을 찾으라는 것이었다. 인수자가 나타나지 않으면 THQ는 빅휴즈게임즈를 폐쇄할 계획이었다. 보통 대형 유통사가 경고 없이 제작사를 폐쇄한다는 점을 감안하면 친절한 제안이었지만 시간이 얼마 없었다.

빅휴즈게임즈 경영진은 직원들을 모아 놓고 THQ의 통보를 전하며, 만약을 대비해 이력서를 정리해두라고 귀띔했다. 일정은 촉박하지만 경영진에게는 인수자를 찾으리라는 믿음이 있었다. "개발하기 어려운 RPG를 반쯤 만들어 놓았고, 기술도 상당히 인상적인 수준이었거든요." 프레이저는 말했다. "그래서 원하는 기업이 분명 있을 거라고 생각했습니다. 우리를 통째로 데려갈 기업이요."

그 후로 몇 주 동안 프레이저와 쿠아다라를 비롯한 빅휴즈게임즈 직원들은 아이돌 멤버를 뽑는 오디션 프로그램에 참가하는 기분이었다. 여러 유통사가 사무실을 둘러보러 왔기 때문이다. 유통사 여섯 곳이 임원들을 보내서 〈크루서블〉을 확인하고 제작진과 대화를 나눴다. "그 사람들 앞에서 공연을 하는 느낌이기도 하고, 면접을 보는 느낌이기도 했습니다." 디자이너 저스틴 페레즈는 말했다. 스포츠를 좋아하는 페레즈는 전설적인 야구 선수가 사무실에 온 것을 보고 특히 눈이 휘둥그레 해졌다. "커트 실링이 직접 게임 제작사를 만들겠다고 발표했던 것이 기억납니다. 거 참 별 일이라는 반응이었죠." 페레즈는 말했다. "정말 대수롭지 않게 생각했어요. 그런데 그들이 회사에 나타났고, 모든 게 잘 맞아 떨어졌죠."

두 회사는 환상의 짝꿍이었다.

빅휴즈게임즈의 롤플레잉 게임에는 좀 더 일관성 있는 비전이 필요했고, 38 스튜디오는 판타지 작가 R. A. 살바토레가 스토리를 활발하게 써내려가고 있었지만, 당장 수익 창출을 위한 게임 발매가 절실했다. "그들은 〈크루서블〉을 가져다가 아말러 세계관의 서사와 아트를 입힌다는 생각에 매료되었습니다." 프레이저는 말했다. "우리가 먼저 시장에 나가서 말하는 겁니다. '모두들 안녕하세요? 아말러에 오신 것을 환영합니다. 세계관이 정말 근사하죠? 아트도 멋지고 말이예요. 아말러의 세계를 맛본 플레이어들은 더 큰 MMO 게임 세계로 들어갈테고요.'"[2]

그 후로 몇 주 동안 프레이저와 〈크루서블〉 팀은 38 스튜디오의 아트와 아이디어를 사용해, 실링이 기대하는 RPG 느낌을 구현할 수 있음을 보여주는 데모를 만들었다. 거래가 코앞으로 다가오면서 정리해고도 함께 진행되었다. 〈갓: 더 게임〉 제작진을 흡수하

---

2   이안 프레이저에게 이것은 희한하고 재미있는 우연이었다. 38 스튜디오는 그의 마지막 직장이었던 아이언 로어 엔터테인먼트와 같은 메사추세츠주 메이너드에 위치해 있었다. "채용 관점에서 아이언 로어가 느꼈던 가장 큰 위협은 38 스튜디오가 문을 열고부터 우리 아티스트트들을 쏙쏙 빼간 것이었습니다. 아티스트라면 누구나 토드 맥팔레인과 함께 일하고 싶어 했거든요." 프레이저는 또 제자리로 돌아와 있었다.

느라 〈크루서블〉 팀이 지나치게 커져 있었기 때문이다. 그리고 결국 계약이 코앞으로 다가왔다. 2009년 3월 27일, 38 스튜디오는 빅휴즈게임즈 인수 사실을 발표했다.

두 회사는 합병 후 서로를 알아가는 시간을 가졌다. R. A. 살바토레는 볼티모어에 가서 빅휴즈게임즈 직원들에게 99쪽 분량의 필독서를 보여주고, 〈크루서블〉의 서사에 대해 이야기를 나누었다. 이 서사는 〈킹덤 오브 아말러: 레코닝〉이라는 타이틀명으로 세상에 알려졌다. 이들은 38 스튜디오가 개발 중인 게임 〈코페르니쿠스〉속 사건보다 몇천 년 전으로 게임 배경을 설정하기로 했다. 그래야 빅휴즈게임즈가 어떤 사건이 일어났고 어느 캐릭터가 죽는지 걱정하지 않고 자유롭게 서사를 전개할 수 있었다. 그 해 말에 그들은 일렉트로닉 아츠(EA)와 게임 투자 및 발매 계약을 맺었다.

처음에 38 스튜디오는 굉장히 좋은 모회사 같았다.
실링의 개인 회사로 완벽하게 독립성을 유지했다. 그래서 투자자들과의 회계 일정 때문에 노심초사할 필요가 없었다. 하지만 빅휴즈게임즈의 베테랑들은 〈코페르니쿠스〉의 상태를 보고 경계심을 가질 수밖에 없었다. "좋은 사람이 정말 많았지만 욕심이 지나쳤습니다." 프레이저는 말했다. "〈월드 오브 워크래프트〉 대항마를 만들겠다고 나섰지만 〈월드 오브 워크래프트〉 대항마 근처에도 가지 못했어요. 게다가 경영진 대부분이 게임 업계 경험이 없는 사람들이었습니다."

그 뒤로 몇 달 동안, 그런 경험 부족이 빅휴즈게임즈에서 문제를 일으켰다. 가장 큰 문제는 38 스튜디오 개발자들은 이미 익숙해진, 커트 실링과 다른 임원들의 간섭이었다. 커트 실링은 틈만 나면 빅휴즈게임즈에 있는 개발자와 디자이너들에게 연락해 아이디어를 제안했다. 빅휴즈게임즈 경영진에게는 원통한 일이었다. 이들이 만들던 애니메이션에 만족하지 못한 38 스튜디오 임원 한 명은 애니메이션 팀 대부분을 교체하려고 하다가 격렬한 논쟁을 일으키기도 했다. 〈킹덤 오브 아말런: 레코닝〉 속 애니메이션은 〈코페르니쿠스〉에 나오는 애니메이션처럼 근사하지 않았지만, 〈레코닝〉은 엄연히 마감일이 있고 유통 계약이 체결된 게임이었다. 반면 〈코페르니쿠스〉는 예산이 무한대에, 마감일도 영원히 오지 않는 것 같았다. 이 상황이 두 제작사 사이에 갈등을 불러왔다.

논쟁이 끝난 후 애니메이터들은 회사에 남았지만 갈등이 사라진 것은 아니었다. 빅휴즈게임즈 개발자들은 모회사인 38 스튜디오를 비웃었다. 자신들은 2년 안에 〈킹덤 오브 아말러: 레코닝〉을 세상에 내놓기 위해 노력하고 있다. 반면 38 스튜디오는 〈월드 오브 워크래프트〉의 대항마 개발에 몇 년을 쏟아부었지만 이 게임이 절대 발매될 수 없을 거라고 생각하는 이들도 있었다. 한편, 실링은 빅휴즈게임즈 직원들에게 아이디어와 제안 이메일을 계속 보냈다. 그 중에는 〈킹덤 오브 아말러: 레코닝〉 감독들이 제시하는 방향과 정확하게 반대되는 내용도 있었다.

2010년 여름의 어느 주말에는 조 쿠아다라가 사무실에 갔더니, 빅휴즈게임즈의 공동 설립자들이 짐을 싸고 있었다. 그들은 무슨 일이 벌어지고 있는지 누구에게도 알려주지 않았다. 알고 보니 그들은 굉장히 엄격한 비밀 유지 각서 때문에 아무런 설명도 할 수 없었다. 나중에 쿠아다라가 알게 된 사실은, 간섭에 질린 공동 설립자들이 38 스튜디오 경영진을 찾아가서 빅휴즈게임즈를 독립 법인으로 분할해달라고 요청했다는 것이었다. 분할해주지 않으면 회사를 떠나겠다는 협박도 불사했다는 소문이 돌았다. 그에 대한 화답으로 38 스튜디오는 이 설립자들을 해고했다. "독립 법인으로 돌려달라는 제안을 했더니, 38 스튜디오가 '(a) 싫다, (b) 나가라'라고 응수한 거죠."[3]

빅휴즈게임즈에게는 낭패였다.

〈킹덤 오브 아말러: 레코닝〉을 발매한다는 EA와의 계약은 지켜야 했지만 당장 제작을 이끌어갈 사람들이 없었다. 그들은 잠시나마 THQ의 크리에이티브 디렉터였던 션 던Sean Dunn을 새 경영자로 영입하고 자신들이 할 수 있는 유일한 일을 했다. 계속 게임을 만드는 것이었다. "우리에게는 아주 탄탄한 문화가 있었습니다." 쿠아다라는 말했다. "사실 설립자들 없이도 게임을 계속 만들 수 있었습니

---

3 빅휴즈게임즈 공동 설립자 네 명은 이에 대한 언급을 거절하거나 언급 요청 자체에 답하지 않았다.

다. 그들이 쓸모 없거나 시대에 뒤쳐졌었다는 게 아니라, 그들이 우리에게 심어준 협동 정신이 계속 우리 안에 남아있었던 것입니다."

공동 설립자들이 떠나고 커트 실링의 간섭은 줄어들었지만, 두 회사 사이에 생긴 균열은 조금도 회복되지 않았다. 〈킹덤 오브 아말러: 레코닝〉 개발이 계속되면서 빅휴즈게임즈의 개발자들은 의구심을 떨칠 수 없었다. 38 스튜디오는 돈이 떨어지면 어쩔 작정일까? "저는 사업 관점에서 38 스튜디오의 성공 가능성이 늘 의심스러웠습니다." 프레이저의 이런 의심은 현실이 되었다. "언제든 재가 되어 사라질 수 있는 기업과 같은 배를 타는 게 맞는 일일까?"

■ ■ ■

볼티모어에 있는 빅휴즈게임즈 본사는 전형적인 사무실, 즉 1~2인용 사무실이 주를 이뤘다. 하지만 한 모퉁이에는 벽을 몇 개 빼고 큰 공간을 2개 마련해 놓았다. 개발자 8~10명이 들어갈 수 있는 공간이었다. 그 중 하나는 〈킹덤 오브 아말러: 레코닝〉의 퀘스트와 레벨을 담당하는 세계관 디자인 팀이 차지했다. 그리고 다른 하나는 소규모 디자이너와 아티스트 팀이 단 하나의 작업에 몰두해 있었다. 바로 전투를 최대한 훌륭하게 만드는 작업이었다.

그들은 스스로를 전투 지옥이라고 불렀다.

이 전투 지옥을 이끄는 조 쿠아다라의 특이한 기질로 인해 전투 지옥 팀은 매우 독특한 팀이 되었다. 전투 시스템 작업 전담 디자이너들을 두는 게임 제작사는 많아도, 2009년에 디자이너와 애니메이터를 모두 모아 전담 팀을 만들고 각자의 자리에 앉은 채 의견을 주고받을 정도의 허물없는 사이를 유지하게 한 제작사는 드물었다. "사소한 작업들을 하고, '여기 좀 와보세요'라고 소리치는 식으로 모든 업무가 이루어졌습니다." 전투 팀의 일원이었던 저스틴 페레즈는 말했다. "그래서 일을 정말 빠르게 할 수 있었죠."

전투 지옥의 유일한 목표는 〈킹덤 오브 아말러: 레코닝〉에서 플레이어가 적을 공격하는 과정을 생생하고 짜릿하게 만드는 것이었다. 칼을 휘두를 때에나 화살을 쏠 때에나 전투가 맛깔스럽게 흘러가야 했다. 이 게임에는 차크람이라고 하는 원반 모양의 독특한 칼날도 있었는데, 적들 주변에서 이 칼날을 휘두르거나 적들에게 던져서 공격하는 무기였다. 페레즈는 훌륭한 전투 시스템의 3요소로 '캐릭터의 동작', '컨트롤의 반응성', '카메라 조작'을 꼽았다. 세 가지 작동기제 모두 플레이어가 괴물을 공격하면서 느끼는 재미에 직접적인 영향을 미쳤다. 카메라가 살짝 흔들리거나 약간 과장된 그래픽 같은 사소한 요소들이 전투 시스템의 성공에 지대한 영향을 미칠 수 있었다. 전투 지옥이 끊임없이 소통하면서 작업을 수정하면 좋은 이유도 바로 여기에 있었다.

시간이 지나면서 전투 지옥 디자이너와 애니메이터들은 점점 더 가까운 사이가 되었다. 모두들 조 쿠아다라처럼 경쟁심이 강했고, 우스꽝스러운 놀이를 좋아했다. 머지않아 함께 재미로 하던 놀이들은 시합으로 발전했다. "입체사목 게임, 바구니에 공을 넣는 놀이 등을 했습니다. 한 사람이 멍청한 짓을 시작하면 모두가 승부욕을 불태우는 겁니다. 서로 자기가 더 잘할 수 있다면서요." 이들은 우스꽝스러운 놀이와 진지한 시합을 모두 즐겼다. 휴지통에 공 넣기 시합이 벌어질 때도 있고, 쿠아다라가 어린 시절 샌프란시스코 오락실에서 그랬던 것처럼 〈스트리트 파이터〉 대결로 열기가 달아오를 때도 있었다

얼마 안 있어 이들은 득점 체계를 만들고, 성적에 따라 전투 지옥 구성원들이 돌아가며 차지하는 트로피까지 장만했다. "승자는 일주일동안 트로피를 가집니다." 페레즈는 말했다. "마지막으로 트로피를 가지고 있는 사람은 자기 자리에서 트로피를 들고 사진을 찍어야 합니다… 그런 멍청한 짓을 한 덕분에 사이가 정말 돈독해졌죠." 가끔은 학교 동아리 같기도 했습니다. 한번은 한 디자이너가 지나치게 창의력을 발휘한 나머지, 거대한 고무 공 위로 배치기를 한 다음 벽으로 직행하는 게임을 만드는 바람에, 쿠아다라가 '안전 거부권' 제도를 만들기는 했다. 하지만 **이들의 환상적인 궁합은 〈킹덤 오브 아말러〉를 더 좋은 게임으로 만드는 데 많은 도움이 되었다.** 전투 지옥 구성원들은 매주 큰 화면 앞에 모여 앉아 그 주에 만든 새 게임 빌드를 플레이해보았다. 새로운 불덩이 마법, 묵직한 검 휘두르기, 특별한 능력 등을 플레이해보며 대화를 나눴다. "모두

가 서로의 작업을 너덜너덜해질 때까지 물어뜯고 꼬치꼬치 따졌습니다. 하지만 아무도 개인적으로 받아들이지 않았죠. '그래, 맞는 말이네, 이것들을 다 고치면 더 나아질 거야'라며 받아들였습니다."

이렇게 비평을 건설적인 수준으로 유지하는 것은 여간 어려운 일이 아니건만, 빅휴즈게임즈는 그 일을 해냈다. 서로를 신뢰하고 아끼는 사람들이 한 사무실에 모여서, 휴지통에 공 던지기를 가장 잘 하는 사람에게 트로피를 주는 그런 부서였다. 이 팀에서 일하던 애니메이터 한 명은 그 팀에서의 시간이 평생 일해본 경험 중 최고였다고 하기도 했다. "이 게임을 개발하는 것이 얼마나 즐거운지 알면 알수록 놀라웠습니다." 조 쿠아다라는 말했다. "갈수록 저희의 실력이 늘어가고, 일이 점점 즐거워졌습니다."

하지만 〈킹덤 오브 아말러〉 개발에는 문제가 많았다.

빅휴즈게임즈와 38 스튜디오 사이의 갈등은 공동 설립자들이 떠난 뒤에도 계속되었고, 커트 실링은 여전히 디자인에 대한 간섭을 자제하지 못했다. "커트는 새벽 2시에 〈갓 오브 워〉 예고편 같은 것을 보고 저에게 이메일을 보내는 식이었습니다. '우리도 이런 거 할 수 있어요?' 하면서요." 쿠아다라는 말했다. 그는 실링에게 저리 좀 가라는 말을 최대한 정중하게 하는 이메일을 쓰느라 몇 시간씩 정성을 들여야 했다. 실링이 답장을 하지 않으면 쿠아다라는 불안해졌다. 화가 났나? 이 이메일 때문에 해고되는 건가?

몇 달 뒤인 2011년 3월, 쿠아다라는 PAX 이스트 참석차 보스터에 방문했다. 그는 기대감에 가득 찬 팬들 앞에서 〈킹덤 오브 아말러: 레코닝〉 데모를 공개했다. 실링이 자리에서 일어나서, 쿠아다라를 비롯한 게임 책임자들을 소개했다. "그는 이메일 이야기를 꺼냈습니다. '이 분은 저에게 꺼지라는 말을 아주 외교적으로 하시는 분입니다. 제가 아주 신뢰하는 사람이죠. 조를 소개합니다.'" 쿠아다라는 당시를 회상했다. "그 이메일을 주고받은 뒤 처음으로 소통한 것이었어요. 기분이 아주 좋았습니다. '그래, 알아들으셨구나' 하고요."

실링이 그 많은 사람의 마음을 움직이는 비결은 척 보면 알 수 있었다. 그에게는 타고난 카리스마가 있었고, 비록 MMORPG 개발과 로드아일랜드 주 정부와의 정치 문제로 빅휴즈게임즈에 시간을 많이 쏟지는 못했지만 그는 여전히 〈킹덤 오브 아말러: 레코닝〉에 꾸준히 참여하고 있었다. 좋든 싫든 그게 현실이었다. 2010년에 빅휴즈게임즈 입사 제안을 받고 망설이던 UI 아티스트 션 맥로플린 Sean McLaughlin은 커트 실링에게서 직접 전화를 받고 마음을 굳혔다. **"사실 커트 실링 때문에 넘어갔어요."** 맥로플린은 말했다. "대단한 열정을 보여줬거든요. 그가 연락해줘서 좋았던 것 같습니다. 확실히 사람은 스타를 동경하게 되죠."

2011년에 38 스튜디오가 매사추세츠에서 로드아일랜드로 보금자리를 옮기는 동안, 빅휴즈게임즈는 〈킹덤 오브 아말러: 레코닝〉 작업에 매진해서 2012년 2월 7일에 게임을 발매했다. 반응은 엇갈렸지만 모두가 입을 모아 칭찬한 것이 하나 있다면 그건 바로 전투였다. "EA는 자신들의 검토 자료를 기꺼이 공유해주었습니다." 쿠아다라는 말했다. "그들은 모든 후기를 살펴보면서 모든 게임의 모든 요소를 강조합니다. 레벨, 스토리, 전투 등이요. 그 다음에 긍정적인지, 부정적인지, 중간인지 평가를 내립니다. 전투는 98.6점으로 긍정적이었고, 나머지 요소는 중간이었습니다."

비평가들은 〈아말러〉가 새로운 프랜차이즈로서는 굉장히 훌륭한 수준이라고 입을 모았다. 빅휴즈게임즈 개발자들은 시퀄을 만들고 싶은 마음이 간절했다. 〈아말러〉를 만들면서 배운 교훈을 바탕으로 아쉬운 부분을 모두 개선하고 싶었다. "제작진 중에는 태어나서 처음으로 게임을 만들어본 사람이 많았습니다." 쿠아다라는 말했다. "반응을 보고 조금은 실망한 사람들도 있지만, 그러면서도 우리가 시퀄을 정말 잘 만들 수 있다는 활기가 있었습니다." 쿠아다라와 전투 지옥 동료들은 〈아말러 2〉에 넣을 보스 전투와 각종 아이디어를 구상하기 시작했다. 그들은 이 회사에 어마어마한 성장 잠재력이 있다고 믿었다. "모두가 성장하고 있는 게 눈에 보였습니다." 쿠아다라는 말했다.

이안 프레이저와 그 밖의 빅휴즈게임즈 책임자들은 EA와 시퀄에 대한 이야기를 시작했다. 아말러 세계관 중 어느 지역을 배경으로 하고 어떻게 게임을 개선할지 아이디어를 제시했지만 EA는 망설였다. 정선 포인트와 콘솔 개발 부서를 폐쇄하던 디즈니와 마찬가지로, EA 경영진은 전통적인 게임이 사양 산업이 될 것이라 걱정했다. 게다가 그들은 바이오웨어의 기대작 〈드래곤 에이지: 인퀴지션Dragon Age: Inquisition〉에 거금을 투자한 상태라서 또 다른 RPG 대작을 감당하지 못할 것 같았다. "그들은 결국 우리를 포기했습니다. 덕분에 우리는 계약을 따내러 다녀야 했죠." 〈킹덤 오브 아말러: 레코닝 2〉의 디렉터직으로 예정되었던 프레이저는 말했다.

가장 크게 관심을 보인 유통사는 2K, 락스타, 이래셔널 게임즈를 보유한 테이크투였다. 테이크투 경영진은 몇 주 동안 38 스튜디오와 빅휴즈게임즈를 오가면서 〈킹덤 오브 아말러: 레코닝 2〉 제안을 듣고 계약 조건을 협의했다. 그렇게 해서 5월에 세 회사가 구두계약을 맺었다. 빅휴즈게임즈는 게임에 대한 투자를 받았고, 개발자들은 마침내 갈등을 겪었던 회사로부터 독립을 쟁취했다. 테이크투가 〈킹덤 오브 아말러: 레코닝〉 시퀄을 출시하면서, 빅휴즈게임즈를 38 스튜디오에서 분할해 새 제작사를 설립하고, 2K가 보유한 〈문명〉 제작사 파이락시스 옆으로 사무실을 옮기기로 한 것이었다 (빅휴즈게임즈가 2000년에 파이락시스 퇴사자들이 모여 설립한 제작사였음을 생각하면 묘한 인연이었다).

2012년 5월 14일, 테이크투 경영진은 계약 체결을 위해 빅휴즈게임즈를 방문했다. 거래 조건이 확정되었다. 이제 몇시간 뒤면 정식으로 계약이 이뤄질 터였다. 종이에 잉크만 묻히면 끝이었다. 하지만 그때 로드아일랜드 **주지사 링컨 체이피는 언론을 향해, 자**

신이 38 스튜디오를 상환 가능 상태로 유지시키기 위해 노력했다고 말했다. 이 한마디가 재앙을 불러왔다. 테이크투 경영진은 공항에서 빅휴즈게임즈에 전화를 걸어 손을 떼겠다고 통보했다. 38 스튜디오는 언제라도 파산할 수 있을 것 같았고, 그런 일이 벌어지면 복잡한 법적 문제로 골치가 아파질 가능성이 컸다. **"갑자기 우리는 모두가 건드리기 싫어하는 정치적인 발암 물질이 되어 있었습니다."** 프레이저는 말했다. "체이피의 발언으로 38 스튜디오만이 아니라 빅휴즈게임즈도 무너졌어요. 우리는 하루아침에 발암 물질이 되었고, 이런 해로운 존재와 손잡고 싶어하는 곳은 없으니까요. 〈레코닝 2〉도 한 순간에 사라졌습니다."

특히 화가 나는 지점은, 커트 실링이 미리 알려주기만 했다면 빅휴즈게임즈 직원들이 문제를 해결할 수도 있었다는 것이다. 38 스튜디오에 재정적으로 문제가 있다고 귀띔이라도 해줬다면 테이크투와 더 일찍 계약을 맺어서 회사를 살릴 수도 있었다. 협상에 참여했던 한 사람은 이렇게 말했다. "예를 들자면 NBA 챔피언십에서 승리가 코앞에 두고 슛을 쏘려는데 갑자기 시합이 무효가 된 겁니다. 시계 담당자가 실수를 했다면서요."

그리고 2012년 5월 15일, 대망의 〈디아블로 III〉 발매일에 빅휴즈게임즈 직원들은 제대로 뒤통수를 맞았다. 갑자기 급여가 들어오지 않았고, 앞으로 무슨 일이 생길지는 아무도 몰랐다. "근심 걱정이 몰려왔습니다. 한 달 벌어 한 달 먹고 사는 가족이 많은데 의료 보험이 갑자기 사라져 버린 거죠. 게다가 저희가 있던 볼티모어에는 게임 개발 업계가 잘 발달해 있지 않아 옮길 회사도 근처엔 없었습니다." 쿠아다라는 말했다. 그 뒤로 며칠동안 직원들은 불확실성의 수렁에 빠졌다. 커트 실링은 자신의 제국을 구하려, 체납된 대출금과 세액 공제를 두고 로드아일랜드 주 정부와 처절한 협상을 벌였다. 한편 볼티모어에서는 많은 직원이 계속 출근하면서 서로를 다독이고, 혼자가 아니라는 사실을 위안 삼았다. 38 스튜디오 경영진은 빅휴즈게임즈 직원들과 매일 화상 회의를 하면서 다 잘될 거라고 장담했지만 회의적인 기분을 떨칠 수 없었다. "회사에 나와있는 시간 동안, 만약을 대비해 모두들 이력서와 포트폴리오를 정비하기 시작했어요." 저스틴 페레즈는 말했다.

급여가 끊기고 아흐레가 지난 2012년 5월 24일, 결국 빅휴즈게임즈 직원 전원이 해고되었다. 38 스튜디오는 파산을 신고하고 38 스튜디오와 빅휴즈게임즈를 모두 폐쇄했다. 그렇게 끝이 났다.

그때는 몰랐지만, 진정한 재앙은 지금부터 시작이었다.

■ ■ ■

회사가 문을 닫으면 누군가는 뒷정리를 해야 한다. 빅휴즈게임즈에서 그 누군가는 이안 프레이저였다. 그는 새 일자리를 알아보던 중 EA의 전화를 받았다. 알고 보니 빅휴즈게임즈 사무실에는 플레이스테이션 3와 엑스박스 360용 개발 키트 수백 개가 남아있는데, 이것들은 EA가 〈킹덤 오브 아말러: 레코닝〉 개발을 위해 소니와 마이크로소프트에서 대여한 값비싼 장비였다. EA는 그 장비들을 돌려받으려면 누구에게 연락해야 하는지조차 몰랐다. "EA쪽 저희 프로듀서가 저에게 전화를 걸어서, 자기들도 난감하다고 하더라고요." 프레이저는 말했다. "결국 제가 사무실에 갔습니다. 이제 열쇠를 가지고 있는 사람이 별로 없었거든요." 그는 수레에 플레이스테이션과 엑스박스 개발 키트를 잔뜩 싣고 UPS 매장으로 가서 수십만 달러 상당의 장비를 부쳤다. "그런 웃긴 일들이 마지막에 있었습니다. 기본적으로 다른 사람들을 위해 누군가는 챙겨야 하는 일이었죠." 프레이저는 말했다.

하지만 38 스튜디오의 태만으로 보살핌을 받지 못한 사람도 많았다. 조 쿠아다라는 〈아말러〉 관련 출장비 몇천 달러를 개인 카드로 결제하고 지출 품의서를 제출했었지만 다시는 만질 수 없는 돈이 되어있었다. 빅휴즈게임즈 건물 아래층에서 일하던 출장 뷔페 업체는 몇 달째 대금을 받지 못했다. "저희는 꿈에도 몰랐습니다." 프레이저는 말했다. "그 분들이 돈을 못 받는 줄도 모르고 베이컨이나 맛있게 먹고 있었죠." 어느 날 출장 뷔페 업체에서 자초지종을 묻기 위해 빅휴즈게임즈 사무실로 올라갔지만 답해줄 사람은 남아있지 않았다. 몇 명이 옛 동료들을 만나거나 짐을 싸러 나와있을 뿐이었다. "그냥 뭐라도 챙겨 가시라고 했습니다. 아마도 로비에 있던 큰 텔레

비전을 그 분이 가져가신 것 같아요." 쿠아다라는 말했다.

장비를 가져간 것은 출장 뷔페 업체만이 아니었다. 빅휴즈게임즈 전 직원들 중에는 밀린 급여를 절대 받지 못할 것을 알고 사무실에 있는 값비싼 컴퓨터 장비를 가져간 사람들이 있었다. 로드아일랜드와 같은 상황이었다. 이제 곧 정든 동료들이 전국 각지로 흩어져야 하기에 마지막 순간을 최대한 함께 즐기려는 사람들도 있었다. 이제 38 스튜디오 소식은 전국적인 뉴스가 되었고, 로드아일랜드에서와 마찬가지로 다른 회사 채용 담당자들이 연락해왔다. "당사자가 아닌 외부인들이 이 사건에 대해 그렇게 신경을 쓴다는 게 충격이었습니다." 빅휴즈게임즈의 QA 테스터였던 카타리나 스타_{Katharine Star}는 말했다. 같은 메릴랜드에 있는 베데스다와 파이락시스 같은 제작사가 스타를 비롯한 옛 동료들에게 손을 내민 것은 그들에겐 행운이었다. 이직을 위해 다른 도시로 떠나지 않아도 되니 말이다.

한편 노스캐롤라이나주 캐리라는 지역에서는 한 남자가 더 큰 그림을 그리고 있었다. 에픽게임즈의 외향적인 사장 마이크 캡스_{Mike Capps}는 지난 10년간 전력질주를 해오고 있었다. 그의 지휘 아래 에픽게임즈는 거대한 SF 슈팅 프랜차이즈 〈기어스 오브 워_{Gears of War}〉를 제작하고, 언리얼 엔진이라는 게임 개발 엔진을 통해 수백만 달러를 벌어들였다. 그리고 〈인피니티 블레이드_{Infinity Blade}〉라는 인기 시리즈를 통해 새롭게 모바일 게임 시장인 아이폰 시장에 진출했다. 캡스는 이 소식을 스티브 잡스와 같은 무대에서 발표할 수 있었다 그런 그는, 개발자 백여명이 갑자기 일자리를 잃었다는 소식을 기회로 받아들였다. 곧장 전화를 몇 통 돌리고, 인사 책임자와 함께 차를 타고 볼티모어로 향했다. 그는 바에서 공짜 술을 마실 수 있게 이름을 달아 놓고 빅휴즈게임즈 전 직원들을 초대해 자유롭게 놀 수 있는 자리를 마련했다. "90퍼센트 정도가 나왔던 것 같습니다." 캡스는 말했다. "에픽 때문이었다고 보지는 않아요. 함께 일했던 서로를 많이 아끼고 마지막을 함께 하고 싶어서 그 자리에 나왔다고 봅니다."

캡스는 빅휴즈게임즈 개발자들에게, 에픽이 일자리를 제안할 의향이 있으며 새 제작사를 설립할 계획까지 있다고 밝혔다. 모두를 고용할 수는 없지만 면접을 통해 일부 인원이라도 데려갈 수 있다고 했다. 그는 이안 프레이저를 비롯한 빅휴즈게임즈 전 경영진에게 함께 하자고 손을 내밀었다. 프레이저는 바이오웨어에 합류해 〈드래곤 에이지: 인퀴지션〉 제작에 참여하는 것으로 거의 결정된 상태였지만 남아서 친구들을 돕기로 했다. "에픽은 경영진이 함께 남아줘야 한다는 뜻을 분명하게 밝혔습니다." 프레이저는 말했다. "그게 계약 조건의 일부였어요. 경영진이 모두 함께 하지 않으면 제작사를 세울 수 없다고요."

빅휴즈게임즈 경영진이 계약을 맺자 캡스는 에픽에 있는 다른 임원들을 소집해서 투자 가치가 있는 일이라고 설득했다. "저는 이렇게 말했습니다. '최고의 인재들을 이렇게 저렴하게 확보할 기회는 또 없습니다. 멀리 떨어진 지역도 아니고, 땅값이 비싼 동네도 아닙니다. 그리고 이 친구들은 우리만큼 훌륭해요. 빨리 움직이지 않으면 이 사람들을 데려올 수 없습니다.'" 빅휴즈게임즈 사장인 션 던과 일해본 적 있는 캡스는 에픽게임즈가 고용할 수 있는 사람들의 명단을 40명 안으로 정리했다. "그들을 만나서 자기 소개를 하고, 우리가 무슨 일을 하는지 설명했습니다. 그런 다음 그쪽에서 게임을 보여줬어요." 프레이저는 말했다.

'그 게임'은 〈인피니티 블레이드: 던전〉이라는 프로젝트였다. 에픽에 있는 디자이너와 엔지니어들은 언젠가 멋진 게임이 될 것 같은 프로토타입을 만들어보고 있었다.[4] 그 중 하나는 에픽의 인기작 〈인피니티 블레이드〉 시리즈의 스핀오프 프로토타입이었다. 지금까지 3편이 발매된 〈인피니티 블레이드〉는 아이폰과 아이패드에서 수천만 달러의 수익을 안겨주었다. 〈인피니티 블레이드〉는 순수하게 전투에 초점을 맞추는 게임으로, 플레이어는 격렬한 일대일 전투에서 검과 도끼를 휘두르며 무시무시한 적들과 맞서 싸웠다. 그

---

4   또 다른 프로토타입으로는 〈레프트 4 데드(Left 4 Dead)〉와 〈마인크래프트〉를 섞은 것도 있었다. 이후에 주목을 받은 이 게임은 바로 〈포트나이트(Fortnite)〉였다. 〈포트나이트〉는 문화 현상으로 거듭나기 전, 대대적인 직원 물갈이를 거친 문제적 프로젝트였다. "웃긴 게 뭐냐 하면 말이죠," 이안 프레이저는 말했다. "제가 에픽에서 일한 짧은 기간에 〈포트나이트〉가 세 번이나 취소될 뻔했다는 거예요."

에 비해 프로토타입은 던전 탐험에 가까웠다. 사실 〈인피니티 블레이드: 던전〉은 〈디아블로〉와 닮은 점이 많았다.

에픽의 제안이 눈깜짝할 사이에 이뤄지다 보니 쉽게 새 직장을 찾은 사람들은 너무 좋아서 어안이 벙벙할 정도였다. 로드아일랜드에서의 정치 문제로 〈킹덤 오브 아말러: 레코닝〉 시퀄 제작 기회를 놓친 이후 그들은 자신들이 어찌 해볼 수 없는 상황에서 회사가 무너지는 모습을 지켜봐야만 했다. 그런데 이제 동료들이 일부라도 함께 할 수 있는 기회가 생겼다. 에픽이 고용한 인원은 전체 직원의 1/3에 불과했지만 면접을 통과한 이들에게는 기적이 일어난 셈이었다. 3년간의 드라마를 끝내고 마침내 커트 실링과 38 스튜디오에서 벗어났다. 그 해 여름, 그들은 사무실을 임대하고 당시 상황에 걸맞게 '**불가능**'이라는 뜻을 담아 '임파서블 스튜디오Impossible Studios'이라는 이름을 붙였다.

그 후 몇 달 동안 이들은 〈인피니티 블레이드: 던전〉을 제작했다. 에픽이 만들었던 핵심 작동 기제를 가져오고 던전, 클래스, 무기 등을 더했다. 이미 재미있게 만들어 놓은 게임이었으므로 몇 달이면 충분히 완성될 것 같았다. 그 다음에는 임파서블 스튜디오도 자체적으로 새 프로젝트를 진행할 수 있었다. 아직 지난 5월에 받은 상처가 쓰라리기는 했지만, 새 회사라는 동아줄이 내려왔다. 언리얼 엔진 덕분에 에픽게임즈는 게임 업계에서 가장 확고하게 입지를 다진 회사 중 하나였다. 38 스튜디오와는 정 반대로 말이다. "에픽은 우리를 위해 건물을 세워줄 계획을 세우고 있었습니다." 션 맥로플린은 말했다. "우리에게 돈을 쏟아붓고 있었어요. 정말 기분 좋았죠."

하지만 에픽게임즈는 지금까지의 성공에도 불구하고 격변의 시기를 지나고 있었다.

2011년 말, 에픽은 〈기어 오브 워 3〉를 발매한 뒤 '게임 서비스'라는 새로운 방식을 취하기 위해 전통적인 유통사 모델을 접기로 했다. 한 번 출시해서 팔고 끝내는 게임이 아니라, 게임을 서비스로서 바라보며 발매한 뒤에도 지속적으로 업데이트하는 모델이었다. 2012년 7월에 중국 대기업 텐센트(커트 실링이 38 스튜디오를 구하기 위해 설득하려 했던 회사다)는 에픽에 막대한 돈을 투자하며 50% 이하의 지분을 사들였다. 텐센트는 완전 무료였던 온라인 전투 게임 〈리그 오브 레전드〉를 만든 라이엇게임즈를 인수한 전적이 있었다. 라이엇은 게임을 팔거나 구독을 제안하는 대신, 플레이어가 선택적으로 취할 수 있는 소액 결제를 제안했다. 돈을 내면 새 캐릭터를 사거나, 가지고 있는 캐릭터에 근사한 새 옷을 입혀줄 수 있었다. 이것은 텐센트의 근거지인 중국에서 특히 잘 먹히는 성공적인 사업 모델이었다. 에픽의 CEO 팀 스위니Tim Sweeney는 값비싼 콘솔 게임으로는 더 이상 성공할 수 없을 거라고 예측하며 부분 유료화에 미래가 있다고 설파하기 시작했다.

얼마 안 있어 에픽게임즈는 임파서블 스튜디오 개발자들에게

〈인피니티 블레이드: 던전〉을 부분 유료화 게임으로 바꾸라고 지시했다. 〈인피니티 블레이드〉의 첫 세 편은 '유료'였다. 처음 게임을 사면서 돈을 내면 그걸로 끝이었다. 하지만 〈인피니티 블레이드: 던전〉은 무료로 내려 받을 수 있었고, 사람들이 돈을 쓰고 싶게 만드는 상점이 마련되어 있었다. 지금까지 이 게임을 만들어온 이안 프레이저와 팀원들에게는 달갑지 않은 소식이었다. 일년도 안 되어 또 예상치 못하게 일이 전개되니 불안감이 생겨났다. 사업 모델을 바꾸려면 게임 디자인을 완전히 뒤엎어야 했다. "콘텐츠 완성에 한 달, 길어야 두 달이 남은 상태였습니다." 프레이저는 말했다. "우리는 회사에 돌아와서 생각했어요. 할 수는 있지만, 이 게임은 부분 유료화에 맞는 디자인이 아니라고."

그들은 결국 〈인피니티 블레이드: 던전〉을 무료 게임으로 만들기 위한 새로운 작동 기제들을 고안했다. 옛날 전략 게임 〈던전 키퍼〉가 생각나는 나만의 던전 건설 시스템 등을 넣었다. 에픽 경영진은 이 아이디어를 마음에 들어하지 않았다. 고작 몇 주 만에 만들어 낸 시스템이니 그럴 만도 했다. **"솔직히 말하면 제가 보기에도 별로였습니다."** 프레이저는 말했다.

2012년 11월, 추수감사절 직전에 마이크 캡스는 에픽게임즈에서 사임했다. 그는 곧 아이가 태어날 예정이었고, 회사 사장 자리를 유지하면서는 일과 삶의 균형을 맞출 수 없다고 결론지었다.[5] 일주일에 75시간씩 일했고, 일주일에 사흘은 이동하면서 시간을 보냈습니다." 캡스는 말했다. "저희 아버지는 일중독이셨기 때문에 저는 아이가 생기면 그러지 않겠다고 맹세했어요." 캡스는 6개월 전에 통보하고 봄에 회사를 떠날 생각이었지만, 이 계획을 들은 팀 스위니는 바로 자리에서 물러나야 한다고 주장했다. 캡스는 에픽 이사회 자리를 유지할 수 있었지만, 이제 예전 같은 힘은 없었다.

임파서블 스튜디오가 이제 막 험한 길에 들어서는 시점에, 회사를 설립해준 인물이 더 이상 그들을 보호해줄 수 없게 되었다.

■ ■ ■

2013년 2월 초의 어느 날, 임파서블 스튜디오 사무실의 인터넷이 먹통이 되었다. 일상적으로 보면 그다지 특별한 일은 아니었다. 사무실이 아직 새 건물이고, 가끔 연결이 불안정할 때가 있었다. 저스틴 페레즈는 이 일을 대수롭지 않게 여겼지만, 인터넷이 없으면 퍼포스Perforce 서버에 접속할 수 없어 일을 제대로 할 수 없었다.[6] 그

---

5   "저는 제가 맡은 역할이 싫었습니다." 캡스는 자신이 회사에서 주도했던 크런치 모드를 두고 이야기했다. "에픽은 굉장히 성공한 회사였고, 그 성공 비결 중 하나는 적은 인원으로 많이 일하는 것이었어요. 우리는 그 점을 아주 솔직하게 드러냈습니다. 〈헤일로(Halo)〉 제작진은 무려 250명이었어요. 우리는 70명으로 그 반정도의 수익을 거둬서 모두와 나눴습니다. 그게 기본적인 조건이었지만 그러려면 일을 굉장히 열심히 해야 하죠."

6   퍼포스는 게임 업계에서 어떤 작업을 다른 사람이 덮어쓰지 않게 하기 위해 흔히 사용하는 제어 프로그램이다. 시간에 따른 파일 변경 내역도 기록해줘서 개발자가 다양한 플랫폼에서 다양한 갈래를 만드는 등의 작업을 할 수 있다. 한 마디로 유용한 프로그램이다!

는 동료들에게 커피숍에 가서 휴식을 취하는 게 어떨지 물었다. 복도를 지나던 중 임파서블의 고위직 한명이 그들을 멈춰 세웠다. "누군가가 잠시만 멈춰 보라고 했어요. 공용 공간에서 회의가 있다고요." 페레즈는 말했다.

그 날 아침 일찍 출근한 쿠아다라는 뭔가 잘못되었음을 느꼈다. 누군가 임파서블 사장과 임원들이 사용하는 사무실 문을 닫고 있었던 것이다. 그 문은 절대 닫혀있는 법이 없었다. 인터넷이 끊긴 뒤 쿠아다라는 전체 회의에 참석하러 가다가 경영진 한 명을 마주쳤다. **"'저 이제 이력서 준비해야 하나요?' 농담으로 던진 말이었는데 아무도 웃지 않더라고요."**

몇 분 뒤 임파서블 스튜디오 직원 마흔 명이 어리둥절한 얼굴로 회의장에 모였다. 에픽게임즈 임원들은 임파서블 스튜디오를 폐쇄하다는 소식을 전했다. 회사를 세운지 일년도 안되어 문을 닫기로 결정한 것이다. 사무실 인터넷이 끊겨 있어서 아무도 이 소식을 유출할 수도 없었다. "그들은 에픽이 다른 길을 가기로 했다고 말했어요." 쿠아다라는 그 날을 떠올리며 말했다. "지금 즉시 회사를 폐쇄한다면서요."

사람들은 어안이 벙벙했다. 이건 말도 안됐다. 임파서블 스튜디오를 시작한지 이제 겨우 8개월이었고 〈인피니티 블레이드: 던전〉은 완성이 코앞이었다. 그런데 에픽게임즈가 어떻게 이럴 수 있나? 아침에 미리 낌새를 알아챈 이안 프레이저는 이 모든 일이 장난이라고 생각했다. "아무리 냉소적으로 생각하려고 해도 이건 말도 안 된다고 생각했습니다. 게임 발매를 목전에 두고 회사를 닫는 경우가 어디 있겠어? 그건 미친 짓이지, 하고 말이예요."

그 미친 짓이 게임 업계에선 생각보다 자주 일어난다.

일찍이 에픽 이사회는 임파서블 스튜디오를 폐쇄하기 위한 투표를 실시했고, 단 한 명만이 반대표를 던졌다. 바로 마이크 캡스였다. "회사를 설립한 지 몇 달 만에 없애버리는 건 너무 끔찍했습니다." 캡스는 말했다. "에픽이라는 이름으로 그런 메시지를 보내면 안 되는 겁니다. 설령 이미 좋은 제작사가 아니라고 알려졌더라도 그렇죠. 저는 그들의 얼굴을 보고 괜찮을 거라고 말했습니다. 그 회의에서 제가 유일하게 반대 의견을 냈던 것 같습니다. 그리고 바로 이사회에서 제명됐죠."

일년동안 회사 폐쇄를 두 차례 겪은 개발자들에게는 매우 당황스럽고 분노가 치미는 사건이었다. 에픽은 그동안 그들에게 매우 잘 진행하고 있고, 제작사들 중에서도 최고 수준이라는 칭찬을 계속 전해왔다. "폐쇄 전 주에 팀 스위니는 우리와 전화 통화를 하면서, 우리가 회사에 얼마나 중요한 존재이고 우리가 얼마나 귀한 존재인지 모른다고 했습니다."

임파서블 스튜디오 직원들은 폐쇄에 대해 별다른 설명을 듣지 못했고, 에픽게임즈 CEO 팀 스위니는 언론에도 비슷하게 모호한 태도를 취했다. "작년에 빅휴즈게임즈 전 직원들이 에픽을 찾아왔을 때 우리는 제작진이 필요한 프로젝트를 맡기면서 훌륭한 인재들을 도울 기회라고 생각했습니다." 스위니는 에픽 웹사이트 블로그에 폐쇄 소식을 알리며 적어 내려갔다. "이것은 너무 과감한 계획이었고 임파서블 여러분이 많이 노력해 주셨지만, 결국 기존 에픽과는 맞지 않은 계획이었습니다."

그래도 이번에는 퇴직금은 받았다. 임파서블 직원 전원은 폐쇄 이후 석 달 동안 급여를 지급 받게 되었다. 보통 퇴직금은 근무 기간에 따라 다양하지만 임파서블 직원들에게는 해당 사항이 없었다. 8개월 이상 근무한 사람이 없으니 말이다. 퇴직금 우편물과 함께 에픽의 노스캐롤라이나 본사 자리를 제안 받은 사람들도 있었다. "그 자리에는 아무도 가지 않았을 거예요." 쿠아다라는 말했다. "친구들은 다 해고당해서 떠났는데, 본인만 남아 새롭게 일하는 건 좀 너무 이상하잖아요."

쿠아다라는 결국 샌프란시스코로 돌아가서 크리스털 다이나믹스에 들어갔다. 그곳에서 그는 〈툼 레이더〉 리부트 제작에 참여했다. 이안 프레이저는 캐나다 에드먼턴에 있는 바이오웨어 지사에 합류해서 〈드래곤 에이지: 인퀴지션〉 제작에 참여할 뻔했지만, 그 대신 캐나다 몬트리올로 가서 바이오웨어의 다른 지사에 합류했다.

그들이 만드는 게임은 〈매스 이펙트: 안드로메다〉였다. 이후 같은 도시에 있는 다른 제작사에서 그는 우주 배경 게임 〈스타워즈: 스쿼드론〉을 지휘했다. 저스틴 페레즈도 바이오웨어 몬트리얼에 몇 년을 몸담았지만 〈매스 이펙트〉가 발매된 뒤 짐을 싸서(반려견도 데리고) 로스앤젤레스로 긴 여행을 떠났다. 그리고 리스폰에서 다른 〈스타워즈〉 게임 제작에 참여했다. 이번에는 〈스타워즈 제다이: 오더의 몰락〉으로 많은 플레이어의 도전 정신을 자극한 통쾌한 전투 시스템으로 좋은 평가를 받았다.

　〈빅휴즈게임즈〉에서 일했던 사람들 중 상당수가 아직까지도 이 회사를 지금까지 일해본 최고의 일터였다고 꼽는다. 그래도 2K에 인수될뻔한 일, 에픽게임즈가 보여준 처우를 떠올리면 여전히 마음이 허탈해진다. 전투 지옥 팀원 한 명은 빅휴즈게임즈가 씨디 프로젝트 레드(세계적인 판타지 RPG 게임 〈더 위쳐The Witcher〉를 제작한 폴란드 제작사)와 비슷한 길을 갈 수도 있었을 거라고 상상한다. 〈킹덤 오브 아말러: 레코닝〉이 씨디 프로젝트 레드의 〈더 위쳐 2〉나 마찬가지였다면, 시퀄은 〈더 위쳐 3〉가 될 수 있었다. 평단의 극찬을 받고 공전의 히트를 치며 빅휴즈게임즈의 이름을 알릴 그런 게임말이다. **로드아일랜드 주지사 링컨 체이피의 그 말 한마디만 아니었어도 그들은 아직 게임을 만들고 있었을지 모른다.**

　결국 빅휴즈게임즈의 옛 직원들은 다른 도시, 다른 나라로 뿔뿔이 흩어졌다. 그리고 게임 역사에 특이한 사례로 길이 남을 또 하나의 사건이 생겼다. 공동 설립자 팀 트레인^{Tim Train}과 브라이언 레이놀즈^{Brian Reynolds}가 새 제작사를 세우고 휴대폰과 태블릿에서 하는 전략 게임 〈도미네이션즈^{DomiNations}〉 개발을 시작했다가 한국 유통사 넥슨에 인수된 것이다. 커트 실링이 재정난을 겪으면서 38 스튜디오 투자를 타진했던 또다른 회사였다. 트레인과 레이놀즈는 이 계획을 발표하면서, 38 스튜디오 파산 경매에 가서 그들의 옛 상표를 낙찰 받았다고 설명했다. 2013년에 설립된 이후 2021년 현재까지 볼티모어에서 왕성하게 활동하고 있는 이 회사는, 모든 역사를 제자리로 돌려놓는 이름을 선택했다. 그 이름은 바로 '빅휴즈게임즈'다.

던(건)전 키퍼

던(건)전 키퍼

던전으로 망한 미씩 엔터테인먼트,
건전으로 흥한 닷지롤 게임즈

데이브 크룩스Dave Crooks가 브렌트 소드먼Brent Sodman에게 맨 처음
건넨 말은, **우리 회사가 문을 닫는다는 소식이었다.** 그들은 2012년
여름에 어느 공항에서 만났다. EA의 연례 신입 사원 오리엔테이션
참석차 버지니아에서 샌프란시스코로 가는 길이었다. 소드먼은 EA
자회사 미씩 엔터테인먼트Mythic Entertainment의 신입 테크니컬 아티
스트, 크룩스는 커뮤니티 매니저였으며 둘 다 이제 막 게임 업계에
발을 들인 20대 새내기였다. 소드먼은 내성적인 아티스트였던 반
면 크룩스는 자신만만하고 직설적인, 처음 보는 사람에게 자기소개
도 없이 '나와 당신이 백수가 될지도 모른다'는 말부터 건네는 그런

사람이었다. "데이브는 공항에서 제 옆에 앉아있었습니다. '우리 회사 곧 없어지는 거 아시죠?' 대뜸 이렇게 제게 말했던 것 같아요." 소드먼은 말했다.

소드먼은 그 사실을 몰랐다. 비록 회사 사정은 늘 변화무쌍해도 미씩 엔터테인먼트는 건실한 조직이었다. 1990년대에 머드에서 착안한 온라인 게임을 만들기 위해 설립된 미씩은 2001년에 〈다크 에이지 오브 카멜롯Dark Age of Camelot〉으로 명성을 얻었다. 리처드 바틀의 가상 세계를 구현하려고 노력한 수많은 게임 중 하나였다. 〈울티마 온라인〉과 〈에버퀘스트〉 같은 MMORPG 대표작들은 용과 마법사가 등장하는 전통적인 판타지 세상을 배경으로 한 반면, 〈다크 에이지 오브 카멜롯〉은 현실 속의 신화를 바탕에 두었다. 플레이어는 세 가지 왕국(아서왕의 전설이 있는 알비온, 켈트족의 전통 문화를 살린 하이버니아, 노르웨이의 전설이 담긴 미드가르드) 중 하나를 선택하고 다른 왕국을 고른 플레이어들과 대결을 벌인다. 이 게임은 월 구독자가 수십만 명으로 불어날 만큼 인기를 끌면서 미씩 엔터테인먼트의 성장과 부를 안겨주었다. 2006년에 EA는 이 제작사를 인수하면서 예전에는 상상도 못했던 수준의 자원을 지원해주었다. 〈다크 에이지 오브 카멜롯〉의 열성 팬이던 커트 실링도 가끔 회사에 들르고, 한 번은 사인볼을 선물하기도 했다.

그리고 2012년, MMOPRG의 인기는 점차 사그라들었고, 이제 어느 누구도 이 장르의 미래를 확신하지 못했다. 그래서 개발자들이 최신 트렌드를 받아들일 방안을 모색하는 동안 미씩 엔터테인먼트는 격동의 시기를 겪었다. 아무리 이런 상황이어도 소드먼이 생각하기에 크룩스의 주장은 터무니없었다. 시대가 바뀌고 있는 것은 맞지만 그렇다고 회사가 문을 닫나? "저도 그 당시에 사람들에게서 부정적인 분위기를 느꼈는지는 모릅니다." 소드먼은 말했다. 하지만 그는 겨우 입사 몇 주차였고, 회사가 곧 문을 닫을지도 모른다는 것은 말도 안됐다.

두 사람은 모두 EA 오리엔테이션에 가는 길이었지만, 데이브 크룩스는 이미 버지니아주 페어팩스에 있는 미씩 사무실에서 일한 지 일년 째였다. "저는 딱히 신입 사원 오리엔테이션에 갈 필요가 없었습니다." 크룩스는 말했다. "한 번도 가본 적 없는 캘리포니아로 공짜 여행을 갈 수 있으니 제가 가겠다고 했죠." 워낙 말주변이 좋은 그는 그새 회사 책임자들과 제법 친해졌다. 그 중에는 미씩의 수석 디자이너 폴 바넷Paul Barnett도 있었다. 샌프란시스코에 가기 전날 밤, 그는 바넷으로부터 EA 경영진이 미씩의 미래를 비관적으로 바라본다는 이야기를 들었다. "그들은 조준을 마치고 방아쇠를 당기기 전이었습니다." 크룩스는 말했다.

"거의 당긴거나 다름없이 상황은 매우 심각했습니다."

EA 오리엔테이션은 캘리포니아주 레드우드 쇼어에 있는 89000 제곱미터 넓이의 캠퍼스에서 열렸다. 잔디밭이 드넓고 사무실은 화려했다(크룩스와 소드먼이 참석했던 오리엔테이션 장소에서 조금만 걸어가면 있는 비서럴 게임즈에서는 〈데드 스페이스 3〉 개발이 한창이었다). 채용 담당자들은 회사에 대한 자랑을 늘어 놓으면서, 참석자들에게 앞으로 몇 년 동안 EA에서 커리어를 쌓을 것이라 장담했다. 크룩스는 강의를 듣던 중 입을 열기로 결심했다. "저는 손을 들고 말했어요. '저희 회사는 내일 문을 닫는데요.' 그랬 더니 저를 따로 불러서, 자기들이 도와줄 테니 괜찮을 거라고 하더 라고요." 다음날 EA 사람들은 다시 크룩스를 불러서 미씩이 문을 닫지 않으며, 폴 바넷이 회사의 수장이 된다고 말해주었다. "그거 희소식이네요." 크룩스는 이렇게 대답했다고 한다.

하지만 버지니아에서 경영권을 얻은 바넷은 회사를 살리기 위 한 마지막 수를 두고 있었다. 지난 몇 년간 미씩은 수익 창출에 애를 먹고 있었다. 게임 업계의 최신 트렌드를 따라잡으려면 회사의 중 심 축을 옮겨야 했기에 이들은 새로운 도전에 나섰다. 그 도전은 순 식간에 지구에서 가장 거대한 게임 플랫폼으로 거듭난, 바로 아이 폰 게임 시장에서 새로운 게임을 만드는 것이었다.

미씩 엔터테인먼트는 모바일 제작사로 거듭날 예정이었다.

■ ■ ■

캐리 고우스코스Carrie Gouskos는 미씩 엔터테인먼트가 한창 주 가를 올리던 2006년에 입사했다. 그녀는 〈다크 에이지 오브 카멜롯〉이 너무 좋아서 이 게임을 만든 사람들과 일하고 싶어 무작정 버지니아로 왔다. EA의 지휘 아래 미씩은 미니어쳐 피겨린 게임을 바탕에 둔 두 번째 MMORPG 〈워해머 온라인Warhammer Online〉 개발에 착수했고, 고우스코스도 이 게임 제작을 위해 고용되었다. 하지만 디자이너로 출발한 그녀가 〈워해머 온라인〉의 프로듀서로 승진하는 동안 업계의 지형이 달라졌다. 〈월드 오브 워크래프트〉라는 대작에 맞설 MMORPG는 흔치 않았고, 참신한 아이디어를 도입한 온라인 게임이라도 플레이어 기반을 안정적으로 유지하기는 너무 어려웠다. 〈워해머 온라인〉은 2008년 가을에 발매되어 초반에는 호응을 얻었지만 머지않아 구독자들을 잃었다. "장기적으로 보면 MMO 사업에는 미래가 없었습니다." 고우스코스는 말했다. "그렇게 말하는 게 더 이해가 쉽겠네요."

2009년에 EA는 모든 기업이 좋아하는 그 이름, 조직개편을 단행했다. 이 과정에서 미씩은 〈스타워즈: 구공화국의 기사단Star Wars: Knights of the Old Republic〉과 〈매스 이펙트〉 같은 롤플레잉 게임을 개발한 전설적인 제작사 바이오웨어BioWare 밑으로 들어가게 되었다. 미씩의 사무실은 버지니아에 남았지만 이제 바이오웨어에 업무 보고를 해야 했다. EA가 모든 RPG를 한 제작사에 몰아넣고자 했기 때문이다. '바이오웨어 미씩'이라는 새 이름을 얻은 이 회사는 〈다크 에이지 오브 카멜롯〉과 〈워해머 온라인〉을 콘솔용으로 제작하고 단명한 〈워해머 온라인 MOBA〉(MOBA는 멀티 플레이어 온라인 배틀 아레나의 약자이며 〈리그 오브 레전드〉가 대표적인 MOBA 게임이다)를 실험하기까지 했다. "결국 베타 버전을 벗어나지 못했지만 저는 그 작업이 정말 자랑스럽습니다." 고우스코스는 말했다.

"사실 저는 그 게임을 해보니까 꽤 재미있었거든요."

2010년의 어느 날, 고우스코스는 프랑스 베르사유에서 휴가를 보내던 중 미씩 사장에게 전화를 받았다. 알고 보니 미씩은 같은 페어펙스에 있는 조지메이슨 대학교에 큰 민폐를 끼치고 있었다. 조지메이슨 학생들이 미씩에서 인턴십을 하고 그 경력을 활용해 취직한 다음 학교를 그만두는 것이었다. 학교 측은 미씩과 좋은 관계에 있었지만 학생들을 계속 떠나보내는 일이 힘들었고, 그것을 구실로 큰 부탁을 해왔다. 교수 자리에 공석이 생겼으니 최대한 빨리 적임자를 구해달라는 것이었다. "제가 화요일부터 게임 역사를 가르쳐야 한다는 거예요. 그 날은 토요일이었고요. 선뜻 대답하긴 힘들었습니다." 고우스코스는 말했다.

고우스코스는 그 전까지 학생을 가르쳐본 적이 한 번도 없었지만 이내 강의에 푹 빠졌다. 선생님이 된다는 것은 게임 프로듀서가 되는 것과 상당히 비슷했다. 사람들이 입을 다물고 자기 말을 듣게 해야 했다. 고우스코스는 강의를 계속 이어갔다. 처음에는 게임 역사를 가르쳤고 그 다음으로는 게임 디자인 수업도 맡았다. 디자인 수업에는 눈에 띄는 학생이 한 명 있었다. 데이브 크룩스라는 졸업반 학생이었다. "아주 재능있고 수업에도 열심이었습니다. 아주 집요하기도 하고요." 고우스코스는 말했다. "'수업 끝나고 교수를 짜증나게 하는' 류가 아니라 예의를 갖춰 질문하는 학생이었어요."

크룩스에게 이 수업은 그저 심심풀이였다. 그는 원래 게임을 업으로 삼겠다고 꿈꾸며 3D 아트를 전공했지만 아티스트로서의 한계를 느끼면서 좌절했다. 게임으로는 절대 커리어를 쌓는 수준에 이를 수 없을 것 같았다. 그래서 결국 전공은 영어, 부전공은 일본 영화로 바꿨다. 2011년 초, 그는 학기가 끝나면 일본으로 떠날 계획을 세우며 노닥거리고 있었다. 그러다가 조지메이슨에 게임 디자인 수업이 개설된 것을 보았다. "딱히 기대되지는 않았어요." 크룩스는 말했다. "하지만 어차피 할 일도 없었거든요." 하지만 새로 온 교수가 미씩 엔터테인먼트의 실제 프로듀서라는 사실에 그는 태도를 고쳤다. "수업 첫날에 그 사실을 알고는 매력 발산을 할 시간이구나, 했죠." 크룩스는 말했다.

"그래서 저는 최고의 학생이 되었어요. 과제는 뭐든 아주 열심히 했고, 교재를 정말 열심히 읽었습니다."

크룩스는 구오스코스와 금세 친해졌다. 두 사람 모두 〈메탈 기어 솔리드Metal Gear Solid〉를 하면서 자라온 터라 이 게임 이야기를 즐겨 했다. 수업이 끝날 무렵 그는 구오스코스에게서 강한 인상을 받았다. 그래서 그 해 봄에 학기가 끝난 다음, 크룩스는 그녀에게 연락해 미씩에 공석이 있는지 물어보았다. "이메일을 보냈어요. 일본에 가지만 게임을 만드는 꿈을 접어서 가는 것뿐이라고요. 그래서 혹시 미씩에서 제가 할 수 있는 일이 있을지 물어봤습니다." 크룩스는 게임 업계에 발을 들일 수만 있다면 정말 무엇이든 할 생각이었다고 덧붙였다.

구오스코스는 회의 중 휴대폰을 내려다보며 그 이메일을 확인했다. 격식을 갖춘 도입부부터('구오스코스 교수님께'라고 썼다) 본문 내용까지 마음에 쏙 들었다. 미씩에는 모든 웹사이트를 운영하고, 의견을 수집하고, 페이스북과 트위터 페이지를 관리할 커뮤니티 매니저가 필요했다. 이 재능 있는 학생에게 그 기회를 주면 어떨까? "2주 동안은 답이 없었어요." 크룩스는 말했다. "그러다가 드디어 답장을 받았죠. 수요일에 면접을 본다고요."

2011년 4월, 데이브 크룩스는 미씩 엔터테인먼트에 커뮤니티 매니저로 입사했다. 마음 속에는 이 직무를 버리고 게임 디자이너가 되겠다는 생각뿐이었다. 그는 게시판 관리나 SNS 게시물 만들기에는 관심이 없었다. 크룩스에게 있어 커뮤니티 관리는 커리어 사다리의 첫 발 받침에 불과했다. "저는 게임 팀에 가서, 하기 싫은 잡일이라도 달라고 졸라보고 싶었습니다." 그렇게 하다 보니, 아이템에 이름과 설명을 쓰는 일 등 지루한 업무들이 서서히 쌓였다. 진짜 디자이너들이 아무도 하기 싫어하는 일을 자신이 도맡아하면 그들도 결국 자신의 가치를 알아보고 디자인 부서로 불러들이고 싶어 할 것이라는 바람이었다. "이런 계획을 비밀에 부치지는 않았습니다. 모두들 바로 알아차렸어요."[1]

하지만 미씩의 사정이 여의치 않았다. 〈워해머 온라인〉을 부분 유료화 모델로 바꾸는 작업은 순조롭지 않았고, 최신 프로젝트인 〈울티마〉 4편, 〈울티마 포에버〉는 제작이 처음부터 다시 시작되느라 예상보다 시간을 오래 잡아먹고 있었다.[2] 미씩이 돈을 잃고 있다는 소문이 돌면서 회사 분위기는 침울해졌다. "저는 〈워해머 온라인〉을 정말 좋아했고, 그 게임에 미래가 있기를 바랐습니다." 캐리 고우스코스는 말했다. "하지만 시대가 변했죠. 게임 업계도 많이 변했고요." 데이브 크룩스가 브렌트 소드먼을 만나서 EA 레드우드 쇼어 캠퍼스로 오리엔테이션을 받으러 갔던 2012년 여름 무렵에는 정말 회사가 무너지고 있다고 생각했다.

하지만 EA는 모바일 게임이라는 구명보트를 내어주었다.

지난 몇십 년 동안 스마트폰만큼 게임 업계를 획기적으로 바꿔놓은 혁신은 없었다. 스마트폰 덕분에 출퇴근을 하는 모든 직장인이 잠재적 게이머가 되었다. 〈앵그리버드Angry Birds〉나 〈두들 점프Doodle Jump〉 같은 모바일 앱은 전통적인 콘솔 게임보다 제작비가 훨씬 적게 드는 반면 이윤은 어마어마하게 높았다. EA 경영진은 2012

---

1   게임 업계에는 커뮤니티 관리를 존중하는 사람들도 있지만, 이 직무를 게임 개발자가 되기 위한 입문 단계 정도로 보는 인식도 오랫동안 존재해왔다.

2   워렌 스펙터가 1990년대 초에 몸담았던 오리진을 EA가 인수하면서 〈울티마〉도 EA 소유가 되었다. EA는 2004년에 오리진을 폐쇄했고, 몇 년 뒤 미씩 엔터테인먼트가 옛 자산 몇 가지를 획득했다. 그 중 하나가 오랫동안 인기를 유지한 MMO 〈울티마 온라인〉으로, 미씩은 이 게임을 2014년까지 운영했다.

년 초에 발매한 〈심슨 스프링필드The Simpsons: Tapped Out〉의 인기에 감동 받았다. 플레이어들이 가상의 스프링필드를 직접 건설하면서 퀘스트를 해결하는 이 게임으로 EA는 현금을 쓸어 담았다. 그래서 모바일 게임 제작사를 늘리고 싶던 차에 미씩이 눈에 들어왔다.

〈울티마 포에버〉를 지휘하던 베테랑 디자이너 폴 바넷은 '모바일 위주'의 게임 제작사로 방향을 바꾼 새로운 미씩의 수장이 되었다. 어쩌다가 다른 플랫폼을 위한 게임을 만들 수도 있지만 우선순위는 아이폰과 아이패드였다. 미씩은 바이오웨어의 품을 떠나 EA 모바일 부서 소속이 되었고, 이듬해에 iOS용 〈울티마 포에버〉를 발매하는 것이 목표였다. 아직은 돈을 쓸어 담고 있지 않았기에 미씩 직원들은 여전히 안심할 상태가 아니었지만, 새로운 방향을 따르면 성공할 가능성이 높았다.

2012년 가을에 바넷이 회사의 수장이 되고 가장 먼저 한 일은 크룩스를 정규직 게임 디자이너로 승진시켜줬다. 그 일로 한동안 데이브 크룩스는 잔뜩 고무되었다. 몇 달 동안 커뮤니티 매니저 일에 디자인 업무를 부업처럼 병행한 끝에 소원을 이뤘다. "꿈이 이뤄진 거죠. 게임 디자이너가 됐으니까요. 게임 디자인이 곧 저 자신이라 생각했기 때문에 그 꿈이 이뤄진 순간은 정말 말로 표현 못해요. 최고였습니다."

미씩의 디자이너 중 〈울티마 포에버〉 제작에 참여하지 않는 디자이너들은(크룩스도 이들 중 한 명이었다) 다른 모바일 게임 제안을 준비해야 했다. "새 프로젝트 프로토타입을 만들라는 적극적 지지가 있었습니다." 브렌트 소드먼은 말했다. "새 프로젝트는 한동안 같은 일만 해오던 팀원들에게 재미있는 기

수많은 회사를 인수했던 EA는 정말 많은 보물을 가지고 있었다.

분 전환이 되고, 〈울티마 포에버〉를 완성하기 전에 새 프로젝트 제작 허가를 받으면 회사의 수명이 연장되거든요." 이 과정이 흥미로웠던 이유는 EA가 미씩 측에 기존 라이브러리를 활짝 열어주었기 때문이다.

미씩은 몇십 년 동안 게임과 제작사(그 중 상당수는 폐쇄되었다)를 인수해온 EA 덕분에 사랑 받았던 고전 프랜차이즈들이 가득한 보물 창고를 마음껏 들락거릴 수 있게 되었다.

크룩스는 〈데저트 스트라이크Desert Strike〉라는 옛날 게임의 프로토타입을 만들라는 주문을 받았다. 아파치 헬리콥터로 주위를 날아다니면서 적들을 쏘는 게임이었다. 크룩스는 디자인에 소질이 있지만 개발자 기질은 부족했기 때문에 기본적인 기능을 작동시키기도 버거웠다. 동료들을 실망시키면서 처음으로 맡은 정식 게임 개발 기회를 날려버리기 싫었던 그는 데이비드 루벨David Rubel이라는 실력있는 엔지니어 친구를 호출했다. 그는 록히드 마틴에서 방위산업 계약자로 일하다가 이제는 주식 시장에 투자할 수 있는 로봇을

개발해보려고 하고 있었다. 루벨은 언제나 게임 개발에 관심이 있었다. 심지어 주말이면 크룩스와 만나 게임 제작 소프트웨어를 실험하거나 독립 프로젝트를 구상하기까지 했다. 그랬기에 크룩스의 요청을 받자 모든 것을 제쳐두고 기꺼이 소매를 걷어 부쳤다.

루벨은 며칠 동안 아이폰 터치스크린에서 작동하는 〈데저트 스트라이크〉 코드를 짰다. 어렵지만 재미있는 실험이었다. "정말 짜릿한 느낌이 나는 수준으로 완성했습니다. 헬리콥터로 주위를 날아다니는 게 신났죠." 이렇게 만든 프로토타입을 받아본 폴 바넷도 흡족해했다. 크룩스는 사실 작업 대부분을 한 사람은 루벨이었다고 털어놓았다. "저는 게임타이틀 화면을 만들었고 친구가 헬리콥터 움직임을 구현했다고 실토했습니다. 그랬더니 그 친구가 누구냐고, 혹시 같이 일할 생각 있냐고 묻더라고요."

몇 차례 면접 끝에 데이브 루벨은 미씩 엔터테인먼트에 엔지니어로 합격했고, 크룩스와 한 팀이 되어 〈데저트 스트라이크〉를 실제로 제작하게 되었다. 확실히 보기 드문 방식의 게임 업계에 입문이었다. "저는 늘 게임 업계를 목표로 하고 있었어요. 하지만 들어가기 힘들다는 말을 들었죠." 바넷은 2012년 핼러윈에 첫 출근한 루벨을 소개하면서 이런 농담을 곁들였다. **"이 친구가 프로토타입을 만들어서 뽑을 수밖에 없었어요. 안 그러면 고소 당한다고요."**

〈데저트 스트라이크〉 개발은 초기 프로토타입에서 멈췄지만 미씩에는 눈에 띄는 게임이 하나 더 있었다. 브렌트 소드먼이 작업 중이던 이 게임은 이후 미씩의 중요한 차기작이 되었다. 〈데저트 스트라이크〉와 마찬가지로 이 게임은 EA의 보물 창고에 먼지를 뒤집어쓰고 있던 고전 프랜차이즈를 기반에 두었으며, 장차 미씩 엔터테인먼트 전체의 운명을 결정하는 프로젝트가 된다.

■ ■ ■

1980년대와 1990년대는 〈던전 앤 드래곤〉에서 영감을 받은 게임들의 전성시대였다. 전자 오락의 세계는 너무나도 새롭고 낯설었기에, 게임 개발자들은 자신들에게 익숙한 것이 사람들에게 와닿으리라고 생각했다. 용감무쌍한 전사와 성직자가 파티를 이뤄서 던전을 모험하고, 고블린과 싸우면서 반짝이는 금화를 모은다. 게임 개발자들의 연구 결과 플레이어는 기본적으로 품고 있는 힘에 대한 환상을 채우고 싶어했다. 플레이어는 영웅, 좋은 사람, 세상의 구원자가 되고 싶어했다.

이런 세태가 못마땅했던 어느 영국인 디자이너들은 불프로그 프로덕션스 Bullfrog Productions**라는 EA 소속 제작사에 모여서 주인공을 죽이는 게임을 만들기로 했다.**

1997년에 컴퓨터용으로 나온 〈던전 키퍼〉에서 플레이어는 착한 사람들이 모험하는 던전을 설계하고 수비하는 극악무도한 악마가 된다. 플레이어는 임프라고 하는 마법 노예 군단을 활용해 흙을

파서 은신처를 짓고, 트롤, 오크, 바일 데몬(적들에게 독성 가스를 뿜는 시뻘겋고 퉁퉁한 크리쳐)를 꾀어내기도 한다. 지도 여기저기에 있는 광맥에서 금을 캐 크리쳐들에게 돈을 주고, 양계장에서 닭을 키워 식량도 제공한다. 미니언은 이 닭을 알사탕처럼 크리쳐들에게 먹인다. **이제 플레이어는 자신을 물리치고 보물을 가로채려 하는 그 소름 끼치는 박애주의자 용사 무리로부터 던전을 지켜야 한다.** 〈던전 키퍼〉는 유쾌하고 재미있는 전략 게임으로 플레이어들의 많은 사랑을 받았고, 불프로그는 1999년에 서둘러 시퀄작 〈던전 키퍼 2〉를 발매했다. 이후 그들이 계획 중이었던 세 번째 게임은 이후 취소되었고, EA는 2001년에 불프로그를 폐쇄하면서 이 시리즈의 모든 제작을 잠정 중단시켰다.

그로부터 십여 년이 지난 2012년, EA 경영진은 미씩에게 수많은 고전 게임 중 모바일 게임으로 부활시킬 작품을 고르게 했다. 〈던전 키퍼〉는 그렇게 선택되었다. 언뜻 생각해도 〈던전 키퍼〉는 아이폰과 아이패드에서 멋지게 작동할 것 같았다. 이 게임은 톱다운 시점으로 전개된다. 플레이어는 컴퓨터가 있어야만 쓸 수 있는 마우스 커서 대신 언제나 몸에 붙어있는 손가락을 사용해 지도 타일을 파내고 크리쳐를 획득했다. 마우스 대신 손가락으로 터치 스크린을 누비는 것은 근사하고 직관적이었다. 게다가 〈던전 키퍼〉는 금방 배워서 쉽게 할 수 있는 게임이라서 모바일 게임 플레이어 층에게 이상적이었다. 이들은 주로 출근 길 지하철에서, 또는 병원 대기실에서 10~20분씩 게임을 즐긴다.

브렌트 소드먼과 미씩의 다른 개발자들은 작은 팀을 꾸려서 〈던전 키퍼〉 모바일 버전 제작에 착수했다. 기초적인 수준에서 보면 프로토타입은 기존 게임과 많이 닮아 있었다. 똑같은 톱다운 시점이고, 플레이어는 나쁜 크리쳐를 소환하고 네모 타일 모양 흙을 팔 수 있었다. 하지만 모바일 버전에는 새롭게 추가된 기발한 기능이 하나 있었으니, 타일을 팔 때마다 타이머가 나타나는 것이었다. 〈던전 키퍼〉 원작에서는 타일을 클릭하고 임프가 도착할 때까지 몇 초를 기다려야 했다. 하지만 모바일 버전에서는 시계가 째깍거리다가 타이머가 울리면 땅을 파내고 흙이 사라졌다. 아직 몇 초인지는 확정하지 못했지만 효과는 확실하게 알 수 있었다. **"모바일 게임에 타이머가 있는 게 무슨 뜻인지 모르는 사람은 더이상 개발자 중엔 없죠."** 소드먼은 말했다. "기본적으로 플레이어는 게임 속 단순한 작업으로 시간을 축내는 것을 싫어하죠, 그 과정을 건너뛰려면 추가로 돈을 내야 하는 겁니다."

모바일 게임은 게임을 플레이하는 방식만이 아니라 판매하는 방식도 바꿔놓았다. 2008년에 앱스토어가 처음 공개되었을 때 개발자들은 다른 플랫폼에서와 마찬가지로 정가에 게임을 판매했다. 하지만 시간이 지나면서 낯선 방식이 등장했다. 모바일 개발자들은 돈을 더 많이 벌어다 주는 트로이 목마와 같은 기법을 고안했다. 게임은 무료로 하게 해주고 그 안에서 과금을 유도하는 것이다. 모바일 분석 기업 플러리^{Flurry}에 따르면, 2011년 여름에는 앱스토어에 있는 부분 유료화 게임들이 전통 방식으로 판매되는 게임보다 높은 수익을 거뒀다고 한다. 이 요상한 수익 모델이 등장하면서 엑스박스와 플레이스테이션에서 게임을 판매하던 모든 노하우가 의미를 잃었다. 이후 임파서블 스튜디오 개발자들도 에픽의 지시를 받아 〈인피니티 블레이드: 던전〉을 조사했을 때에도 상황은 같았다.

게임을 만들어서 정해진 가격에 파는 전통적인 게임 개발 업계에 몸 담았던 개발자들에게, 모바일 게임 업계는 외계 행성처럼 낯설기만 했다. 휴대폰으로 돈을 벌려면 게임을 무료로 발매하고, 플레이어들을 낚아서 소액결제를 하라고 부추겨야 했다. 일부 게임은 돈을 많이 쓸수록 다른 이들을 앞지를 가능성이 높아지는 페이투윈$^{Pay\ to\ win}$ 방식을 취하기도 했다. 인기 게임 〈타이니 타워$^{Tiny\ Tower}$〉와 EA가 직접 제작한 〈심슨 스프링필드〉는 기본 퀘스트 수행에 일정 시간이 걸리게 만들어두고, 돈을 낸 사람은 그 과정을 건너뛰게 해주었다. 이 방식에는 〈던전 키퍼〉의 악마들이 좋아할 만한 사악한 논리가 담겨있었다. 무료로는 즐거움을 오롯이 만끽할 수 있는 수준이 아니라, 적당히 즐길 만한 수준으로만 게임을 디자인하고, 추가로 돈을 내야만 게임을 더 할 만하게 만들어놓은 것이다.

모바일 게임은 걸어 다니며 카지노를 즐기는 것과 비슷하다. 번쩍이는 그래픽 효과와 짜릿한 쨍그랑 소리까지 그대로다. 〈심슨 스프링필드〉에 새 건물을 설치하고 나면 갑자기 뇌에 엔도르핀이 돌고, 서둘러서 게임을 더 진행하고 싶다는 충동이 든다. 카지노에서와 마찬가지로 이 게임들은 직접 돈을 청구하지 않는다. 대신 보석(⟨심슨 스프링필드⟩에서는 도넛) 같은 '프리미엄 화폐'를 사서 게임에서 사용하게 한다. 무료 보석을 조금씩 지급해서 플레이어들에게 돈의 맛을 보게 하면서 추가로 지갑을 열도록 설득하는 모바일 게임들도 있다. 이 역시 카지노에서(또는 마약상에게서) 볼 수 있는 수법이다. 이런 '프리미엄^{freemium}' 비즈니스 모델로 모바일 게임을 만드는 일부 제작사는 플레이어의 '현질' 중독 상태를 유지하는 방법을 찾기 위해 심리학자를 고용하기까지 한다.

⟨던전 키퍼⟩ 팀은 2013년 내내 덩치를 키우면서 추가로 다른 프로토타입 팀 개발자들도 흡수했다. 데이브 크룩스와 데이브 루벨도 마찬가지였다. 이것으로 두 가지 사실이 확실해졌다. 첫째, ⟨던전 키퍼⟩는 ⟨울티마 포에버⟩ 완성 후 미씩의 차기작이 된다. 둘째, ⟨던전 키퍼⟩에는 돈을 내고 플레이 속도를 높일 수 있는 소액 결제 기능을 넣는다. EA는 모든 모바일 게임을 부분 유료화로 제작해야 한다는 지침을 내렸고, ⟨던전 키퍼⟩는 이미 시장에 출시된 돈을 내고 게임 속도를 높이는 다른 게임들의 성공을 모방해야 했다.

EA는 미씩에 수익률과 플레이어 수 같은 구체적인 KPI^{핵심 성과 지표}를 정해주었다. "우리는 돈만이 아니라 보유율에 대해 의견을 많이 주고 받았습니다." ⟨던전 키퍼⟩ 디자이너 알렉 피셔래스키^{Alec Fisher-Lasky}는 말했다. "어떻게 해야 플레이어가 게임을 지속할까? 어떻게 해야 공정하게 느껴지는 보상을 줄 수 있을까?" 주로 비교하는 대상은 인기있는 타워디펜스 게임 〈클래시 오브 클랜Clash of Clans〉이었다. 마을을 건설하고, 군대를 훈련시키고, 다른 플레이어를 공격하는 이 게임은 게임 속 수많은 타이머를 차분하게 기다리지 못하는 플레이어들 덕분에 수십억 달러를 벌어들였다.

미씩 개발자들은 이 비즈니스 모델에 회의적이었다.

전통적인 PC 게임이나 콘솔 게임을 하며 자란 사람들에게는 이 모델은 약탈적이고 비도덕적인 방식처럼 보였다.[3] 미씩 직원 상당수는 모바일 게임으로 옮겨가야 한다는 것을 알면서도('모바일로의 전환'이라는 문구를 가장 자주 거론했다) 이 변화를 경계했다. "미씩의 사내 문화는 훌륭하고, 모두 멋진 사람이었습니다. 하지만 오래된 직원 분들은 모두 고인물 게이머였어요." 데이브 크룩스는 말했다. "〈클래시 오브 클랜〉의 사업 모델을 따라가는 것을 씁쓸하게 받아들이는 분들이 있었습니다."

물론 미씩이 재정적으로 힘든 시간을 보냈다는 것, 모회사가 이런 게임을 원한다는 것은 모두들 알았다. 그래서 투덜거리면서도 게임을 만들어야만 했다.

---

3   물론 대부분의 사람들이 게임이 무엇인지도 모르던 시절부터 게임은 약탈적이고 비도덕적이었다. 오락실이 성행하던 시절 디자이너들은 사람들이 계속 동전을 넣도록 게임을 최대한 어렵게 만들었다. 모바일 소액결제는 최신 모델처럼 보이지만 사실은 옛날 옛적 모델이 자연스럽게 진화한 결과다.

EA의 바람을 전달하는 업무를 맡는 사람을 프로덕트 매니저 내지는 PM이라고 부른다. 이들은 레드우드 쇼어에 근무하면서 종종 미씩을 방문해 시장 조사 결과와 〈클래시 오브 클랜〉의 수치가 가득한 도표들을 들이밀었다. **〈던전 키퍼〉 개발 과정에서 미씩 개발자들은 EA 프로덕트 매니저들과 많은 갈등을 빚었다.** 양측은 성공적인 게임에 대한 기준이 달랐다. 프로덕트 매니저가 보기에 미씩 사람들은 모바일 게임을 만들어본 경험이 없고 이 프로젝트에 몰두하는 것 같지 않아보였다. 반면 미씩 개발자들이 보기에 프로덕트 매니저들은 게임 디자인을 알지도 못하면서 돈만 생각하는 것 같았다. "제작진이 '이런 걸 하고 싶다'고 하면 (한 달에 이틀 정도 들르는 게 전부이고 게임 루프 디자인이 무엇인지도 모르는) 프로덕트 매니저가 와서 '우리가 할 일은 여기 있다'고 하는 거죠." 데이브 크룩스는 말했다.[4]

EA 프로덕트 매니저는 회의에서 크룩스에게 무슨 작업을 하고 있는지 물었다. 크룩스는 〈던전 키퍼〉에 넣을 함정을 개발 중이라고 대답하면서 프로덕트 매니저에게 자신의 아이디어들을 쭉 들려

---

4   프로덕트 매니저들처럼 '게임 루프'가 무엇인지 모르는 독자를 위해 설명하자면, '게임 루프'는 플레이어가 게임 안에서 하는 활동의 핵심 '루프'라고 한다. 인기 슈팅 게임 예를 들어 〈데스티니〉에서 루프는 미션을 받고, 외계인 무리를 향해 총을 쏴서 보상을 모으는 과정의 반복이다. 보통 게임 루프의 목적은 단기적, 장기적으로 재미와 만족을 선사하는 것이다.

주었다. 그 중에는 적을 얼려서 HP를 깎고 움직임이 느려지게 하는 얼음 함정도 있었다. "그랬더니 이동 속도와 HP를 한꺼번에 건드리는 건 지나친 것 같다고 하더라고요." 크룩스는 당시를 떠올렸다.

"뭘 알고나 하는 말인가 싶었습니다."

크룩스가 보기에 이것은 더 큰 문제의 축소판이었다. 워렌 스펙터 같은 베테랑부터 크룩스 같은 새내기까지 수많은 게임 개발자가 오랜 세월 겪어온 제작진과 경영진 사이의 갈등의 시작이었다. 얼음 함정에 적의 속도를 늦추는 기능과 HP 깎는 기능을 함께 넣는 이유를 이해하지도 못하는 프로덕트 매니저가 무슨 수로 게임 디자인에 대해 연륜 있는 관점을 제시할 수 있을까?

2013년 8월, 미씩은 마침내 오랫동안 개발해온 〈울티마 포에버〉를 iOS용으로 발매했다. 이 게임은 털썩 내려 앉듯 미적지근한 평가를 받으며 별다른 관심을 끌지 못했다. 미씩 직원들은 다음 게임은 화제를 모을 수 있기를 바라며 〈던전 키퍼〉로 대거 이동했다. 미씩이 섣불리 모바일 게임을 향해 전진하지 못하는 데에는 이유가 있었다. 〈울티마 포에버〉를 눈 여겨 본 평론가들은 이 게임의 부분 유료화와 소액 결제 전략을 맹렬히 비난했다. "〈울티마 포에버〉의 디자인은 사악해졌다." 게임 평론가 리치 스탠튼Rich Stanton은 이 게임이 플레이어에게서 실제 현금을 받아내려 끊임없이 '속임수'를 쓰고 있다고 지적했다. 이미 〈던전 키퍼〉도 착취적이라는 느낌이 강했지만 어쩔 도리가 없었다. **"제작진 중 부분 유료 게임을 만들고 싶**

었던 사람은 별로 없었을 겁니다." 데이브 루벨은 말했다.

미씩 개발자들은 전체적으로 〈던전 키퍼〉의 플레이 방식에 만족했다. 〈클래시 오브 클랜〉과 굉장히 비슷하면서도 원작 게임 특유의 엉뚱한 유머 감각이 살아있었다. 개발자들은 테스트 시간에 적을 제압하기 위해 던전을 다듬고 함정을 설치하며 즐거운 시간을 보냈다.

다만 테스트가 즐거웠던 이유는 타이머가 모두 작동하지 않았기 때문이었다.

완성된 〈던전 키퍼〉를 보면, 작업이 끝나기를 마냥 기다리거나 단순히 퀘스트를 완료하려고 실제 돈을 내는 것은 썩 즐거운 경험이 아님을 확실히 알 수 있었다. 〈클래시 오브 클랜〉 같은 게임을 하는 사람들은 점점 타이머 기능에 익숙해졌지만, 미씩 개발자들은 타이머를 싫어했다. **미씩은 타이머의 길이와 등장 빈도를 두고 EA 프로덕트 매니저들과 격렬한 논쟁을 벌이곤 했다. 결과는 거의 항상 EA 측의 승리였다.** "어느 날은 EA에서 모든 타이머 길이를 두 배로 늘리라고 하더군요." 크룩스는 회상했다. "저에게 타이머를 더 적극적으로 활용하면 좋겠다고 했습니다. 저는 대답했죠. '전 잘 모르겠네요. 저라면 이런 게임 안 할 것 같아요. 다른 사람들은 모르지만요.'"

EA의 입장에서 보면 모바일 비즈니스 모델은 원래 그런 식이었다. 프로덕트 매니저는 통계와 수치를 가장 중요하게 생각했고, 아이폰과 안드로이드 플레이어들은 몇 시간, 나아가 며칠씩 타이머 기능을 얻기 위해 추가 지출을 하는 것을 전혀 개의치 않아한다는 데이터를 방대하게 가지고 있었다. 〈클래시 오브 클랜〉은 이런 사례의 끝판왕이었다. 〈던전 키퍼〉가 〈클래시 오브 클랜〉에서 착안한 게임이라고 하는 것은 인스타그램 스토리가 스냅챗에서 아이디어를 몇 가지 빌려왔다고 보는 것과 같았다.

〈클래시 오브 클랜〉은 튜토리얼 단계에서 플레이어에게 게임 내 유료 화폐인 보석 몇 개를 무료로 준다. 이런 식으로 보석의 존재를 알려주면서 써보도록 부추기는 메시지를 전한다.

"머뭇거릴 때가 아닙니다. 보석을 사용해서 시간을 단축하세요!" 인터넷에는 '네 숙제 좀 빌려줄래?' '그래, 베낀 티 나지 않게 좀 바꿔'라는 대화와 함께 이미지 두 장을 나란히 놓는 짤이 있다. 그 짤과 같이 〈던전 키퍼〉도 〈클래시 오브 클랜〉처럼 튜토리얼 단계에서 게임 내 유료 화폐인 보석 몇 개를 무료로 준다. 이런 식으로 보석의 존재를 알려주면서 써보도록 부추기는 메시지를 전한다. **"머뭇거릴 때가 아닙니다. 보석을 사용해서 함정 건설 시간을 단축하세요!"**[5]

---

5   옮긴이_ 〈던전 키퍼〉 한국어판에는 사실 해당 대사가 '인색하게 굴 때가 아닙니다! 보석을 좀 더 사용해 즉시 이 함정을 건설해 보십시오!'라고 번역되어 있어서, 영문판에서처럼 〈클래시 오브 클랜〉의 판박이는 아니다.

．．．．

2013년 한 해 동안 회사 내 분위기는 점점 더 이상해졌다. 개발자들은 매일 출근해서 일을 했지만 장차 발매할 〈던전 키퍼〉가 논란을 일으킬지 모른다는 걱정이 점점 커졌다. "회사에서 직원들이 서로를 바라보면서 '사람들이 분명 이거 싫어할 거야' 같은 대화를 계속 나눴습니다." 크룩스는 말했다. "다 알지만 그래도 만들어야 한다는 분위기였죠."

빙하로 직진하는 크루즈선에 타고 있는 기분이었다. 부딪칠 것을 알지만 배의 방향을 돌릴 방법은 없었다.

"게임에 타이머를 많이 넣어야 한다는 의무가 있고, 추가 결제로 타이머를 생략할 수 있게 해야 돈을 벌 수 있는 상황에서는 무조건 이 기능이 별로라고 말하기 어렵습니다." 브렌트 소드먼은 말했다. "뭘 어쩌겠어요?"

일에 대해 불만이 쌓인 데이브 크룩스는 브렌트 소드먼, 데이브 루벨과 함께 독립에 대해 이야기하기 시작했다. 크룩스와 루벨은 이미 회사 일 외에 독립 프로젝트 몇 가지를 함께 진행하고 있었다. 루벨이 크룩스의 〈데저트 스트라이크〉 프로토타입 제작을 도와주면서 미씩에 개발자로 입사하기 전처럼, 두 사람은 애초부터 그렇게 만난 사이였다. 1년 전 공항에서 크룩스를 처음 만나 친해진 소드먼도 그들과 함께 하고 싶었다. 요즘 소드먼과 크룩스는 미씩 사무실 가까이 있는 아파트에 함께 살면서 가끔씩 게임 아이디어를 함께 브레인스토밍했다. 친한 친구이자 실직한 아티스트 조 하티^{Joe Harty}, 크룩스의 여자친구이자 사운드 디자이너인 에리카 햄슨^{Erica Hampson}(이후 미씩에도 합류했다)도 함께였다.

EA에 손아귀에서 〈던전 키퍼〉에 열정을 쏟지 못한 이들은 자기들만의 게임을 개발해보자는 이야기를 하기 시작했고, 얼마 되지 않아 매우 진지하게 논의하기 시작했다. 돈을 모을 계획을 세우고, 재정 목표를 기준으로 마감 날짜까지 정했다. 그리고 2014년, 이전 다른 개발자들의 퇴사 방식과는 다른 방식으로 회사에 자신들의 계획을 밝혔다. 이들은 폴 바넷과 캐리 고우스코스(운영 책임자로 승진해 있었다)를 아주 존경했기에 최대한 회사에 폐를 끼치기 싫었다. 그래서 8월에 회사를 떠날 계획이며, 후임자를 구할 시간을 충분히 확보할 수 있도록 몇 달 전에 미리 이 사실을 알리는 것이라고 설명했다. "다른 상황이었다면 절대 누구에게도 말하지 않았을 거예요." 크룩스는 말했다. "그게 올바른 일이라고 생각했습니다."

하지만 그 전에 게임을 발매해야 했다. 2014년 1월 30일에 〈던전 키퍼〉가 아이폰에서 공개되었고, 개발자들의 우려는 현실로 나타났다. **평가는 예상대로 처참했다.** 평론가와 비디오 전문가들은 이 게임에 고개를 내저었고, 게이머들도 분노를 금치 않으며 레딧과 트위터에서 거친 비난을 퍼부었다. EA는 보도자료에서 '1990년대를 휩쓴 컬트 전략 게임의 새로운 모바일 버전'이라는 문구를 사용하며 이 게임을 고전 〈던전 키퍼〉의 부활처럼 홍보했다. 하지만 실제로 이 게임은 〈클래시 오브 클랜〉에 단순히 악마를 잔뜩 더해 놓은 느낌이었다. 기존 〈던전 키퍼〉에서는 플레이어가 전략을 짜고 자원을 관리할 수 있었지만, 새로 나온 모바일 〈던전 키퍼〉는 현금 결제를 해서 보석을 사라고 플레이어를 자꾸 보채기만 했다. 이전 부터 EA의 탐욕적인 운영에 팬들은 이미 EA에게서 등을 돌린 상태 였고, 그 사실을 반영하듯 컨슈머리스트consumerist.com가 진행한 투 표에서 컴캐스트와 뱅크 오브 아메리카를 누르고 2년 연속 '미국 최 악의 회사'로 뽑혔었다. 이 상황에서 〈던전 키퍼〉는 그런 나쁜 이미 지가 모두 사실이라는 일종의 증표 같았다. 〈유로게이머〉의 평론가 댄 화이트헤드Dan Whitehead는 이렇게 썼다.

이 게임은 과거 불프로그의 혁신적인 전략 게임의 껍데기다. 그 속을 비우고 〈클래시 오브 클랜〉의 그대로 베낀 복제물을 채워 놓았다. 돈을 찍어내는 기계 슈퍼셀이 이미 시도하고 시 험해 본 작동 방식, 온라인 기능을, EA가 파블로프의 개가 되 어 침을 질질 흘리며 쫓아가고 있다. 가장 형편 없는 부분을 꼽 자면 〈던전 키퍼〉의 영혼이라고는 찾아볼 수 없이 도입된 부분 유료화 정책이다.

〈던전 키퍼〉라는 타이틀명이라도 바꿨다면 이 정도의 재앙은

아니었을지도 모른다. 사람들이 가장 화가 난 이유는 EA와 미씩이 소액 결제를 덕지덕지 바른 모바일 게임을 만들어서가 아니라, **그들이 사랑한 고전 게임을 함부로 이용해서 망가뜨려놨기 때문이다.** 물론 이런 형식의 모바일 게임은 일반적으로 휴대폰에서 게임을 하는 사람들에게는 매력적일 수 있다. 이들은 어차피 한 번에 10분정도만 게임을 하기 때문에 타이머 기능을 딱히 못마땅하게 여기지 않는다. 하지만 이 게임은 하드코어 PC 게이머들이 사랑했던 〈던전 키퍼〉의 모바일 버전이었다. 〈던전 키퍼〉는 출시 후 타이머를 개의치 않는 소규모 팬 층을 조용히 확보했지만, 인터넷에서는 게이머들의 분노가 좀처럼 가라앉지 않았다.

미씩 엔터테인먼트 직원들은 〈던전 키퍼〉 발매일을 즐기지 못했다. 사람들은 조용히 자리에 앉아서 모진 댓글과 혹평에서 눈을 떼지 못했다. 게임 문화에서의 관습에 맞게 〈던전 키퍼〉 개발자들이 나가 죽었으면 좋겠다는 메시지들이 들어왔다("게임 업계에서 일하면 그런 데 익숙해지죠." 소드먼은 말했다.). 직원들은 모여서 술을 들이켰다. 이렇게 될 줄 미리 알았어야 했다며 슬퍼하는 직원들도 있었다. 물론 이런 반응은 어느 정도 예견되어 있었다. 소액결제와 추억의 게임을 결합하는 것은 바람직한 성공 공식이 아니었다. "회사에 침울해하는 사람이 많았습니다." 크룩스는 말했다. "하지만 저 같은 사람도 많았죠. 그럼 그렇지, 하고요.'"

모바일 게임으로 미씩의 개발 방향을 바꾼다는 폴 바넷의 계획은 뜻대로 이루어지지 않았다. 이제 제아무리 낙천적인 직원이라도 자신의 미래가 희망적이라고 볼 순 없었다.

∎ ∎ ∎ ∎

2014년 5월 28일 저녁, 브렌트 소드먼은 데이브 크룩스에게서 온 전화를 받았다. 2년 전 공항에서 처음 만났을 때와 상당히 비슷한 느낌이었다. 소드먼은 퇴근한 뒤였지만 크룩스는 야근을 하다가 새로운 소식을 접했다. "저더러 회사에 와서 짐을 싸라는 겁니다." 소드먼은 말했다. **"아무래도 내일 회사가 없어질 것 같다고요."**

이번에 회사가 문을 닫을 것 같다고 생각하는 데에는 훨씬 강력한 증거가 있었다. 캐리 구오스코스가 사무실에 있다가 화장실에 다녀와보니 키카드가 작동하지 않는 것이었다. 크룩스가 밖에 나가서 자신의 키카드를 확인해보니 역시나 작동하지 않았다. 경비원의 키카드는 정상 작동했으니 기술적 문제였을 수도 있었다. 크룩스는 사무실로 돌아와서 남아있는 직원 열댓명에게 짐을 싸는게 좋을 것 같다고 이야기했다. 그런 다음 소드먼에게 전화했다. "저는 우선 챙겨갈 짐은 딱히 없다고 했어요." 소드먼은 말했다. "다음날 아침에 일어나서 일찍 출근했죠. 분명 일진이 사나울 테니까요."

고우스코스는 근처 메리어트 호텔에서 열리는 아침 8시 회의에 참석하라는 안내를 받았다. 그녀가 도착했을 때에는 EA 경영진과 인사 부서 사람들이 이미 앉아서 회의 준비를 하고 있었다. EA 모바일 부서를 이끄는 프랭크 지뷰는 고우스코스에게 미씩을 폐쇄한다는 소식을 전했다. "비정하지는 않았습니다." 고우스코스는 말했다. "따뜻하고 친절했습니다." 지뷰는 EA의 미씩 인수를 책임진 사람이었고 〈다크 에이지 오브 카멜롯〉을 좋아했기 때문에(심지어 임원 회의를 게임 안에서 진행하기도 했다고 한다) 회사 문을 닫는다는 소식을 전하며 죄책감을 느끼는 듯했다. 하지만 미씩을 살려둘 만한 타당한 이유를 찾을 수는 없었다. 호황을 누리는 시절도 있던 미씩 엔터테인먼트였지만 몇 년째 돈을 잃고 있었고, 〈울티마 포에버〉를 향한 미지근한 반응과 〈던전 키퍼〉에 쏟아진 혹평을 보면 모바일 게임 제작사로서의 변신도 실패했다 "'회사가 돈을 제대로 못 벌고 있고, 계속 이대로 갈 수는 없다. 우리도 몇 가지 시도를 해 봤지만…'이라고 말하는 분위기였습니다. 그리고 모두 갈 길을 찾을 수 있게 노력하겠다고요."

한 시간 뒤, 경영진은 미씩 사무실로 향했다. 키카드가 작동하지 않는다는 이야기가 이미 퍼져 있었기에 지뷰가 일어나 회사를 폐쇄한다고 알렸다. 직원들은 생각도 못했다는 듯 충격을 받진 않았어도 참담한 기분은 어쩔 수 없었다. 개발자들 상당수가 절친한 친구 사이였는데, 이제 버지니아에 남을 수 있는 사람은 얼마 없게 되었다. **"모두가 울었어요."** 구오스코스는 말했다. "눈물을 보일 거라고 생각도 못한 사람들까지도요." 미씩은 버지니아에 있는 유일한 대형 게임 제작사이기도 했지만 너무 많은 이들이 주말이나 퇴근 후에 함께 시간을 보내왔고, 직원들은 이 회사를 각별하게 생각했다. 미씩의 직원이었던 사람 한 명은 '그렇게 생기가 넘치는 일터는 또 없었다'고 말했다.

게임 제작사의 폐업은 구성원들에게 부당하고 비인간적인 처사로 느껴지기 쉽다. 38 스튜디오나 빅휴즈게임즈의 사례처럼 마른 하늘에 날벼락인 경우도 있고, 임원실에 있는 백만장자들이 근시안적 전략을 짜는 바람에 몇백명이 일자리를 잃는 경우도 있다. 하지만 미씩 직원들은 EA도 어찌해볼 도리가 없었다고 생각했다. 〈던전 키퍼〉 제작 당시 EA가 지나치게 간섭했던 것은 아쉬웠지만, 이미 끝을 냈어야 했던 미씩을 살려 2~3년 수명 연장을 시켜준 것도 맞다. **"우리는 돈을 벌지 못하고 있었죠. EA가 뭘 어찌겠어요?"** 구오스코스는 말했다. 미씩 직원들은 퇴직금을 받았고, EA는 직원 일부를 다른 모바일 게임 제작 자회사로 발령했다.

데이브 크룩스, 데이브 루벨, 브렌트 소드먼도 마음이 착잡했다. 이들은 회사가 없어지고 친구들이 게임 업계에서 다른 일을 찾기 위해 버지니아는 떠나야 하는 결과를 원치 않았다. 그래도 회사에서 받은 퇴직금은 독립 게임 개발이라는 거친 물살에 뛰어드는 이들에게 구명조끼가 되어주었다. 셋은 근처 술집에서 술을 마시며 추억을 회상하다가, 자신들이 꿈꾸는 프로젝트를 계획보다 석 달 일찍 시작할 수 있게 되었다는 사실을 깨달았다.

"한 동료가 저희에게 와서 말했어요. 솔직하게 말하면 저희에게는 그다지 나쁜 소식이 아니라고요." 소드먼은 말했다. "저도 인정하기는 싫지만, 맞는 말이라고 대답했죠."

알고 보니 미씩 같은 제작사로서는 폐업이 쉽고 간단한 일은 아니었다. 많은 온라인 게임의 서비스를 종료하거나 다른 회사로 이전해야 했기 때문이다. 그 해 초에 새 제작사를 차린 미씩 공동 설립자 한 명이 〈다크 에이지 오브 카멜롯〉을 계속 운영하기 위한 라이선스를 사들였다. 〈워해머 온라인〉은 2013년에 종료했지만 모바일 게임은 아직 온라인에 남아있었다. EA는 개발자 몇 명에게 석 달 동안 1.5배의 임금을 받고 미씩 사무실에 남아 폐업 절차를 도와 달라고 제안했다. 이 팀을 이끄는 사람은 고우스코스였다. 그녀는 〈울티마 포에버〉 서비스 종료, 다른 EA 자회사로의 〈던전 키퍼〉(업데이트를 통해 타이머가 많이 개선되어, 여전히 일부 게이머들이 즐기고 있다) 운영 이전을 도왔다. 절차가 막바지에 접어들자 그녀는 컴퓨터와 콘솔을 챙겼다. "쓸모 있는 물건이 많았어요. 값나가는 물건에는 전부 자물쇠를 채워놔야 했습니다."

실제로 미씩에는 가치 있는 물건이 많이 남아있었다. 값비싼 컴퓨터 장비 외에도 오랫동안 쌓아온 홍보 자료와 회사의 문화가 담긴 물품이 있었다. 고우스코스가 찾은 수납장에는 〈워해머〉 포스터, 〈던전 키퍼〉 조형물, 트럭 한 대는 나올 분량의 셔츠, 핀, 사원증 목걸이 등등이 있었다.[6] 미씩이 〈울티마〉 라이선스를 이어받았을 때 누군가가 옛 오리진 사무실에 있던 물품을 보내줬었는데 그때의 유물들도 나왔다. 그 중 워렌 스펙터와 리처드 게리엇의 상은 고우스코스가 원래 주인에게 보내주었다. 한 벽면에는 브라더스 힐데브란트라는 형제 아티스트가 그린 〈울티마〉 벽화가 있었다. 가치가 수십만 달러는 된다고 했지만 이 작품은 EA가 재빨리 정리해주었다. "사람들 여럿이 같이 오더라고요. 벽에서 그림을 떼어내서 방에 넣더니 문을 잠그고 갔어요." 고우스코스는 말했다.

마지막 며칠 동안 고우스코스는 미씩 사무실에서 좀비처럼 어슬렁거렸다. 낮에는 눈물을 흘리고, 밤에는 무의미한 리얼리티 방송이나 보며 시간을 보냈다. 상자를 포장하고 외주 업체와의 계약을 해지하면서 그동안 얼마나 많은 기업과 함께 일해왔는지 새삼 알 수 있었다. 베이글을 배달해주는 사람부터 소방 담당까지 맡은 일도 다양했다. 마지막에 고우스코스는 미씩 엔터테인먼트 최후의 직원이 되는 영광을 누리면서 마지막 사람만이 할 수 있는 말을 남겼다. "제가 마지막 사람이었어요. 제가 사무실을 떠나던 기억이 생생합니다. 불을 끄고 걸어 나왔고, 그 후로 다시는 미씩 엔터테인먼트

---

6   EA가 〈던전 키퍼〉를 홍보할 때 엄지와 약지를 접은 손 모양의(미국에서 성적인 의미를 지닌 제스처다) 발포 고무 악마 뿔을 생산한다는 특이한 결정을 내렸다. 캐리 고우스코스는 이 악마 뿔이 배포하기에 너무나 부적절하다는 생각에 입고되자마자 수납장 뒤편에 치워 두었다. 이제 회사가 없어지는 마당에 그녀는 이 악마 뿔 2천 개를 처분해야 했다. "직원들이야 물론 가지고 싶어했죠. 하지만 아무도 가져가면 안 된다고 제가 못박았습니다."

에 들어간 사람이 없죠."

■ ■ ■

미씩이 폐쇄된 다음날, 옛 동료들이 앞으로 무슨 일을 할지 알 아보는 동안 데이브 크룩스는 자신의 계획을 실행에 옮겼다. 그는 브렌트 소드먼, 에리카 햄슨과 함께 아파트 거실을 임시 사무실로 꾸몄다. 데이브 루벨과 조 하티도 매일 이곳으로 출근했다. "확실히 적응이 필요했어요." 햄슨은 말했다. "저희는 하루가 멀다 하고 그 사무실에 모였습니다." 미씩이 문을 닫고 일주일도 안 되어 다섯 사 람은 **닷지롤 게임즈**Dodge Roll Games라는 독립 게임 회사를 세웠다.[7] 첫 게임을 발매할 때까지는 기간이 얼마나 길어지든 저축해둔 돈으 로 버텨보고, 그 다음에 회사를 유지할 정도로 꾸준한 수익이 나오 는지 보기로 했다.

그들의 첫 번째 게임은 〈엔터 더 건전 Enter the Gungeon**〉이었다.** 어느 날 밤 데이브 크룩스의 뇌리에 박혀서 잊히지 않은 표현을 타 이틀명으로 삼았다. 2011년에 발매된 던전 크롤링 액션 게임 〈바인

---

[7] 에리카 햄슨은 프리랜서로 다른 게임 일도 하기 위해 정확하게 말하면 공동 설립자가 아 닌 외주 계약자로 일했다. "다른 친구들은 독립 게임 회사를 운영한다는 생각에 더 진심 이었던 것 같은데, 그에 비해 저는 초반에 의문을 더 가졌던 것 같습니다. 정말 모든 걸 걸고 뛰어들더라고요. 저는 그 정도는 아니었고요."

딩 오브 아이작〉The Binding of Isaac〉처럼 과거에 인기를 끈 독립 게임들에서 영감을 받았다. 〈바인딩 오브 아이작〉처럼 〈엔터 더 건전〉도 톱다운 시점으로 플레이가 전개되며 '로그라이크' 게임인 점도 같았다. '로그라이크roguelike'는 〈로그Rogue〉라는 고전 게임에서 비롯된 게임 장르다. 고전 게임 〈로그〉는 캐릭터가 죽으면 무조건 맨 처음부터 다시 시작할 수밖에 없었고, 레벨이 무작위로 생성되어 게임을 할 때마다 매번 다르게 느껴지는 것이 특징이었다. 캐릭터가 죽은 다음에도 무기와 특전 일부를 남겨서 항상 전진하고 있다는 느낌을 받게 해주는 로그라이크 게임도 더러 있지만 기본적으로 이런 시스템의 목적은 게임을 다시 플레이하고 싶게 만드는 것이다. 한 번 질 때마다 다시 시작해서 이번에는 얼마나 멀리 갈 수 있는지 보고 싶게 만든다. 게임 개발자의 입장에서 로그라이크는, 모든 요소를 직접 만드는 게임에 비해 얼마 안 되는 개발 비용으로 플레이 시간을 얼마든지 늘릴 수 있는 성배 같은 시스템이다.

〈엔터 더 건전〉에서 플레이어는 '건저니어'가 되어 '거니메데'라는 행성에서 '건데드'와 싸우면서 얼마나 멀리 나아가고 무기를 얼마나 많이 모을 수 있는지 본다. 캐릭터들은 깜찍하고 말캉한 느낌이다. 머리가 크고 눈이 픽셀로 이루어진 주인공들, 총알 모양 괴물들, 아름다운 2D 던전 레벨은 조 하티의 작품이었다. 플레이어는 주인공을 고르고 건전에 들어가서 전통적인 무기(권총과 기계총)나 우스꽝스러운 무기(티셔츠 대포, 바나나)를 다양하게 수집한다. 그런 다음 총을 쏘아대는 괴물과 보스 떼 틈에서 살아남아 몸을 숨기기 위해 테이블을 뒤집어 엎고 유용한 새 아이템과 총이 들어있는 궤짝을 찾아 다닌다. 운이 좋으면 필요한 장비들을 찾고 능숙하게 게임을 플레이해서 건전 가장 깊은 곳에에 다다를 수도 있지만 보통은 중간에 목숨을 잃는다. 캐릭터가 죽으면 이 게임에 대해 조금 더 잘 알고 위험을 피하는 실력이 살짝 늘어난 상태에서 모든 것을 처음부터 다시 시작한다.

크룩스, 소드먼, 햄슨, 하티, 루벨은 회사를 다니며 〈엔터 더 건전〉 데모를 간단하게 만들고 있었지만('놀 겸 공부할 겸'이라고 소드먼은 말했다), 이제 회사가 문을 닫아서 일자리가 없어졌으니 이 프로젝트에 전념할 수 있었다. 이들의 계획 중 하나는 유통사를 찾는 것이었다. 그래서 한동안 EA 이후의 삶에 대한 계획을 세우다 보니 마케팅, 홍보, 법적 거래 등 코딩 이외에 게임을 만들기 위해 필요한 각종 잡무를 도와줄 동지를 구하자는 결론이 나왔다. 지금 당장 바깥 세상으로 나가 투자를 받기는 싫었지만 게임 개발에 시간이 너무 오래 걸리거나 자금이 바닥날 경우를 대비해 유통사와 손을 잡는 것도 괜찮다고 생각했다.[8] 〈엔터 더 건전〉과 비슷한 슈팅 게임 〈핫라인 마이애미Hotline Miami〉를 비롯해 인기 있는 독립 게임 몇 편을 유

---

8 킥스타터에서의 크라우드펀딩은 그 자체도 전담 인원이 필요한 일인 것 같아서 내키지 않았다. "게임이 나오기 전에는 고객을 상대하고 싶지 않았습니다." 데이브 크룩스는 말했다.

통한 소규모 유통사 디볼버Devolver가 그들 머리에 계속 맴돌았다.

"디볼버는 사람 대우를 잘 해준다는 훌륭한 명성이 있었습니다. 저는 지금도 그렇게 생각해요." 소드먼은 말했다.

2014년 5월 말, E3를 몇 주 앞둔 날이었다. E3는 매년 로스앤젤레스에서 열리는 초대형 게임 박람회이므로, 디볼버는 물론 다른 유통사들을 만나고 〈엔터 더 건전〉 데모를 홍보할 좋은 기회였다. 닷지롤의 다섯 사람은 옛날 상사였던 폴 바넷을 통해 디볼버의 파트너 나이젤 라우리Nigel Lowrie에게 연락했다. 게임을 보여주고 싶다는 말에 라우리는 흔쾌히 그러자고 하면서도, 확실하게 시간을 잡기는 어렵다고 답장을 보내왔다.

크룩스가 대표로 로스앤젤레스행 비행기표를 샀고, 닷지롤은 〈엔터 더 건전〉 프로토타입을 완성하기 위해 바삐 움직이기 시작했다. 각 플로어별 보스, 다양한 적군과 총을 만들어야 했다. 크룩스는 미씩 시절 친구 한 명에게, 그 친구의 로스앤젤레스 호텔 방에서 신세를 져도 될지 물었다. 그 다음날에는 디볼버와의 애매한 약속 외에는 아무런 계획도, 기약도 없는 E3에 가야 했다. "크룩스가 저축한 돈으로는 E3 입장권을 샀고, 제가 저축한 돈으로는 데이브의 비행기표를 샀습니다." 소드먼은 말했다. "노트북에 프로토타입을 저장해서 배낭에 넣고, 그 배낭을 짊어진 크룩스를 비행기에 태워 보냈죠." **크룩스는 유통사에 게임을 홍보해본 적도 없고 인맥도 없었지만 대학 시절 교수에게 좋은 인상을 남겨서 게임 업계에 입문까**

지 했던 그가 아니면 누가 이 일을 해내겠는가. "마른 돌멩이에서 물을 짜내는 기적을 일으킬 사람은 크룩스 뿐이라는 게 나머지 팀원들의 생각이었습니다." 소드먼은 말했다.

로스앤젤레스에 도착한 크룩스는 어색함도 없이 모르는 사람들에게 다가가 자신을 소개했다. 그는 〈뉴클리어 쓰론Nuclear Throne〉 제작진 중 한 명이자 독립 게임계의 유명 인사인 라미 이스마일Rami Ismail을 알아보고 곧장 다가가 인사했다. 이스마일은 다른 동료들을 소개시켜 주었고, 어느새 크룩스는 게임 업계의 주요 인사들과 수다를 떨고 있었다. 그는 미드나이트 시티Midnight City (마제스코Majesco 의 지사이자 비운의 유통사) 같은 독립 게임 유통사와 플레이스테이션 경영진에게 세련되고 재미있는 〈엔터 더 건전〉 데모를 보여주고, 자신의 카리스마를 발산하면서 호감을 샀다.

한 번은 로스앤젤레스 컨벤션 센터에 마련된 엑스박스 부스에 가서, 군중 사이에 직원일 법한 사람을 찾으려 애쓰고 있었다. 그러던 중 엑스박스 티셔츠를 입은 남자 한 명이 눈에 띄길래 다가가서 자신을 소개했다. 이 사람은 엑스박스 직원이 맞았을까? 운이 좋게도 맞았다. 크룩스의 게임에는 관심을 보였을까? 물론이다. 크룩스가 자신의 이야기를 시작할 때 그 직원의 눈빛은 흐리멍텅했다. 하루 종일 모르는 사람들의 게임 제안을 마구잡이로 듣고 있었으니 그럴 만도 했다. 하지만 닷지롤은 미씩 전 직원들이 모여서 세운 회사라는 말을 꺼내자 그가 눈을 반짝였다. **"잠깐, 미씩이라고요?"**라고 하길래 제가 그렇다고 했더니 자기 형제가 5년 전에 아트디렉터로 있었다고 하며 그러고는 제대로 듣는 자세를 취하더라고요."

다음날 크룩스는 컨벤션 센터 맞은편 주차장으로 향했다. 디볼버가 매년 그 자리에 매장을 열었기 때문이다.[9] 나이젤 라우리를 불렀더니, 그는 다른 약속이 많지만 시간이 생기는 대로 최대한 빨리 크룩스를 만나겠다고 했다. 디볼버는 E3에서 다른 개발사의 제안을 받기보다는, 언론사나 다른 참가사에 자신들의 게임을 보여주는 데 집중했다. 라우리는 디볼버의 데모를 플레이해보러 온 여러 기자와의 미팅으로 일정이 꽉 차 있었다.

크룩스는 무료 음식과 맥주를 챙겨서 주차장에 자리를 잡고 앉았다. 그리고 기다리고 기다렸다. "그 자리에 여섯 시간 있었어요. 실제로 나이젤을 만나서 게임을 소개한 시점에 저는 마음을 안정시키느라 맥주를 작은 잔으로 열 잔은 들이키고 취해 있었습니다."

마침내 라우리는 크룩스를 데리고, 미팅 공간으로 마련된 은색 에어스트림 트레일러에 들어갔다. 소파에 앉아 잠시 가벼운 이야기를 나눈 다음, 크룩스는 노트북을 꺼내 〈엔터 더 건전〉을 열었다. 그는 데모를 플레이하는 라우리의 반응을 살피려 애썼다. **"나이젤은 세상에서 제일 따뜻하고 친절한 사람입니다. 하지만 표정을**

---

9   디볼버는 몇 년 동안 E3 전시장 부스 공간을 사는 대신 맞은편 주차장을 이용했다. 차별화된 모습을 보여주는 동시에 바로 옆에서 열리는 거대한 박람회를 놀리기도 하려는 의도였다.

전혀 읽을 수가 없었어요." 크룩스는 말했다. 라우리는 굳은 얼굴로 앉아서 고개를 끄덕이면서 의례적인 질문을 건넸다. 제작 기간은 얼마나 걸렸나? 어느 플랫폼에서 게임을 발매하고 싶나? "미팅이 끝나고 동료들에게 전화를 걸어서, 잘 모르겠다고 했어요. 나이젤이 무슨 생각인지 도무지 알 수 없었습니다." 크룩스는 말했다.

비록 나이젤 라우리의 의중은 알 수 없었지만 크룩스는 이 출장에 만족하며 버지니아로 돌아왔다. 다른 사람들은 게임에 좋은 반응을 보였고, 디볼버가 거절하더라도 다른 선택지가 많을 것 같았다. 2014년 여름은 디지털 독립 게임 시장이 막 확장되기 시작하던 시기라서, 마이크로소프트와 소니는 새로 출시할 엑스박스 원과 플레이스테이션 4의 라인업을 채울 게임들을 물색하고 있었다. E3에서 인맥을 잘 쌓아놓았으니, 이제 어느 회사와든 미팅을 잡을 수 있을 것 같았다. 그리고 그는 디볼버와 계약을 맺지 못하면 앞으로 몇 주, 몇 달이고 다른 유통사들에게 제안을 하고 다닐 계획이었다.

물론 디볼버와 일이 잘 풀리기를 진심으로 바랐다.

일주일 뒤 나이젤 라우리가 크룩스에게 전화를 걸어왔다. 그는 디볼버가 〈엔터 더 건전〉을 유통하고 싶다며, 닷지롤 측은 아직 관심이 있는지 물었다. "꿈인가 생시인가 했습니다. 정말 행복한 날이었죠." 크룩스는 말했다.

사실 라우리는 E3에서 내색하지 않았을 뿐, 〈엔터 더 건전〉 데모를 보고 첫눈에 반했다. 그가 주로 접하는 게임 제안은 엉성하고 구구절절 설명이 필요하며, 돈과 시간을 더 들였을 때 게임이 어떤 모양새일지 머리를 굴려 상상해야 했다. 반면 〈엔터 더 건전〉은 바로 게임을 시작하고 싶을 만큼 말끔하게 정돈되어 있었다. "훌륭한 게임이라고 생각했던 기억이 납니다. 진심으로 신났었어요." 닷지롤 구성원들이 따로 투자 얘기를 하지 않았던 것도 한 몫 했고, 그들이 모두 유명 게임 제작사 출신이라서 게임 제작 과정을 잘 아는 것도 크게 한 몫 했다. 라우리는 디볼버의 다른 파트너들에게 〈엔터 더 건전〉을 제안해서 모두의 동의를 얻었다. **"제가 이 게임은 정말 물건이라고 했어요. 모두들 정말 흡족해했던 것 같습니다."**

이제 가장 원했던 유통사와의 계약이 성사되었으니 닷지롤 팀은 다시 개발에 매진할 수 있었다. "이 목표 하나에 매여 있었는데 순식간에 일이 풀리니까 기분이 묘했습니다." 데이브 루벨은 말했다. **"어느새 게임 전체를 완성해야 하게 된 거죠."** 그후 버지니아에서 이들은 데모를 확장하며, 새 레벨과 적, 총을 추가하는 작업을 진행했다. 처음 몇 달 동안은 아파트 거실에서 일하면서 그날그날 가장 내키는 작업을 닥치는 대로 처리해서 체계가 딱히 없었다. "시간이 지나면서 체계를 좀 갖추기는 했습니다." 조 하티는 말했다. "처음에는 좀 중구난방이었죠."

닷지롤이 디볼버에 처음 제안한 게임 발매 시기는 2015년 4월이었지만 2015년에 접어들자 4월 발매는 불가능한 일정임이 확실해졌다. 레벨 개발과 괴물 제작을 마치고 게임 구석구석을 다듬으려면 할 일이 태산이었다. "그제야 저희도 정신이 번쩍 들었습니다." 데이브 루벨은 말했다. "시간이 정말 오래 걸릴 것 같고, 저희가 게임에 넣고 싶은 것도 많았습니다. 내년까지 〈엔터 더 건전〉을 완성하려면 수많은 밤과 주말을 불태우며 크런치 모드를 해야 한다는 뜻이었다. 결국 그들은 자금이 바닥났고 디볼버에 게임 예상 수익을 선금으로 지불해줄 것을 요청했다. 나이젤 라우리는 그런 부탁에 개의치 않았다. "우리가 발매한 게임 중에 처음 계획한 일정대로 출시되는 것이 있기는 할까 싶습니다." 라우리는 말했다. "〈엔터 더 건전〉은 항상 우리에게 진전을 보여줬어요."

크룩스와 소드먼은 일도, 생활도 함께 하는 것이 버거워졌다. 공항에서 처음 만난 뒤로 절친한 친구가 된 두 사람은 이제 휴일도 없이 24시간 붙어 지내다 보니, 창작 과정에서 자연스럽게 생기고 해결될 수 있는 수준의 갈등도 큰 대립으로 발전했다. "저희가 함께 일한 방식은 굉장히 해로웠습니다." 크룩스는 말했다. "저는 동료들에게 뭔가를 요청하고 반응을 보이는 데 있어 형편없었습니다. 상대방을 배려하지 않았어요. '이것도 좋지만 이렇게 해줄 수 있을까?'라고 말을 해야 하는데 저는 '이건 틀렸어, 이것도 틀렸어, 이것도 또 틀렸어.' 같은 식이었습니다."

크룩스는 완벽주의자였다. 게임의 모든 요소를 수준 높게 다듬은 다음에야 다음 작업으로 넘어가는 편이었다. 반면 소드먼은 대략적인 버전을 만들어 놓고 나중에 다듬곤 했다. 이런 차이가 큰 싸움으로 발전했다. "저는 비판을 그다지 잘 받아들이는 편이 아닙니다." 소드먼은 말했다. **"평소에 일 잘 한다는 소리를 들어서 비판을 잘 받아들이지 못하는 사람과, 매일 부정적인 의견만 내놓는 사람을 붙여 놓으면 폭발 위험이 높아지죠."**

갈등을 더더욱 악화시킨 것은 크룩스의 출장이었다. 크룩스는 팬들에게 게임을 선보이기 위해 한 달에 한 번 정도 E3, PAX, 플레이스테이션 익스피어리언스PlayStation Experience, 게임즈컴 같은 게임 행사에 참석했다. 그는 사람들이 게임하는 모습을 보면서 기록을 남겼다. 사람들이 싫어한 것을 전부 꼼꼼하게 적고 버지니아로 돌아와서 고쳐야 할 문제들을 잔뜩 풀어놓는 것이다. "제가 박람회에 다녀오는 것이 동료들에게는 스트레스 받는 시간이 될 정도였습니다." 크룩스는 말했다. 하지만 나머지 동료들은 현장에서 사람들이 게임하는 것을 보면서 의견을 받아온 것이 아니므로, 크룩스만큼 다급하게 문제를 고쳐야 한다는 조바심이 들지 않았다. 그들은 크룩스가 박람회에 다녀올 때마다 작업을 또 점검해야 하겠구나 생각할 뿐이었다. "그렇게 해서 게임이 훨씬 나아졌다고 생각하지만, 그 당시엔 스트레스가 엄청 심했죠." 크룩스는 말했다. "사람 관리에 있어서는 제가 무슨 짓을 하고 있는지 몰랐고요."

크룩스가 발견한 문제들을 개선해서 게임의 완성도가 높아졌음을 부정하는 사람은 없다.

그래도 계속되는 수정 요청은 작업 당사자에게 달가울 리 없었다.

"작업이 수백 개씩 쌓여있었어요. 아침에 일어나서 하루 종일 고생하면 스무 개 정도가 끝납니다." 소드먼은 말했다. "그런데 자고 일어나면 작업 서른 개가 추가되어 있죠." 소드먼은 매일 밤 크룩스보다 몇 시간씩 일찍 잠자리에 들었다. 침대에 누우면 키보드 치는 소리가 들렸다고 한다. "크룩스가 저에게 줄 새 작업을 만들고 있다는 걸 알았어요. 매일 밤 그 소리를 두어 시간씩 들으면서 잠에 들었습니다. 정말 화가 치밀고 서글프면서 피곤했죠."

2015년 말을 지나 2016년에 접어들면서 개발 기간은 점점 늘어났고, 닷지롤 구성원들은 크게 낙담했다. "개발 후반부에는 모두들 머리가 터져버렸어요." 소드먼은 말했다. "모두 지칠 대로 지치고 스트레스를 받았습니다." 소드먼은 크런치 모드에 대해 도덕적인 죄책감을 느꼈기에 과중한 업무량에 대해서도 특히 좌절했다. 그래도 자기 자신을 위한 일을 한다는 기분이 들기는 했다. "굉장히 강도 높게 크런치 모드를 했고 힘들었던 건 맞지만, 내가 수익을 공유할 게임을 만드느라 크런치 모드를 한다는 점에서 다른 크런치 모드와 아주 큰 차이가 있습니다." 소드먼은 말했다. "게임 완성도가 높아지면 제가 벌어들일 돈도 늘어나죠." 디볼버는 정해진 게임 시간과 발매일을 강요하지 않았다. 그들은 이미 발매일을 1년 미뤄주었고 시간을 더 많이 내어줄 수도 있었지만, 그랬다면 상황이 더 악화되었을 것이다. 닷지롤은 자발적으로 크런치 모드를 하고 있었다. **"모두가 서로를 실망시키기 싫다는 의지가 강했습니다. 모두가**

혼신의 힘을 다하니 일은 나름대로 잘 굴러갔습니다. 이게 우리가 해야 하는 일이라는 느낌이 있었어요."

닷지롤 구성원들에게는 모든 면에서 끔찍한 시간이었지만, 〈엔터 더 건전〉은 환상적인 게임으로 완성되어가고 있었다. 플레이어의 도전 정신을 자극하면서 짜릿하고, 언제 해도 재미있었다. 이들은 2016년 4월에 게임을 발매하기로 하고, 연초에 새로운 게임을 찾는 〈바인딩 오브 아이작〉 트위치 스트리머 몇몇과 연락했다. 닷지롤에서 이들에게 〈엔터 더 건전〉 앞서 해보기를 제공하고, 이들은 그 대가로 마라톤 스트리밍 세션을 진행하기로 했다. 수만 명이 이런 스트림을 시청하면서 입소문을 내고 대량의 선주문을 유도했다. 발매를 몇 주 앞두고 나이젤 라우리는 닷지롤에 전화를 걸어, 재정 상황이 좋을 것 같다고 알려주었다. "우리가 아주 적절한 시기에 적절한 게임을 만들었더라고요." 데이브 루벨은 말했다. "또 다시 그렇게 절묘한 시기를 맞출 수 있을지는 모르죠. 어쨌든 신기할 정도로 일이 잘 풀렸습니다."

〈엔터 더 건전〉은 2016년 4월 5일에 세상에 공개되어 매우 큰 성공을 거뒀다. 게임은 정말 훌륭했다. 던전 탐험은 경쾌하고 중독적이었으며, 죽자마자(자주 죽는다) 바로 새 게임을 시작하지 않고는 못 배기게 매력적이다. 만약 〈엔터 더 건전〉을 EA에서 발매했다면 EA경영진이 기대하던 판매를 이룰 수 없었을 것이고, 미씩에서 이 게임을 발매했다면 단순히 실패로 치부되었을 수도 있다. 하지만 닷지롤 게임즈 설립자들에게는 넉넉한 수익을 안겨주었다. "제가 살 집을 장만하기에 충분한 돈이었습니다." 소드먼은 말했다. "어머니가 내주신 카드비를 갚기에도 충분했고요."

돈은 달콤했지만 닷지롤 게임즈 개발자들은 지쳐 있었다.
그래서 게임을 공개하자마자 휴식 시간을 가져야 했다. 같은 아파트에서 먹고, 자고, 하루에 16시간씩 일하는 삶은 지속가능하지 않았다. 데이브 크룩스는 몇 년 전에 세웠던 계획을 실행하기로 하고 일본으로 떠났다. 한편 브렌트 소드먼은 아내의 대학원 진학을 위해 캔자스로 이주했다. "〈엔터 더 건전〉 개발이 끝났을 때 저희는 더 이상 친구 사이가 아니었습니다." 크룩스는 말했다. "지금 생각해보면 하찮은 이유들을 가지고 서로 마음이 너무 많이 상해 있었어요."

닷지롤 구성원들은 휴식기를 가지면서, 당장 다음 프로젝트를 시작하지는 않기로 했다. 〈엔터 더 건전〉 개발 후반부에 이들은 게임을 제때 발매할 수 있도록 콘텐츠 상당량을 잘라냈다. 그래서 컴퓨터에는 만들다 만 무기, 적, 공간이 잔뜩 있었다. 이 작업물은 휴지통에 버리는 대신 완성해서 업데이트 버전에 넣기로 했는데, 이 콘텐츠는 다운로드용으로 판매하는 대신 기존 플레이어들에게 무료로 나눠줄 작정이었다. 미씩이 선택했던 모바일 게임 모델과는 전혀 다른 방식인 것이다. "이 업데이트를 하는 목적은 분명 저희가 완성하고 싶은 작업물을 넣는 것이었습니다." 소드먼은 말했다. "그런 작업물에 돈을 받는 건 마음이 편치 않아서 무료로 제공하기로 한 거죠." 그렇다고 전혀 사심이 없었던 것은 아니다. 무료 업데이트를 제공하면 입소문을 통해 다운로드용 유료 콘텐츠만큼은 아니라도 추가로 수익이 날 것을 희망하고 있었다.

2017년 1월, 닷지롤은 〈서플라이 드롭Supply Drop〉이라는 콘텐츠를 업데이트하고, 급증한 판매량에 놀라움을 감출 수 없었다. 〈서플라이 드롭〉 업데이트를 통해 〈엔터 더 건전〉은 다시 한번 언론의 주목을 받았다. 이런 반응은 2018년 여름에 발매하기 위해 작업 중인 또다른 업데이트 〈어드밴스드 건전 & 드래건Advanced Gungeons & Draguns〉에 대한 기대기도 했다. 업데이트를 하고, 엑스박스와 닌텐도 스위치용으로도 게임을 발매하면서 판매량이 점점 늘었다(처음에는 PC용과 플레이스테이션용으로 발매되었다). 〈엔터 더 건전〉은 출시일에서 멀어질수록 판매량도 높아지는 낯설고도 흥미진진한 추세를 보였다. 더 몰라서스 플러드가 〈더 플레임 인 더 플러드〉를 개발하면서 얻은 교훈을 닷지롤도 똑같이 얻었다. 현대 게임 업계에서는 발매 첫날 판매량이 총 매출에서 큰 비중을 차지하지 않는다는 교훈이다. 중요한 것은 그 다음이다. "〈엔터 더 건전〉의 매출이 최고점을 찍은 시기는 발매 24개월째였습니다." 소드먼은 말했다. "긴 꼬리가 중요하다는 말은 늘 들어왔지만 발매 2년 뒤에 매출 신기록을 쓸 수 있으리라고는 상상도 못했죠."

크룩스와 소드먼은 관계를 회복했다. 같은 집에서 하루 종일 함께 먹고, 자고, 일하지 않는 게 큰 도움이 되었다. 그리고 더 이상 함께 살지는 않지만 두 사람 모두 텍사스주 오스틴으로 보금자리를 옮겼다. 2018년 말에 닷지롤 구성원들은 모두 〈엔터 더 건전〉 개발에 완전히 질리고 말았다. 게임은 누구도 상상하지 못한 수준으로 성공했지만, 몇 년 동안 게임 하나만 붙잡고 있다 보면 제정신을 유지하기 힘들었다. 그래서 다가오는 봄에 세 번째이자 마지막 업데이트를 공개하고 이제 다음 프로젝트로 넘어가기로 결정했다.

"처음 계획했던 〈엔터 더 건전〉은 6개월짜리 소규모 프로젝트였습니다. 세상에 우리의 이름을 알리고, 어느 정도 수입을 만들고, 힘을 합쳐서 게임을 처음부터 끝까지 만들어보는 경험 하고, 우리가 해낼 수 있음을 증명하고, 다음 프로젝트를 구상하려고 했죠." 데이브 루벨은 말했다.

"그런데 저는 이 게임에 5년을 바쳤어요."

■ . ■

2019년 4월 5일, 〈엔터 더 건전〉 발매 3년만이자 미씩이 문을 닫은 지 근 5년만에 닷지롤은 이 게임의 마지막 업데이트로 '무기여 잘 있거라'라는 뜻의 〈어 페어웰 투 암스A Farewell to Arms〉를 발표했다. 지난 두 업데이트처럼 이번에도 새 보스, 총, 모드가 있고 또 한 번 판매가 급증했다. 이제 닷지롤은 새 프로젝트로 스핀오프를 개발하기로 했다. 2019년 안에 〈엑시트 더 건전Exit the Gungeon〉이라는 스핀오프를 발매한 다음, 지금까지 구상하고 개발해온 다른 프로젝트들에 착수하려고 했다.

결국 미씩이 문을 닫은 것은 데이브 크룩스, 브렌트 소드먼, 데이브 루벨, 에리카 햄슨에게 좋은 기회가 되었다.

네 사람 모두 미씩에서 일할 때에는 누리지 못한 재정적, 창의적 성공을 거뒀다. 〈엔터 더 건전〉의 성공이 더욱 특별했던 점은 긍정적이고 협조적인 팬들이 모인 커뮤니티를 조성했다는 것이었다. 〈던전 키퍼〉를 발매하고 인터넷에서 질타를 받던 시절에는 상상도 할 수 없던 호응이었다. "레딧 같은 곳에 페이지가 생긴다고 생각하면 지레 겁을 먹곤 했습니다. 끔찍한 이야기를 많이 봐왔고, 미씩에서 직접 경험하기도 했으니까요." 소드먼은 말했다. "물론 닷지롤은, 적어도 지금까지는 팬 분들과 정말 긍정적인 관계를 유지하고 있습니다."

〈엔터 더 건전〉 제작진은 결코 미씩에서의 시간을 잊지 않았다. 한때 그들의 생계를 책임지던 미씩이었다. 미씩에서의 추억은 이들의 게임에도 영원히 살아있다. 〈엔터 더 건전〉을 발매하면서 닷지롤 구성원들은 플레이어에게 특별 무기를 제공하는 다

'소액결제 총'은 게임사 경영진의 횡포를 위트 있게 꼬집었다.

운로드용 콘텐츠를 공개했다. 그 무기의 이름은 바로 '소액결제 총'
이었다.

이 총을 사용하면 게임 내 금화를 다양한 물체로 변형시켜서
(초록 보석 등) 적들에게 쏠 수 있었다. 이 다운로드용 콘텐츠는 추
가 비용을 내고 구매해야 했다.

**"이 총 제작에 관여한 사람들 모두가 이 아이디어를 부정적으
로 바라보았다. 하지만 위에서 시켰다."** 게임 안에 있는 공식 설명
에 쓰인 말이다. **"이후 경영진은 총 공장을 폐쇄했다. 아무도 좋아
하지 않는 총을 만들었다는 이유에서였다."**

사람의 일

사람의 일

표류자들의 삶

베테랑 게임 개발자를 아무나 붙잡고 게임 업계에 대한 가장 큰 불만이 무엇인지 물어보면, 표현은 다채로울지 모르나 본질적으로는 하나의 대답을 들을 것이다. 바로 사람을 우습게 안다는 대답이다. **게임 업계는 사람을 잘근잘근 씹어서 단물을 쏙 빨아먹고 뱉는다. 그 뒤에 남는 건 피폐해진 육신뿐이다.**

조 폴스틱도 그런 사람들 중 한 명이었다. 그는 2003년에 매사추세츠에 있는 상징적인 게임 회사 아타리에 테스터로 입사하면서 커리어를 시작했다. 그는 아타리에서 일한 지 반년만에 대대적인 정리해고의 희생양이 되었다. "그게 제 커리어의 시작이었습니다."

폴스틱은 말했다. 그는 얼마 안 있어 오랜 친구 빌 가드너에게 연락을 받는다. 그는 이래셔널 게임즈라는 제작사의 QA 부서 관리자 자리를 제안받았다. 이 제안을 단번에 수락한 그는 이래셔널에 테스터로 입사했다가 〈바이오쇼크〉 1편의 프로듀서가 되었다. 이 과정에서 끝도 없이 크런치 모드를 하느라 여자친구와의 관계가 거의 산산조각 났다. "제가 매일 늦게까지 야근을 해서 주말밖에 만날 수 없었습니다." 폴스틱은 말했다. "심지어 토요일에 일을 할 때도 있고, 너무 피곤해서 주말 약속을 취소해 버리는 날도 많았어요."

폴스틱은 여자친구와의 관계 회복을 위해(이후 여자친구는 아내가 되었다) 일과 삶의 균형을 맞추는 변화를 단행했다. 2007년에 〈바이오쇼크〉가 발매된 뒤 이래셔널 게임즈에서는 어느 누구도 크런치 모드를 원하지 않았기 때문에 몇 년 동안은 일이 고달프지 않았다. 그러던 2010년 여름, 이래셔널은 〈바이오쇼크 인피니트〉를 세상에 내놓았다. "게임이 나올 때까지 계속 크런치 모드를 했고, 그 다음에도 멈출 기미가 보이지 않았습니다." 폴스틱은 말했다. 그 시간은 그 자체로도 충분히 힘들었지만, 폴스틱은 이래셔널의 조직 문화에 깊이 베어있는 잔인한 비판을 감내하느라 특히 힘든 시간을 보냈다. 실수를 할 때마다 켄 레빈의 고함을 들어주는 데도 한계가 있다. "다른 업계였으면 업무 환경이 너무 험악하다고 생각할 수 있겠죠." 폴스틱은 말했다. "하지만 지금 회사가 내가 일할 수 있는 유일한 곳, 일하고 싶은 유일한 곳이라고 생각하면 월급이나 축내는 존재가 되기는 싫잖아요. 그런 점도 게임 업계에서 버티기 힘든 이유 중 하나입니다."

2011년에 폴스틱은 이래셔널을 나와서 프리랜스 컨설턴트가 되기로 했다. 〈바이오쇼크 인피니트〉 제작에는 계속 참여하기로 했지만 더 이상 정규직으로 몸담고 싶지는 않았다. 2012년에 그는 워싱턴주 레드먼드로 보금자리를 옮겨 마이크로소프트에 들어갔고, 2년 동안 일하다가 2014년 7월에 정리해고 되었다 몇 달 뒤에는 아래와 함께 캘리포니아주 샌프란시스코로 이주해 크리스털 다이나믹스에 〈라이즈 오브 더 툼 레이더*Rise of the Tomb Raider*〉 프로듀서로 합류했지만 8개월만에 자리에서 물러났다. "회사에서 지원받았던 이주비도 반납하고 다른 일자리를 구하고 싶었습니다." 폴스틱은 말했다. **"일과 삶의 균형이 제 인생 최악의 수준이었거든요. 그들은 심지어 크런치 모드 일정을 아예 처음부터 정해두는 말도 안되는 짓을 합니다. 크런치 모드를 애초에 계획해 두는 거죠."**

폴스틱은 노바토에 있는 2K에 프로듀서로 들어갔다. 그래서 거처를 옮길 필요는 없었지만, 몇 년 동안 유통사의 관점에서 게임을 만들어보니 자신이 일그러진 체계에 소속되어 있다는 생각이 들었다. 그 전까지 그는 2K 마린과 이래셔널이 폐쇄되는 현실, 다른 2K 소속 제작사들과 텔테일 게임즈*TellTale Games* 등 베이 지역 인근의 다른 기업들이 지속적으로 직원들을 정리해고하는 모습을 목격해왔다. "평범한 게임 회사, 심지어는 2K 같은 대형 게임 유통사조차 장기적인 관점에서 온전히 차기 프로젝트에 집중하기 힘듭니다. 현재 개발 중인 게임의 성패에 따라 그 다음 운신의 폭이 결정되기 때문입니다." 폴스틱은 말했다.

"그게 게임 업계의 현실입니다."

폴스틱은 또 해고를 당할지도 모른다는 걱정에 불안하고 초조해지기 시작했다. 회사에서 계산기를 두드리는 사람들이 자신을 내보내기로 결정할 때마다 이 도시 저 도시로 이사를 다니는 삶이 정말 괜찮단 말인가? "지금 하고 있는 프로젝트가 뜻대로 흘러가지 않거나, 경영진의 반대로 게임을 발매하지 못했는데 다음 프로젝트가 제대로 계획되어 있지 않거나, 다음 프로젝트로 넘어갈 준비가 되어 있지 않으면 직원들은 대대적으로 정리됩니다." 폴스틱은 말했다. "제가 그 대상이 되더라도 새 일자리를 구하는 건 그리 어렵지 않지만, 또 다른 도시로 이주해야 할 가능성이 95퍼센트입니다. 납득하기 힘든 상황이죠."

그래서 **조 폴스틱은 2018년에 게임 업계를 떠나기로 마음먹었다.** 그는 아래와 함께 노스캐롤라이나주에 있는 롤리라는 도시로 이주해서, 프로그램과 웹사이트를 만드는 소프트웨어 개발사에 들어갔다. 게임을 만드는 것처럼 화려하진 않아도 임금이 더 두둑했고, 일과 삶의 균형은 어마어마하게 개선되었다. 이제야 노동자를 더 소중히 여기는 업계에 들어온 기분이었다. "이제는 내일 무슨 일이 생길까 걱정하지 않습니다." 폴스틱은 말했다. "정리해고가 절대 없으리라는 말은 아니지만, 온 가족이 거처를 옮겨 다닐 걱정은 없죠."

잭 뭄바크를 비롯한 수많은 게임 개발자처럼, 조 폴스틱은 자신을 곁에 두려 노력하지 않는 업계에서 등을 돌렸다. 그렇다면 이 문제는 어떻게 해결할 수 있을까? 공장 조립 라인처럼 노동자들을 굴리지 않고도 게임을 완성해내는 체계는 어떻게 만들 수 있을까?

다시 말해서, 어떻게 해야 게임 업계를 고칠 수 있을까?

■ ■ ■

게임 개발자 스티브 엘모어Steve Ellmore는 이래셔널 게임즈의 폐쇄 소식을 듣고도 덤덤하게 받아들였다. 2014년 2월 18일 오후, 그는 사무실 근처에 있는 허름한 술집에서 친구인 그웬 프레이와 함께 술을 마시다가 폐쇄 소식을 들었다. 그는 연륜 있는 개발자였기에 〈바이오쇼크 인피니트〉의 뒤를 이을 프로젝트가 없는 것이 얼마나 큰 문제인지 알았고, 회사가 그렇게 많은 직원을 오랫동안 품고 있을 이유가 없다는 것도 알았다. 하지만 적어도 정리해고 정도일 거라고 생각했다. "저는 많은 글을 읽어보았습니다." 엘모어는 말했다. "회사를 닫는다는 발표에 차라리 안도감이 들었습니다. 이제 모든 것이 타당하게 느껴졌으니까요. 이 상태가 지속될 수 없는 것은 확실하고, 윗사람들도 그 사실을 아니까 어쨌든 조치를 취하기는 한 거죠."

그리고 그에게는 계획이 있었다. "그 시기에 모든 것이 맞아 떨어졌습니다. 저는 앞으로 무엇을 해야 할지 알고 있었어요."

영국에서 자란 엘모어는, 오래 전 영국 쉐필드 대학교에서 컴퓨터 과학을 전공했다. 그는 늘 개발자가 되고 싶었다. 게임만 만드는 게 아니라, 게임을 만들 수 있는 소프트웨어 엔진을 만들고 싶었다. 그는 엔진(게임 개발자들이 여러 프로젝트에 재사용하는 코드를 가리키는 용어) 다루기를 좋아했다. 그리고 나이가 들면서 기술에 관련된 문제를 해결해주는 일로 돈을 벌고 싶다는 꿈이 생겼다. 1996년에 엘모어는 아동용 소프트웨어 회사에 현지화 엔지니어로 입사하면서 게임 업계에 입문했다. 영어로 된 게임을 다른 유럽 언어로 번역하는 과정에서 글 상자를 조절하고, 각종 성가신 문제를 해결해주는 직무였다.

그 회사에서 몇 년을 보낸 뒤 스타트업을 한번 차렸다가 실패한 다음에는 취업을 위해 미국으로 건너갔다. 그는 일리노이주 시카고에 있는 게임 제작사 미드웨이Midway에 입사했는데, 이 회사의 초창기 사업은 일본에서 수입한 〈스페이스 인베이더〉와 〈팩맨〉 류의 오락실용 게임을 북미에 배포하는 일이었다. 엘모어가 입사한 2001년에 미드웨이는 게임 콘솔 개발사이자 유통사로 성장해 있었으며, 〈모탈 컴뱃Mortal Kombat〉이라는 잔인한 전투 게임 시리즈로 가장 유명했다. 이 시리즈는 게임 문화에 한 획을 그었지만, 최고경영진이 자주 바뀌고 매년 몇천만 달러씩 적자를 보면서 더 이상 제 기능을 온전히 수행하지 못하게 되었다.

엘모어는 미드웨이 기술 부서장으로 있으면서 스티브 안니치니Steve Anichini라는 개발자를 만나 친구가 되었다. 두 사람은 거장 오우삼(그가 워렌 스펙터와 함께 한 프로젝트는 결국 세상에 나오지 못했다)과 함께 개발한 〈스트랭글홀드Stranglehold〉 등의 게임을 함께 제작하면서 가까워졌다. 〈스트랭글홀드〉의 주요 게임플레이 방식은 플레이어가 시간의 속도를 늦춰서 적을 무찌르는 것이었다. 기술적으로 까다로운 점이 많았던 이 게임플레이를 개발하는 것이 두 사람에게는 즐거운 도전이었다. 회사가 무너지는 동안에도 아니치니를 비롯한 〈스트랭글홀드〉 기술 팀은 돈독한 사이를 유지했고, 사람 좋은 리더인 엘모어와 함께 일하기를 즐겼다. "직속 상사가 마음에 들면, 조직 안에 존재하는 다른 많은 어려움을 감내하는 사람이 많습니다." 아니치니는 말했다.

2009년 초, 스티브 엘모어와 스티브 아니치니는 미드웨이가 망하면 무엇을 해야 할지 이야기하기 시작했다. 직접 회사를 세우는 이야기도 나왔지만 이 계획은 무산되었다. 그 대신 엘모어는 이래셔널 게임즈에 있는 친구의 전화를 받았다. 〈바이오쇼크 인피니트〉를 제작하기 시작하는데 개발자가 필요하다는 것이었다. 엘모어는 회사 측에 자신만이 아닌 팀 전체를 고용하라고 설득했다. 흔한 경우는 아니지만 규모를 확장하려고 하고 있는 회사에게는 괜찮은 제안이었다. **"이 업계는 팀, 그리고 팀의 역학 관계를 매우 과소**

평가한다고 생각합니다." 엘모어는 말했다. "그래서 좋은 시너지 효과를 내는 훌륭한 팀을 와해시키는 경우가 너무 많아요."

일종의 묶음 판매였다. 미드웨이에서 함께 일하던 스티브 엘모어와 스티브 아니치니, 마이크 크락Mike Kraack과 크리스 문손Kris Munson은 이래셔널 게임즈의 엔진과 기술 업무를 맡기 위해 2009년 4월에 시카고에서 보스턴으로 이주했다.[1] 이들은 정교한 조명 개선, 디자인 효율을 높이기 위한 툴 최적화 등 〈바이오쇼크 인피니트〉 팀을 위해 다양한 업무를 담당했다. 게임 개발 기간이 길어지고 크런치 모드가 계속되는 동안 이들은 오랜 시간 함께 일하고, 어려운 기술 문제를 함께 해결하면서 점점 각별한 사이가 되었다.

〈바이오쇼크 인피니트〉가 발매된 2013년 3월, 이래셔널에 문제가 있다는 사실이 확실하게 드러났다. 차기 프로젝트에 대한 논의가 점점 줄어들었고, 엘모어가 이끄는 기술 팀에게는 더 이상 새로운 요청이나 업무가 들어오지 않았다. 이들은 〈바이오쇼크 인피니트〉를 다른 콘솔인 엑스박스 원과 플레이스테이션 4에 이식한다는 자체 계획을 세웠지만 정식으로 승인된 프로젝트는 아니었다. 그저 할 일이 필요했다. **"엔지니어들에게 할 일이 주어지지 않는 것은 불길한 징조입니다."** 스티브 아니치니는 말했다. 그는 몇 년 전

---

[1] 미드웨이는 몇 달 뒤 파산했고, 몇몇 직원은 시카고에 남아서 네더렘름(NetherRealm)
이라는 제작사를 차려 〈모탈 컴뱃〉 시리즈 제작을 이어갔다.

생각했던 회사 설립 아이디어를 다시 꺼내 들었다. 〈바이오쇼크 인피니트〉 개발로 험난한 시간을 보내고 나니, 또 다시 장기 프로젝트에 참여하는 것은 상상만 해도 진이 빠졌다. "개인적으로 5년짜리 프로젝트에 다시 들어가는 건 있을 수 없는 일 같았습니다." 아니치니는 말했다.

2014년 2월의 어느 날, 아니치니는 회사에 지각했다가 예고 없이 진행된 아침 회의를 놓쳤다. "반은 끝나 있더라고요." 아니치니는 말했다. "무슨 이야기인지는 나중에 확인하고 업무나 시작하려고 했죠." 컴퓨터 앞에 앉으니 몇 분만에 프로그램들이 하나 둘 로그아웃되기 시작했다. ID와 비밀번호가 만료되었다는 알림이 화면을 덮었다. 그때 탕비실에 있던 켄 레바인이 이래셔널 직원들에게 회사 폐쇄 소식을 알렸다. 몇 분 뒤, 스티브 엘모어가 사무실에 들어왔다. "이제 우리가 직접 회사를 세워야겠다고 하더군요." 아니치니는 그 날을 회상했다.

그 뒤로 몇 주에 걸쳐 이래셔널의 전 직원들은 면접을 보고 취업 박람회에 참석하러 다녔다. 그동안 엘모어와 아니치니는 파워포인트로 사업 계획서를 만들었다. 그런 다음 기술 팀 직원 몇 명을 엘모어의 집으로 초대해 합류를 제안했다. "온갖 회사에서 우리 팀 사람들에게 제안을 해올 것이기 때문에 저희가 빨리 움직여야 했습니다." 엘모어는 말했다. "저희가 대안이 되고 싶었어요. 우리가 정말 회사를 세울 것이고, 제대로 이끌어서 살아 남을 테니 다른 제안을 받더라도 우리를 함께 생각해달라고 부탁했습니다."

제안은 간단했다. 엘모어와 아니치니가 모아둔 돈과 이래셔널에서 받을 퇴직금으로 회사를 차리고, 팀원을 몇 명 더 영입하는 것이다. **새로 세울 회사는 전형적인 게임 제작사와는 다를 것이다.** 이들은 직접 게임을 개발하면서 모 아니면 도인 게임 개발 세계에 뛰어들고 싶지 않았다. 대신 기술 외주 업체가 되어서 전 세계 기업을 위해 버그를 고쳐주고, 복잡한 코드를 짜주고, 플레이스테이션 4나 엑스박스 원, 이후에 나온 가상 현실 기기 오큘러스 리프트 등 새로운 플랫폼에 맞게 게임을 이식해주는 서비스를 제공할 계획이었다. 이들의 구호는 간단했다.

'게임 발매하기 힘드시죠? 저희가 도와드릴게요.'

이 제안은 몇 가지 이유에서 매력적이었다. 엘모어의 동료 전체가 이직을 위해 보스턴을 떠날 필요 없이 모두가 계속 함께 일할 수 있었다. "이 팀의 동료들은 제가 함께 일해본 중 가장 명석한 사람들이었습니다. 그들이 저와 함께 하고 싶어한다는 사실도 제 자존감을 높여주었죠… 연봉은 제가 받았던 다른 제안들과 동등한 수준이면서 다른 도시로 떠나지 않아도 되었습니다. 그러니까 누이 좋고 매부 좋았죠." 크락은 말했다. 그는 엘모어의 제안이 독자 생존할 수 있는 사업 모델이라고 생각했다.

창업에는 늘 위험이 따르지만, 게임 업계에서 공급보다 수요가 많은 부문이 있다면 그건 바로 프로그래밍이었다.

회사 이름은 코드비스트CodeBeast라고 지었다가 이후 상표권 문제가 생기면서 디스빌리프Disbelief로 바뀌었다. 초반에는 여러 계약 협상을 해야 하니 일이 없을 것이라 생각했지만, 스티브가 수완을 발휘한 덕분에 이래셔널이 문을 닫은 지 석 달 만인 5월 말부터 일거리가 들어왔다. 미드웨이에서 함께 했던 오랜 친구 데이브 랭Dave Lang이 아이언 갤럭시Iron Galaxy라는 외주 중심 제작사를 세웠는데, 그가 엘모어에게 외주 일을 주었다. "우리는 앞으로 경쟁사가 될 텐데, 우리 회사가 자리를 잡을 수 있게 도와주다니 제정신이냐고 했죠." 엘모어는 당시를 회상했다. "그랬더니 게임 발매는 힘든 일이라서 누구나 도움이 필요하다면서, 걱정 말라고 하더라고요."

그 후로 디스빌리프는 크고 작은 게임 제작에 필요한 기술 관련 외주를 받았다. 〈기어스 오브 워〉와 〈보더랜드Borderlands〉 같은 대형 프랜차이즈 일을 할 때도 있고, 옛 친구들과 협업할 때도 있었다. 그웬 프레이가 혼자서 퍼즐 게임 〈키네〉를 개발하다가 기술적인 도움이 필요할 때 가장 먼저 연락하는 곳은 디스빌리프였다. 켄 레빈이 새로 설립한 제작사 고스트 스토리 게임즈에 엔지니어링 문제가 생겼을 때 찾은 곳도 디스빌리프였다. 2021년에 엘모어와 아니치니는 보스턴과 시카고에 사무소를 하나씩 두고 직원을 스물 다섯 명으로 늘리며 회사를 확장했다(아니치니는 가족이 가까이 있는 시카고로 돌아갔다). 이래셔널 폐쇄는 결과적으로 이들에게 뜻밖의 평안과 성공, 무엇보다도 안정성을 안겨주었다. "두 회사가 합병되기도 하고, 승자와 패자가 생기기도 하겠죠. "스티브 엘모어는 게임 업계에 대해 이야기했다. "하지만 저는 별로 걱정되지 않아요. 우리는 삽을 판매하는 회사이니까요."

· · ·

어쩌면 우리는 디스빌리프에서 고예산 게임 업계의 미래를 엿볼 수 있을지도 모른다. 디스빌리프는 조 폴스틱처럼 의욕적인 사람들을 게임 업계에서 밀어내는 불안정성이라는 문제를 조금이나마 해소하는 사업 모델이다. 디스빌리프 직원들은 차기작이 무산되거나 회사가 없어질지도 모른다는 불안에 시달리지 않는다. 계약이 끝나거나 프로젝트가 취소되더라도 디스빌리프는 무너지지 않는다. 이들은 달걀을 여러 바구니에 나눠 보관하기 때문이다. 게임의 그래픽 충실도가 무서운 속도로 발전하기에 새로운 기술적 고충, 새로운 플랫폼, 새로운 문제는 끊임없이 등장한다. "제 생각에 미래의 모습은 이렇습니다. 창작을 담당하는 소규모 팀이 잇고, 나머지 일은 전부 외주로 돌리는 거죠." 엘모어는 말했다. "이런 미래가 실현되려면 실력 있는 업체들이 모인 네트워크, 생태계가 필요합니다. 하지만 결국 이런 생태계가 게임 개발의 미래라고 생각해요."

디스빌리프가 생각하는 이상적인 고객사는 고스트 스토리 게임즈처럼, 창작에 대한 포부가 있고 투자를 넉넉하게 받은 소규모 제작사라고 엘모어는 말했다. 실제로 이래셔널이 문을 닫고 몇 년 뒤 고스트 스토리 게임즈가 디스빌리프에 연락해왔을 때 흥미로운 일이 생겼다. 고스트 스토리에서 원하는 그래픽 렌더링 기능이 있었는데, 디스빌리프는 개발에 6개월이 걸린다는 견적을 제시했다. "저희가 계속 이래셔널에 정규직 직원으로 있었다면 바로 개발을 시작했겠죠. 그게 회사에 소속된 저희 일이잖아요?" 엘모어는 말했다. "하지만 우리는 이 정도 시간이 걸리고, 엔지니어링에 이 정도 투자를 해야 하고, 유지보수를 위해서 이런 것이 필요하다고 알려주었습니다. 그랬더니 자기들이 원하는 게 아닌 것 같다고 하더군요."

디스빌리프 동료들이 이래셔널에 사내 팀으로 있는 것과 외주 업체로 존재하는 것의 결정적인 차이점이 바로 이것이었다.

대규모 기술 업무를 요청하기 위해 엔지니어들에게 시급을 일일이 지급해야 하는 상황에 놓이면, 게임제작사는 마음 내키는 대로 업무를 요청할 수 없게 된다. "비록 그 일은 놓쳤지만, 저희가 세운 체계가 제기능을 한다는 의미였습니다." 엘모어는 말했다. "무턱대고 돈을 쓸 게 아니라 지출 전에 지출 계획을 세우는 게 맞는 일이죠."

물론 게임 업계에는 외주는 새롭지 않다. 대형 유통사와 제작사들은 오랫동안 전 세계 외주 업체에 의존해 갖은 일을 처리해왔다. 로스앤젤레스에는 대형 게임 제작에 관련된 모든 업무를 도맡는 기업이 두 곳 있다. 블러Blur는 예고편 영상 제작을, 포르모사 인터랙티브Formosa Interactive는 음향 디자인을 전문으로 한다. 2019년에 발매된 〈콜 오브 듀티: 모던 워페어〉의 크레딧을 보면 인도(두르바Dhruva), 스페인(엘리트3delite3d), 베트남(글래스 에그Glass Egg), 중국(레드 핫) 등 여러 외주 업체가 나온다. 샌프란시스코보다 상하이에 있는 아티스트를 고용하는 것이 더 저렴하기에, 대기업들은 오랫동안 그 이점을 활용해오기도 했다.

하지만 디스빌리프에는 몇 가지 특별한 점이 있다. 회사를 설립하고 몇 년이 되지 않아 엘모어와 아니치니는 투명하고 균일한 임금 체계를 만들어서 직급 별로 임금을 통일했다. 주니어 개발자, 개발자 1, 개발자 2, 시니어 개발자 등 직급들을 스프레드시트에 정리하고, 각 직급에서 받는 연봉과 승진 기준을 구체적으로 제시했다. 이것은 기존 회사보다 급진적인 행보였고, 실력주의를 예찬하는 자유주의 개발자들의 의욕을 꺾어버릴 수도 있었다. 하지만 두 설립자의 예상과 달리 이 정책은 회사의 매력 포인트가 되었다. 2018년 5월에 스티브 아니치니가 회사 블로그에 연봉을 개방하는 제도에 대한 글을 올리자, 그런 문화의 일원이 되고 싶어하는 입사 지원자들이 생겼다. 디스빌리프 직원들도 이런 변화를 환영했다. "어떻게 해야 승진하는지 알 수 있잖아요." 보스턴 지사에서 3년동안 일한 엘리자베스 바우멜Elizabeth Baumel은 말했다. "정말 훌륭했어요. 모든 회사가 그랬으면 좋겠습니다."

디스빌리프는 크런치 모드 타도 정책도 고수했다. 다만 엘모어와 아니치니는 시행 방식을 두고 의견 차이를 보였다(아니치니는 잔업을 완전히 금지하고 싶어 했고, 엘모어는 만약에 대비해 융통성을 발휘할 여지를 남겨두고 싶어 했다). 디스빌리프는 크런치 모드를 하는 직원에게 즉시 휴가를 주었다. "이래셔널 같은 대기업에서는 보통 1년 동안 크런치 모드를 한 직원에게 한 달의 휴가를 줍니다." 디스빌리프에 몸 담은 개발자 크리스 문선은 말했다. "여기서는 크런치 모드를 하면 일대일로 휴가를 줍니다. 일주일에 야근을 40시간 하면 일주일 휴가를 받는 거죠." 고객사에 시간 단위로 비용을 청구하는 것도(그래서 고객사가 현실적인 마감일을 정하게 한다) 디스빌리프가 차별화되는 점이다.

이런 혜택들에 따르는 단점은, 언제나 '을'로 존재할 수밖에 없다는 것이다. 자체적으로 게임을 개발하지 않는 한(엘모어와 아니치니는 그럴 가능성이 없다고 선을 그었다) 디스빌리프 엔지니어들이 창작을 주도할 기회는 영영 없을 것이다. 기술을 개발함에 있어 언제나 고객사가 원하는 결정만을 내려야 한다. 게임 개발에 처음부터 끝까지 참여해서, 콘셉트 일러스트레이션과 파워포인트 프레젠테이션으로 시작된 게임이 〈바이오쇼크 인피니트〉 같은 실제 작품으로 탄생해 수백만 명이 즐기는 모습을 보는 뿌듯함을 맛볼 수도 없다. "물론 이건 제가 이상적으로 생각했던 직장은 아닙니다." 문선은 말했다. "제 꿈은 외주 업체가 아니라 AAA 팀에 들어가는 것이었죠. 하지만 그런 팀에 들어가서 온갖 험한 일을 다 겪고 나니, 지금이 더 행복합니다."

그리고 실제로 게임 창작 방향에 영향력을 행사하는 사람이 얼마나 되겠는가? 고예산 AAA 게임을 개발할 때에는 워렌 스펙터나 케빈 레빈 같은 디렉터들이 창작 과정의 대부분을 지휘한다. 아티스트나 디자이너는 자신이 맡은 작은 영역이나 특수한 프로젝트에 대해 주인의식을 가질 수 있다. 하지만 이래셔널 직원 200여 명 중에는 그저 지시를 따르고, 레빈이 마음을 바꾸면 몇 주나 몇 달 동안 고생한 작업물을 전부 폐기해야 하는 사람이 많았다. 디스빌리프 직원들 같은 엔지니어는 회의에 참석하지도 못한다. "저희가 〈바이오쇼크 인피니트〉를 만들 때 창작 면에서 엄청나게 영향력을 발휘한 건 아니었습니다." 스티브 엘모어는 말했다. "스토리를 쓴 것도, 캐릭터를 디자인한 것도 아니었죠… 제가 보기에 저는 일 진행을 촉진시켜준 것뿐이었습니다. 일이 실현되게 해준 거죠. 그래서 제가 하는 일은 그때나 지금이나 거의 비슷합니다."

이것은 게임을 개발하기 위한 지속적인 모델 중 하나다.
전담 외주 업체를 지정해두고 핵심적인 창작을 책임지는 사람들이 필요할 때만 이용하는 것이다. 새로운 프랜차이즈를 제작하는 첫해에는 게임 디자인 대부분을 종이에 프로토타입 형태로 진행하며, 엔지니어가 할 일은 별로 없다. 하지만 후반부에는 버그를 고치고 프레임률을 손봐야 하므로 디스빌리프 같은 팀이 나서서 게임 발매를 도와줄 수 있다. "게임 개발 과정에는 기술 팀이 없어도 되는 기간이 길게 있습니다. 게임 개발은 콘셉트부터 만들어야 하니까요."

마이크 크락은 말했다. "제작사가 문을 닫는 이유 중 하나가 이것입니다. 이렇게 직원이 많을 필요는 없으니까 인원을 정리하고 나중에 다시 뽑기로 하는 것이죠."

오늘날 AAA 게임 제작사는 직원을 평균 200~300명 두고, 수백 명에게 아트와 레벨 작업을 외주로 맡긴다. 핵심적인 창작 책임자 15~20명만으로 구성된 게임 회사가 있다고 상상해보자. 새 프로젝트를 시작할 때마다 인력을 충원하는 대신(그러다가 필요 없어지거나 게임이 망하면 다시 해고하는 대신) 전 세계에 있는 전문 업체 네트워크와 손을 잡는다면 어떨까? "디스빌리프는 어떤 고객사에게나 놀라운 서비스를 제공합니다." 조 폴스틱은 말했다. "1인칭 슈팅 레벨을 만들어주는 디스빌리프 같은 회사가 있으면 얼마나 좋을까요? 언리얼 엔진으로 레벨 만드는 실력이 검증된 8~10명 규모의 소형 제작사 말이죠."

당신이 콧수염을 기른 배관공(마리오)이 못된 거북이(쿠파)를 무찌르는 게임을 만들었고, 이제 시퀄을 개발하기로 했다고 하자. 이 게임을 〈슈퍼 마리옹 어드벤처 2〉라고 부르자. 당신은 크리에이티브 디렉터로서 저명한 유통사와 함께 일하면서, 사무실에서 함께 일할 핵심 인물 몇 명을 고용했다. 아트 디렉터는 게임의 시각적인 분위기를 잡고, 디자인 디렉터는 점프와 불꽃의 작동 방식을 정하며, 엔지니어링 디렉터는 게임 코드가 작동하는 방식을 정한다. 더 몰라서스 플러드나 닷지롤 같은 독립 제작사라면 인력 충원은 이쯤에서 끝내고 소규모 게임을 만들면 된다. 하지만 우리가 만드는 게임은 AAA급이다. 유통사가 기대하는 수준의 그래픽 충실도와 기술 혁신을 이루려면 직원이 몇백명은 필요하다. 우선 겉으로 보이는 게임 모양새가 예쁘지 않으면 레딧에서 놀림거리가 되기 때문이다.

물론, 이 상황에서 게임 업계에서는 또다시 이전과 같은 모델을 택할 수도 있다. 이 모델은 게임 개발을 시작할 때 정규직 직원과 함께 같은 사무실에서 일하기는 하지만 외부에 소속되어 있는 직원들을 고용한다(이렇게 하면 인건비를 아끼고 '의료 보험'이나 '휴가 일수' 같은 귀찮은 복지도 무시할 수 있다). 이제 3년 뒤 게임이 발매되고 필요 없어진 사람들을 모두 해고한다. 그런 다음에는 부디 게임이 잘 팔려서 유통사가 당신의 회사를 없애버리지 않기를 기도해야만 하는 것이다.

다른 모델은 어떨까?

〈슈퍼 마리오 어드벤처 2〉 제작을 위해 아트 팀과 디자인 팀 직원들을 고용하는 대신, 유타에 있는 플랫폼 게임 레벨 디자인 전문 팀, 뉴욕에 있는 유능한 3D 몬스터 모델링 전문 제작사, 이 게임에 필요한 기술들을 보유한 브라질 엔지니어 회사를 찾아낸다. 자동차 부품을 세계 각국에서 만들어서 조립하는 것처럼, 여러 전문가 집단과 원격으로 협력해서 고예산 게임을 만드는 방식이다. 물론 어려움도 많을 것이다. 창작 방향을 두고 의견이 엇갈리면 직접 얼굴을 보고 있어도 뜻을 모으기 어려운데, 2K 마린과 2K 오스트레일리아가 그랬던 것처럼 여러 시간대의 사람들과 함께 일하기가 쉬울리 없다. 하지만 직원들을 정리해고하거나 회사 문을 닫는 불안감 속에 있는 것보다는 그런 문제로 고생하는 편이 낫지 않을까?

당신이 선정한 전문 업체들 각각이 디스빌리프처럼 크런치 모드를 금지하고 연봉을 투명하게 책정한다면, 사람들을 갈아 넣지 않고도 게임을 만들 수 있을지도 모른다. 3년에 한 번씩 보금자리를 옮기거나 게임 업계를 떠나지 않아도 될지도 모른다. "소규모 외주 제작사 모델은 안정적으로 오래갈 수 있겠다는 생각이 듭니다." 디스빌리프의 마이크 크락은 말했다. 물론 여느 게임 개발자들처럼 크락도 정리해고를 당한 경험이 있다. 그는 인디애나폴리스에 있는 게임 회사에서 게임 일을 시작했다가, 입사 5년차에 회사가 문을 닫는 경험을 했다.[2] "저는 인디애나폴리스에 첫 집을 산 이후로 더는 부동산에 관심을 갖지 않기로 했습니다." 크락은 말했다. "저는 이제야 콘도 장기숙박을 할까 생각하고 있어요 당분간은 보스턴을 떠나지 않을 것 같거든요."

전문 외주 제작사들이 게임 업계의 주를 이루는 개념을 이야기하는 사람은 많다. 이 개념을 진지하게 이야기하는 개발자들 중에는 우리가 앞서 만났던, 메릴랜드에서 활동하는 디자이너와 애니메

---

2   이 회사는 선스톰(Sunstorm)이었으며, 인기 있는 사슴 사냥 게임을 만들었지만 2003년에 문을 닫았다. "비록 저희 형이 먼저 게임 회사에서 일하다가 회사가 없어지는 것을 보았지만 저는 괜찮을 줄 알았습니다." 크락은 말했다.

이터 집단(빅휴즈게임즈 소속)도 있다. 이들 역시 제작사 폐쇄의 희생양이었다. 그러나 이들은 몇 년이 지난 지금까지도 여전히 빅휴즈게임즈 시절을 인생 최고의 시간이었다고 회상한다.

■ ■ ■

빅휴즈게임즈가 커트 실링이라는 소행성에 부딪히기 전, 조 쿠아다라가 이끄는 팀 구성원들은 자신들이 직접 회사를 세워야 한다고 농담을 주고받곤 했었다. 이 팀은 디자이너와 애니메이터로 구성되었으며, 멍청한 게임을 즐기면서 트로피를 차지하기 위해 경쟁하고, 함께 일하면서 〈킹덤 오브 아말러: 레코닝〉의 전투 시스템이 찬사를 받을 때 짜릿함을 느꼈다. 경쟁심이 강한 디자이너로서 팀을 이끄는 쿠아다라는 이 가공의 회사에 붙일 이름까지 생각해뒀었다. 이름하야 '저스트 애드 컴뱃Just Add Combat'이었다. "당시에는 농담처럼 이야기했지만 아마도 좋은 아이디어였을 겁니다." 디자이너인 저스틴 페레즈는 말했다.

"우리가 모여서 떠돌이 악단처럼 전투를 만드는 거죠."

하지만 어느 누구도 진지하진 않았다. 빅휴즈게임즈가 갑자기 임금을 주지 않고 9일 뒤 회사 문을 닫았을 때에는 누구도 회사를 세운다는 생각을 할 여유가 없었다. 월세를 내고 새 직장을 구하느라 모두들 정신없이 바빴기 때문이다. 팀의 일부는 임파서블 스튜디오로 적을 옮겼고(이 회사도 단명했다) 나머지는 다른 도시로 떠났다. 그래서 전투 전문 팀을 결성한다는 발상은 시작도 없이 흐지부지되었다.

2013년에 임파서블 스튜디오가 없어진 뒤, 쿠아다라는 샌프란시스코로 돌아와 첫 직장이었던 크리스털 다이내믹스에 1년을 보냈다. 그 다음에는 노바토에 있는 2K 사무소에서 유통 부문으로 직무를 바꿨다. "1년만에 회사가 두 번 문을 닫았고, 두 번 모두 예상하지 못했습니다." 쿠아다라는 말했다. "제가 분명 놓치는 부분이 있는 기분이었죠. 유통 부문을 경험하면 회사 일이 어떻게 돌아가는지 배울 수 있을 것 같았습니다." 2K는 교육 자료를 충분히 제공했다. 그는 2K 마린이 없어지고 1년 뒤인 2014년에 입사했고, 그로부터 1년 뒤인 2015년에 회사가 2K 오스트레일리아를 폐쇄시키는 과정을 지켜보며 힘든 시간을 보냈다. 2K 오스트레일리아에는 그가 함께 일했던 사람이 많았다.

쿠아다라는 대형 유통사에 몸담은 시간 대부분을 즐겼다. 예전처럼 몇 년 동안 게임 하나에 인생을 바치는 대신, 한 번에 여러 게임을 맡는 새로운 방식은 어렵고도 보람찼다. 회계 분기가 가장 중요한 상장 회사가 이면에서 재무를 다루는 흑마술도 배웠다. "〈더 뷰로: 기밀 해제된 엑스컴〉처럼 판매량이 저조할 것 같은 게임은 원하는 것보다 오래 붙잡고 있는 게 나을 수도 있습니다." 쿠아다라는 말했다. "그래야 〈GTA〉나 〈레드 데드 리뎀션Red Dead Redemption〉 같은 인기 게임과 같은 회계 연도에 발매해 손해를 감출 수 있죠."[3] 쿠아다라는 노바토에 있는 2K에서 3년 반 동안 일하면서 게임을 완성하기 위해 전 세계 개발자들과 업무를 조율했다. "업무 실력은 많이 늘었지만 점점 지루해졌습니다. 일주일치 업무를 이틀만에 끝냈고, 나머지 사흘 동안은 〈스트리트 파이터〉를 하거나 스스로 성가신 일을 만들지 않으려고 노력했죠."

쿠아다라는 자신의 멘토이자 베테랑 게임 디자이너인 에릭 윌리엄스Eric Williams에게 연락했다. 그는 전투 전문 컨설턴트였다. 두 사람의 인연은 쿠아다라가 빅휴즈게임즈에 입사한 2008년에 시작되었다. 〈갓 오브 워〉 시리즈 중 여러 편에 참여했던 윌리엄스는 〈킹덤 오브 아말러〉 컨설팅을 맡고, 쿠아다라에게도 프리랜스 컨설턴트가 되라고 종종 권유했었다. "윌리엄스는 제가 이 일을 당장 시작할 수 있다고 했지만 저는 믿지 않았어요." 쿠아다라는 말했다. "제가 컨설팅 일을 생각하게 되자 그는 자신감을 불어넣어 주었습니다." 그는 아내의 응원을 받으면서 2017년 가을에 2K를 나와 컨설팅 사업을 시작했다. 2K에 있는 상사들에게 자신의 계획을 이야기하자, 그들은 첫 번째 고객이 되어주겠다는 든든한 말도 해주었다. 그는 이후 전투에 관련된 도움을 구하는 크고 작은 고객사를 끌

---

3   〈더 뷰로: 기밀 해제된 엑스컴〉은 2013년 8월 20일에 나왔고, 게임계에 돌풍을 일으킨 〈GTA〉는 2013년 9월 17일에 나왔다. 테이크투의 회계 분기는 2013년 9월 30일에 마감된다. 말할 것도 없이 그 분기는 수익이 높았다.

어들이면서 컨설턴트로 승승장구했다.

안정을 찾은 쿠아다라는 자연스레 옛 전투 동지들을 소집하기 시작했다. 빅휴즈게임즈에서 쿠아다라와 함께 일했던 디자이너와 애니메이터 몇몇은 그 시절을 직장 생활 중 가장 좋은 시간이었다고 꼽았다. 그러니 쿠아다라의 요청에도 물론 응하지 않을까? 저스트 애드 컴뱃이 드디어 실현될 수도 있는 일이었다.

하지만 이미 몇 년이 지났기 때문에 그 아이디어가 실현 가능할 것 같지 않았다. "저는 이 아이디어가 살아남을 수 있는 사업 모델이라고 생각하지 않았습니다. 왜냐면 이 사업 모델은 직원 모두가 참여할 수 있을 만큼의 일을 확보하고, 경쟁력있는 가격을 유지해서 개발자들이 직접할 마음을 못 가지게 만들어 우리에게 일을 주도록 해야 했죠." 그러면서 쿠아다라는, 다른 게임 개발자들의 자만심을 넘어서는 것이 가장 어려울 것이라고 말했다. 개발자들 중에는 자신의 실력을 과대평가하고 어려운 문제를 과소평가하는 사람이 생각보다 많다(이런 현상을 과학 용어로 '인간적'이라고 부른다). 예를 들어 최근 쿠아다라에게 연락해온 한 회사는, 열 달 안에 게임을 발매해야 하는데 버스 전투를 12개 개발해야 하다며 도움을 구해왔다. 그는 일단 불가능하다고 답했다. 연륜 있는 팀이 보스 전투를 하나만 제대로 개발하려고 해도 최소 석 달은 걸린다. "가능하려면 평소보다 훨씬 많은 인력이 필요하고 전문 기술이 더 필요합니다." 쿠아다라는 말했다. "하지만 발등에 불이 떨어지기 전까지는 진짜로 돈을 내려는 사람이 없죠."

쿠아다라는 핵심 인력으로 구성된 창작 팀이 전세계에 있는 전문 외주업체와 일하는 게임 업계 모델도 회의적으로 바라보았다. "외주로 돌리기 쉬운 직무가 있고 어려운 직무가 있습니다." 그는 말했다. "앞으로 드러나지 않는 엔지니어링 일은 디스빌리프 같은 기업에 맡겨도 큰 혼란이 없습니다. 하지만 전투는 굉장히 빠르게 대응해야 하는 영역이라서 실시간이 아닌 원격으로 일하면 좋은 결과를 낼 수 없죠. 플레이어가 긴밀하게 경험하지 않는 부분이라면 외주를 맡기기 쉽습니다." 쿠아다라는 말했다. 빅휴즈게임즈에서 전투 팀이 성공을 거둔 것은 빠르게 수정 버전을 만들어볼 수 있었던 덕분이었고, 그 비결은 그들이 한 사무실에 모여 있었던 것이다.

고객사들은 쿠아다라가 적당히 어려우면서도 만족스러운 게임 전투를 만들어주는 해결사라고 생각했지만, 정작 본인은 빅휴즈게임즈 시절부터 전투에 대한 흥미를 점점 잃어가고 있었다. 최근 게임 업계는, 게임 업계의 다양성이 커지는 꼴을 못 보겠다고 징징거리는 게이머들이 벌인 캠페인과 문화 전쟁을 목도해야 했다. 쿠아다라는 이와 정 반대되는 행보를 보였다. "저는 남성적 힘의 판타지에 젖지 않은 창의적 인재들의 목소리에 훨씬 관심이 많습니다. 제가 지켜본 바에 따르면 건전한 다양성을 추구하는 팀일수록 다툼이 적었습니다."

저스트 애드 컴뱃의 꿈은 아마 실현되지 않을 것이다. 물론 쿠아다라도 베테랑 개발자 대부분이 그렇듯, **이 업계에는 큰 변화가 필요하다고 생각한다.** 다만, 전문 외주 모델이 정답인지 확신하지 못할 뿐이다. "더 이상 정규직 직원들을 마구잡이로 충원했다가 해고해버리는 방식은 좋지 않습니다. 그건 지속 가능하지 못해요." 쿠아다라는 말했다. **"어떻게든 이 문제를 해결해야 합니다. 계속 이렇게 가면 이 업계 자체가 살아 남을 수 없다고 봅니다."**

다른 선택지도 있다.

디스빌리프 같은 기업의 혜택을 다른 게임 제작사의 직원들에게도 제공할 수 있는 방식이며, 이 방식에 대한 논의도 제법 있어왔다. 게다가 최근 몇 년간의 동향을 보면 이 선택지의 실현 가능성이 점점 커지는 것 같다.

■ ■ ■

2018년 3월 21일, 캘리포니아주 샌프란시스코에서 열린 게임 개발자 콘퍼런스에서는 참석자 200명으로 회의장이 후끈해진 가운데 게임 업계의 **노동 조합 결성**에 관한 토론이 진행되었다. 근처 공사장 소음이 시끄럽게 들렸지만, 회의장은 어느 때보다 생기가 흘러 넘쳤다. 콘퍼런스측 직원이 마이크 하나를 가지고 사람들 사이를 돌아다녔고, 저마다 게임 업계가 자신을 어떻게 망가뜨렸는지 경험담을 이야기했다. 크런치 모드가 게임 개발을 망친다고 말한

이도 있고, 아홉 달의 쉼 없는 크런치 모드의 보상이 일주일의 유급 휴가뿐이었다고 말한 이도 있었다. [4] 이들은 게임 업계가 노동 조합을 결성하면 이런 문제를 해결하고, 노동자에게 교섭권을 주고, 공정한 급여와 적절한 복지를 보장 받을 수 있을 것이라 이야기했다.

과거부터 게임 개발자들은 노동 조합 결성에 대해 여러 차례 이야기해왔지만 진지하게 논의가 오간 적은 딱히 없었다. 그러나 이 게임 개발자 콘퍼런스에서는 그 달 초에 설립된 풀뿌리 단체 게임 워커스 유나이트Game Works Unite의 주도 아래 논의가 한 층 더 진지해졌다. 콘퍼런스 기간에 게임 워커스 유나이트 구성원들은 홍보 전단을 나눠주면서 이들의 활동을 궁금해하는 사람들과 일대일로 대화를 나눴다. **"그들이 만드는 게임을 좋아하지만, 그 과정에서 사람이 죽어 나가선 안 됩니다."** 엠마 키네마Emma Kinema라고 불리는 이 조직의 공동 설립자는 말했다. "이건 절대 괜찮은 게 아니에요."

주된 토론의 제목은 '지금 노동 조합을 결성할까? 노동 조합 결성의 장단점'였지만 1시간 동안 노동 조합의 단점을 언급한 사람은 사회자 한 명뿐이었다. 노동 조합에 반대한다는 뜻을 분명히 한 이 사회자는 게임을 만드는 사람들을 위한 행사와 세미나를 조직하며 활동하는 비영리 단체인 국제 게임 개발자 협회International Game

---

4   게임 업계에서는 잭 뭄바크가 EA에서 받았다는 몇만 달러 수준의 상여금보다 이런 수준의 보상이 훨씬 흔하다.

Developers Association의 수장이기도 했다. 얼핏 보면 그녀가 개발자의 편이 아니라고 생각하겠지만, 그녀 역시 게임 업계에 크게 데인 경험이 많은 **38 스튜디오의 전 CEO, 제니퍼 맥린**이었다.

맥린은 토론회에서 회의적인 질문을 던진 사람들에게 대답을 해주면서, 노동 조합 결성의 단점에 대한 이야기를 들려주었다. 노동 조합이 생긴다고 게임 업계가 직면한 모든 문제가 해결되지 않는다는 주장이었다. 근처에 있는 메리어트 호텔에서 별도로 가진 인터뷰에서도 맥린은 비슷한 이야기를 하면서, 노동 조합 결성은 게임 업계의 고질병을 치료해줄 만병통치약이 아니라고 주장했다. "제작사가 문을 닫는 것은 보통 자금이 바닥나고, 동원할 수 있는 현금이 없어지기 때문입니다. 노동 조합은 현금 동원을 도와줄 수 없죠." 맥린은 말했다.[5] "게임 업계의 모든 문제를 노동 조합이 고쳐줄 것이라고 기대할 수는 없고 해서는 안 됩니다."

물론 따지고 보면 맞는 말이다.

노동 조합은 게임 업계가 앓고 있는 모든 병을 치료해줄 수 없다. 이런 식의 말 돌리기는 노동 조합에 반대하는 사람들이 흔히 내세우는 수사적 논증이지만, 노동 조합이 있었다면 최소한 38 스튜디오가 직원 수백 명을 내치는 사태는 막을 수 있었을 것이다. 38 스튜디오 직원들에게 일종의 노사 단체 협약을 진행했다면 회사 경영의 투명

---

5   맥린은 이 책을 위한 추가적인 대화를 거부했다.

성을 높이고, 퇴직금 정책 보장까지 요구할 수도 있었을 것이다. 노동 조합이 38 스튜디오의 자금 소진을 막을 수는 없어도, 커트 실링을 비롯한 경영진이 직원 급여를 지불할 수 없는 지경에 이르기 전에 회사 규모를 단계적으로 줄여나가도록 압박을 가할 수 있었을 것이다.

다시 말해, 38 스튜디오 직원 대부분은 5월 어느 날 출근했다가 월급이 들어오지 않는다는 사실을 알게 되는 것보다 3월에 해고되고 두 달 치 퇴직금을 받는 편을 선호했을 것이다.

이 책을 쓰던 2020년 시점에도 노동 조합 결성에 관한 논의는 계속되고 있었다. 게임 개발자 대다수는 노동 조합 결성에 찬성의 뜻을 밝혔지만(2020년 1월에 게임 개발자 콘퍼런스 측이 진행한 설문에서, 설문에 참여한 개발자의 54퍼센트가 게임 업계에 노동 조합이 생기기를 바란다고 답했다) 미국에 있는 대형 게임 제작사가 그런 결정을 내릴 지는 두고 볼 일이다(스웨덴 같은 국가에는 노동 조합이 있는 게임 제작사도 있다). 나머지 응답자 중 21퍼센트는 어쩌면 원할 수도 있다, 16퍼센트는 원하지 않는다, 9퍼센트는 잘 모르겠다는 답을 내놓았다. 게임 업계가 언젠가 조합을 결성하리라는 것은 분명한 사실 같다. 문제는 그 시기와 방식이다.

디스빌리프에는 노동 조합이 없다. 스티브 엘모어는 노동 조합이 생기면 고객사가 떠날지도 모른다고 우려했지만, 사실은 이 회사 자체가 고객사와 협상하고, 크런치 모드 정책과 투명한 연봉 공개를 통해 노동자들을 보호하는 엔지니어 노동 조합이나 마찬가지다. 노동 조합이 단체 교섭권을 가지는 것과 비슷하게, 디스빌리프 직원들은 켄 레빈 같은 크리에이티브 디렉터의 변덕을 직접 감당할 필요 없이 언제나 고객사와의 계약서에 의해 보호 받을 것이다. 다만 이 모델은 경영진의 아량에 의존해야 한다는 문제가 있다. 디스빌리프 경영진이 어느 날 갑자기 회사 정책을 바꾸거나 회사가 더 큰 회사에 인수되면 그런 혜택이 사라지는 것은 시간 문제다. 노동 조합은 이런 문제를 해결할 수 있다.[6]

반대론자들이 이야기하는 노동 조합의 단점은 관료주의, 비효율성, 막대한 비용이다. 이 책을 위한 인터뷰에서 맥린은 게임 회사가 노동 조합을 결성하기 시작하면 경영진은 저렴한 외주 업체에 의존하거나 노동 조합이 없는 회사를 선호하게 될 것이라 말했다. 하지만 그녀는 게임 업계의 '자본에 대한 접근성'이 높아졌으면 좋겠다는 모호한 바람을 이야기할 뿐, 더 나은 해결책을 제시하지는 못했다. 그 말인 즉 현 상태를 유지하겠다는 뜻이다. 그것은 여러 차례

---

6   저자인 나 역시 고커 미디어(Gawker Media)에서 비슷한 경험을 한 적 있다. 2015년에 노동 조합이 결성된 덕분에, 2016년에 앙심을 품은 억만장자 덕분에 회사가 파산했을 때 생길 수 있었던 문제들을 방지할 수 있었다. 회사를 새로 인수한 유니비전(Univision)은 직원들이 기존에 누렸던 복지를 모두 유지해주었다. 2019년에는 그레이트 힐 파트너스(Great Hill Partners)라는 사모펀드가 회사를 인수했으며, 노동 조합은 다시 한번 직원들의 의료 보험 혜택과 경쟁력 있는 최저 임금을 사수할 수 있었다. 물론 그레이트 힐스가 내린 다른 끔직한 결정들의 여파까지 노동 조합의 힘으로 막아낼 수는 없었다… 하지만 이 이야기를 하려면 날밤을 새도 모자란다.

수많은 게임 베테랑이 겪은 부당한 현실이다.

끊임없이 정리해고가 단행되고 제작사가 문을 닫는 것은 게임 업계에 노동자를 보호하는 조치가 필요하다는 증거이고, 노동 조합은 이 상황을 위한 필수적이고 필연적인 해결책 중 하나다. 노동 조합이 있다고 해서 회사 자금이 바닥나는 상황을 막을 수 없다는 말은 제니퍼 맥린이 옳다. 그런 사태는 아마 무엇으로도 막을 수 없을 것이다. 이렇게 변덕스럽고 제품의 인기에 따라 회사의 명운이 좌우되는 업계에서 위험한 사업적 결정을 예방할 수 있는 수단은 아마 앞으로도 없을 것이다.

그러니 이 문제는 이제 조금 다른 각도에서 보아야 할 것 같다.

■ ■ ■

2020년 2월 27일 목요일, 캐리 고우스코스는 전염성 강한 바이러스의 유행에 대해 논의하는 임원 회의에 참석했다. 2014년에 미씩 엔터테인먼트가 문을 닫고 고우스코스는 EA에서 몇 년 더 일했다. 그녀는 텍사스주 오스틴 지사로 옮겨가 〈심슨 스프링필드〉와 〈스타워즈: 갤럭시 오브 히어로즈〉 같은 모바일 게임 제작 팀들을 감독했다. 그러다가 2019년 가을에 워싱턴주 시애틀에 있는 〈데스티니Destiny〉 제작사 번지에 최고 프로듀서로 이직했다. 새로운 바이러스 양성 사례가 보고되기 시작했고, 이 질환은 코로나바이러스

감염증-19라는 이름의 대유행으로 번졌다.

그러면서 슬슬 '사회적 거리두기'라는 단어가 미국인들의 입에 오르내리기 시작했고, 코로나바이러스19에 걸리지 않으려면 사람들이 물리적 교류를 피하는 방법밖에 없다는 사실이 자명해지고 있었다. 고우스코스를 비롯한 번지 임원들은 바이러스로부터 직원들을 보호하기 위해 손 소독제를 제공하고 유급 휴가를 추가로 부여했다. 하지만 조만간 더 대대적인 조치가 필요할 것 같았다. 주말부터는 원격 근무를 하려면 어떻게 해야 할지 계획하기 시작했다. 온라인 네트워크는 어떻게 구축해야 할까? 회의는 어떤 식으로 진행할까? 어떤 장비가 필요할까? "테스터, 엔지니어, 아티스트가 새 컴퓨터를 장만해야 한다면 어떻게 될지 최악의 상황을 가정해보았습니다." 고우스코스는 말했다. "IT 부서는 가격을 찾아보기 시작했고, 월요일에 노트북 몇백 대를 사들였던 것 같습니다."

3월 2일에 그들은 업무 흐름을 시험해보기 위해, 직원 몇십 명에게 시범으로 원격 근무를 지시했다. 그 다음주 화요일이었던 3월 10일에는 번지의 모든 직원에게 원격 근무 지시가 내려왔다. 그 달 말부터는 게임 업계 대부분(그리고 전세계 대부분)이 원격 근무로 전환했고, 이 사태가 언제까지 계속될지는 누구도 알지 못했다. 실제 사무실에 나와서 일하는 데 익숙했던 전세계 게임 제작사들이 갑자기 온라인 위주로 일을 하게 되었다. 수없이 많은 노동자를 이주하게 만들었던 게임 업계가 이제는 그들을 위해 온라인상의 사무실을 마련해야 한다.

물론 진통도 있었다. 학교와 보육 시설이 문을 닫고 나니 일하는 부모들은 당장 아이들을 맡기고 일에 집중할 수 없었다. 고우스코스는 서버가 다운되고, 관리자의 역할이 마비되고, 감염병 대유행으로 삶이 피폐해지면서 직원들이 무기력해지는 사태를 수습하기 위해 고군분투했다. 하지만 번지는 물론 다른 기업들도, 비록 생산성은 떨어지더라도(몇몇 개발자는 봉쇄 기간에 생산성이 평소 대비 78~80퍼센트로 떨어진 것 같다고 말했다) 일을 지속할 수 있었다(번지는 2020년 9월로 예정되어 있던 〈데스티니〉 확장판 발매를 11월로 미루면서, 감염병 대유행으로 인한 어려움을 주된 이유로 꼽았다. 하지만 확장판은 나오지 않았다).

코로나바이러스19가 물러갈 기미를 보이지 않으면서 게임 업계에는 새로운 의문이 생겼다. 지금 게임 개발자가 원격 근무를 할 수 있다면 앞으로도 계속 그럴 수 있는 것 아닌가? 고우스코스는 온라인 근무 환경의 취약점을 느낄 수 있었다. 고립된 환경은 창의력을 저해할 수 있었다. "사람들이 서로 얼굴을 마주하고 협업할 때 최고의 결과가 나옵니다." 그녀는 말했다. "복도에서 사람을 마주치는 인간적인 순간들이 그리워지죠. 그런 순간은 공장에서 찍어내듯 만들 수 없어요. 사람과의 교류는 인위적으로 복제할 수 없다고 생각합니다. 정말 훌륭한 창작물은 그런 교류에서 나오고요."

하지만 고우스코스는 실직과 이직 때마다 이 도시 저 도시로 삶의 터전을 옮겨 다니는 삶에 지쳐 있는 게임 업계 베테랑들의 심정도 이해할 수 있었다. "코로나바이러스19는 우리가 그런 상황을 얼마나 견딜 수 있는지 생각해보는 기회이기도 합니다." 고우스코스는 말했다. "제 머리는 늘 최악의 결과에 대한 계획을 세우려고 합니다. 조직 구성원 한 명이 원격 근무를 한다는 건 회사에게는 어떤 의미일까요? 번지는 앞으로 이런 도전을 받아들이고 고민할 것이라고 생각합니다."

　토마스 말러Thomas Mahler는 2010년에 블리자드 엔터테인먼트를 떠나 고향인 오스트리아 빈으로 돌아가면서 독립 게임 제작사를 세우고 싶다고 생각했다. 하지만 같이 회사를 세우고 싶은 엔지니어는 이스라엘에 살았다. 그래서 그는 문 스튜디오Moon Studios를 세우면서, 사무실이나 기반 국가가 없는 가상 공간의 기업을 구상했다. "회사를 세우고 보니 저희와 아주 잘 맞는 방식이더라고요." 말러는 말했다. 이들이 처음 고용한 직원은 오스트레일리아에 있는 개발자였으며 지금까지 러시아에 있는 아티스트, 폴란드에 있는 디자이너, 일본에 있는 작가를 영입했다. 2020년에 문 스튜디오는 게임 두 편을 발매해 큰 성공을 거뒀다. 하나는 〈오리와 눈먼 숲Ori and the Blind Forest〉라는 근사한 플랫폼 게임과 그 시퀄인 〈오리와 도깨비불Ori and the Will of the Wisps〉였다. 그리고 현재는 직원 80명이 원격으로 일하고 있다. **말 그대로 전세계에 직원을 두고 있어요.** 말러는 말했다. "저희에게는 원격 근무를 한다는 점이 상당한 도움이 되었습니다. 실력이 출중하지만 거주지를 옮길 기회가 없는 인재를 확보할 수 있거든요."

이런 방식도 완벽하지만은 않다고 말러는 말했다. 너무 외로워서 회사를 떠난 직원도 몇몇 있었다는 것이다. 하지만 문 스튜디오는 가상의 사무실을 통해 많은 문제를 해결했다. 직원이 비자를 발급 받거나 생활비가 비싼 도시로 이주해야 하는 걱정이 말끔히 사라졌다. 개발차가 크런치 모드를 하더라도(출퇴근을 통해 일과 생활이 구분되지 않으면 크런치 모드라는 함정에 빠지기 쉽다) 몸은 집에 있으니 직접 음식을 해먹거나 아이를 재울 수 있다. 문 스튜디오는 매년 유럽에 있는 성을 며칠씩 빌리고 전 직원을 모아서 사내 단합대회를 연다("거의 일년 내내 비어있는 성이나 저택이 많아요." 말러는 말했다). 평소에는 조직 관리용 소프트웨어를 사용해서 작업 진행 상황에 대해 소통하고 매주 정기적으로 화상 회의를 연다. "가끔씩 실제로 모여서 수다를 떨 수 없는 것만 빼면 아쉬울 게 없습니다." 말러는 말했다.

독립 제작사 손더러스트 스튜디오Sonderlust Studios는 더 극단적으로 원격 근무 방식을 택했다. 이 제작사를 설립한 세 사람은 각각 밴쿠버, 토론토, 메릴랜드 출신이며 고향을 떠나고 싶지 않았다. 하지만 이메일과 슬랙에서 문자로만 소통하는 것은 바람직하지 않다. 문자에서는 말투를 읽을 수 없고 답변에 시간이 너무 오래 걸릴 수 있다. 그래서 이들은 화상 회의를 통해 가상의 사무실을 열었다.

하루 업무를 시작하면 웹캠을 켜고 줌 회의실에 접속한다. 이 회의실에는 모든 동료가 모여서 다른 동료를 기다리고, 커피를 마시고, 게임 작업을 하고 있다. 근무 시간에는 모든 직원의 카메라 화면을 한꺼번에 띄워 놓은 채 일을 하고 대화도 나눈다(너무 산만한 환경이 싫은 직원은 창을 최소화할 수 있다).

손더러스트의 공동 설립자들 중 한 명인 린지 갈란트Lyndsey Gallant에게는 이런 가상의 사무실을 두는 것이 이상적인 업무 방식이다. 동료들이 고향을 떠나지 않으면서도 사무실에서 사람들이 어울리는 분위기를 연출할 수 있고, 문 스튜디오와 마찬가지로 거주지에 관계 없이 유능한 인재를 채용할 수 있다. 출퇴근에 시간을 뺏기거나 사무실 임대료로 돈을 날리지 않으면서도 모두가 원한다면 언제든 서로 얼굴을 보고 대화할 수 있다. "여전한 게임 업계의 불안정성을 생각하면 분통이 터집니다." 갈란트는 말했다. **"기존 업계의 현실을 바꾸고 개선할 수 있는 방법이 있다면 무엇이든 해야죠."**

이런 가상 사무실이 고예산 제작사에서 똑같이 작동하리라고 상상하기는 힘들다. 직원 400명이 하나의 줌 회의실에 모이면 아수라장이 될 것이다. 하지만 아트, 프로그래밍 등 직무 별로 회의실을 따로 만들고 모두가 소통을 할 때마다 놓치는 정보가 없도록 메모를 남기는 업무 방식은 상상해볼 만하다. "우리가 왜 지금의 방식으로 게임을 만들고 있는지를 되돌아보려면 약간의 용기가 필요하다고 생각합니다." 갈란트는 말했다.

정리해고나 회사 폐쇄는 언제 생각해도 끔찍한 경험이다. 하지만 수많은 게임 개발자들이 알다시피 **가장 무시무시한 대목은, 이직을 위해 다른 지역으로 보금자리를 옮겨야 할지도 모른다는 현실이다.** 지금 사는 도시에 가족이나 가까운 친구들이 있으면 아예 이주를 포기해야 하기에, 조 폴스틱처럼 이 업계를 아예 떠나야 했던 사람도 너무나 많다. 게임 개발자가 어디에서나 일할 수 있다면 이 문제는 큰 문제가 되지 않는다. 정리해고와 회사 폐쇄가 그렇게까지 잔인하게 느껴지지 않을 것이다. "매번 제 삶을 통째로 들어내지 않고도 새로운 기회가 계속 생기는 세상은 어떨지 상상도 못해봤습니다." 영국과 캐나다에 있는 대형 게임 제작사 몇 곳에서 일해온 아티스트 리즈 에드워즈Liz Edwards는 말했다.

심지어는 정리해고되지 않은 게임 개발자라도 게임 업계에 머무르기 위해 유목민 같은 생활을 해야 할 때가 있다. 게임 작가 조던 마이클 레모스Jordan Mychal Lemos는 유비소프트와 써커 펀치Sucker Punch 같은 개발사에서 일하기 위해 세계 이곳저곳으로 보금자리를 옮겨 다니다가 지쳐서 결국 다른 업계로 떠나기로 했다. **"보금 자리를 옮겨야 한다는 점이 게임 업계의 최악의 특징이라고 확신할 수 있습니다."** 그는 말했다. "저는 3년 동안 2개 주에서 살았고, 곧 있으면 또 다른 주로 옮겨갈 것 같습니다. 이 짓을 앞으로 몇 번만 더 하면 제 자신이 나가 떨어질 것 같습니다."

게임 업계의 불안정성을 완화할 방법이 없다면, 차선책으로 독

자 생존 확률을 높여줄 방법은 분명 존재할 것이다. 이 장에서 살펴본 여러 방안은 실행하려면 막대한 돈과 많은 시간을 투자하고, 조직적 변화까지 필요하다. 오늘날 게임 회사가 이 업계의 고질적인 문제

정착이 없는 삶은 안정적일 수가 없다.

들을 해결하기 위해 취할 수 있는 하나의 조치가 있다면 바로, **원격 근무를 하는 개발자를 늘리는 것이다.** 비용이 많이 들기는커녕, 오히려 돈이 절약된다. 그리고 점차 게임 업계에 근본적인 변화를 일으킬 것이다.

에필로그

이 책은 2018~2021년에 집필했으며, 그 사이에 열 댓 곳이 넘는 게임 제작사가 문을 닫았다. 오랫동안 사랑 받은 〈데드라이징Dead Rising〉 제작사 캡콤 밴쿠버Capcom Vancouver, 온라인 게임 〈와일드스타WildStar〉 제작사 캐빈 스튜디오Carbine Studios 등이 그 예다. 텍사스주 오스틴에 있던 소형 제작사 QC 게임즈QC Games는 4:1 멀티 플레이어 게임 〈브리치Breach〉로 플레이어 층을 단단하게 다지지 못하고 2019년에 문을 닫았다. 에픽 게임즈에 있던 디자이너 클리프 블레스진스키가 설립한 제작사 보스 키 프로덕션Boss Key Productions은 〈로브레이커즈LawBreakers〉와 〈래디컬 헤이츠Radical Heights〉가 인기를 끌지 못하면서 2018년에 문을 닫았다.

이렇게 폐쇄된 제작사들 중 가장 유명한 곳은 캘리포니아주 샌

라파엘에 있었던 텔테일 게임즈였다. 텔테일은 몇 차례의 조직 개편과 경영진 교체를 겪으면서 오랜 격동의 역사를 쓰는 와중에도 여전히 게임 업계의 상징적인 존재로 남아있다. 루카스아츠LucasArts에서 〈원숭이 섬Monkey Island〉 같은 포인트 앤 클릭 어드벤처 게임을 만들었던 직원들이 2004년에 설립한 텔테일은 게임 업계에서 재빠르게 틈새 시장을 개척했다. 텔테일이 선보이는 게임들은 TV 프로그램처럼 단편적인 사건들로 구성되어 있었고, 1~2년에 걸쳐 5~6편이 발매되었다. 다른 게임 회사들과 다르게 텔테일은 스토리에 가장 큰 공을 들였다. 대화가 여러 가지를 치며 이어지거나 수수께끼를 푸는 익숙한 작동 방식을 통해 플레이어를 하나의 이야기에서 다른 이야기로 이동시켰다. 특히 게임 작가들이 이 제작사에 열광했다. 다른 게임 제작사에서는 보통 작가가 먹이 사슬의 밑바닥에 자리했던 반면, 텔테일에서는 작가의 아이디어를 최우선으로 생각했기 때문이다.

2012년에 텔테일에서 숀 배너먼(디즈니에서 〈에픽 미키〉 아이디어를 낸 인턴 그룹의 일원이었던 그 숀 배너먼)이 공동으로 이끌던 팀은 인기 좀비 드라마 〈워킹 데드〉를 바탕으로, 여러 에피소드로 구성된 어드벤처 게임을 발매했다. 리 에버렛이라는 범죄자와 그의 양녀 클레멘타인이 등장하는 이 게임은 비통한 스토리와 필연적으로 느껴지는 서사적 의사결정들로 이루어져 있다. 플레이어가 중요한 결정을 내릴 때마다 게임에서는 이 인물이 플레이어의 결정을 '기억할 것'이라고 이야기한다(늘 그렇지는 않지만, 등장인물이 플레이어의 행동을 지켜보고 있다는 착각은 그 자체로도 큰 힘을 발휘한다). 이 게임을 플레이하는 중에는 목숨을 잃을 위기에 처한 여러 NPC 중 어느 캐릭터를 구할지 선택하게 하고, 좀비에게 물린 소녀가 스스로 삶을 마감할 수 있도록 총을 줄지 말지 결정하게 하는 등 비극적이고 뇌리에서 쉽게 사라지지 않을 선택지들이 주어진다. 〈워킹 데드〉는 2012년에 놀라운 성공을 거두고 올해의 게임 상들을 휩쓸면서 전세계 게임 회사들에게 텔테일처럼 게임을 만들어야 한다는 인상을 심어주었다.

그 후로 5년 동안 텔테일은 무서운 기세로 확장했다. 여러 라이선스를 집어삼키면서 똑같은 공식을 모든 게임에 적용했다. 〈배트맨〉, 〈왕좌의 게임〉, 〈보더랜드〉, 〈가디언즈 오브 갤럭시〉는 물론 〈마인크래프트〉를 바탕으로 한 텔테일 게임까지 나왔다. 이 중에는 인기를 끈 게임들도 있지만 이상적인 사업 모델은 아니었다. 다른 회사에서 라이선스를 가져오다 보니 그 회사에 수익을 나눠줘야 했던 것이다. 에피소드를 만드는 마감 일정은 불가능에 가까워서, 텔테일 직원은 수많은 밤과 주말을 불태웠다. 팬들은 점점 텔테일의 공식에 싫증을 냈다. 2017년에 텔테일이 선보인 게임들은 2012년의 〈워킹 데드〉와 거의 비슷했고, 매달 신작이 나와서 시장이 과포화되었다.

2017년 11월, 큰 예산을 들인 게임이 연이어 실패하면서 텔테일은 다른 게임사와 마찬가지로 구조조정을 단행했다. 직원의 25퍼센트(90명)를 해고하고 피트 할리Pete Hawley를 새 CEO로 영입하면서 새로운 방향을 제시해주기를 기대했다. 그러나 2018년 9월 21일, 텔테일은 갑작스럽게 문을 닫았고, 직원 수백 명은 예고도 없이 일자리를 잃고 퇴직금도 받지 못했다. 전해지는 말에 따르면 투자자들이 막판에 발을 빼서 회사에 자금이 동났다고 한다. 38 스튜디오의 악몽이 재현된 것이다. 텔테일의 갑작스러운 폐쇄는 38 스튜디오처럼 게임 업계에 큰 파장을 일으키고 수백 명의 삶에 치명상을 남긴 충격적인 사건이었다.

텔테일의 초창기 직원 닉 마스트로야니Nick Mastroianni는 2017년 구조조정 당시 해고되었다가, 다른 일자리를 구하지 못하고 2018년 여름에 다시 텔테일에 지원했다. 이번에는 시네마틱 아티스트라는 새로운 직무가 주어졌다. 새로 회사 생활을 시작하고 겨우 한 달 만에, 그는 전체 회의에 소집되어 30분 안에 짐을 챙기라는 통보를 받았다. "나쁜 일이 눈덩이처럼 자꾸 불어나면 어이가 없어서 웃음만 나오는 거 아시죠?" 마스트로야니는 말했다. **"제가 딱 그랬습니다. 이게 실화인가 싶은 거죠."** 할리는 직원들에게 퇴직금이 지급되지 않는다는 소식을 전하자 온갖 불평과 욕설이 쏟아져 나왔다. "동료 한 명은 다음 달 월세를 낼 수도 없고 앞으로 뭘 어떻게 해야 할지 모르겠다고 했습니다." 마스트로야니는 말했다. "그래서 저희 집에 큰 소파가 있으니까 오라고 했죠."

텔테일에서 몇 달간 일했던 베테랑 작가 JD 스트로^{JD Straw}는 9월 21일, 아내와 함께 비행기에 탔다가 슬랙 알림이 요란스럽게 울리는 것을 들었다. 사람들은 함께 일한 시간이 얼마나 소중했는지, 서로가 얼마나 그리운지, 앞으로 어떻게 연락을 하고 지낼지 이야기하고 있었다. 충격에 빠진 스트로는 처음에는 상사에게, 그 다음에는 상사의 상사에게 문자를 보내면서 이 사태를 파악하려고 했다. 조금 있으니 업무 계정에서 로그아웃되었다. 비행기가 이륙하기 직전에야 동료에게서 회사가 문을 닫는다는 내용의 답장을 받았다. "아내는 저보고 무슨 일이냐, 회사에서 잘린 거냐고 물었습니다." 스트로는 말했다. "저는 그게 아니라 회사가 없어진 거라고 했어요. 아주 멋진 주말이었습니다." 그 후로 몇 달 동안 그는 외주 일을 받고, 개인 작업을 하고, 우버와 리프트 운전 기사로 일해서 생활비를 조달했다.

텔테일 폐쇄 당시 겨우 스물 셋이었던 시네마틱 아티스트 데렉 윌크스^{Derek Wilks}는, 꿈의 직장인 줄만 알았던 회사에서 일하기 위해 석 달 전 켄터키주 웨브빌에서 샌프란시스코 베이 지역으로 옮겨온 상태였다. 그는 자신의 유튜브 채널에서 〈하프라이프〉 영상을 인상적으로 만든 덕분에 일자리 제안을 받았다. 캘리포니아에 온 것도, 켄터키주를 벗어나본 것도 태어나서 처음이었고, 그와 아내는 몇 주 동안 호텔에 지내다가 텔테일 사무실 근처에 있는 아파트를 찾아냈다. 회사가 폐쇄되었을 때 윌크스 부부는 고향으로 돌아갈 비행기표를 살 돈도 없었지만, 트위터에서 그를 봐온 사람들이 돈을 모아서 500달러를 마련해주었다. 웨브빌로 돌아간 그는 본가에 들어가서, 다른 기회가 생기기를 바라는 마음으로 게임 회사들에 지원하기 시작했다. "처음에는 저에게 불길한 징조 같고, 내가 게임 일을 하면 안 되는 건가 생각했어요. 이제는 그냥 그럴 수도 있다는 느낌입니다."

■ ■ ■

카산드라 리스Cassandra Lease가 가장 그리워하는 것은 사람이다. 게임 업계에 진절머리가 난 개발자들은 종종 이렇게 이야기한다. 우리는 2019년 1월의 어느 추운 금요일, 매사추세츠주 소머빌에 있는 커피숍에 앉아서 대화를 나눴다. 그녀는 이 책을 쓰면서 만나본 수많은 게임 업계의 표류자들과 비슷한 이야기를 했다.

리스는 〈반지의 제왕〉과 〈던전 앤 드래곤〉을 바탕으로 온라인 게임을 개발한 터빈Turbine에 QA 테스터로 입사하면서 게임 커리어를 시작했다. 2012년 4월에는 이래셔널 게임즈에 들어가서 〈바이오쇼크 인피니트〉 레벨 테스트 일을 맡았다. 그 해 늦가을에 그녀는 하루에 12시간씩 일하고, 주말에는 출근해 게임 버그 잡는 일을 했다. 이래셔널은 식사, 무료 영화표 등을 지급하는 등 복지가 훌륭하고, 관리자들이 직원을 아끼는 회사였다. 하지만 근무 시간은 정말 끔찍했다. "이래셔널에서 일한 시간 전체가 제대로 기억나지 않습니다." 리스는 말했다. **"크런치 모드 수당을 받는 점은 아주 좋았어요. 하지만 어느 수준을 넘어가면 수당을 받는 정도로는 보상이 되지 않을 만큼 삶을 송두리째 빼앗겨버립니다."**

⟨바이오쇼크 인피니트⟩ 발매 한 달 전이었던 2013년 2월에 리스와 동료들은 회의실에 불려가서 계약이 끝났다는 통보를 받았다. 이제 회사에는 다운로드용 콘텐츠에 투입할 테스터 몇 명만 있으면 되니 이쯤에서 작별의 인사를 나눠야 했다. 회사는 감사 인사 차원에서 모두에게 열쇠고리를 나눠주었다. "계약서에는 계약 종료일이 명시되어 있지 않았지만, 게임이 발매되면 테스터 대부분이 회사를 떠나리라는 것은 알았습니다." 리스는 말했다. "예상 못한 일은 아니라도 좀 갑작스러웠죠."

리스는 다른 게임 테스트 직무에 지원했지만 새 회사는 서부에 있었다. 하지만 또 금방 사라질지 모르는 일자리 때문에 나라 반대편으로 떠나기는 싫었다. 게임 회사에서 테스터는 특별한 기술 없이 최저 임금을 받는 직군으로 인식되어 크게 존중 받지 못했다. 커리어를 발전시키면서 높은 연봉을 받으려면 다른 직군(디자인이나 제작)으로 옮기거나 관리자가 되어야 했고, 그러려면 전혀 다른 기술을 익혀야 했다. 리스는 그 대신 게임 업계를 떠나 모바일 소프트웨어 기업의 테스터가 되었다. 2년 뒤 그녀는 연봉과 복지가 두둑한 교육 회사에 QA 엔지니어로 들어갔다. "이제는 교육용 소프트웨어 제작에 참여하면서 시급으로 31달러를 받습니다."

리스는 핫초콜릿을 홀짝이면서, 자신은 게임을 좋아하고 게임 일을 하던 시절이 그립지만 게임 업계가 노동자를 대하는 방식은 전혀 그립지 않다고 말했다. 그래서 게임 개발자들이 노동 조합을 결성하면 좋겠고, 언젠가 세상이 바뀌기를 기대하며 자신의 경험을 나누고도 싶다고 했다. **"저는 불안정성, 저임금, 긴 근무 시간이 지긋지긋했습니다."** 리스는 말했다. "급여가 더 높고 근무 시간과 복지가 개선되면 돌아갈 생각도 있어요."

■ ■ ■

이 책의 도입부에는, 게임에서 뜻하지 않게 부당한 재앙을 맞이했을 때의 선택지는 두 가지라는 말이 쓰여있다.

계속 밀어붙이면서 어려움을 이겨내고 전진하거나,
리셋 버튼을 누르고 다시 시작하는 것이다.

사실은 한 가지 선택지가 더 있다. 바로 게임의 판도를 뒤집는 것이다. 동료들과 뭉쳐서 돌파구를 마련하고, 사소한 문제들을 뜯어고치고, 부당한 요소들을 들어내자. 자신의 통제를 벗어난 환경에 의존하고 순응하는 대신, 자신의 기준에 따라 스스로의 성공과 실패를 판단하는 조직적인 체계를 구축하자.

그런 게임은 과연 어떤 모양일까?

얼마큼 시간을 들이면 기운 빠지게 하는 버그, 지나치게 힘이 세진 적, 망가진 작동기제를 퇴치할 수 있을까? 그래도 나는,

이 게임에 온몸을 던져 도전 해볼 가치가 있다고 생각한다.

감사의 말

이 책을 위해 시간을 내어 저와 이야기해주신 모든 여러분께 감사드립니다. 기자에게 자신의 인생 이야기를 한다는 것은 결코 쉬운 일이 아닙니다. 비극적이고 고통스러운 이야기라면 더더욱 그렇죠. 제가 그런 이야기를 나눌 수 있다는 사실이 영광스럽고, 정식으로나 비공식적으로나 저에게 많은 이야기를 해주신 여러분께 다시 한번 감사드립니다.

〈데스티니〉에 대한 문자를 저에게 보내준 에이전트 찰리 올슨Charlie Olsen은 원고를 대대적으로 수정하면서 다른 출판사가 의구심을 가졌을 때, 발 빠르게 움직여서 이 책을 구해줬습니다. 찰리가 없었으면 이 책은 여러분의 손에(또는 여러분의 귀에) 있지 않았을 것입니다. 그의 〈데스티니〉 문자도 꽤 훌륭했습니다.

편집자 웨스 밀러Wes Miller는 깊은 생각을 담아 글을 편집하고, 인내심을 가지고 응답해주시고, 이 책이 출간되기까지 세심하게 길을 인도해주셨습니다. 알리 로젠탈Alli Rosenthal, 모건 스위프트Morgan Swift, 카멜 샤카Carmel Shaka를 비롯해 이 프로젝트를 위해 힘써주신 그랜드 센트럴Grand Central 출판사 여러분께 감사드립니다. 잉크웰 매니지먼트Inkwell Management의 린지 블레싱Lyndsey Blessing, 클레어 프리드먼Claire Friedman 등 모든 분께도 감사합니다.

집필 초기에 원고를 읽고 날카로운 의견을 제시해준 매튜 번스Matthew Burns, 너새니얼 챕먼Nathaniel Chapman, 브렛 두빌Brett Douville, 커크 해밀턴Kirk Hamilton, 세스 로센Seth Rosen, 킴 스위프트Kim Swift와 이름 공개를 원치 않으신 여러분께 감사합니다.

끝없는 사랑을 주시는 어머니, 아버지, 사프타Safta, 리타Rita, 오언Owen, 새로 생긴 가족 팸Pam, 데이비드David, 요나Jonah, 마야Maya에게 사랑과 감사의 마음을 전합니다.

베리Berry는 아직 어려서 이 책말고 동화책을 읽겠지만, 베리가 자라서 이 책을 읽을 때쯤, 여기에 소개된 내용이 현실적인 문제가 아닌 과거사에 가까워져 있으면 좋겠습니다. 베리가 세상 무엇보다도 베리를 사랑하는 저의 마음을 알아주면 좋겠습니다.

마지막으로 저의 반려자이자 최고의 친구, 아내, 첫 번째 독자, 삶의 동반자인 아만다^{Amanda}에게 감사 인사를 전합니다. 1년 동안 격리를 해야 해도 당신과 함께라면 괜찮을 것 같습니다.